话说陕西

当代卷

折桂犹待长安花

走向和谐的陕西

上编主编：岳　珑

撰　　稿：葛　天　沈　兰　高鹏涛　吉　伶

　　　　　王宗敏　程家文　史永初　赵　平

下编主编：梁星亮

撰　　稿：梁星亮　陈文敏　骞平义　王宝伟

　　　　　高亚兵　崔延力　何志铭

西 北 大 学 出 版 社

话说陕西

当代卷

总顾问

胡　悦　郑小明

学术顾问

张岂之　石兴邦

编委会主任

薛保勤

编委会委员

（以姓氏笔画为序）

丁云祥　马　来　方光华　成立笠

刘宝才　刘学智　朱恪孝　齐雅丽

李云峰　李映方　李　浩　李颖科

吴丰宽　吴敏霞　肖云儒　陆柯仑

张书玲　张宝通　杨陆俊　林乐昌

周天游　岳少峰　赵世超　赵　荣

赵馥洁　郭　杰　高彦平　阎　琦

黄留珠　惠泱河　董旭阳　霍松林

薛保勤

总策划

董旭阳

总主编

黄留珠

话说陕西

································ 当代卷 折桂犹待长安花

话说陕西

当代卷 折桂犹待长安花
目 录

1 上编	
3 导言	
6 峻岭横云 物华天宝	分割中国南北的秦岭山脉
9 八百里秦川	丰饶的关中平原
11 塬、梁、峁、沟壑纵横	陕北黄土高原
14 青山绿水生物园	陕南秦巴山地
16 六横二纵的铁路网	陕西的铁路交通
19 连接西南西北交通的大动脉	宝成铁路
21 天堑变通途	穿越秦岭第一隧道
23 中国大地中心	陕西泾阳
25 古都新貌	新亚欧大陆桥的桥头堡
27 昔日陈仓	腾飞的宝鸡
29 最具创新活力的科技新城	西安高新技术产业开发区
32 绿色硅谷	杨凌农业高新技术产业示范区
34 "牧星"太空	中国西安卫星测控中心
37 大鹏展翅	陕西的飞机制造工业
40 黄土明珠	耀瓷新彩
43 五味俱全	中国西凤酒
45 风格各异的地方小吃	黄桂柿子饼、腊羊肉、凉皮、蓼花糖
47 "陕西一绝"	西安牛羊肉泡馍
49 念想周秦汉唐	陕西旅游纪念品
51 五毒马甲、动物香包走世界	陕西民间旅游纪念品
53 麦海行舟	碧蚂1号、小偃6号
56 浩瀚煤海	渭北、神府的优质煤
58 液态与气体能源	陕北的石油、天然气

61	有色金属的骄子	陕西的钼、钛矿开采
63	蓝田日暖玉生烟	蓝田玉
65	涓涓溢流千年汤	临潼、汤峪温泉
68	百草医人间	陕西的中草药
71	珍贵的中草药	秦巴杜仲、秦艽、薯蓣
74	中国苹果的希望	陕西苹果
77	"大红枣儿香又甜，献给亲人尝一尝"	陕北红枣
79	最大面积、最高产量	中华猕猴桃在陕西
81	陕南茶香	午子仙毫、紫阳富硒
83	"每户一升核桃"	商洛核桃
85	根系固沙，果实养人	陕西的沙棘种植
87	涂料之王	陕西的中国生漆
89	椒中之王	秦椒
91	又红又甜的特色水果	临潼的火晶柿子
93	晶莹剔透的红宝石	临潼石榴
95	身形美、挽力大	秦川牛
97	山地运输的良种驴	佳米驴
99	世界珍禽异兽的驻留	大熊猫、朱鹮、金丝猴、金毛扭角羚
102	珍稀植物	独叶草、连香树、香果树、光叶珙桐
104	悠悠黑河润古城	黑河引水工程
106	植树种草，优化生态	最早、最大面积退耕还林还草
108	奇拔峻险冠天下	西岳华山
111	万里波涛一壶收	黄河壶口瀑布
113	屹立渭河平原的黑色骏马	风景秀丽的骊山
115	石瓮奇景	柞水溶洞
118	玉山哺秀	蓝田王顺山
120	黄土堆成的盛景	白鹿塬
123	天然地质博物馆	翠华山
126	轻烟淡雾 摇曳圭峰	草堂寺
129	孕璜遗璞	姜太公钓鱼台
131	沙海明珠	红碱淖
133	峡谷奇观	商南金丝大峡谷

136	徜徉千年古都遗迹	西安怀古
139	梦回汉唐盛世	长安西行
142	阅强秦雄兵 观盛唐奢华	长安东览
145	佛门古刹	陕西的寺庙
148	道教"第一福地"	陕西的道观
151	出师未捷身先死	凭吊三国古战场
154	幽深古远	石门、龙门古栈道
157	踏寻中国革命的足迹	革命圣地延安游
160	黄土与皇陵	中国帝王陵寝之最
162	朝向麦加的寺院	陕西的清真寺
165	西安事变旧址游	缅怀革命先烈
168	关中塔庙之祖	佛教古刹法门寺
170	千金药方藏山中	药王山
173	陕西最大的摩崖石刻	榆林红石峡
175	文史之乡	陕西韩城
177	**下编**	
179	导言	
182	新中国的文学重镇	陕西作家群（1949—1978）
184	新时期的文学劲旅	陕西作家群（1978—2007）
186	在秦地成长的剧作家群	新中国的陕西剧作家
188	广阔的农村生活画卷	柳青和他的《创业史》
190	激情燃烧的岁月	杜鹏程和他的《保卫延安》
192	黄土地文学的开拓者	路遥和他的《平凡的世界》
195	唐诗国度里的耕耘者	傅庚生与他的唐诗研究
197	农人笔下的情怀	农民诗人王老九
199	中国最古老的剧种	秦腔
202	陕西地方戏曲的辉煌	秦腔晋京献礼演出暨三大秦班下江南
205	老树新花，争奇斗艳	新时期秦腔的辉煌
208	新婚姻的赞歌	经典眉户剧《梁秋燕》
211	讲述百姓故事 抒发百姓情怀	眉户剧新花《迟开的玫瑰》
214	苍茫悲歌遏云霄	华阴老腔
216	梆子腔的鼻祖	同州梆子

219	古戏新生	碗碗腔走上大舞台
222	山花烂漫	商洛花鼓
224	汉水滋育的两颗戏曲明珠	汉调二簧与汉调桄桄
227	纵是偶人也多情	合阳提线木偶
229	东府艺苑的一朵奇葩	华县皮影
232	琴瑟歌舞起新声	仿唐乐舞
234	三秦大地上的人民艺术家	常香玉在陕西
237	献身秦地的京剧大师	尚小云在陕西
239	遥远的遗迹	蓝田公王岭猿人遗址
241	六千年前的氏族村落	半坡遗址的重大发现
243	西岐凤鸣之地	周原遗址的保护
245	文明乡土的骄傲	眉县杨家村出土西周青铜器
247	遗失的古国	韩城梁代村西周古墓群考古重大发现
250	世界第八大奇迹	秦兵马俑坑考古重大发现
253	世界上最大的帝王陵	秦始皇陵的测探与保护
256	盛世的美丽晚霞	西汉阳陵考古纪事
259	一坛佳酿，千秋余香	西汉酒之发现
262	佛门辉煌，皇家气象	法门寺考古重大发现
265	千年古炉 百代文明	耀州窑与耀州瓷
268	中华古文明的祖庭	黄帝陵的保护与整修
271	字圣精神泣鬼神	仓颉庙
274	东方金字塔	茂陵及其保护
277	高山仰止	司马迁祠
280	众星拱北斗，还见五云飞	昭陵及其陪葬墓的发掘与保护
283	风雨无字碑，日月共乾坤	乾陵的考古测探与保护
287	聚百代之圣画 传千秋之神韵	西安碑林的保护
290	云里地城，烟中春树	西安古城墙的整修与保护
293	华岳独尊，神其降祥	西岳庙的整修与保护
296	秦汉文明的探寻者	陈直和秦汉史研究
299	跋涉在"山河大地"	史念海和中国历史地理学研究
302	热情撼云霄 气势壮山河	关中社火巡礼
305	鼓如雷，人如醉	安塞腰鼓

308	悠悠钟鼓，山高水长	西安鼓乐
311	铰出明天，铰出幸福	陕北剪纸艺术
314	唱不尽的信天游	陕北民歌
317	枯木逢春绽新花	陕北秧歌
320	巴山不了情	紫阳民歌
323	母亲河岸的风水宝地	韩城党家村古民居群
326	万紫千红总是春	户县农民画
329	黄泥风采	凤翔彩绘泥塑
332	大红大绿，呈吉呈福	凤翔木版年画
325	秦人风采	陕西十大怪
338	黄土地的温馨	陕北民居窑洞
341	中国教育大省（一）	陕西高等院校巡礼·名校篇
344	中国教育大省（二）	陕西高等院校巡礼·人才篇
346	中国教育大省（三）	陕西高等院校巡礼·成就篇
348	高教新天地	西部大学城
350	在大师的旗帜下	侯外庐在陕西
353	球场健将　体坛宿星	百岁体育名耆王耀东
356	笔走龙蛇　气象万千	陕西当代书苑巡礼
360	独树一帜的绘画艺术	长安画派
363	享誉全球的电影重镇	西安电影制片厂
367	天宝物华，载誉四海	陕西历史博物馆
370	延安精神永放光芒	延安革命纪念馆
373	巍巍百尺高阁　洋洋万卷宝藏	陕西省图书馆
376	盛世风光，大唐气象	大雁塔北广场巡礼
379	悠悠钟鼓声，点点晨暮情	钟鼓楼广场巡礼

381 后记

走向和谐的陕西

上 编

折桂犹待长安花

走向和谐的陕西

>>>

话说
陕西

导言
岳 珑

> 陕西是一块神奇、富饶、秀美的土地，山塬起伏，河川纵横。庞大宽厚、延绵无限的华夏文明龙脉——秦岭山脉，分割了中国南北地理。陕西南北高，中间低；温带、暖温带、亚热带兼跨，形成了三大地貌。

> 塬、梁、峁，沟壑纵横的陕北黄土高原，有世界优质动力煤田的神府、中国陆上最大整装气田的靖边、定边及号称中国的"科威特"的榆林。靖边的治沙林网、榆林的沙窝造林、吴堡的造林整地，陕北沙漠现绿洲，陕北防护林成为三秦大地的绿色屏障；陕北植树种草，优化生态，使陕西成为中国最

> 早、最大面积退耕还林的省份。

  丰饶的八百里秦川，地势平坦，土质肥沃，水源丰富，气候四季分明；物产丰富，是中国著名的小麦、棉花产区，为陕西"天然粮仓"。秦岭北麓的苹果、柿子、石榴果林带，春花秋实。秦川牛、关中驴名扬省内外。

  "不是江南，胜似江南"的汉中盆地，孕育着种类繁多动物、植物资源的秦巴山地，大熊猫、朱鹮、金丝猴和金毛扭角羚在这里安家。秦巴山地以她宽广的胸怀，守卫着世界上最后的珍禽异兽。"秦地无闲草"，品种繁多、珍贵的中草药，使秦巴山地成为中国"药材摇篮"。

> 陕西是中国的能源资源大省，有极其丰富的煤资源，煤种齐全，煤质优良，以低灰、低硫磷、高发热量为特点。陕西煤的保有储量居全国第三位。神府煤田探明储量1400亿吨，为世界七大煤田之一，是世界上少有的优质动力煤、气化煤。榆林地区和延安的天然气储量丰富，保有储量达数千亿立方米，远景储量数万亿立方米以上。陕北的石油保有储量也有数亿吨。

> 丰富的资源是大自然对陕西的厚爱。陕西人努力把资源优势变为生产优势，把生产优势转变成经济优势。输往北京、西安、银川等地的天然气管线已建成通气。

> 钼矿是陕西最具优势的有色金属矿产，储量丰富。华县金堆城的钼矿，累计探明储量为中国第三位，陕西钼精矿的产量占全国的一半。陕西汞矿储量居全国第二，旬阳有特大型汞锑矿床数处。陕西渭南、商洛、安康、宝鸡、汉中的黄金储量居全国第五位。"金三角"的勉县、略阳、宁强三县及潼关、太白的黄金等有色金属是国家重点开发区。

> 陕西的水泥用灰岩储量居全国第一位，长石居第二位。可观的大型优质石灰岩矿、石膏等藏量丰富。

> 陕西生物资源丰富。有栎类、硬阔、软阔、杨类、桦类和油松以及冷杉、铁杉、柏木、落叶杉、华山松、马尾松、杉木、椴树类等树种；有天麻、杜仲、苦杏仁、甘草等药用植物数百种；还有连香树、星叶草、光叶珙桐、翘果油树、香果树、杜仲、独叶草和水青树等珍稀植物。

> 陕西的生漆资源和产量居全国第一位，核桃居第二位，桐油居第六位，木耳、茶叶、辣椒干、大蒜等畅销国内外。

> 野生动物种类繁多。全省共有野生脊椎动物753种，其中兽类动物146种，约占全国陆栖哺乳动物总数的30%；鸟类397种，约占全国鸟类资源的30%；两栖爬行动物76种，占全国13%；鱼类133种，占全国20%；其它珍贵动物27种，占全国20%。著名珍稀动物大熊猫、朱鹮、金丝猴、金毛扭角羚等11种被列为国家级保护动物。

> 交通运输是陕西经济的"先行官"。西康铁路、神延铁路、西延铁路形成纵贯陕西南北的"铁脊梁"和以陇海线、西合线、宝兰复线等构成了陕西的铁路网。以"米"字形主骨架为重点的高等级公路已突破1200公里。陕西成为西北地区第一个高速公路突破1000公里的省份。交通运输，加快了陕西经济的发展。西部大开发战略的实施，沟通了西部各省区之间及西部省区与中部、东部地区之间的经济往来。

> 陕西形成了以新型能源化工、先进装备制造，食品、医药，航空航天器制造业等为主体的工业体系，它们成为陕西经济持续、健康发展的重要支柱。飞机、高压输变电成套设备、精密机床及复杂刀具、自动化仪表、重型汽车、工程机械等产品在全国也占有重要地位。

> 西安是新亚欧大陆桥中国段最大的桥头堡，是国家重点投资建设的城市。西安，已成为区域性的科技中心、金融中心、旅游中心和商业中心，是中国北方、中西部结合带上最大的商品流通和物资集散地。

> 以西安、宝鸡两个国家级高新技术产业开发区和杨凌国家级农业高新技术产业示范区为骨干的关中高新技术产业开发带——中国西部的"硅谷"逐步形成。

> 陕西的经济地理位置，辐射华北、西北、西南、中南经济区，承东启西、联结南北。外商来华投资的北上西进以及新亚欧大陆桥沿桥经济带的形成，使陕西与亚太、欧洲两大经济中心的联系更加密切，与沿桥兄弟省份的合作更

加广泛。

> 悠久的历史、灿烂的文化，巍峨灵秀的山川、千姿百态的自然景观，历史悠久的文化遗址、得天独厚的文物古迹、锦绣壮美的胜迹，丰富多彩的民俗风情，构成了陕西"古、独、多"的旅游资源，成为陕西的新的经济增长点。

陕西秀丽的山川，奇特的自然风光，令人遐往。有"天下自古一条路"的奇异险峻的西岳华山，以高、寒、奇、险著称于世界的"太白积雪六月天"的太白山，屹立渭河平原的"黑色骏马"骊山，中国"天然地质地貌博物馆"翠华山，"万里波涛一壶收"的黄河壶口瀑布，柞水溶洞的石瓮奇景，黄土堆成的白鹿塬盛景，临潼、汤峪的涓涓溢流千年温泉，"沙海明珠"红碱淖，商南金丝大峡谷奇观……

> 陕西历史悠久，文物古迹"甲天下"，有独具风格的人文景观。黄河流域典型的原始社会母系氏族公社的村落半坡遗址，黄陵桥山上的中华民族始祖轩辕黄帝陵，临潼下江村的秦始皇陵，"世界第八大奇迹"秦兵马俑陪葬坑，两汉、魏晋、隋、唐帝王陵及太子公主、文臣武将墓，"孕璜遗璞"的姜太公钓鱼台……

> 陕西还有世界保存最完整的古西安城墙。有闻名遐迩的钟鼓楼，西安事变旧址，革命圣地延安，"文史之乡"韩城，韩城党家村古民居。

> 道教"福地"楼观台、白云观、金台观；轻烟淡雾摇曳圭峰的草堂寺，安放释迦牟尼佛指舍利的法门寺，佛教净土宗祖庭香积寺，唐僧玄奘翻译佛经的大慈恩寺；朝向麦加的清真寺。西安大、小雁塔，扶风法门寺塔，高陵三阳寺塔，泾阳崇文寺塔，彬县大佛寺石窟，耀县药王山摩崖造像，子长钟山石窟以及蓝田水陆庵雕塑。陕西最大的摩崖石刻榆林红石峡，幽深古远的石门、龙门古栈道，"千金药方藏山中"的药王山……令人流连忘返。

> 我们一定能够建成经济发达、文化繁荣、社会和谐、人们生活殷实，山川秀美的陕西！陕西人民将大踏步地走向人与自然的和谐社会！

峻岭横云 物华天宝

——分割中国南北的秦岭山脉

秦岭是在燕山运动和喜马拉雅造山运动时形成的褶皱断层山脉。秦岭东起河南鲁山，西抵甘肃临洮，山脉绵延千余千米，南北宽从数十千米可达数百千米。庞大宽厚的秦岭山体气势磅礴，延绵无限，蔚为壮观，是中国南北地理分界线。

陕西境内的秦岭山脉中段，横贯关中平原与汉江谷地之间，东西长约400~500千米，南北宽为100~150千米，海拔约2000~3000米左右，面积55000平方千米，占陕西总面积的1/4。

历史上关中曾为秦国之地，故称"秦山"或"秦岭"；因位于关中平原以南，也被陕西人称之为"终南山"。

◉ 华夏文明的龙脉

秦岭位于中国副热带，是温带和亚热带的主要分界线。横穿陕西的秦岭，是中国南方和北方的分界线，也是长江与黄河两大水系的分水岭。

秦岭以北属黄河水系，有黄河最大的支流渭河流经，水流量小，流程短，气候比较干燥。岭南属长江水系，主要有长江的主要支流汉江与嘉陵江流过，水量充沛，气候也湿润，形成南北强烈的反差。

秦岭山脉北扬南伏。北坡从山麓到岭脊线短促陡峭，惊险万状，河流源近流急。南坡坡缓谷宽，河流源远流长。秦岭对于南下的冷空气入侵形成强大的障碍，北上的暖湿气流可以深入秦岭。所以秦岭以南温暖湿润，森林资源丰富。

秦岭山脉山峰林立，太白山、玉皇山、首阳山、终南山、华山、南五台、翠华山、骊山等著名景观，犹如一条巨龙横卧在关中平原南侧。所以，秦岭被尊为华夏文明的龙脉。

◉ 峻山秀水甲天下

陕西境内的秦岭山脉由华山、太白山、终南山、翠华山、骊山等著名的山峰组成。

西岳华山号称"奇险天下第一"。以"高、寒、奇、险"著称于世界的太白山，是秦岭的主峰，海拔3767米，山顶终年积雪，山下百花争艳，在唐代就有"太白积雪六月天"的称誉。

　　终南山海拔2604米，位于西安城的南面，绿树满山，溪水清澈。自唐代就有人常隐居于此，被视超俗，屡被皇帝征召。此后，一些沽名钓誉之人也隐居终南山，作为入朝捷径，"终南捷径"成语由此而生。

　　翠华山以"终南独秀"和"中国地质地貌博物馆"著称。碧山湖、天池和山崩石海组成了翠华山美景。

　　闻名天下的骊山曾上演过"烽火戏诸侯，一笑失天下"的故事。潺潺温泉使唐玄宗修建华清池，与杨贵妃于此产生的爱情故事，引起后人无数遐想。

　　秦岭北坡孕育了许多深切山岭的河流，有黑河、石头河、汤峪河、大夫峪、石堤峪、灞河、浐河、沣河、涝河、皂河等数十条河流。

　　秦岭南坡孕育了长江流域著名的汉江、嘉陵江。汉江是长江最大的支流，大汉帝国就发迹于此；汉高祖最早在此被封为汉王，这条江的名字成为一个伟大国家和一个民族永久的名称。

◉ 中国的国家公园

　　秦岭山脉处于北亚热带和暖温带的过渡地带。秦岭山中自然景观差异非常大，有大量的珍奇植物、动物混杂多样。

秦岭南坡的汉中佛坪有大熊猫自然保护区，洋县的世界珍稀鸟类朱鹮自然保护区，还有金丝猴、羚羊等珍贵品种的野生动物。秦岭的高山密林里，还藏匿着鬣羚、斑羚、野猪、黑熊、林麝、小麂、刺猬、竹鼠、鼯鼠、松鼠等数不清的哺乳动物，以及堪称世上最为丰富的雉鸡类族群。豹、云豹、豺、黄喉貂、豹猫等多种食肉动物也在秦岭深藏。

秦岭山脉中，有400多种观花植物，像石竹科、木兰克、蔷薇科、豆科、杜鹃花科、报春花科、龙胆科、百合科、兰科、菊科等草本、木本植物。有约250种壳斗科、冬青科、五加科、景天科观叶植物；还有英莲、忍冬、花椒等近200种观果植物。云杉、冷杉、红豆杉、铁杉等观形树木也有70余种……真可谓"太白山上无闲草"。

秦岭地质构造复杂，矿产蕴藏丰富，金、钼、铅、锌的资源开采利用价值很高。

◉ 深山薄雾藏仙家

秦岭南向关中平原，近邻12朝皇宫殿宇，山清水秀映楼阁。秦岭山中分布着楼观台、草堂寺、太乙宫、老君庵、水陆庵、重阳宫等大小庙宇道观近百处，充满了神秘和灵气。

楼观台是中国古代著名哲学家老子著书立说、传道讲经之道教发祥地，被世人称作"天下第一福地"，道教"仙都"。

草堂寺是前秦高僧鸠摩罗什翻译佛经的地方，被视为中国佛教三论宗和成实宗的祖庭。鸠摩罗什所译《妙法莲花经》至今仍为日本佛教日莲宗僧众笃信。

重阳宫是金元时道教全真派三大祖庭之一，是王重阳早年修道和葬骨之地。

秦岭山脉是在中国中心地带生成的千山万水大组合，是美丽的国家公园。

八百里秦川

——丰饶的关中平原

关中平原地处陕西省的中部，素有"八百里秦川"之称。

关中平原南依秦岭，北与陕北黄土高原接壤，西接甘肃，东临黄河与河南、山西交界，是一个三面环山向东敞开的河谷盆地。

关中平原地势平坦，土地肥沃，盛产小麦、棉花，是陕西的"天府之国"。关中平原还是华夏文化的主要发祥地之一。

◉ 得关中者得天下

秦岭以北，长城以南，古称关中。关中东有函谷关，西有萧关，南有大散关、武关，北有金锁关、秦关，其间的平原就是秦川。"八百里秦川"，也就是渭河平原一带。

关中平原是中国古代重要的粮仓。四面环山的地形，使关中平原"易守难攻"。有地形的保障，粮食补给的充足，所以，历代有"得关中者得天下"之说。

◉ 丰饶的八百里秦川

关中地区有西安、铜川、宝鸡、咸阳、渭南5个省辖地级市，共54个县（市、区）。除凤县、太白两县基本属长江流域外，其余均属黄河流域。

关中平原是由河流冲积和黄土堆积形成的，地势平坦，土质肥沃，水源丰富，气候四季分明，是陕西自然条件最好的地区。

丰饶的八百里秦川，物产丰富，盛产小麦、棉花、大豆、玉米和烟叶以及水果。关中是中国著名的麦、棉产区之一。小麦产量约占陕西省的80%，历来为陕西的"天然粮仓"；棉花产量占全省的90%，泾阳、三原、大荔、渭南是重要的产棉地。秦岭北麓的苹果、柿子、石榴果林带，春花秋实。秦川牛、关中驴名扬省内外。

关中地区集中了陕西最主要的现代工业，是陕西工业的集中地。关中大型工业企业比重较高，以中央工业为主体的机械、纺织、电子等工业科技水平很高。以西安为中心的关中地区，已成为中国航天航空、电力、机械、微电子以及农业方面的重要科研试验基地。

关中文物古迹"甲天下"，丰富的人文景观形成了独具风格的旅游资源。关中的山川秀丽，自然景观奇特，许多名山、大川、温泉等自然景观和人文景观融为一体。有"天下自古一条路"的奇异险峻的西岳华山；"太白积雪六月天"的太白山；被誉为"世界第八大奇迹"的秦兵马俑；"凤泉神泽"的汤峪千年温泉；收藏释迦佛祖舍利的佛门圣地法门寺等。数不胜数的历史文物古迹，奇异的自然风光，使海内外旅游者大饱眼福。

● "一线两带"展宏图

依托关中地区的科技和经济优势，加快"一线两带"建设，使关中地区率先崛起，并辐射带动陕南、陕北，进而实现全省经济的跨越式发展。

"一线"，以陇海线陕西段和宝潼高速公路为轴线，以西安为中心，以高新技术产业经济体系的点，带动关中产业的面，形成以线串点、覆盖关中地区的经济带。

"两带"，建立国家级关中高新技术产业开发带和国家级关中星火产业带。

"一线两带"的创新基地由重点实验室、工程技术中心、大学科技园和创业中心组成。高新技术产业和先进制造业为主体的产业基地由开发区、产业园区和西安、咸阳、宝鸡、铜川、渭南及杨凌区组成。五市一区是关中地区的经济腹地，它辐射陕西全域。

城镇连绵，聚集陕西80%科技实力的"一线两带"，有着带动陕西经济快速增长的强劲势头。

加快"一线两带"建设，使关中地区率先全面实现小康，进一步带动陕南、陕北共同发展，是陕西经济跨越式发展的突破口。

"一线两带"有力地促进了陕西省各项事业的全面发展，带动了全省经济社会的协调、稳定、健康发展。

关中地区位于平原地带，物华天宝，人杰地灵。以西安为中心的关中地区，不仅有古代文明的辉煌历史，而且也是现代文明比较发达的地区之一。

塬、梁、峁、沟壑纵横

——陕北黄土高原

陕北为中国黄土高原的中心部分，广布黄土丘陵和塬、梁、峁和沟川地。在中生代基岩构成的地上，覆盖了厚厚的新生代红土和黄土层，历经流水的冲蚀，形成了陕北高原的黄土塬、梁、峁、沟。

黄河南北向干流及洛河、延河、无定河、窟野河都经流黄土高原区。疏松的黄土经河流的冲刷，大量混入激流当中，使得这些河流泥沙含量不断增多，加之陕北的半干旱型气候，雨季短、雨量少，河流水量小，流程普遍短小，造成陕北地区普遍缺水。

◉ 飞来的黄土

陕北黄土高原的形成，说法不一。有人认为是风把黄土吹向陕北，日久天长黄土堆积成为高原，即黄土高原风成说；有人认为是流水把黄土冲到那里，沉积成黄土高原，即黄土高原水成说；还有的人认为，黄土高原的黄土是岩石、砂砾风化之后，残留原地演化成黄土的，即风化残积说。

"风成说"认为，黄土来自中国北部和西北部的甘肃、宁夏和蒙古高原以至中亚等广大干旱沙漠区。每逢冬春季节，西北狂风骤起、飞沙走石，尘土蔽日。粗大的石块残留在原地成为"戈壁"。较细的沙粒落在附近地区，聚成一片片沙漠。细小的粉尘和黏土，纷纷飞扬东南，当风力减弱或遇秦岭山地的阻拦便停留下来。经过几十万年的堆积就形成了陕北黄土高原，形成了沟壑纵横，梁、峁广布的破碎地表。

由于"风成说"无法解释：黄土中粗粉砂含量是由西北向东南递减，而黏土的含量却是从西北向东南递增，形成自西北向东南的有规律的排列呈叠瓦阶梯状的分布过渡，而不是平面模糊过渡。这种叠瓦阶梯状的分布过渡更像是洪水的杰作。

"水成说"认为：黄土高原是喜马拉雅运动带来洪水泛滥，黄土沉积和新构造运动抬升形成的。

◉ 原地物产

原也叫塬，是具有陡峻边缘的桌状平坦地形，也是陕西地形的最主要特点。陕北黄土高原除了沟壑、梁、峁外，还分布着大大小小的原地。

　　陕西特殊的土壤构成，气候对陕北"塬"的形成影响很大。陕北黄土高原的地面构成是黄土堆积而成的。数层不同时代的黄土，主要靠碳酸钙黏结颗粒结构，遇水易溶解而流失，加之黄土高原暴雨相对比较集中，来势猛，强度大，持续时间又长，往往造成山洪暴发，黄土也随之大量流失。这样日积月累，逐渐就形成了像是一块块切割的原地，边缘整齐，隔离明显，两原之间布满了一条条的沟壑。

　　陕北高原以甘泉为界，甘泉以南大部分地区分布着众多面积较大的原地。洛川原，黄土原面宽达数公里，是其中最大的原地。还有羊泉、寺仙原、长武原等著名原区，是陕北黄土高原重要的农业生产基地。

　　原地盛产谷子、糜子和胡麻、薯类土豆。特产皮子、红枣、甘草等，佳县、米脂、绥德一带重要的运输牲畜"佳米驴"，为中国北方著名的畜种。

　　陕北的风沙区除了营造了防风固沙林带和护田林网外，还在黄土沟壑区建造了水土保持林。

◉ 丰富的矿产资源

　　陕北黄土高原蕴藏着极为丰富的煤炭资源，其中，煤炭探明储量1460亿吨，其储量

和产量均居全国第一。而其中仅以神木、府谷、横山一带的煤炭储量就占陕西总储量的80%。煤炭资源不仅量大质优，还有较好的开采条件。其中，可供露天开采的煤矿储量就达200亿吨。

陕北黄土高原还有其他丰富的矿产资源，其中，天然气储量达到5858亿立方米，是中国陆上最大的整装气田，石油储量达11亿吨；岩盐储量达8857亿吨。

随着陕北能源基地的开发建设，延安、榆林已成为陕西经济增长最快的"财富板块"。陕北能源的开发成为推动全省经济快速发展的重要引擎。

为了开发陕北丰富的能源资源，国家建设了陕北能源化工基地。神府东胜煤田成为国家优质动力煤、化工煤生产基地和出口基地，建成了大柳塔、榆家梁等一批具有世界领先水平的特大型现代化矿井。神华集团神东矿区成为中国第一个亿吨级现代化煤炭生产基地。

在榆林西部的靖边县，已经建成了亚洲最大的天然气净化厂。以靖边为中心的多条输气管线，将陕北优质天然气正源源不断输往各地。

近年来，陕北成为中国原油产量增长最快的地区之一。延长石油集团公司是国内第四家集勘探、开采和炼化于一身的地方国有石油企业。

在世界能源紧缺的形势下，依托陕北丰富的能源，把陕北能源化工基地真正建成国家级乃至世界级的能源化工基地，不仅对陕西省的发展有举足轻重的作用，而且对国家能源战略和能源政策也产生着积极的影响。

◉ 高亢的陕北信天游

在陕北一带流行着一种山歌性质的民歌——信天游。信天游的曲调纯朴、高亢、悠长，节奏自由。

一般是即兴创作，可以根据不同情景自由吟唱。村民们下地干活，上山放羊，进林子砍柴，心有所感，便放开嗓子歌唱起来。信天游曲调悠扬高亢，节奏鲜明，韵脚和谐，抒情色彩浓郁，充分体现了陕北人的豪放性格。

青山绿水生物园

——陕南秦巴山地

陕南秦巴山地北起秦岭北麓及伏牛山山脊，南抵大巴山脉分水岭和神农架南坡，由秦岭、大巴山山地组成。秦岭以南的水系是长江的主要支流汉江、嘉陵江上游的干支流，由于这一带地处湿润、半湿润地区，雨量充沛，是陕西省河流水量最丰富的地区。

由于河流切穿，众多的小盆地和山间谷地相连接，其中以汉中盆地、安康盆地最为著称。

陕南物产丰饶，水稻产量占陕西省的80%以上。汉中盆地的油菜、柑橘、棕榈，紫阳、西乡的茶叶，商洛的核桃、板栗，安康的苎麻、桑蚕、柞蚕，还有漆树、油桐、乌柏、栓皮栎等，是陕南重要的经济植物。

◉ 不是江南，胜似江南

汉中盆地青山绿水、河流纵横、阡陌交错，气候适宜、土地肥沃、禾苗茁壮，是山环水绕的鱼米水乡，素有"小江南"的美誉。

汉中盆地盛产黑米、香米、寸米，营养丰富，味道淳香，被誉为餐中"三珍"，是中国历代宫廷贡米。

汉中盆地种植了大面积的油菜、棕榈，柑橘最为有名。同时，汉中盆地江河纵横，水量充盈，是发展渔业的优良之地。

汉中盆地是具有江南风光的旅游胜地，自然景观独具特色。丰富的喀斯特地貌分布于勉县、南郑、西乡等地，奇峰异洞、邃谷幽泉，更为绮丽的陕南风光增添了异彩。

南郑地下河、大溶洞、天然水上公园，勉县温泉乡，城固南沙河水库都是陕南著名的旅游风景区。

◉ 植物的王国

秦巴山地高峻雄伟的秦岭和巴山是天然的森林宝库，孕育着种类繁多的植物资源。商洛、安康和汉中的森林覆盖率分别为36.9%、37.3%和34.2%，木材蓄积量占全省的三分之一以上。陕西全省的50个经济林基地县，80%以上分布在陕南。

秦巴山地各类的植物达1300多种。其中，药用植物有800多种，油料作物160多种，

纤维植物130种，鞣料植物108种，芳香植物116种，淀粉、糖料植物100多种。

陕西的生漆产量居全国第一，陕南就占陕西生漆产量的90%。陕西的油桐产量居中国第六位，全部产自陕南。陕西的蚕茧绝大部分产于陕南。茶叶、柑桔、木耳、香菇、毛竹、油橄榄也都大多产于陕南。

◉ 珍稀动物的乐园

秦巴山地山峦起伏，地貌复杂，气象万千，四方物种交汇。各种各样的中小气候条件，有利于动物的生长繁衍。

许多世界珍稀动物在陕南秦巴山地安家。世界上最珍贵的鸟类朱鹮属于国家一级保护动物，洋县就建立了朱鹮自然保护区。大熊猫是中国的"国宝"，在秦岭南坡的佛坪县西北就建立了为大熊猫繁衍生息的自然保护区。秦岭高山和亚高山地带东段，是羚牛的主要栖息和繁殖的地区，中段是金丝猴的集中分布区，秦岭南坡浅山区及大巴山地，有大量的猕猴和林麝，豹、熊、野猪、红腹锦鸡等也生长在这里。秦巴山区得天独厚的自然条件，以她宽广的胸怀，守卫着世界上最后的珍禽异兽。

◉ 药用植物的摇篮

陕西省中药资源丰富，素有"秦地无闲草"之称。陕西的中草药主要分布在陕南秦巴山区，秦巴山地被称为"药材摇篮"。

秦巴山区的中药材品种多，分布广，贮量大，共有药用动、植、矿物药材1235种。

常用的500多种中药材，秦巴山区就出产333种，约占全国常用药材品种的65%以上。国家列为名贵中药材的为34种，陕西产17种，秦巴山区就占15种；国家列入管理的中药材30种，陕西产22种，秦巴山区就占21种。陕南民间流传着"秦巴山，遍地宝，有病不用愁，上山扯把草"。

陕南秦巴山区的太白参、秦党参、八仙党、秦巴杜仲、秦归、太白贝母、金银花、黄连、五倍子、连翘、天麻、黄芪、枳壳、山茱萸、麝香、熊胆等20多种药材名扬中外。

陕南秦巴山地是一块人杰地灵、物产丰盈的秀美之地，是大自然赐给陕西的一片丰腴沃土。植物在这里扎根，动物在这里安家，秦巴山地遍地是宝。

六横二纵的铁路网

——陕西的铁路交通

陕西地处中国的中心位置，担负着沟通华东、西南、西北及华中地区的经济贸易重任。

陕西南北狭长，地形复杂。关中平原地势平坦，交通比较发达。秦巴山区崇山峻岭，陕北黄土高原丘陵起伏，沟壑纵横，交通都很闭塞。陕西境内铁路运输的地域性不平衡，不仅影响了陕西经济的发展，也成为西南、西北经济发展的障碍。

◉ 经济"大动脉"

中华人民共和国成立后，陕西的交通运输作为国民经济的"先行官"得到了重点发展。

国家对陇海铁路的宝（鸡）天（水）段进行了恢复和修建。四川、陕西南北对进，凿穿秦岭，修筑了中国第一条电气化铁路——宝成铁路。

陕西先后修筑了西（安）户（县）线、阳（平关）安（康）线、襄（樊）渝（重庆）线、梅（家坪）七（里店）线、西（安）侯（马）线、下（峪口）桑（树坪）线和西（安）延（安）线的部分路段。

陕西处于中国东部铁路网和西南、西北铁路网连接的咽喉地带。陇海铁路、宝成线、襄渝线连接了西北、西南、华东地区。宝成线、阳安线、襄渝线、陇海线宝鸡以西先后都实现了牵引动力电气化，使陕西成为中国最早实行铁路电气化及通车里程较长的省份之一。

◉ 挺起"铁脊梁"

中国的改革开放，社会主义市场经济的建立，将陕西的经济与铁路运输的发展紧紧地联系在一起。

1992年8月，西延铁路全线通车。它的通车改善了陕西的铁路网络布局，对开发陕北的矿产资源，振兴老区经济具有十分重要的作用。1995年6月，宝中铁路全线通车，促进了陕西、甘肃、宁夏三省区经济交流和发展。

西部大开发又一次给予陕西交通运输大发展的历史契机。陕西是西南、西北地区

的重要门户，也是东北、华北、华东、中南等地区通往西南、西北地区的必经之路。因此，只有加快建设陕西的交通运输业，才能保障物资源源不断的供给西部，西部各省区的商品也能输送全国各地。

21世纪初，陕西建成了西康铁路、神延铁路、宝兰复线工程及阳安、襄渝铁路扩能改造工程，铺通了西安至合肥铁路陕西段。西康铁路、神延铁路和西延铁路形成纵贯陕西省南北的铁路大通道，结束了陕西铁路有腰没有脊梁的历史。

伴随着中国铁路的提速，南北"铁脊梁"和陇海线、西合线、宝兰复线等构成的陕西铁路网，更加高效快捷。铁路成为加快陕西经济发展的重要通道，也为西部大开发战略的实施和沟通西部各省区之间及西部省区与中部、东部地区之间的经济往来创造了条件。

◉ "西部第一窗"——西安火车站

西安火车站位于古丝绸之路的起点，兵马俑的故乡，是全国铁路10大特等客运站之一，是中国路网中连通西北、西南的交通枢纽，素有"西部第一窗"的美誉。

陕西是西北五省区最早通火车的省份。1934年12月，西安站始建，1935年6月，正式运营。1937年，西安车站更名为长安车站。1952年1月1日，恢复西安车站名称。

改革开放以来，1984年，西安车站改建工程开工。1985年12月31日，新建站主楼竣工。1988年8月1日，西安车站升为特等站。

2007年4月，西北首列时速200千米动车组列车开出西安火车站。西安火车站实现年发送旅客量达数千万人次，实现运输年进款额达数10亿元。西安火车站成为西北地区最大的旅客集散地。

2008年11月12日，宝成线新109隧道抢险改线工程胜利贯通，为地震灾区灾后重建提供强力运力保障。2009年4月，陕西铁路在西部铁路首开牵引5000吨重载货物的和谐型大功率电力机车，重点物资通过管内宝成线、襄渝线、西康线源源不断地进入祖国大西南，使陕西铁路西部桥头堡作用进一步凸显。

2010年2月，我国中西部地区第一条时速350千米的高速铁路——郑西高速铁路开通运营。

◉ "六横二纵"的实现

陕西境内铁路形成"六横二纵的铁路网骨架"。

六横：神朔线（神木北—朔州）；太中线绥中段（绥德—中卫）；西中线和侯西线（西安—中卫—平凉—三原—侯马）；陇海线（部分）（兰州—宝鸡—西安—郑州）；西安至南京线（西安—商州—南京）；阳安线和襄渝线（阳平关—安康—襄樊）。

二纵：宝中线和宝成线（平凉—宝鸡—阳平关—成都）；包西线、西康线和襄渝线（包头—神木北—榆林—延安—西安—安康——重庆）。

最引人注目的要属纵贯陕西南北的西（西安）康（安康）、包（包头）西（西安）铁路的修筑，它使陕北、关中、陕南三大经济区贯通在一起。西安至南京铁路的通车，又使陕西与华东、华南地区的往来便利了许多。

连接西南西北交通的大动脉

——宝成铁路

陕西省南北狭长，地形复杂，古称"四塞以为固"。陕西是沟通中国东西，贯穿南北的中心地区。在一个相当长的时间，除关中地区的交通条件较为便利外，陕北黄土高原、陕南秦巴山区的交通仍非常艰难。

宝成铁路北起陕西省宝鸡，经凤县、略阳，四川省绵阳到达成都。与成渝、成昆两线衔接，全长669千米，是沟通西北与西南地区的第一条山岳铁路。

1952年7月和1954年1月，宝成铁路修筑分别在成都和宝鸡开工；1956年7月，在黄沙河接轨；1958年元旦，宝成铁路全线开通并交付运营。

◉ 突破"蜀道难"

宝成铁路北接陇海铁路，南连成昆、成渝铁路，在阳平关与阳安铁路相交。宝成铁路的大部分线路在秦岭、大巴山、剑门山等峻岭丛山中穿行，是沟通西南、西北地区的第一条铁路交通干线，是中国铁路网的骨架。

宝成铁路建成通车后，又相继修建了广元至普济、德阳至汉旺、广汉至岳家山、青白江至灌县等支线，促进了沿线地区矿藏资源的开发。

宝成铁路的修建，打破了"蜀道难，难于上青天"的说法，为人口众多、物产丰饶的四川，开辟了第一条陆路运输通道。为西南地区的经济建设和发展，创造了重要条件。

◉ 艰难的宝成铁路修筑

宝成铁路起自渭河谷地西端，向西南爬过秦岭和大巴山区，然后沿嘉陵江上游谷地，穿龙门山进入成都平原。

宝成铁路沿线山高、谷深、水流湍急。火车要翻越秦岭，越过河流，必须开凿大量的隧道、修建桥梁。铁路的修筑最为困难的是，要在直线只有6千米的距离内，升高680米。也就是说，每修筑一千米，需将铁轨提升110米。

为了把坡度降到每千米升高不超过30米，保证火车能够爬行的坡度，只好把线路反复迂回盘旋，成为"∞"字形，使6千米的直线距离通过盘绕拉长到27千米，7个隧道口

错落在一条山梁上。随后以2000多米长的隧道穿过秦岭垭口，进入嘉陵江流域。

宝成铁路全线完成路基土石方7116万立方米，隧道304座，总延长84.4千米；桥梁1001座，总延长28.1千米；桥隧总长约占线路长度的17%，正线铺轨667.71千米。从开工到交付运营间先后发生严重的滑坡58处，崩坍272处，整治工程量及难度都相当大。所以，宝成铁路是一条工程艰巨的铁路。

◉ 中国第一条电气化铁路

宝成铁路1958年开始修建。由于宝鸡到四川绵阳地形复杂，如果采用蒸汽机车牵引列车，牵引重量小，行车速度慢，运输效率低。

修建宝成铁路时，宝鸡至凤州段就采用了电力机车牵引。使线路限坡由20%提高到30%，缩短线路18千米，减少隧道12千米，缩短了筑路工期。

不仅宝凤段电气化铁路是中国人自己设计和修建的，而且，修筑电气化铁路所使用的各种器材和设备也是国内生产的。中国电气化铁路一开始就选用了世界上最先进的电流制式，避免了重走世界各国在建设电气化铁路时，先直流后交流的老路。

经过两年的艰苦拼搏，1960年5月，中国第一条电气化铁路胜利建成。1961年8月15日正式交付运营。宝凤电气化铁路全长91千米，它的建成，促进了中国电气化铁路的发展。1975年，宝成铁路全线实现电气化。陕西成为中国铁路实行电气化最早，通车里程较长的省份之一。

天堑变通途

——穿越秦岭第一隧道

陕西境内的秦岭山脉，东西长约400～500千米，南北宽为100～150千米，海拔约2000～3000米左右。秦岭山势峻险，峡谷幽深，为关中平原与汉江谷地经济、商贸发展的天然屏障。

自古以来，大山南北人们利用秦岭北坡的72峪，作为穿越秦岭南北的天然孔道。古有子午道、褒斜道、陈仓道；现代交通要道宝成铁路、川陕公路、西万公路等，都是沿着这些峡谷穿越秦岭的。

◉ 穿越秦岭的西康路

西康铁路是一条由西安至安康的穿越秦岭，贯通大山南北地区的电气化铁路。

1996年12月，西康铁路开工修建。2001年10月，全线通车。西康铁路途经陕西7个县市，全长267.49千米。

西康高速公路，起于西安绕城高速公路雁塔立交，穿过秦岭特长公路隧道，经柞水、镇安等地到达安康。西康高速公路是陕西"米"字形主干公路的重要组成部分，是秦巴山区与关中平原相通的捷径。2002年9月29日，西康高速公路西安至柞水段开工建设，秦岭终南山特长公路隧道也已经完成运行。

西康铁路、公路的修建，对改善贫困的商洛、安康地区的交通条件，加强关中地区与安康地区以及陕南边远贫困山区的经济交流具有重要的作用，促使关中地区与陕南秦巴山区加快了经济交流的步伐。

◉ 陕西铁路第一长隧道

西康铁路75%以上的路线在高山峻岭中穿行，隧道和桥梁的长度占到全线路总长的60%，是中国铁路桥梁、隧道与铁路线长度比例最高的一条铁路。西康铁路沿线半数以上车站建在桥上或隧道内；铁路隧道长度最长，站位建设最为艰难。秦岭铁路隧道约18.46千米，最大埋深1600米，誉称"陕西第一隧道"。

西康铁路最具特色的要数秦岭隧道，秦岭隧道也是西康铁路修建中最大的"拦路虎"。秦岭隧道在施工过程中，断层、涌水、岩爆、瓦斯爆炸等灾害性问题不断发生。此外，还有长距离通风、特硬岩、排水等铁路隧道施工中的难题层出不穷。

快速、优质、安全地打通秦岭隧道，成为西康铁路保质保量建设的关键。在秦岭隧

道建设中，首次采用了世界上最先进的隧道全自动TBM掘进机施工，是中国铁路建设史上的一场技术革命，树立了铁路隧道施工技术的第四个里程碑。

与此同时，铁道部第一勘测设计院和有关施工单位还在秦岭隧道建设中首次采用GPS全球定位仪等大量最新科技成果，使秦岭隧道贯通时纵向误差仅125毫米、横向误差12毫米、水平准基点标高误差仅1毫米，达到了世界先进水平，被誉为"世界第一精度"。

◉ 陕西最长的公路隧道

穿越秦岭终南山的特长公路隧道是西康高速公路的重要工程，与已建成的陕西铁路第一长隧道——西康铁路秦岭隧道并行。秦岭终南山公路隧道还是中国西北地区最长的公路隧道。

秦岭终南山公路隧道全长18.4千米，道路等级为高速公路，设计行车速度每小时60～80千米，上下行双洞双车道设计。隧道横断面高5米、宽10.5米，双车道各宽3.75米。

在山岭公路隧道中，秦岭终南山公路隧道无论是工程规模、主洞长度、主洞埋深、分段通风长度，还是竖井深度及直径，均为中国公路修筑第一。

秦岭终南山公路隧道施工技术难度极大。为了打通秦岭隧道，施工单位引进了世界最先进的TBM隧道掘进机，成立了QC科技攻关小组。为确保隧道掘进精度，隧道洞内外控制测量全部采用了GPS全球定位系统，贯通精度高程误差为1毫米，中线误差为12毫米，测量精度被专家称为"世界先进水平"。

穿越秦岭山脉的铁路、公路的开通，完善了国家和陕西省交通网络布局；突破了秦岭南北交通的天然屏障，改善了中国西北、西南地区的交通运输状况；加强了西北、西南、华北、华南、华中的经济文化联系，对于构建和谐陕西无疑会起到极大的促进作用。

中国大地中心

——陕西泾阳

在陕西关中大地上，耸立着一座高高的圆顶、棱柱式建筑，这就是中华人民共和国大地原点的标志。1978年，中华人民共和国大地原点设立在陕西泾阳县永乐镇。从此，陕西泾阳成为中华神州的地理中心。

大地原点也称"大地基准点"，中华人民共和国大地原点是我国地理坐标——经度、纬度的起算点和基准点。

◉ 国家大地原点

一个国家，无论是从经济建设的规划设计、国家外交活动，还是从国家防卫和人民的日常生活，无一不与国家的地理位置相联系。

为了在国家领土上进行大地测量，就需要描述地球形状和确定地面上点的地理位置。因为，地球的形状近似于一个椭球，要准确描述地球形状，必须采用一个参考椭球体。

数学的参考椭球面一定要与物理的大地水准面相近，把地球表面上许多复杂的数据在地球椭球面上处理，使地球表面上的地形、地物及各种地理位置和地球椭球上的位置全部对应起来。

为了求定地面上各点的大地坐标，必须有一个大地坐标系。一个国家的大地坐标系的原点通称国家大地原点。大地原点是大地坐标系的标志——定位中的基准点，也是地理坐标——经度、纬度的起算点。

◉ 中国大地原点落泾阳

中国大地原点是一项非常重要的基础工程，需要永久性保护。它的选址必须符合：地质构造稳定，离开大城市；附近无大的工矿区，地形开阔；便于从事高精度测量，便于管理与保护，大致位于整个大地坐标系覆盖地区的中部等条件。

陕西省泾阳县就符合上述条件，其基准面能够较好地与我国大地水准面符合。所以，中国的大地原点就确定在陕西泾阳县永乐镇石际寺村境内。

1976年，中华人民共和国大地原点工程动工建设，1978年建成后便进行试用。1980年正式启用，增设并施测了国家基本重力点和天文基本点。

中华人民共和国大地原点为国家地理、军事等方面的测绘工作提供了有力的数据支

持。在中华人民共和国大地原点建成后，有关专家研究发现，中国西汉时期长达1000多千米的超长建筑基线就从此处经过。2000多年前测定的建筑基线与建成的中华人民共和国大地原点基本一致，相差也就2分经度的距离。这一古今测量史上的巧合，令考古及测绘界赞叹不已。

◉ 大地原点风貌

中国大地原点主体采用棱柱塔楼式建筑，塔楼坐东向西，基座高约2米，面积近200平方米。

中国大地原点标石用整块的花岗岩凿成，重量达7吨。原点标石的中央嵌有一块直径达10厘米的红色玛瑙石，红色玛瑙石上刻了一个"十"字，"十"字的交点中心就是中华人民共和国大地原点,也就是中国地理坐标经度与纬度的起算点和基准点。

塔楼从地下室大地原点"十"字交点到顶层观察室中央,其中心位置有一孔洞是垂直相通的,从顶层观察室中央的孔洞,可以看到地下室中的大地原点"十"字。从第2层到第6层,周壁设有3个供投影中心标石的门,各呈120°。在空间上,这门洞与建筑群外沿的左、右、后3个亭子内的水泥台相对,在各台上支起仪器可瞄准室内的原点。

中华人民共和国大地原点处于一个测量意义上的开放状态。塔楼顶层为观察室,内设仪器台,建筑的顶部是玻璃钢制成的整体半圆形屋顶,可用电控翻开以便观测天体。

古都新貌

——新亚欧大陆桥的桥头堡

西安位于中国大陆的中心,是中国西部地区科技实力最强,工业门类最齐全的城市。也是中国的重要科研、高等教育、国防科技工业和高新技术产业基地,中国重要的航天工业、机械制造和食品工业的中心,中国西部的中心城市和西北地区最大的商贸中心和物资集散地。它具有承东启西,连接南北的区位优势和交通优势。

◉ 历史文化名城——13朝古都

"秦中自古帝王州"。中国历史上有14个王朝在陕西建都,除大夏国的中心建在陕西北部的靖边外,西安地区有13个王朝在此建都,作为中国政治、经济、文化中心,历时千余年。

公元前11世纪,周族灭商立国,建都于丰京和镐京,合称"丰镐"。

秦人东出函谷,灭六国,秦始皇以咸阳为都,渭河两岸宫阙连绵。

西汉初年,刘邦灭秦,定都八百里秦川与秦咸阳渭水之隔的南岸,取地名长安乡的"长治久安"含义,立名"长安"。东汉后期,汉献帝被迫由洛阳宫西迁长安。

西晋在长安建都3载后,前赵、前秦、后秦、西魏、北周先后在西安建都,长安历经战乱兵荒。

隋文帝统一中国后,在汉长安城东南建新都,命名"大兴城"。"大兴城"的规模、布局,远远超过了西汉长安城,奠定了唐代都城的基础。

唐朝是中国历史上的鼎盛时期,都城恢复长安之名。长安不仅成为大唐帝国政治、经济、文化的中心,也成为东方世界最大的国际都市。

◉ 古都新貌

新中国建立,西安成为重要的省会城市。西安社会经济发展精彩纷呈,已成为中国重要的科技、文化、教育、商贸、金融中心和现代加工工业基地,著名的国际旅游城市。

西安是中国科学技术、高等教育的重要基地。西安拥有近百所高等院校、数千余所各类科研及技术创新机构,数十万专业技术人员,一大批国家级实验室和测试中心。西

安的综合科技实力仅次于上海、北京居全国第三位。

西安的现代工业生产在深化改革中蓬勃发展。装备制造业在西安工业经济发展中起到显著的决定性作用；西安新经济增长点——西安高新技术产业开发区迅速发展；全国唯一的航天测控网的中枢神经——卫星测控中心也设在西安。西安成为中国的机械、航天、航空、兵器、电子、仪表、输变电设备、食品等高新技术产业基地。

西安是联合国科教文组织确认的世界历史名城，享誉中外的国际旅游城市。悠久浩瀚的历史文化遗存，秀丽壮美的自然风光，浓郁的民俗风情，构成了西安地区独具特色的旅游资源，成为寻幽探胜的绝好去处。

西安的文物古迹之多，密度之大，等级之高均居全国之首。"西安文物甲天下"，深厚的历史文化积淀和浩瀚的文物古迹遗存使西安享有"天然历史博物馆"的美称。

中国人类的童年——半坡遗址、中国最古老的园林——华清池、中国最大的石质书库——碑林、西北历史最长的大清真寺、中国现代化博物馆——陕西历史博物馆、世界上保存最完整、规模最宏大的西安古城墙，钟楼、鼓楼、大小雁塔和闻名于世的秦兵马俑等都记载了西安、陕西乃至中国社会文明发展的轨迹。

西安周边的自然景观也独具特色，"奇险天下第一"的西岳华山、"天下第一汤"的华清池、"洞天第一福地"的楼观台、秦岭之巅太白山……人文山水、古城新姿交相辉映，构成古老西安特有的风姿神韵。

◉ 新亚欧大陆桥桥头堡

西安地处中国中西部两大经济区域的结合部，是西北地区通往西南、中原、华东和华北的门户和交通枢纽。

西安已形成了以铁路、公路、航空为主的立体交通网络。陇海铁路、西延铁路、西康铁路、西中铁路、西合铁路以西安为中心，形成十字网架的交通枢纽。有9条国家级公路通过西安，形成了一个以西安为中心，贯通陕西全省、辐射周边省市的"米"字型辐射状干线公路系统。西安咸阳国际机场是国内第4大航空枢纽，所以，西安是新亚欧大陆桥的重要的桥头堡。

中国区域经济布局上，西安具有承东启西、东联西进的区位优势。西安是西部经济区域与东中部经济区域的各类商品、劳务和生产要素融通的最便捷的市场。中国经济由东向西推进中，西安既可以成为生产要素的首选承接地，又可以成为生产要素向西部地区转移的起点，具有承东启西、连接南北的传导和辐射作用，也是西部大开发的桥头堡。

西安的发展目标是：世界历史文化名城、世界一流的旅游目的地城市、中国的创新型城市和教育名城，构筑中国重要的装备工业基地和高新技术产业基地，建立中国交通通讯信息中心、区域性商贸物流会展中心和西部重要的金融中心。

昔日陈仓

——腾飞的宝鸡

陕西省宝鸡市位于关中平原西端，北依黄土高原，南临秦岭，被视为关中西北门户，陕西境内第一大河渭河穿宝鸡城而过。大约六七千年前，宝鸡就有人类活动的足迹，是周、秦发祥之地。

宝鸡处于西安、兰州、银川、成都四个省会城市的中心，陇海、宝成、宝中铁路的交会点，新亚欧大陆桥中国境内的第三大枢纽。

◉ 昔有陈仓"宝鸡"鸣

宝鸡是中国黄河流域古代文明重要的发源地之一。传说炎帝出生在此，也是周人活动的地区。宝鸡有一座陈仓山，秦代在此设置陈仓县。

相传秦文公在陈仓山狩猎，曾获神鸡，遂更名为鸡峰山。又传秦文公在陈仓山打猎，天降陨石，金鸡齐鸣，被视为祥瑞，就改陈仓山为宝鸡山并在陈仓城内建有祀鸡台，祭祀石鸡。也就是老百姓说的"斗鸡台"。

唐至德二年（757）以"昔有陈仓山宝鸡鸣之瑞"，改陈仓为宝鸡。宝鸡这个名字就一直用到现在。

◉ 川甘陕咽喉

宝鸡南、西、北三面群山环卫，历史上为兵家必争之地。宝鸡南面的大散关，为四川、陕西相互往来的重要途径。由于地势险要，通过大散关的通道，古称陈仓道，也是川、甘、陕的咽喉。

自古以来宝鸡为楚汉相争，韩信为刘邦谋计"明修栈道，暗度陈仓"，汉军一举占领关中。三国鼎立，诸葛亮六出祁山，率兵征战之地。南宋时，宋将率军在此大败金兵。

新中国建立后，川陕公路、宝成铁路东由此穿过。连接了四川、陕西，成为川陕经济发展的大通道。

◉ 中国重工业重镇

宝鸡是陕西第二大城市，一个以重工业为中心的门类齐全的新兴工业城市。

作为西北工业重镇，陕西宝鸡拥有亚洲最大的钛金属加工基地。宝鸡的钛材产量居全中国首位。它还是中国稀有金属综合加工和科研基地。以宝钛集团为龙头的稀有金属新材料产业已具规模，其产品在国内市场占有率已达70%左右。宝钛集团有限公司是中国最大的以钛为主导产品的稀有金属材料专业化生产、科研基地，被誉为"中国钛城"。

宝鸡是中国最大的石油机械钻采设备生产基地，石油设备产量居全中国首位。

宝鸡以秦川集团等企业为主体的数控机床产业，保持了数控机床系列产品的领先地位；以长岭纺电为龙头的程控纺织电子生产基地六大类30多个品种均拥有自主知识产权，成为中国最大的纺织电子生产基地。

宝鸡以陇海线向东为重要的经济轴，发展新型制造业，及以自动化、新材料为重点的高新技术产业。做强以电子、机械、食品、有色金属冶炼加工、建材等为主的产业群，建造全国机床制造基地、重型汽车制造业基地和有色加工制造业基地，成为关中地区西端的大型工商业城市和交通枢纽城市经济区，也在向中国制造业强市迈进。

最具创新活力的科技新城

——西安高新技术产业开发区

　　西安高新技术产业开发区是1991年国务院批准的中国国家第一批高新技术产业开发区之一。1994年以来其综合指标一直位居全国53个国家级高新技术产业开发区的前列。

　　2005年8月，经国家质检总局、国家标准化管理委员会正式批准，西安高新技术产业开发区成为全国第一个国家级高新技术产业标准化示范区。同时，西安高新技术产业开发区还被国家确定为中国五个要建成世界一流高科技园区的高新区之一。

　　西安高新技术产业开发区主要经济指标多年来一直保持较高的增长速度，是陕西经济发展一道靓丽的风景线。

◉ 自主创新的典范

　　西安高新技术产业开发区坚持自主创新，不断提升区域的创新能力，支持更多的企业在开发区快速成长。从开工建设的第一锹，管理体制的建立，到真抓实干加快发展以及"二次创业"等，靠着对理想的追求和对创新的执著，西安高新技术产业开发区经历了由区到城的全新飞跃：四个功能园区、五大创新计划、六大产业链群，无数高端产品……每一项成绩的取得，都是铸就西安高新技术产业开发区辉煌业绩的基石。比亚迪、美光、美国应用材料等，每一个大项目的落户、上马都标志着西安高新技术产业开发区正阔步走向全新的"大招商，招大商"的征程。

　　西安高新技术产业开发区是自主创新的一个成功典范，它营造了一个良好的创新氛围，数千家科技企业，百余家过亿元企业在此创业，得到迅速发展。

◉ 电子信息、生物医药、先进制造、汽车产业集群

　　西安高新技术产业开发区以集成电路、通信、软件为核心的电子信息产业优势突出，发展强劲，已初步形成具有高成长性和强竞争力的产业集群。

　　电子信息业凸显了以大唐电信、海天天线、西电捷通为龙头的通信产业集群；以美光、应用材料、IR、英飞凌、华讯微电子、西岳电子等企业为代表，基本形成了从科技研发到封装测试的完整集成电路产业链。

　　软件集群初步形成，西安软件园已成为内陆城市唯一的国家级的软件产业基地和国

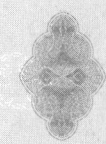

家级软件出口基地，企业数量发展为数百家。软件产业销售收入达数10亿元，集群优势突出。

生物医药产业集群已初具规模，涵盖了天然植物提取与制品、化学原料与制剂、生物芯片和生物诊断技术等。一批有规模、有创新实力、有竞争优势的生物医药企业在西安高新技术产业开发区迅速崛起。

先进制造凸显了电力设备、制冷设备、能源技术、仪器仪表制造等产业集群，基础雄厚、特色突出。以比亚迪、法士特、欧舒特、伊顿公司等企业为核心形成了汽车产业集群。

● 高新技术研发中心和产业孵化基地

西安高新技术产业开发区已成为陕西高新技术研发中心。

西安高新技术产业开发区内已有美国INTEL、SPSS、IBM，日本Fujisu、NEC，德国英飞凌，加拿大NORTEL、北电网络等大型跨国公司的技术研发中心相继进入，西安高新技术产业开发区已成为跨国公司研发基地。

万余名高端人才进入西安高新技术产业开发区创业，极大地增强了企业的技术创新能力、开发区的区域创新能力和产业发展能力。

西安高新技术产业开发区以创业服务中心为载体，以高校、科研院所和企业为核心的一体化技术创新体系已经初步建立。建成了光电子、IC设计、先进制造、生物医药、新材料等19个不同领域的专业孵化器，总孵化面积40多万平方米，成为中国孵化面积较大、服务功能较全、企业成活率较高的企业孵化器集群之一。

西安高新技术产业开发区是中国依靠本地科技资源创办创新型中小科技企业数量最多的高新区之一，西安高新技术产业开发区创业园发展中心是全国毕业企业最多、企业孵化成功率最高、技术创新能力最强的创业中心之一。

通过火炬计划的实施，使西安高新技术产业开发区一大批具有国内外先进水平和自主知识产权的高新技术成果转化为现实的生产力。

● 培育高科技民族企业的摇篮

随着大量高新技术在西安高新技术产业开发区转化，一批具有较强实力的民族高科技企业在西安高新技术产业开发区迅速崛起，这些科技企业注重科技的研发和科技成果的转化，其核心产品拥有自主知识产权和品牌，具有较强的国际竞争力。如，大唐电信研制出了具有20世纪90年代世界先进水平的交换机SP30，并实现产业化。这是中国第一个能提供具有自主知识产权的CDMA移动通信商用设备的电信设备供应公司。海天天线已经发展成为中国移动通信基站天线的龙头供应商，其产品已批量进入印度、泰国、美国、沙特、俄罗斯等国家。法士特集团的重型汽车变速器跃居世界单厂产量第一，国内

市场占有率高达92%。

在西安高新技术产业开发区的企业中，民营科技企业不仅比例高，而且发展速度快。西安高新技术产业开发区从事电子信息、生物工程与新医药的民营科技企业，连续数年销售收入以超过50%的速度增长。民营科技企业在优化资源配置、促进科技成果转化、实施火炬计划项目等方面发挥了重要作用。

◉ 多元化投融资和风险投资体系与科技成果产业化

西安高新技术产业开发区按照"515龙头企业扶持计划"，财政每年拿出2亿元专项资金，用于大企业的集成创新。按照"创新型企业培育计划"，每年设立1亿元的专项资金，用于支持科技人员创业和扶持中小科技企业的技术创新。设立1亿元专项资金，鼓励区内企业加强国际交流与合作，参与国际市场竞争。

西安高新技术产业开发区管委会还积极为企业争取国家、省、市各类技术创新和产业发展计划资金的无偿资助。不仅通过设立陕西高新技术投资公司、中小企业贷款担保基金(公司)、科技中小型企业创新资金、投融资顾问服务中心(公司)、种子基金以及青年科技新星创业基金等风险投资机构来支持科技企业的发展，还大力发展非国有风险投资机构，极大地促进了技术与资本的融合，推动了科技成果产业化。

◉ 陕西对外开放、引资的窗口

西安高新技术产业开发区已经成为陕西利用外资最密集的地区，对外开放、引资的窗口。21世纪初，已有29个国家和地区的企业在这里创办外商投资企业，累计注册外资企业数百家，其中，世界500强企业和国际知名公司投资的企业达数10家。

西安高新技术产业开发区积极参与国际合作与交流。西安高新技术产业开发区已成为向APEC成员特别开放的科技工业园区，促进了APEC成员与陕西在高新技术产业领域的合作与交流。开发区还积极参与国际竞争，加快了高新技术国际化步伐。

西安高新技术产业开发区以市场提供原始的自主创新动力，持之以恒地推进国际化、市场化和特色化，实现了产业结构的调整和劳动生产率的提高，也使陕西的经济发展得到提升。西安高新技术产业开发区的创新事业、建设和发展，正处在一个朝气蓬勃、充满活力的阶段。

西安高新技术产业开发区正站在一个新的起点，实现新的跨越。

绿色硅谷

——杨凌农业高新技术产业示范区

杨凌农业高新技术产业示范区位于陕西八百里秦川的腹地,是中国唯一的国家级农业示范区,中国农业的"硅谷"。

◉ 杨凌的"腾飞"

杨凌所处的地理位置,古代称为"邰"。相传周人的祖先弃(后稷)在这里发明了农业,并且教会百姓种植和收获。杨凌被人们视作中国古代农业的发祥地。

杨凌,原称杨陵,隋文帝杨坚定陵墓泰陵于此地。为了展示腾飞的中国农业科技,20世纪末,将"陵"字改为壮志凌云的"凌"。

◉ 中国农业高新技术产业示范区

为了解决中国干旱、半干旱地区的农业发展,由国家科技部、国家发展计划委员会、教育部、经贸委、财政部、建设部、水利部、农业部、外经贸部等部委和陕西省政府实行"省部共建",陕西省计委、经贸委等26个省级有关部门组成了示范区领导小组,实行了"省内共建"杨凌农业高新技术产业示范区。

1997年7月,经国务院批准,陕西杨凌农业高新技术产业示范区成立。示范区属于国家新技术开发区序列,是中国唯一的国家级农业高新技术产业示范区。

杨凌农业高新技术产业示范区以发展农业高科技,实现产业化为中心,以市场为导向、大学为依托,推动农科教、产学研结合,促进科技成果的商品化、产业化、国际化;加强招商引资、科技示范、城市化和对外开放,不断增强和发挥示范区的示范、带动、辐射功能。

◉ 科技创新、示范推广

杨凌农业高新技术产业示范区开展关于中国干旱半干旱地区农业和良种繁育、节水灌溉及节水工程、生物工程及生化工程、生态及环保工程,农副产品深加工及植物化工、设施农业及其他技术先进的农用工业类项目的研究。

以西北农林科技大学的国家和省部级研究中心、重点实验室、博士后流动站为主

体，组织多学科联合攻关与技术集成，开展农业科技创新，构建了中国现代农业科技创新体系。

示范区成功培育出成年体细胞克隆山羊，使中国动物体细胞克隆技术跻身世界先进行列。选育出中国黄淮冬麦区第一个审定的杂种小麦新品种——西杂一号，取得国际较高水准的科研成果。

示范区内，建设了节水灌溉技术示范园、设施农业示范园、现代观光农业示范园等，还有作物良种繁育示范基地、优良花卉苗木繁育生产示范基地、优质精细绿色蔬菜生产示范基地和动物良种繁育、养殖示范基地，名、优、特、杂果业示范基地。

建立引智示范园、留学人员创业园，以吸收世界农业发达国家的先进成果。创立"科技人员+公司""公司+农户"的利益联动机制，促进科技成果的转化。

杨凌农业高新技术产业示范区已基本形成中国干旱半干旱地区农业技术研究开发中心、农业科技人才培养中心、科技成果转化和产业化示范中心和农业科技信息集散中心。

示范区立足杨凌，面向陕西，辐射西部。"点-线-面"结合的现代农业高新科技示范辐射网络，使一座科技发达的农科城、经济繁荣的产业城、环境优美的生态城、文明开放的旅游城正在崛起。

"牧星"太空

——中国西安卫星测控中心

中国西安卫星测控中心的主体建筑——航天飞行控制大楼，坐落在陕西西安东南。

中国西安卫星测控中心是中国卫星测控网的信息管理、指挥、控制机构，是中国地球资源卫星的地面指挥部。用电子计算机指挥和监控卫星运转、安排卫星的作业时间表，如卫星飞经某地上空时，指令关闭成像系统；飞经某一地面接收站时，指令卫星向地面接收站发送数据。

◉ 卫星测控中心

中国西安卫星测控中心承担了对中国发射的所有卫星的跟踪观测、遥测遥控、运行管理、信息交换、数据处理和轨道、姿态控制等任务，是中国航天测控网的中心管理机构。

卫星测控中心的主体建筑就是被仪器、计算机、调度室、显示屏、指挥台、参观席分割成块的指挥大厅，指挥带动着整个航天测控网，可以在地球上相距9000多千米的航区内，3.6万千米的地面高度上，对火箭、卫星实施准确的测量控制。测控时间同步精度达到了百万分之一秒的量级。

西安卫星测控中心的技术水平和主要的技术设备，与美国休斯顿、哥达德和法国图鲁兹等相应的测控中心相比较，西安卫星测控中心具有多中心职能，能支持近地卫星和地球同步卫星两个测控网；能对不同类型的多颗卫星进行测控。

◉ 精妙测控

中国西安卫星测控中心的科学家们创造出独特的航天测控体系，将固定站与移动站相结合。卫星测控网、飞船测控网和深空测控网于一体的航天测控网，实现了测控网"以航天器控制语言为基础的中心遥控透明控制模式"，将指令发送间隔由1秒缩短到0.3秒。实现了卫星控制由测站遥控指令链模式到中心遥控作业工作模式的跨越。

科学家们提出了测控资源最优分配策略与算法，建成了中国第一个测控网多任务管理中心，实现了测控资源的统一分配和测控设备的远程监控。测控设备切换时间从40分钟缩短到8分钟，测控网使用效率提高1倍以上。新研制了6大类数百万行测控软件，可以

同时支持三个发射场发射的卫星早期测控任务的能力，满足40颗以上在轨卫星的长期管理需求，航天测控技术步入世界先进水平。

他们独立研发的精密定轨系统，将定轨精度提高到米级。超同步转移轨道卫星四次变轨技术、同步卫星双星共位技术和高精度位置保持技术，有效节省了卫星燃料、延长了卫星寿命，使轨道控制精度由数百米提高到几十米。他们还改进卫星姿态算法，将同步轨道段定姿精度提高到0.03度以内，使定姿精度达到国际先进水平……

中国西安卫星测控中心实现、达到与美国、俄罗斯等国全球布网，对航天器进行全时段测控的同等测控能力。

⦿ 太空"牧星"

西安卫星测控中心从第一颗东方红卫星的测量，到圆满完成第一颗返回式卫星的回收；从距地球36000千米的赤道上空实现卫星同步定点，到确保飞船的回收、搜救；从多星管理到成功抢救卫星故障，西安卫星测控中心实现了中国航天测控的"飞向太空、返回地面、同步定点、飞船回收、多星管理"五大跨越。

1970年，西安卫星测控中心所属地面观测系统对中国首颗人造地球卫星"东方红一号"，进行了跟踪测量，适时做出卫星经过世界244个城市上空的可观测预报。

1975年，在西安卫星测控中心各测控站精确测量、控制下，中国第一颗返回式卫星运行3天后准确返回到预定回收区。

1984年，西安卫星测控中心成功将"东方红二号"通信卫星定点于东经125度赤道上空。

1999～2005年，西安卫星测控中心圆满完成6次"神舟"飞船测控回收任务。"神舟五号"创造出飞船实际落点与计算落点仅差1.1千米、搜救人员30秒赶到着陆现场的航

天奇迹。"神舟六号"预报落点与实际落点误差只有0.28千米。

测控中心不断提高综合测控能力，实现执行实时测控一年十几次，卫星长期管理达数10颗。

测控中心还负责卫星在天空中的安全。2001年，及时排除太阳能帆板故障，使危在旦夕的通信卫星重新恢复功能；2002年，奋战六昼夜抢救超期服役的资源卫星；2003年，采用紧急测控方案，准确注入指令，使告急的海洋卫星恢复安全状态；2007年，历经60天连续奋战，使导航试验卫星起死回生……

◉ 走向世界

西安卫星测控中心以一流的技术和优质的服务，为中国承揽发射的亚洲一号、二号，澳星B1、B2通信卫星以及巴星、瑞星、铱星、尼星等数10颗外国卫星提供了可靠、精确的测控支持，还与法国等进行测控联网，为中国航天测控在国际上赢得良好声誉。

卫星测控中心先后启动中法、中瑞、中智（利）、中加国际测控联网，建立测控联网合作，实现了测控资源共享。并与欧洲空间局欧洲空间操作中心签署相关合作协议，有效提高了中国航天测控覆盖率。

美、俄、英、法、德等42个国家、地区和组织的数百名代表先后到西安卫星测控中心参观考察和技术交流，扩大国际合作领域、拓展合作范围，推动中国航天测控事业全面走向世界。

中国西安卫星测控中心已成功执行了100余颗卫星的航天测控任务，航天测控综合能力跨入世界前列。中国西安卫星测控中心将从测控地球到测控月球卫星乃至深空测控、由基地测控网到天地一体化测控网的发展为契机，实现建设"世界一流航天飞行控制中心"、建设"高精度、高覆盖率综合航天测控网"的目标。

大鹏展翅

——陕西的飞机制造工业

陕西是中国大中型飞机的主要生产基地，已形成较为完整的产业配套体系，其主要研发和制造领域除了飞机总体设计、总装制造和飞行试验外，还包括航空发动机、仪表、液压附件、燃油附件、航空电机以及航空计算机等诸多专业。

在陕西研制、生产的"新舟60""运八"型飞机，用途广，适应性强，安全可靠。"歼轰7""轰6"，代表了中国军用飞机的跃进。

陕西是中国名副其实、无可争议的航空工业第一大省，航空产业是陕西省优势明显的战略性产业。

陕西是中国唯一的具有两个整机生产航空企业的省份，行业资产规模、生产总值、人才总量和科技成果均占全国三分之一左右。

◉ 中国运输机制造的骄傲

中国自行研制的"运输八型"飞机是国内最大的四发涡轮螺旋桨、中程中型多用途运输机。

1975年12月20日，"运八"飞机原型机首次飞上蓝天；1980年2月，被批准设计定型，并投入批量生产。自此，中国结束了不能自行研制大中型飞机的历史。

"运八"飞机为全金属半硬壳结构，海鸥张臂式上单翼，起落架为前三点布局，主起落架为四轮小车式，有低压轮胎和新颖的盘式刹车机构，收放灵活，安全可靠。

安装四台涡轮螺旋桨发动机，恒速并可顺桨反桨。机上各种先进的仪表、通讯及导航设备，可确保飞机在任何气象条件下昼夜安全飞行。

可在草地、雪地、砂砾地等简易机场安全起降，可用于空运、空投、空降、救生、海上作业及特种作战等多种用途。

"运八"飞机已成为中国国产飞机中改进改型潜力最大、改进改型最多的运输机种，"运八"系列飞机已发展到近30种机型。运8系列飞机有运8F100型、运8F200型、运8F400型、运8F600型等民用货运飞机。运8F600型飞机以其高效率、低噪音、长航程、大载货量的特性，有望成为未来主力支线货运飞机。

"运八"系列飞机取得了相关机型的型号合格证（TC证）和生产许可证（PC证），

不仅装备了中国人民解放军陆、海、空三军部队,满足了国防现代化的需要。

"运八"飞机还进入民用领域,满足了国内邮政航空、民航市场的需求,同时还出口到海外多个国家,进一步拓宽了国际国内市场。

"运八"飞机以其优越的性能获得了广泛的好评,为中国国民经济的发展和国防建设做出了巨大贡献。"运八"气密型飞机的研制,不但提高了飞机的整体性能,而且使飞机的发展前景更加广阔。

陕飞集团作为中国的"运输机基地"正在全力研制的运9型飞机将成为中国人民解放军21世纪主力战术运输机。"运八"飞机创造了一个又一个历史的奇迹。

◉ 翱翔蓝天的"新舟60"

西安飞机工业(集团)有限责任公司改进、提高了"运七–200A"飞机的制造质量和舒适性,重命名为"新舟60",作为国产新一代支线飞机的"精品工程"。2000年,"新舟60"飞机完成研制、试飞。

"新舟60"飞机是以现代成熟技术为基础,严格按照CCAR–25部试航标准进行设计、生产和验证的一种50座级双发涡桨支线客机。飞机采用两人驾驶体制。

"新舟60"飞机安全、可靠、舒适、经济、易维护和驾驶品质优良,具有当代先进涡桨支线客机的水平。飞机动力装置采用了国际一流的加拿大普惠公司生产的PW–127J自由涡轮三轴低耗发动机和美国汉胜公司生产的247F–3全复合材料高效低噪螺旋桨。前机身与驾驶舱全新设计,配置了具有当代支线飞机先进水平的导航、通信、电子仪表和自动驾驶系统,具有完整的飞机指引和自动驾驶能力,可承载52～60名旅客,商载5.5吨。"新舟60"飞机可进行豪华公务机、货物运输机、海洋监测机、人工增雨机、航测、探测机等多用途改装。

"新舟60"飞机的可靠性、安全性、经济性、维护性以及驾驶品质都已达到或接近世界先进支线客机的水平。良好的品质保障,良好的经济性能使其竞争处于有利地位,再加上中国支线飞机市场的潜力,国内支线飞机需求增大。综合飞机市场的政策、环境、产品优势、工业基础等方面的因素,"新舟60"将在中国支线运输方面起到重要作用。

◉ 空中长城——中国飞豹

歼轰7(FBC–1)飞机是由西安飞机设计研究所进行设计,西安飞机工业(集团)有限责任公司生产的一种新型歼击轰炸机。

歼轰7(FBC–1)飞机在制造技术上有许多新突破。该机突出优点是:航程远、载重大、威力强,可实施对地、对海攻击和空中格斗,达到了积极防御的战略设计要求。它的试制成功,填补了我国在歼击轰炸机机型上的空白。

◉ 空中美男子——轰6飞机

1968年12月，轰6飞机首飞成功。1969年，经小批量生产后，即投入了批量生产。目前，轰6飞机有多种改型。轰6飞机是在前苏联图-16轰炸机的基础上研制的高亚音速中程战略轰炸机，该机能运载常规炸弹或核弹执行轰炸任务。

◉ 国家航空高技术产业基地

西安阎良是中国著名的航空城，有大飞机、支线飞机、通用飞机整机制造、培训、维修的能力，是重要的航空产业资源聚合地和产业拉动力，也是未来航空产业拉动周边城市建设的源头。

为了充分发挥西安得天独厚的航空产业优势，振兴民族航空工业，2004年8月11日，国家发展和改革委员会正式批准成立西安阎良国家航空高技术产业基地。

2005年3月，中国唯一的集航空技术研发、航空人才培养、航空装备生产及整机制造、零部件加工、航空服务为一体的国家级航空技术产业基地在阎良启动建设。

国家航空高技术产业基地以西安阎良为核心区，以陕西关中地区为扩展区，辐射带动陕西航空及相关高技术产业发展。基地核心区的规划面积40平方千米，主要围绕航空制造，重点发展大中型飞机、通用飞机、航空发动机改装及新型材料、航空旅游服务等。基地目前规划有四个功能区：飞机研发制造区、相关产业区、航空人才培养培训区、商务及生活区。

西安阎良是中国唯一的集飞机设计研究、生产制造、试飞鉴定和教学为一体的航空产业基地。形成了完整的航空产业体系，是全国航空产业体系最完整的地区。

黄土明珠

——耀瓷新彩

耀州窑位于陕西铜川黄堡镇附近，因宋代属耀州而得名，是中国古代北方烧造青瓷的名窑——以略带黄绿色的青釉成为北方青瓷的主要产地之一。

耀州窑在唐代开始烧造白瓷、黑瓷、青瓷。五代时，成为国家的"贡瓷"。到了北宋主要烧造青瓷。

耀州窑所烧的青瓷，釉色苍翠，深沉透亮，如冰似玉，造型古朴庄重，纹饰富丽多姿，线条粗犷流畅，代表了中国北方青瓷艺术的最高成就。

◉ 十里窑场

据《太平寰宇记》记载："耀州土产有石脂、青石、生华原"，为耀州窑烧瓷提供了得天独厚的资源条件。陕西铜川的立地坡、上店村、陈炉镇和黄堡镇都发现了耀州窑的遗址。

从黄堡镇西南的凤凰沟到镇西北的瓷土产地泥池，历史上，沿漆水河两岸的峡谷台地绵延十数千米，层层叠叠布满了唐、宋、金、元各时期的瓷窑和作坊，炉火不断，古称"十里窑场"。

已发掘的耀州窑遗址，分属于唐、宋、金、元时代的瓷窑有12座，砖瓦窑1座，生产作坊4间，作坊窑洞1座，灰坑6座，出土了数万瓷片。

黄堡镇是耀州窑遗址中规模最大、成就最高的遗址。黄堡镇是中国北方烧制青瓷的耀州窑中心，素有"陶瓷故都"之称，也是陕西发现的唯一的古代手工业城镇。

◉ 唐三彩的故乡

耀州窑的瓷器，形状以碗、盘、碟、罐、盒、炉为主，胎质灰白而薄，釉色匀净。装饰技法多刻花、印花，有牡丹、菊花、莲花等花卉及鱼、鸭、龙、凤等花纹，精比琢玉。

耀州窑创烧于唐代，以烧造黑色瓷为主，兼造少量青瓷。黑釉瓷是唐代耀州窑烧制的主要品种，数量最多。它釉色凝重漆黑明亮、光可鉴人，国宝级文物"唐代黑釉塔式瓷罐"是黑瓷中的稀有珍品。素胎黑花瓷是耀州窑的独创，且仅出现在唐代的耀州窑。

耀州窑在唐代已能造精美的三彩器皿，它烧制的唐三彩以造型精美、色彩赢人而闻名于世，体现了盛唐气象。

耀州窑还开创性地烧制了三彩建材，用于高级建筑构件——三彩龙头套饰，是中国首次在窑址中发现的唐三彩套兽。

三彩龙头套饰只能用于高级寺院或大型宫殿建筑上。在黄堡窑址发现的唐三彩龙头套饰和大量琉璃瓦，说明耀州窑在唐代就与宫廷有密切的联系，是烧造宫廷高级建材的重要基地。

◉ 北方青瓷

青瓷是耀州窑的代表品种，也是中国瓷器中最早出现的瓷器种类。

唐代，耀州窑的青瓷釉色青灰、釉层稀薄、玻璃质感强，打破了原有的南青北白格局。晚唐时，耀州窑吸收南方越窑先进的制瓷技艺，泥料淘洗日趋精细，青瓷质量也日渐提高。

五代时，耀州窑采用了一器一钵的单色青瓷、单件装烧法，青瓷获得长足发展，成为国家的"贡瓷"。

宋代耀州瓷釉色以橄榄绿为基本色调，极富变化。装饰纹样有植物类、动物类、人物类、山石流云坡类、几何纹类等，具有浓郁的地域特征和生活气息。装饰手法有刻、印、画、剔、塑、堆、贴、镂空等，式样雅朴，造型各样。还有娱乐的围棋子、化妆的粉盒、玩具的瓷塑、陈设的花瓶、祭祀的香炉等日常用品。

耀州窑刻花青瓷是"宋代刻花青瓷之冠"。其工艺是在半干的坯体上，用竹质或铁质刀具刻画出花纹图案，施釉烧成。通过釉层薄厚形成浓淡色阶，显出了不同层次的花纹，形成了耀州窑青瓷艺术的独特风格。

宋代是耀州窑发展的鼎盛时期，青瓷产量跃居全国诸窑之首，刻、印花装饰独树一

帜。其产品"巧如范金，精比琢玉"，不仅上贡皇室，还远销海外。

● 耀瓷新彩

20世纪70年代，耀州窑在新工艺制作下，失传700多年的耀州青瓷重放光彩。

青釉中显黄绿色是耀州窑青瓷与众不同釉色的特有风格，所以，选土、配料是关键。耀州青瓷一般都是在铜川陈炉的东山、育寨和阳坪选土。至少要选择两处不同品种，即所谓的"硬土"和"软土"进行合适的搭配，经过粉磨即所谓的"耙泥"、沉淀、陈腐和熟练后，才能使用。

耀州窑自宋代开始采用煤作燃料，烧成温度为1280～1300℃，烧成气氛为弱还原焰。这样的烧成温度比一般青瓷都高，对以铁着色的青釉色调有很大影响，即高温下铁在釉中的比例较高，这对导致釉色显黄也有一定作用，因此，耀州青瓷才能呈现出这种晶莹透明、朴拙厚重的黄绿釉色。

复制成功的耀州窑青瓷，再现了古耀州青瓷的玻璃质青釉晶莹温润釉色。刻花装饰犀利流畅、细腻和谐；图案纹饰奇特瑰丽、丰富多彩，深得国人和外商青睐。

仿制宋代耀州青瓷的倒流壶、玉壶春瓶品、刻花圆瓶、大梅瓶、刻花凤枕等品种，远销日、美、英、加、瑞、德、澳等国家。

陈炉耀瓷还生产品种繁多、适应性强的传统粗瓷制品，凡涉及民众生活的各方面，应有尽有。颜色釉还有孔雀兰、影青、艳黑、橘红等多种。

耀州瓷的复制成功，弘扬了传统耀瓷文化。陈炉镇也逐渐发展成为西北最大的制瓷窑场和瓷业生产基地，也是渭北陶瓷文化旅游名镇。

五味俱全

——中国西凤酒

陕西凤翔古称"雍县"，传说是凤凰生存的地方。唐至德二年（757）升凤翔为府，人称"西府凤翔"。"西凤酒"由此得名。

西凤酒原产于陕西凤翔县柳林镇，属复合香型的大曲白酒，"酸、甜、苦、辣、香"五味俱全。酒液清澈透明，香气清雅，酒味醇厚绵软，回味舒畅，以其风味独特跻身于名酒之林，驰名中外。

◉ 享誉古今西凤酒

西凤酒是中国最古老的名酒之一。始于周秦，盛于唐宋，距今已有2600多年的历史。

秦穆公时，雍县已有美酒佳酿。秦穆公"投酒于河以劳师"，就发生在这里。凤翔出土了大量春秋、战国时的酒器瓠、延爵、铜壶……

唐代，西凤酒就以"甘泉佳酿，清冽醇香"而闻名。享有"开坛香十里，隔壁醉三家"的美誉。

唐仪凤年间，吏部侍郎裴行俭送波斯王子回国，行至凤翔柳林附近的亭子头，看到路旁一些蝴蝶、蜜蜂纷纷坠地而卧。裴行俭感到很奇怪，便派人查访原因。凤翔郡守迎风寻找，寻到柳林镇，得知是一酿酒作坊刚打开一坛窖藏陈酒，酒味醇香无比。香味随风飘荡，醉倒了亭子头附近的蜜蜂、蝴蝶。

凤翔郡守将这坛美酒献给裴行俭，他欣喜吟诗"送君亭子头，蜂蝶醉不舞。三阳开国泰，美哉柳林酒"。裴行俭回到长安，将此酒献给唐高宗。自此，柳林酒被列为珍品。

北宋末年，凤翔知府苏东坡酷爱饮西凤酒，赋诗"花开美酒喝不醉，来看南山冷翠微"，使西凤酒盛名益彰。

明代，凤翔境内"烧坊遍地，满城飘香"。过路人"知味停车，闻香下马"，以品尝西凤酒。

1910年，西凤酒获南洋劝业赛会银质奖；1915年，西凤酒荣获巴拿马万国博览会金质奖；1928年，获中华国货展览会银质奖。由"富哉关中，酒哉西凤"，遂盛名五洲，

跻身于世界名酒行列。

新中国成立后，1952年在全国酿酒会上被评为"中国八大名酒"之一。1989年，第五届全国评酒会上，正式确定西凤酒为"凤香型"酒。

◉ 五味谐调凤香型

西凤酒的独特风味与西凤酒的酿造工艺息息相关。

西凤酒酿造主要原料是高粱，使用井水，制曲原料是大麦、豌豆，成酒后需储存三年，再勾兑调和后灌瓶。

曲是酒的筋骨，60%的大麦、40%的豌豆作曲，独特工艺制作的槐瓤大曲，使西凤酒具有了独特的风味。它以高粱作原料，使用清澈透明、没有杂质的柳林泉池水酿制。

西凤酒采用的是"多次发，多次取酒，以酒养糟，长期储存"酿造技术。储存于柳木容器，窖藏三年以上，方可灌瓶。

西凤酒色、香、味俱全，酸而不涩，苦而不黏，香而不刺鼻，辣而不呛喉。甜、酸、苦、辣、香五味谐调。

西凤酒入口后，回味无穷，经久不散；适量饮用西凤酒，令人神志清爽。西凤酒还有通胃祛劳的功能。

几千年来，西凤酒的酿造技术在传统方法上不断提高，独具特色的风味得到巩固和发展。

风格各异的地方小吃

——黄桂柿子饼、腊羊肉、凉皮、蓼花糖

陕西的饮食文化博大精深，想要了解最地道、最具特色的美食，莫过于亲自品尝陕西风格各异的地方小吃。

◉ 黄桂柿子饼

黄桂柿子饼是用临潼特产的火晶柿子，加上白面粉、黄桂、玫瑰、青红丝、桃仁、猪板油和白糖等制成的甜味食品，用热油煎至两面金黄，熟后饼心儿绵软，芳香扑鼻，也称水晶柿子饼。

相传李自成的农民起义军与黄桂柿子饼有着一段佳话。明崇祯十七年（1644），李自成在西安建立"大顺"政权以后，继续率起义军攻打北京。这一年，关中闹灾荒，粮食缺乏。为了慰劳起义军，临潼的老百姓就用当地盛产的火晶柿子，拌上一点面粉，烙成饼子，供起义军充饥。

火晶柿子饼香甜可口，抗饥耐饿，起义军食后，个个精神抖擞，斗志昂扬，以破竹之势攻下北京。此后，每年秋季临潼人民都要制作柿子饼，纪念李自成起义。之后这种食品很快也传遍关中各地。

经一代又一代厨师的改进，陕西的黄桂柿子饼已成为驰名的风味小吃，被誉为"关中名点"。

◉ "辇止坡老童家" 腊羊肉

西安老童家腊羊肉色泽红润，肉质酥烂，膘肉分明，气味香醇，油香不腻，鲜美可口。

西安老童家腊羊肉在选料、制作上有其独到之处。它以带骨羊肉为原料，配以芒硝、桂皮、八角、花椒、草果、小茴香和青海盐为辅料，经过腌肉、煮肉、焖肉等工艺精制而成，以其独特风味一直受到人们的欢迎。

相传1900年，八国联军攻打北京，慈禧太后携光绪皇帝逃到西安。一日，东方拂晓，天色微明，慈禧太后乘坐御辇外出，路经西大街桥梓口的一段石条坡路时，一股浓郁的香味扑鼻而来。

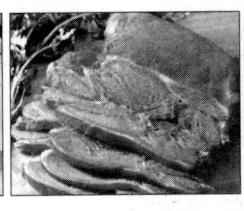

　　慈禧太后问道：什么东西，这样香？随行的陕西巡抚派人前往打听，得知是老童家开设的羊肉店正在煮肉。慈禧太后听了，随即喝令停车，派手下去买。慈禧太后尝了几口后，赞不绝口。王公大臣为了博得慈禧太后的欢心，遂由兵部尚书赵舒翘的老师邢庭维手书"辇止坡老童家"牌匾，赠与店主，悬挂店门口。从此，辇止坡老童家腊羊肉名噪古城。

◉ 陕西凉皮

　　"凉皮"是最受欢迎的陕西风味小吃之一，是一种用大米粉、小麦面粉制作的面皮。陕南、陕北、关中都有凉皮，因做法、吃法、调料、用料上不尽相同，形成汉中米面皮、秦镇米面皮、回民麻酱酿皮和歧山擀面皮。此外，还有关中的面筋凉皮、扶风的烙面皮、汉中的魔芋凉皮、黑米凉皮、陕北的绿豆凉皮等等。

　　陕西面皮绵软、润滑、筋道，加上酸辣可口的汁水调拌，爽口开胃，深受男女老少的喜爱。在陕西，凉皮一年四季都有卖，夏天吃的人尤其多。陕西的大街小巷、城镇、乡村，到处都有卖凉皮的。一张桌子，几个小板凳，就是一个凉皮摊。

　　陕西凉皮不仅是街头小吃，而且还登上大雅之堂。在陕西各大饭店、饭庄、酒楼经营的陕西风味小吃和宴席中，凉皮是必不可少的食品之一。

◉ 三原蓼花糖

　　陕西三原蓼花糖香酥甜脆，膨松细腻，形、味兼美，营养丰富，是招待客人、馈赠亲友的上等食品。它与吉林福源馆蓼花糖、河南安阳蓼花糖齐名，为中国三大蓼花糖。

　　三原蓼花糖呈圆鼓槌状，个大体轻，金黄色的表皮上均匀地沾满一层白芝麻，咬开后，里面是雪白细腻的蜂窝状糖心，以其形态肥大蓬松似蓼花果实而得名。

　　三原蓼花糖已有数百年的历史。三原人在米粉中加一定的黄豆浆，使其更加蓬松泡发，并在其表面滚粘上芝麻和白糖。因为吃过蓼花糖的人都赞不绝口："嫽（关中方言：好），嫽得太（关中方言：很好）！"故又称为"嫽花糖"。

　　1900年，慈禧太后携光绪皇帝逃到西安。陕西地方官吏将"嫽花糖"这一地方特色食品贡奉太后。慈禧太后见"嫽花糖"的形状酷似草原上的一种蓼花果实，取其谐音，遂云："干脆叫它蓼花糖，既形象，又别致。"以后，人们便改称为"蓼花糖"，列为贡品。

"陕西一绝"

——西安牛羊肉泡馍

想要了解最地道、最具特色的美食，最便捷的途径莫过于亲口品尝西安的牛羊肉泡馍，它被称为"陕西一绝"。

● "礼馔"与民肴

牛羊肉泡馍是在中国古代的牛羊羹的基础上形成的，陕西历史上的羊羹有着特殊的盛誉。

相传西周时，羊羹是王公贵族的"礼馔"。南北朝时，毛修之因献给皇帝绝味羊羹，竟一路升任为尚书光禄大夫。

宋朝开国皇帝赵匡胤少年时，流落长安街头。一天，穷困潦倒的他，口袋里只有两块咬不动的干饼。赵匡胤发愁中，看见路边一家穆斯林开设的肉铺，羊肉汤浓郁喷香，赵匡胤便讨得一碗浓汤，将馍泡在汤里吃下。后来，赵匡胤做了皇帝。在一次出巡中，经过10年前求食羊肉泡馍的铺子，回想起吃过滚烫的泡馍，饥寒全消的感受，便命店主做一碗羊肉泡馍。店主急忙让妻子将烙好的饼，仔细掰成小碎块儿，放到精心熬制的浓浓羊肉汤中煮了又煮，盛至碗中时还在面上放了几大片羊肉。皇上吃后，赞不绝口，并赏给店主白银百两。消息不胫而走，前来品尝羊肉泡馍的人越来越多。小店的伙计忙不过来，只好让客人自己掰馍。从此，食客自己掰馍的做法一直流传至今。

1900年，八国联军侵占北京。慈禧太后逃至西安。在西安桥梓口专营羊肉泡馍的"老马家"，品尝了羊肉泡馍，赞赏备至。特为老马家泡馍店题字"天赐楼"。自此，"老马家"改名"天赐楼"。

1936年，西安事变前，杨

虎城在"老孙家"用羊肉泡馍宴请蒋介石。更为有趣的是，1947年，国民党在竞选国大代表时，竟用羊肉泡馍来拉选票。一碗羊肉泡馍可以换取一张选票，当时西安报纸标题明刊《君欲竞选国大代，请客先吃羊肉泡》。

新中国成立后，西安羊肉泡馍是中央领导人宴请外国首脑的美味佳肴。1986年，北京钓鱼台国宾馆将西安羊肉泡馍这一地方风味食品，加入国宴。

关于西安羊肉泡馍还有另外的传说。相传宋元时，大量的回民移居西安，牛羊肉泡馍这一食品也随之落户西安。时有"陇馔有熊腊，秦烹唯羊羹"之说。19世纪末，西安已有大小牛羊肉泡馍馆数10家。

陕西地处西北高原，风沙大，气候寒冷。古时，百姓比较贫穷。历来贫穷人家出远门，都自己带馍。每当饿了，就在饭铺要一点热汤，将自带的烙饼掰碎，泡了吃。时间长了，饭店也向求汤的人索要一些汤钱。久而久之，牛羊肉汤泡馍就成为民众的日常食品。

◉ 羊肉泡馍中的"文化"

西安羊肉泡馍是陕西最有特色的、最有文化蕴涵的、广大民众最喜爱的传统食品。其制作工艺十分讲究。

用优质羊肉配以佐料入锅煮至酥烂，瘦肉绵软，肥肉不腻，汤浓味鲜；将馍（一种白面烤饼）掰成黄豆般大小的碎块。

厨师将炒锅中加上羊肉汤汁煮开，放入切好的木耳、黄花菜、粉丝等配菜，再加上适量的熟羊肉，等锅中的羊肉汤稍稍滚，再将掰好的馍块儿倒到汤中，煮2分钟左右，待其入味后，淋熟羊油盛入碗中。食用羊肉泡馍时，还配以糖蒜、辣酱、香菜等小盘佐味。

西安羊肉泡馍整个制作过程是有一定程序的，既讲究，又复杂。仅煮馍，就可分为"口汤""水围城""干泡"三种煮法。也可以只要汤和肉，不泡馍，叫"单走"。

西安羊肉泡馍不仅讲究烹饪，更要"会吃"。西安羊肉泡馍是一道厨师与食客共同完成的美味佳肴。也就是，进餐者根据自己的习惯和爱好，自己将馍掰成碎块儿，然后交给厨师单勺烹煮。掰馍，讲究馍块儿越小越好，可以使肉汤的鲜味更容易进入馍内。

最考究的吃法，是从碗边一点点地"蚕食"，才能保持碗中的泡馍鲜味始终，汤、馍不混。食后，再饮一小碗高汤，余香满口，回味悠长。

西安羊肉泡馍烹制精细，料重味醇，肉烂汤浓，肥而不腻，营养丰富，香气四溢，诱人食欲，食后回味无穷。

"民以食为天"。西安牛羊肉泡馍是独具陕西特色的、广大民众最为喜好的传统美味佳肴。西安著名的"同盛祥""老孙家""坊上人"等"陕西一绝"，吸引着来自海内外在陕西游览的客人。

念想周秦汉唐

——陕西旅游纪念品

陕西历史悠久的文化遗址，得天独厚的文物古迹，锦绣壮美的胜迹，丰富多彩的民俗风情，构成了陕西"古、独、多"的旅游资源，成为陕西的新的经济增长点。

◉ 秦兵马俑

秦始皇陵兵马俑的发掘、展出，使秦兵马俑复制品成为中外游客喜爱的纪念品和馈赠友人的礼品，风靡海内外。秦兵马俑复制品使秦俑走出陕西，遍及世界。

秦兵马俑复制品的造型忠于原物，无论是陶俑、陶马的姿态，还是发型、衣着、表情等细节，都完全仿照兵马俑的原件。

秦兵马俑的复制品规格大小齐全。既有与原俑规格相同的大型俑；又有1∶2、1∶4等规格的陶俑；也有便于携带、适宜于馈赠亲友的袖珍俑……

秦兵马俑复制品的品种多样，既有将军俑，也有士兵俑；既有站姿俑，也有跪姿俑；既有人物俑，也有马俑。

◉ 唐三彩

唐三彩是一种以高岭土为原料，用黄、绿、酱、蓝、褐等多彩釉组合装饰烧制成的一种低温釉陶器。因初创于唐代，主要流行色为黄、绿、赭三色，故名唐三彩。

不是每件唐三彩都是三色釉彩。"三"在中国古代是"多"的意思，其实为多彩。在已经发现的釉陶中，颜色较少的有两种色彩，多者有四五种。唐三彩的最大特点就是色彩绚丽。

美丽的颜色来自于釉料中的金属氧化物，釉料中加入氧化铜可成绿色，加入氧化铁便成黄褐色或黑色，加入氧化锰即成紫色，通过调配还可以制出不同程度的深浅颜色和复合色。"唐三彩"实际上其色彩可多可少。唐三彩的釉色斑斓绚丽，光泽明亮，十分漂亮。

唐三彩人物俑中，有身材修长、衣冠华丽、神态庄严的侍女俑；有身披盔甲、威武雄壮、怒目圆睁、剑拔弩张的武士俑；有翩翩起舞的乐伎俑；还有婀娜多姿的仕女俑……

唐三彩动物俑，以姿态各异的马、骆驼居多，有的静立待命，有的昂首嘶鸣，有的扬蹄撒欢，有的追逐嬉戏……

还有骑马俑、牵马俑、骑驼俑、牵驼俑等多种组合造型。

西安曾是唐的都城，出土的唐三彩数量大、种类多、规格高。陕西仿制出的各种唐三彩造型古香古色，保持了唐代原物风格，深受收藏家的欢迎。

◉ 秦汉瓦当拓片

瓦当是中国古代建筑物筒瓦顶端下垂部分，砌于屋檐，起着保护屋檐的作用。瓦当上筑有丰富优美的纹饰，又成为房屋的装饰物。

陕西出土的有动物纹、植物纹、云纹的花纹瓦当；有篆字、鸟虫书、隶体、楷书的文字瓦当。

这些瓦当上的文字，多为祈福之词。

各朝各代的瓦当多用于官署、宫殿、陵园等处，带着时代的艺术风格，反映了各个历史时期的文化。

周、秦、汉、唐的瓦当，以秦汉代最为著名，素有"秦砖汉瓦"之称。

将精美瓦当原件拓印装裱，按出土地址或图案内容分类编纂成集，还有立体、刺绣的瓦当制品……它们都是具有极高文化艺术价值的工艺品。

◉ 碑刻拓片

碑刻是中国古代记事、铭记、造像、装饰建筑物的物凭。从柱础、门楣、石棺到石碑、画像石等，它们记录了中国历史中的社会政治、经济、文化、科技、军事、艺术、民族往来、宗教活动等。

中国历代碑刻均出自书法家之手。西安碑林收藏的东汉至明清的碑碣近3000方，荟萃了众多书法名家的墨宝。著名的有唐代大书法家颜真卿的《多宝塔碑》、柳公权的《玄秘塔碑》、怀素的"狂草"、欧阳询、褚遂良等书法家的作品。

用纸墨在碑刻上翻拓的图片，成为书法艺术爱好者临摹、临习的法帖，也是很珍贵的旅游纪念品。

五毒马甲、动物香包走世界

——陕西民间旅游纪念品

陕西是一个旅游大省，中外游客返回时总要带上几件陕西民间旅游产品。比较有名的是五毒马甲、动物香包、安塞剪纸、凤翔泥塑、凤翔木版年画等旅游纪念品。

◉ 五毒马甲

五毒马甲流行于陕西西府岐山、凤翔、千阳一带，它历史悠久、构思新颖、造型逼真、做工精巧，粗犷古朴的艺术价值和丰富的乡土气息，是陕西民间手工艺术珍品。

在儿童马甲的背、胸襟的正中，绣上较大型的蟾蜍，周围相称的绣上小型的蜈蚣、蝎子、壁虎、蛇蜥，并套以其他的贴图案或花样，称为"五毒"马甲。

蜈蚣、蝎子、壁虎、蛇蜥、蟾蜍都是有毒的小动物，被视为"五毒虫"，为人们所畏惧。让孩子们穿上绣有五毒的马甲，大人们期望可以以毒攻毒，防止各种虫害的袭击，保证孩子们的身体健康，四季平安。

五毒马甲的缝制，用长一尺宽八寸的红土布，正中描绘蟾蜍图案，用草绿色彩线，将蟾蜍背额四体全面扎绣；再用深绿色和赫石色彩线，在其背部挑绣出豆峰，距离疏密相称；白线锁扎其四爪、牙齿；红线锁扎其口唇、眼睛。其他各毒虫——蜈蚣呈黑色，蝎子呈黄褐色，壁虎呈白色，蛇蜥绿赭色。最后，用圆金线或黑白线将五毒虫体的关节、项颈进行锁扎，使其显现出躯体、眼、耳、口唇，四肢部位鲜明，状态逼真。

五毒马甲在陕西关中民间流传较广，绣制功力繁杂，针工繁琐精致，有着淳朴的民族特色和古典的艺术价值，被誉为陕西民间工艺布制品的珍品。

◉ 动物香包

陕西民间的香包做工精巧，色彩艳丽，样式有动物、植物、人物、器物、图符等各种吉祥形象，其中蝎子、蜈蚣、毒蛇、蟾蜍、壁虎这"五毒"动物形象的香包最多。

香包用绸缎碎片或五色线缠成，用彩线扎出须爪、眼、瓣，常见的形状有鸡、白鹤、胖娃、石榴、鱼莲、长生果、药葫芦、十二属相等。香包小的指甲盖大，大的有一二寸。

香包是传情之物，男子常夸耀"要知对象好不好，就看香包嫽（陕西方言：好的意思）不嫽。"陕西泾阳、咸阳、礼泉一带，未过门的儿媳要给婆婆和女婿做一两件精巧的香包，以取悦婆家人。

佩带香包是为了避邪。相传，香包是孙思邈在民间治病过程中提倡的驱疫之物。每逢春夏之交，阴气日盛，百虫滋生，容易染病。

每逢五月端午，陕西各地人们竞相佩带香包、割百草、挂艾叶、饮雄黄避疫。陕西各地，特别是关中农村的媳妇与姑娘们，将自己亲手制作的香包赠送给亲朋长幼，作为防病祝福的礼物，成为陕西端午"避恶日"风俗活动的内容之一。

陕西民间香包是"以药克毒""以毒克毒"，避邪祛病，祈求祥瑞之物，备受人们喜爱。

◉ 凤翔彩绘泥塑

凤翔彩绘泥塑主要分布在凤翔城关镇六营村及周边地区，凤翔泥塑有170多个花色品种。有半人高的巨型蹲虎、虎挂脸，也有小到方寸的小兔、小狮。其中，黑牛、卧虎、坐狮、虎头是最受欢迎的泥塑。凤翔彩绘泥塑造型优美，生动逼真，具有浓厚的陕西乡土生活气息。

凤翔彩绘泥塑取材立意十分宽泛，从历史故事、民间传说、乡俗生活，到吉祥图案、戏剧脸谱、猛兽家宠，无所不有。泥塑分为摆件、挂件和手玩三种类型。

凤翔泥塑还汲取了古代石刻、年画、剪纸和刺绣中的纹饰，色彩鲜艳，大红大绿、鲜黄色为主色，同时，以黑墨勾线和简练的笔法涂染。

凤翔彩绘泥塑的制作方法简便易学，将黏土、大白粉、皮胶和纸浆搅拌成塑泥，脱至预先制好的各种模子中，翻成胎坯晾干。随后，为晾干的胎坯上白色底粉、涂彩、绘画，最后上光。

凤翔彩绘泥塑模具定性，造型洗练夸张，装饰华美富繁，色彩艳丽喜庆，形态稚拙可爱，在中国众多的民间泥塑中独树一帜。

逢年过节或赶庙会，陕西西府一带的人们仍保留着以彩绘泥塑为礼品馈赠亲友的习惯。凤翔彩绘泥塑是镇宅辟邪、保家太平、增福送喜的吉祥物。

麦海行舟

——碧蚂1号、小偃6号

"民以食为天"，粮食的生产一直是人们关注的重要事情。小麦是世界上分布最广，栽培面积最大的粮食作物。小麦籽粒磨制成面粉，可制作成馒头、面包、面条、点心等；小麦的麸皮，可作饲料，麦秆是编织和造纸的最好原料。

中国北方广泛种植小麦，陕西关中地区是盛产小麦的地方。

◉ 碧蚂1号

20世纪40年代，赵洪璋从中国干旱半干旱地区农业的实际出发，根据不同类型小麦品种的特性，利用陕西广泛种植的"蚂蚱麦""泾阳60"等小麦品种与比较适应关中地区的引进的美国品种"碧玉麦"、意大利品种"中农28"进行杂交，将农家种的耐寒、耐旱、适应性好的小麦品种与外引种的抗倒、抗病、增产潜力大的小麦品种结合起来。

赵洪璋对小麦品种的选育程序和方法进行了改进，改混合法为系谱法，同时结合早代测产、混系繁殖等措施以加快选育进度。经过6年的努力，终于选育出了丰产、抗锈的"碧蚂1~6号"6个品系，这些品种的综合性状都明显优于其他推广品种，对陕西小麦的更新换代和增产起了重要作用。

20世纪50年代，小麦新品种有组织、有计划的试种、示范、繁殖、推广工作在关中地区展开。大量资料证明，"碧蚂1号"与"碧蚂4号"及"西农6028"三个品种均有较突出的抗倒、抗病能力，综合性状全面，适应性广泛，亩产可达150~200千克以上，比一般品种增产15~20%。

1950年春，北方冬麦区条锈病大流行，许多地方品种和改良种都严重染病，减产三成以上，唯独"碧蚂1号""碧蚂

"4号"和"西农6028"等极少数品种在关中地区表现抗病不倒，而且增产显著。

华北各地广大农民群众争先扩大试种和示范推广，因而种植面积迅速发展，带动了全国农业的发展。到1959年，"碧蚂1号""碧蚂4号"和"西农6028"等品种的最大种植面积达到1.1亿亩，其中"碧蚂1号"占9000余万亩，创中国小麦单品种年种植面积的最高纪录，为中国小麦生产做出了重大贡献。

◉ 小偃6号

1956年，中国北方冬麦区条锈病严重流行，条锈病菌感染小麦叶片，使叶子提早枯萎，甚至使小麦死亡。当年如果你穿着深颜色的裤子到小麦田里走一趟，裤子就会被染成为黄色了。更为可怕的事，条锈病真菌能够随风传播数千里，造成小麦减产20～30%。

中国北方小麦条锈病的流行是有规律的。李振岐先生发现小麦条锈病真菌变异起源于西部山区东川外交界地区。李振岐在太白山顶上，筑起了很高的架子来捕捉小麦病菌的孢子。他发现，小麦条锈病菌的流行像候鸟一样。小麦收获之前，它就飞到太白山上或是西北山区上去，在那里越夏，到了秋天，又随风吹回来了。小麦条锈病菌在关中地区、黄淮地区越冬。于是，小麦条锈病菌的流行规律基本上弄清楚了。

引起小麦条锈病大流行的原因，主要是引发小麦病菌的变异速度比育种的速度快。培育一个小麦新品种需要8年时间，而条锈病平均5年半就能产生一个毒性更强的生理小种。小麦新的抗原的培育成为一个世界性难题。

我们食用的小麦，就是最原始的一粒小麦先后和拟斯卑尔托山羊草、粗山羊草，经过两次天然杂交和长期的自然选择、人工选择进化来的。但是，小麦品种经过长期的人工培植，抗病基因逐渐退化。20世纪50年代初，中国通过小麦品种间杂交育成的推广品种，抗病性大大减退。

为了寻找新的抗原，李振声想到野草的抗病性和抗逆性非常强，因而在自然环境中得以生存。牧草的抗病能力很强，能不能将牧草的抗病基因转移到小麦中去，选育出具有持久性抗病的小麦新品种呢？

通过对小麦史的研究，李振声大胆地提出了通过远缘杂交的方式，尝试让小麦与牧草杂交。牧草和小麦不是同一种植物，亲缘关系较远，这种杂交被称作远缘杂交。为牧草和小麦进行特殊的"婚配"，让小麦的后代获得草的抗病基因。

李振声系统地搜集、鉴定了800多种牧草，发现野生的长穗偃麦草等对条锈病有很好的抗性，可以将草的抗病基因转移给小麦，选育持久性抗病小麦品种。他大胆的设想得到了植物学家闻洪汉教授和植物病理学家李振岐教授的支持。

为了寻找小麦育种新抗源，李振声带领研究小组在对牧草研究的基础上，选择了来自6个属的12种野生牧草作为亲本分别与小麦进行杂交。

　　在克服了杂交不亲和性之后，长穗偃麦草、中间偃麦草、毛偃麦草分别与小麦杂交成功，其中以小麦与长穗偃麦草杂种的农艺性状表现最好。它的后代中，以小麦新品种"小偃6号"在生产中表现最为突出。

　　小偃6号携带着偃麦草的有益基因，特殊的抗病性和对环境的广泛适应性。小偃6号的抗病性，属典型的慢锈型，显示为潜育期较长、严重度较低和粒重损失少，能抵抗条锈病生理小种。

　　小偃6号在灌溉与非灌溉地区，长时间的产量稳定。因此，小偃6号，作为陕西省骨干小麦品种，累计推广面积1.2亿亩，增产粮食30亿千克。小偃6号的成功，显示了远缘杂交在小麦育种中的巨大潜力。

　　小偃6号不仅是一个优良品种，已成为中国小麦育种重要的骨干亲本之一和北方麦区主要两个优质源之一。用小偃6号作为亲本或直接系选育成的大面积推广品种有40余个，如郑麦9023、陕229、PH82-2-2、小偃22、小偃503、西农2611、旱优504等。据统计，这些品种累计推广面积3亿多亩，增产小麦超过数十亿千克。

　　李振声教授有句名言，"过去吃饭，今天吃饭，明天你还要吃饭。那你说这个农业生产是要随着人民生活水平不断提高要不断发展，发展粮食生产，发展农业生产是社会发展的一个永恒的主题，那你就应当不断地为这个永恒的主题而献身，而做出你力所能及的贡献"。

　　像赵洪璋、李振声这样千千万万个麦田守望者，数十年蹲在麦田里，以兴趣始，以毅力终，研究、栽培出高产、优质的小麦品种，为民造福，他们居功至伟。

浩瀚煤海

——渭北、神府的优质煤

数亿年前，陕西远古大地生长着繁茂的植物，生生息息逐渐堆积成层。伴随着大地板块的升降、颠沛，古代植物遗体埋没在水底或沼泽、泥沙中，与氧气隔绝。大量堆积着的陆生植物经过漫长复杂的菌解、煤化作用，形成褐色、黑色、暗淡至金刚光泽的煤炭。

经过古生代石炭纪、二叠纪、三叠纪、中生代侏罗纪和新生代第三纪的地质环境，形成了陕西地下丰富的煤层和独特的煤田地质特征。

◉ "煤玉"到工业"食粮"

中国煤炭开采利用的历史久远。远在新石器时期，陕西人就在铜川采集到一种特殊的煤精，雕制成"煤玉"，用来装饰、美化人们的生活。

相传"女娲设灶炼石补天"的神话，用的燃料就是煤炭。唐代，煤炭的使用就比较普遍了。唐朝诗人李婉有诗句："长安分石炭，上党结松心"，说的是人们广泛地用煤炭来做燃料，取暖、烧饭、冶炼。宋、元、明、清时期，陕西多以手工开采的土窑采煤。煤炭主要供手工业作坊和人民生活使用。

1934年，陇海铁路通车至西安。陕西近代工业的崛起和发展，对煤炭的需求剧增，以同官(今铜川)为中心的渭北煤田得到进一步开发。陕西煤炭业开始部分使用机器，煤炭产量有所提高，促进了陕西经济的进一步发展。

新中国的建立，焕发了陕西煤炭工业的青春。国家对陕西煤矿建设强力度的投资，在渭北、黄陇(含黄陵、焦坪、旬邑、麟游、彬县诸煤田)、陕北五大煤田和众多小型煤田，进行了艰苦的地质调查、勘探工作。

陕西神木、府谷、榆林等地侏罗纪含煤面积达3万平方千米，预测储量数千亿吨。神木煤田范围大，储量丰富，煤质优良，发热量高，硫分低，是世界上高级动力煤。

◉ 地下黑色宝藏

陕西煤炭资源分布广泛，含煤面积5万多平方千米，埋藏深度在1500米以内的煤炭预测地质储量为数千亿吨，居全国第3位。

陕西煤炭资源丰富，储量大，煤层稳定易开采；煤种齐全，有焦煤、肥煤、瘦煤、贫煤、无烟煤、不粘煤、弱粘煤、气煤、长焰煤等品种；炼焦、发电、制气、液化等多种用途的煤都有，还有一些是国家的稀有煤种。陕西煤炭的质量，从南向北，由劣变好。陕西煤炭储量主要集中于陕北、渭北地区，其中仅神木、府谷、榆林、横山一带的煤炭储量就占陕西总储量的80%。

陕西主要煤炭生产基地："渭北黑腰带"，自东向西分布于韩城、合阳、澄城、白水、蒲城、铜川、耀县的渭北石炭二叠纪煤田。优质动力煤生产基地，东起富县葫芦河，经黄陵、宜君、耀县、旬邑、淳化、彬县、凤翔、陇县、千阳的黄陇侏罗纪煤田。"天然洁净煤"特大生产基地，府谷、神木、榆林、横山、靖边、定边一带的陕北侏罗纪煤田。主要配焦煤基地，延安、子长、子洲、安塞、横山的陕北三叠纪煤田。焦用煤基地，府谷、佳县、吴堡一带的陕北石炭二叠纪煤田。

◉ 渭北"墨玉"带

陕西渭北煤田历史悠久，勘探开发早，有着长久的开采生产的历史。煤田位于渭河以北的东部，煤层主要分布在铜川、耀州区、宜君，渭南的蒲城、白水、澄城、合阳、韩城境内，煤区东西长约210千米，宽为30千米左右，面积约6800平方千米，被誉为"渭北黑腰带"。

"渭北黑腰带"的煤质佳，煤种主要有焦煤、瘦煤、贫煤、无烟煤。煤质特征是：中灰、中低硫、低磷、高发热量。

渭北煤田，地理位置优越，地质条件较好，储量丰富，煤田储量陕西第二位。分布的铜川、蒲白、澄合、韩城矿务局生产能力颇具规模，是陕西省主要煤炭生产基地。

◉ 浩瀚神府煤海

陕西神府煤田位于陕西西北部，北与内蒙古交界和东胜煤田相连，是一个连续的煤田。神府煤田面积约1.5万平方千米，探明储量1400亿吨；煤层厚、埋藏浅、易开采，是中国已探明储量最大的煤田，也是世界上少有的优质动力煤、气化煤生产基地。

陕西神府煤田主要分布在榆林地区的府谷、神木、榆林、横山、靖边、定边一带，建立了榆神、榆横、神府三大矿区，是世界大煤田之一。

神府煤田的煤种为长焰煤、不粘煤，具有特低灰、特低硫、特低磷、高发热量、高挥发份、高化学活性的"三低三高"特点，是"天然洁净煤"，被全国多城市指定为城市环保专用煤。府谷的气煤、焦煤储量丰富，且煤质好，低中灰、低磷、高发热量，是陕西最好的炼焦用煤。

神府煤田是国家煤炭战略西移和陕西煤炭战略北移的重点，规划发展为亿吨特大矿区。

液态与气体能源

——陕北的石油、天然气

　　秦岭以北、阴山以南，东达吕梁山，西至贺兰山的鄂尔多斯盆地，地下石油、天然气形成了互相叠置的多层分布。盆地中北部富含天然气，中南部则富含石油，总面积达40万平方千米。整个鄂尔多斯盆地蕴藏着丰富的石油、天然气能源。

　　陕北位于鄂尔多斯盆地核心地带，近17万平方千米。安塞、靖安油田储量超过亿吨，马岭和延长油田储量超过数千万吨；靖边、榆林、米脂气田等陕北"内心"深处埋藏着巨大的财富！

◉ 石油与"火井"

　　陕北地区是世界上发现和利用石油、天然气最早的地方之一。

　　东汉班固所著《汉书·地理志》中载："高奴，有洧水，可燃。"可见延安一带石油的发现，距今已有2000年左右。

　　北宋沈括在《梦溪笔谈》中写道："鄜延境内有石油，旧说高奴县出脂水，即此也。生于水际，沙石与泉水相杂，惘惘而出。土人以雉尾挹之，乃采入缶中，颇似淳漆。燃之如麻，但烟甚浓，所沾幄幕皆黑。余疑其烟可用，试扫其煤以为墨，黑光如漆，松墨不及也，遂大为之。其识文为'延川石液'者是也。此物后必大行于世，自余始为之。"不仅肯定了陕北有石油的事实，且对石油的形体、颜色和用途，进行了描绘。

　　沈括还结合地质现象分析了陕北石油的存在。"鄜延境内有石油……生于水际，沙石与泉水相杂，惘惘而出……盖石油至多，生于地中无穷。"

　　中国人对于天然气井的了解要比石油早得多。陕西神木一带，不仅有石油，而且还有天然气。早在公元前1世纪，神木人在挖掘水井的过程中，就发现会燃烧的气体，他们形象地称之为"火井"。班固在《汉书·郊祀志》"西河郡鸿门"(今神木县)《地理志》记载："有天封苑火井祠，火从地中出也。"古人已经意识到天然气是从地下喷出来的。

　　油井的问世要晚千余年。《元一统志》云："延长县南迎河有凿开石油一井，其油可燃，兼治六畜疥癣，岁纳壹佰壹拾斤；又延川县西八十里永平村有一井，岁办四百斤，入路之延丰库。"书中记载了中国最早的两口采油井。相传永平附近的石油沟是宋代的采油区。石油产品多用于日常照明和润滑。炼油所副产的炭黑，是制造精美墨锭的主要原料。

清初，延长油井美其名曰"油井波涵"。乾隆时，王崇礼编修的《延长县志》记述："油井波涵，城西翟河岸边穿石井，水面浮油，拾之燃灯若炬。"还附有《油井波涵图》一幅。

1907年9月6日，延长县城西七里村竖起了中国近代开采石油第一井，结束了中国大陆不产石油的历史。

1936—1948年，在中国共产党领导下，陕甘宁边区延长油矿克服重重困难，扩大原油生产，有力地支援了前线，被人们誉为"功臣油矿"。

20世纪80年代以后，国家、地方加快了勘探速度，在陕北老油田周围陆续发现了石油，扩大了油田面积。陕北的延长、甘谷驿、青化砭、永坪、子长、吴旗、直罗镇、下寺湾、安塞、马坊、东红庄、油坊庄12个油田，含油面积为800平方千米，累计储量达3亿吨。

陕西天然气资源的勘探也有很大进展。陕北的海相下古生界地层、陆相上古生界地层发现了天然气流，不仅气源广泛，而且含气层多。

◉ 中国的"科威特"

陕北石油资源主要蕴藏在榆林、延安地区，累计探明地质储量11.91亿吨，剩余可采

储量1.51亿吨。安塞、靖安油田是鄂尔多斯盆地内含油面积最大、储量最大的油田。

陕北发现了丰富的天然气资源，是中国陆上最大的整装气田，气源中心主储区位于陕西靖边、横山。

陕西境内探明有地质储量的天然气田5个，累计探明地质储量6390亿立方米，剩余可采储量3612亿立方米。其中，陕西境内的长庆气田是盆地内最大的气田，储气面积达4130平方千米，探明地质储量2241亿立方米，采收率高达55%，剩余可采储量1197亿立方米。另外，陕西境内还有部分溶解气，累计探明地质储量57亿立方米，剩余可采储量49亿立方米。

◉ 世界的"宝石"

陕西已建成中国石油系统规模最大的基本配套的钻采设备和物探仪器生产基地，为振兴陕西经济起着重要作用。

宝鸡石油机械有限责任公司(BOMCO)是中国石油天然气集团公司（CNPC）所属最大的石油机械制造企业，是国内石油机械装备的重要研究开发和生产基地、中国最具实力的石油钻采装备制造企业、全球最大陆地钻机和泥浆泵制造商。

宝鸡石油机械有限责任公司专业生产各类石油钻采设备，生产制造油、气、地质勘探开发所需的成套钻机、采油设备、井口装置、井控系统、特种工程车、钻机配件和钻采工具量具等百余个品种、近千个规格，是世界唯一能够生产1000～12000米全系列陆地和海洋成套钻机的企业。

宝鸡石油机械有限责任公司陆上钻机、泥浆泵产量连续多年位列全球第一，产品遍及国内所有陆地油气田，批量进入海洋和国际市场，远销六大洲70多个国家和地区，与世界上百家厂商保持商务和技术往来。宝鸡石油机械有限责任公司被誉为"民族的骄傲，世界的宝石"。

陕西石油、天然气能源的开发、利用，为解决中国东部能源危机做出了贡献。

有色金属的骄子

——陕西的钼、钛矿开采

钼和钛是中国工业经济建设的重要矿产资源。陕西的钼矿、钛矿资源的蕴藏，在全国占有举足轻重的地位。

◉ 有色金属的骄子——钼、钛

钼、钛是有色金属中的"天造骄子"。钼与钨、镍、钴、锆、钛、钒、铼等组成高级合金，以提高其高温强度、耐磨性和抗腐性。钼和镍、铬的合金用于制造飞机的金属构件、机车和汽车上的耐蚀零件。钼和钨、铬、钒的合金用于制造军舰、坦克、枪炮、火箭、卫星的合金构件和零部件。

钼大量用作高温电炉的发热材料和结构材料、真空管的大型电极和栅极、半导体及电光源材料。因为，钼的热中子俘获截面小和具高持久强度，还可用作核反应堆的结构材料。

钛是制取钛渣、人造金红石、钛白、海绵钛、钛金属及钛材、焊条涂料的重要原料。钛及其氧化物、合金产品是重要的涂料、新型结构材料、防腐材料，被誉为"继铁、铝之后处于发展中第三金属"和"战略金属"。

钛，在航空、航天、舰船、军工、冶金、化工、机械、电力、海水淡化、交通运输、轻工、环境保护、医疗器械等领域，有着广泛的应用前景及其经济潜能。

◉ 中国的钼矿宝库

钼矿是陕西的优势矿产资源之一，探明储量在百万吨以上，居全国第二位。陕西有钼矿床4处，主要分布在华县与洛南县交界处的金堆城至黄龙铺一带。宁陕县月河坪也有少量钼矿。

金堆城至黄龙铺被称为金堆城——黄龙铺钼矿田，东西长约12千米的范围内分布着金堆城、桃园、石家湾、黄龙铺钼矿床，除桃园钼矿床属中型外，其余均为大型钼矿床。

金堆城钼矿位于秦岭东段著名的西岳华山南麓，矿区位于华县城东南27千米，洛（南）华（县）公路附近，矿区面积4.5平方千米。

金堆城为中国采选冶配套的重大的钼业生产基地。华县已探明钼资源矿石储量10数亿吨，钼金属储量100余万吨，钼品位0.099%，探明储量列中国钼矿床之首，是世界六大钼矿床之一。矿石易选，浮选后钼精矿品位46.25%，回收率77%，矿体大部分裸露地表，适于露天开采。

陕西金堆城钼矿产量居全国首位。2006年9月，华县正式被中国矿业联合会授予"中国钼业之都"称号。华县金堆城和桃园两处还伴生有铜、铱、铅、银、稀土元素及硫等矿产，其中铜和铼具有较大的工业价值。

黄龙铺大石沟矿床位于洛南县城北26千米，北距金堆城10千米。该矿体由含钼、铅、石英、碳酸盐密集脉群构成，长1900米，宽800米，厚2.4~254米，平均含钼0.086%，伴生有硒、碲、铼和稀土金属，尤以含铼高为特征。探明钼为大型矿床，矿石经选矿后钼精矿品位达50~53%，回收率86~90%，伴生的有用组分皆可综合利用，为很有远景的以钼为主的综合性矿床。

石家湾钼矿位于大石沟之南，为大型斑岩钼矿床。

安康地区有钼矿8处，分布在宁陕县的3处。为花岗岩与围岩接触带上的接触交代型钼矿，如月河坪和大西沟等地。分布在汉阴、紫阳、平利等县的3处为沉积型，钼、钒均接近边界品位。商洛地区有钼矿8处，多分布洛南县境内，余在商州市和柞水县。

陕西以金堆城钼业公司为主体的钼业工业体系的形成，对中国钼业市场有着重要影响，其优质钼产品销往国内17个省市，向国外销往亚洲、欧洲和美洲13个国家和地区，是陕西重要的创汇物资。

◉ 中国钛城

陕西的钛矿资源占世界钛铁岩矿资源储量的0.46%，在中国位于前列。陕西宝鸡有色金属加工厂被誉为"中国钛城"。20世纪70年代以来，宝鸡有色金属加工厂就成为中国最大的钛熔炼基地。

宝鸡有色金属加工厂生产的钛铸锭、环材、管材等众多产品，不仅满足了国内国防、经济建设的需要，还销往亚洲、欧美市场。其生产的钛管材在国内市场占有率为80%以上。其提供的钛管材用于国内第一台湿氯介质交换器，年产50万吨尿素设备用的第一台二氧化碳汽提塔，滨海电站第一台冷凝器，航天工业用的第一无焊缝钛合金高压球形气瓶，第一颗同步卫星天线，第一颗气象卫星支架……

经过不断补充、更新设备，国内以钛为主导的稀有金属加工企业中，宝鸡有色金属加工厂的装备水平处于领先地位。工厂拥有钛加工材、设备制造、核电站用锆材、难熔金属加工材以及以复合板材为主的深加工生产线，技术装备属国际先进、国内一流水平，为生产优良品质的产品提供了可靠的保证。

蓝田日暖玉生烟

——蓝田玉

陕西蓝田县是中国古代著名的"四大美玉"石产地之一。古人云："玉之美者曰球，其次曰蓝，盖因县出美玉，故曰蓝田。"蓝田县得名于当地出产美玉，有"玉种蓝田"之称。

陕西蓝田境内的王顺山，是中国玉石最早的出产地。蓝田玉是唯一拥有世间所有色泽的美石，这也是蓝田玉独具的特色。

蓝田的玉石储量大，达150多万立方米，且易开采，主要分布在玉川乡和红门寺乡。蓝田玉的摩氏硬度2～6度，是非常好的玉雕塑和工艺美术制品的原料。

● 久负盛名

远在新石器时代，我们的祖先就已经学会使用蓝田玉磨制石器，将玉刀、玉戈等用于狩猎和日常生活。商代以后，蓝田玉主要用于制作玉圭、玉璜、玉璧等礼器。

秦始皇一统中国，命丞相李斯制作玉玺，篆文"受命于天，既寿永昌"，以示皇权。这枚辗转流传的玉玺，就是蓝田玉制作的。

《汉书·地理志》记载"美玉产自京北（今西安北）蓝田山"。西汉武帝的陵墓中出土了蓝田玉制的铺首。蓝田洩湖镇薛家河村汉墓中出土了蓝田玉制的铜缕玉衣。

到了唐代，迎来了蓝田玉的鼎盛时期。唐玄宗的宠妃杨贵妃酷爱蓝田玉带，喜好蓝田玉制器皿。蓝田玉成为向朝廷进贡的重要贡品。同时，蓝田玉又被雕刻成各种礼器、丧器及生活玉器，用得最多的是玉带饰、水碧步摇、玦、珩等玉器。此外，还有玉笛、玉箫、玉枕、玉璧和玉佛。蓝田玉的温润光泽、玲珑剔透，沁入人们的生活。

人们不仅将蓝田玉制作成精美的装饰物品，且寻求玉石除病健身之术。唐代盛行枕用玉石，民间流行玉石制作的"白石枕"。一些梦想长生不老的富家贵族认为"玉乃阳精之纯者"，可以衔水养生，修身养性。于是，食用玉石粉或"玉膏"，一时成为上流社会追逐的时尚。唐代诗人杜甫云"未试囊中餐玉法，明朝且入蓝田山"描述了人们对蓝田玉的推崇。

◉ 晶莹多彩

蓝田玉俗称"菜玉"，因为，蓝田玉的颜色就像白菜的嫩叶一样。另外，蓝田玉石也有乳白、青、黄、红诸色错杂的，矿物学谓之蛇纹化的大理石。

蓝田玉石有的翠绿，有的纯白，有的墨亮，有的淡黄，多为色彩分明，也有各色兼有。人们以色辨玉，将蓝田玉分为白玉、翠玉、墨玉和杂色玉等品种，绿翠、墨晶被视为玉中极品。

蓝田玉中因含有对人体有益的钙、铁、钾、钠、锰、铜等多种微量元素，对人体有舒筋活血、养颜等功效，因而被视为保健玉。

◉ 精美绝伦

蓝田玉雕是以蓝田玉石为原料的一种传统玉石雕刻工艺品，它历史悠久，造型优美，做工精细。

蓝田玉雕选料考究，人物作品形神兼备，突出个性；花卉作品形象逼真，突出了中国玉雕"巧、俏、绝"的艺术特色。蓝田玉雕工艺品，特别是玉碗、玉镯、酒具等，达到了很高的艺术境界，体现了秦艺特色。花色好、工艺高超的大件雕塑品也属珍品。蓝田玉加工成的健身球、玉枕等各种保健美容器具，颇受民众的欢迎。

根据蓝田美玉不同的色彩，设计雕琢的山水花鸟、人物走兽、花熏、美玉条幅、彩雕挂屏、玉花屏风，翠色晶莹，神韵横生。有的如苍松翠柏，行云流水；有的状如牡丹、连菊怒放，翠竹挺拔；有的似百鱼戏游、熊猫噬竹、猛虎啸谷，有的如丹鹤飞翔，百鸟朝凤；有的重墨泼洒，有的乳白如脂，有的绿如翡翠，有的淡黄似金……是不可多得的鉴赏精品。

蓝田玉雕产品以其特殊的质地，精美的加工，独特的美感，行销国内，远销欧美，深受海内外人士的青睐。

涓涓溢流千年汤

——临潼、汤峪温泉

陕西地热资源丰富，已开发的地热井和温泉有数百处，著名的温泉洗浴和疗养胜地有临潼、蓝田、眉县、勉县等地，温泉冬泳地为合阳、眉县。陕西骊山华清池温泉历史最为久远，且中外驰名。

◉ 涓涓千年"汤"

古语言：汤，沸水。也就是热水、开水的意思。所谓"汤泉"就是温泉。陕西的汤峪就是因有温泉而得名。

温泉是地下水在地热的作用下，渗入地壳断层深处的水不断地吸收周围介质的热量，并受到地下热岩浆的影响，水温不断提高，形成具有很高温度的地热水。

由于各地的岩浆成分的不同，致使温泉水含有的成分亦不同。温泉水含有大量微量元素，具有较高的医疗保健价值及旅游保健开发前景。

温泉水中富含有益人体健康的矿质元素，对患有风湿、关节炎、神经性骨痛、消化系统、皮肤病等多种疾病具有特殊疗效，能起到舒筋活络、强身健体、润肤养颜、安神定神、抗衰老等保健作用。

温泉浴可以使肌肉、关节松弛，消除疲劳，还可以扩张血管，促进血液循环，加速人体新陈代谢。温泉大部分的化学物质会沉淀在皮肤上，改变皮肤酸碱度，具有吸收、沉淀及清除的作用，其化学物质可刺激自律神经、内分泌及免疫系统。

陕西的温泉水中的硫酸钠、碳酸钠、碳酸锰等多种矿物质，碘、钾、镁、钙等化学元素，并有少量的微量元素均达到或超过医疗矿水含量，对多种疾病具有良好的理疗效果，有较高的医疗价值。

◉ 地下热水盆地

温泉的形成与地质变迁是分不开的，关中地区地震活动频繁，地质新构造运动明显，为渗入地下的水接触到热源提供了极好的条件，加上，关中地下处于强烈循环的地热水分布受到秦岭断裂面延伸方向的控制，陕西地热资源分布在秦岭北麓山前基岩断裂地热带、盆地中部新生界砂岩地热田和渭北古生界碳酸盐地热田三个地带。

陕西关中地区地下热水分布很广，面积近万平方千米，地热资源可采储量达数亿立方米。西安、宝鸡、临潼、蓝田等地，地下200~1600米内均可人工提取，或自流地下热水，一些地方的人工提取地热水温达80℃。关中地区就像一个巨大的地下热水盆地。

陕西地热资源主要用于供暖、医疗洗浴及游泳健身，也可地热种植、养殖及生活饮用。地热资源属于清洁无污染的能源，有效开发可以产生良好的社会效益、经济效益和生态效益。

◉ 天下第一御泉

骊山北麓涓涓清澈的温泉水溢流不息，任沧桑巨变，千古不竭。骊山温泉属自流地热水。6000多年前，我们的祖先就在这天赐之水的滋润下，休养生息。相传，周幽王建"骊宫"，其温泉"上无尺栋，下无环墙"，沐浴见星辰，被称作"星辰汤"。

中国历代帝王都利用骊山背山邻水和保健医疗价值极高的温泉等自然条件，兴建宫苑，使骊山温泉享有"天下第一御泉"之美称。

骊山温泉有4个泉眼，温泉水来自地面以下1000多米处，无色透明，水温为43℃，水温常年稳定，不受气候变化影响。其水内富含碳酸锰、碳酸钠、硫酸钠等多种矿物质以及碘、锂、锶、铯、镭等微量元素，具有很高的医疗价值。

骊山温泉的医疗功效，秦代人就已发现。汉代的《温泉赋》、北魏的《温泉颂》、唐代的《温泉铭》等都对骊山温泉沐浴能医病疗疾作了记述。

骊山温泉沐浴，对风湿关节疼痛、肌肉疼、消化不良和某些皮肤病都有一定的疗效，非常适于沐浴疗养。因此，人们在华清池周边建起了数所疗养院。

◉ 石门汤泉

石门汤峪温泉位于秦岭北麓蓝田县城西南。与秦岭西麓眉县汤峪温泉相对，也称东汤峪温泉，为蓝田八景之一。

汤峪温泉出露于秦岭终南山脉的石门岭东端西峰山北麓山脚下交汇处的三角地带，源源不断的"热"泉涌流出来。

《蓝田县志》记载，唐初，一僧人游至石门山下。适逢大雪，茫茫一片，唯有这里雪花落地，顷刻消融，其地雪不积。僧人曰：下必有温泉也。掘之果有汤泉涌出。凡有病者，浴多痊损。

唐玄宗时，赐名汤峪温泉为"大兴汤院"，并按照泉水的温度，由高至低，建成玉女、融雪、莲珠、漱玉、濯缨五座池塘，供宫民洗浴。

清朝初年，汤峪温泉仍然保持官塘供官绅，澡堂供平民，女塘供妇女，花塘供患者的习俗。每年春天，百病萌发，来汤峪温泉沐浴"桃花水"疗疾的人络绎不绝。由于"既洗即愈"，故有"桃花之水值千金"之说。

汤峪温泉水出口温在58～62℃左右，属于"热泉"。主泉眼每小时涌水量约25吨。水中含有低浓度的硫酸钠以及钾、镁、铁、钙、碘等多种化学元素。这种低矿化弱碱性钠水，有促进人体组织新陈代谢、镇痛催眠、杀菌作用，对牛皮癣、慢性湿疹、慢性关节炎、腰肌劳损等病均有较好的疗效。

1956年，陕西石门汤峪建成中国第一座以水疗为主的大型疗养院——陕西省汤峪疗养院，供人们休息、疗养和治病。1985年，兴建汤峪湖旅游区。

◉ 西汤峪"凤凰泉"

眉县汤峪温泉又名"凤凰泉""西汤峪"，位于眉县太白山北麓的汤峪口，山环水绕，古木葱郁，景色如画，因地处龙凤、凤凰两山环抱之中，故名凤凰泉。

西汤峪温泉始建于周。相传，秦穆公时传闻有凤鸣叫于此，故名"凤凰泉"。隋文帝杨坚在此建"凤泉宫"作为避暑洗浴之地。隋末，又设"凤泉县""凤泉神泽"。唐玄宗曾三临其地，赐名"凤泉汤"，专供帝后享用。

西汤峪温泉有10余股从地下深处、沿山缝古岩裂涌出的泉水，大者如泉，小者如眼，终年外流不息。由于受到深部地热影响，水的温度很高，经常保持在60℃左右。水中含有钾、钠、镁、铁、钙、碘等多种元素，其中硫酸钠含量较高。

长期以来，人们在沐浴温泉中的经验证明凤凰泉水对皮肤病、关节炎等疾病有很好的治疗作用。凤凰泉疗养院、温泉度假村现已成为陕西旅游疗养的胜地之一。

百草医人间

——陕西的中草药

陕西地处中国西北内陆的中纬度地带，幅员狭长，地形复杂多样。从北到南跨越三个气候带(温带、暖温带和北亚热带)，属大陆性季风气候，气候复杂，生物资源丰富、种类多。

陕西的种子植物约有3000~5000种，约占全国10%，绝大多数分布在陕南，仅太白山地已知有1600多种，陕北约1000种左右。

秦巴山区依然保持着青山绿水、蓝天白云的自然风貌，大气、水体、土壤中的化学污染很少。陕南因此成为中国"天然药库""生物资源基因库"和"中药材之乡"。陕西非常适宜发展种类繁多的中药材生产。

◉ 秦地无闲草

陕西药用植物资源丰富，素有"秦地无闲草"之名，据《陕西中药名录》记载：药用植物共有241科989属2278种。陕西普遍分布的有504种，北部风沙区产38种，黄土高原区产241种，关中平原区产188种，秦巴山区产972种，广为栽培，引种或少量栽培及温室栽培的有282种。

全国中药材资源普查的364个重点品种中，陕西就有283种，占77.6%，其中有248种列为《中华人民共和国药典》的正品药材。优质地产药材32种，大宗药材超过了100味。

陕西的天麻、丹参、杜仲、山茱萸、薯蓣、葛根、绞股蓝、酸枣仁、水飞蓟和秦艽等品种无论是在数量上，还是在品质上都处于全国优势地位。葛根中的葛根素含量达到6%，丹参中的有效成分含量为药典规定的5~10倍，而山茱萸、水飞蓟、秦艽、杜仲、绞股蓝、酸枣仁、天麻等的种植面积及品质等均在国内具有明显的优势。

野生药材主要分布于秦巴山区和陕北黄土高原，蕴藏量较大的有商洛、延安、榆林和宝鸡等地区。栽培药材以秦巴山区和渭河平原较多，年产量较大的有汉中、安康、渭南和宝鸡等地区。

◉ 中国的"天然药库"

秦巴山区属北亚热带向暖温带过渡的季风性湿润半湿润山地气候，境内降雨充沛，

光照充足，气候温和，无霜期较长。地势峰峦叠起，沟壑纵横，高低悬殊，为多种生物提供理想的生存空间，生物资源十分丰富。秦巴山区地处南北方植物的交会带，有各类中草药资源1500多种，素有中国的"天然药库""生物资源基因库"和"中药材之乡"的美称。

秦巴山区药材资源十分丰富，具有中药材资源优势。安康有中药材1299种。国家重点经营的20种中药材，安康就有17种。汉中的杜仲、天麻、附子、黄柏、元胡等种植面积和产量占全国50%以上，独活、西洋参、猪苓、汉中参叶等均为著名的中药材，在全国药材市场上占有重要的地位。商洛产中草药1192种，其中丹参、柴胡、天麻、山茱萸、连翘、五味子、桔梗、党参均是全国有名的中药材和出口创汇品种。商洛的丹参质量在全国名列前茅，丹参中的有效成分含量为药典规定的5~10倍，天士力商洛植物药业有限公司的丹参第一个通过了国家GAP认证。

秦巴山区有悠久的中药材栽培、生产历史。陕西天麻主要产于秦巴山区的汉中、安康、商洛各县，最高年产25~30万千克，占全国一半。杜仲、附子、川芎、黄柏、元胡等种植面积和产量占全国一半以上。山茱萸产于佛坪、洋县、丹凤、太白等县，面积和产量占全国的1/3。旬阳县、白河县正处于黄姜最佳适生区的中心地带，黄姜的皂素含量居全国其他产区之首，黄姜种植面积已超过30万亩，被誉为"中国黄姜之乡"。略阳县的猪苓资源占全国总量的1/3，天麻产量占全国总量的1/4，杜仲资源占全国总量的1/8，是全国最大的杜仲基地县，被誉为"杜仲之乡"。

陕西安康地区的黄姜、绞股蓝、葛根，汉中的天麻、杜仲、猪苓、西洋参，商洛的丹参、黄姜、山茱萸、柴胡等中药材已经成为具有区域特色经济的主导产

业。陕西中药材技术研发也具有较高水平，天麻、杜仲、猪苓、西洋参、绞股蓝等品种的种植生产技术在全国处于领先水平。

在中药提取方面，陕西的制备色谱技术、树脂提纯技术、膜技术、超临界萃取技术，均处于国内先进水平，这些高科技成果有力地支撑了陕南中草药基地的发展。

◉ 百草医人间

陕西是"中药材之乡"，中药资源的开发、利用历史悠久。战国时，神医扁鹊隐居秦巴山区为民采药治病，人称"医圣"。唐代，药王孙思邈著有《千金翼方》，为世界颁布最早的"药典"《唐本草》奠定了基础。

《秦岭植物志》《黄土高原植物志》《秦巴山区药用植物志》《陕西中草药、土、单验方手册》《陕西中草药》《陕西中草药栽培技术》《陕西中药志》《陕西中药名录》《陕西树木志》《秦巴山区生物资源及其开发利用》《秦巴山区生物科学论文集》《秦巴山区生物资源开发利用与保护研究》，为陕西的生物资源和中草药资源利用、开发提供了详实的科学依据。

陕西确定了山阳、柞水、略阳、勉县、镇坪、旬阳、韩城、眉县为中药现代化科技示范县，白河、佛坪、镇安、耀州区、宁陕、凤县、宁强、平利、商南、旬邑、留坝、陇县、延安宝塔区、镇巴、南郑、蓝田为中药材规范化种植基地县。还在商南县、华阴市、甘泉、合阳、太白建设中药材规范化种植示范园，并进一步建设丹参、薯蓣、酸枣仁、胶股蓝、茱萸等国家级规范化种植示范基地，大大推动了陕西中药现代化。

陕西中药产业的发展具有得天独厚的条件和基础，加快构建和完善中药药源种植体系、新药研发体系、产品生产体系，大力推进了中药种植规范化、研发生产标准化、销售市场国际化、制药企业集团化进程。

珍贵的中草药

——秦巴杜仲、秦艽、薯蓣

　　陕西中草药资源丰富，分布广，种类多。药用植物有近800种，493属，153科。黄龙山、桥山林区的药用植物有247种，关山林区有238种。秦岭林区的药用植物种类较多，约有620种。据调查仅太白山就有510多种药材，常用的百余种"七"药，如桃儿七、尸儿七（延龄草）、太白三七（太白东俄芹）等也分布在太白山。巴山林区有药用植物529种。

　　陕西人工栽培大宗主要中草药27种，有当归、黄芪、天麻、黄连、党参、丹参、桔梗、白术、白芷、菊花、生地、枸杞、大黄、枳壳、玄参、附子、山药、杜仲、厚朴、山茱萸、潼蒺藜、牛膝、茯苓、元胡、银花、云木香、板兰根等，栽培面积已发展到3万公顷左右。

◉ 秦巴杜仲

　　杜仲属杜仲科植物，杜仲的干燥树皮是中国名贵滋补药材。杜仲，落叶乔木，中国特有的珍贵树种之一。

　　杜仲富含杜仲胶、生物碱、树脂、有机酸、维生素C等成分，有降压、利尿的作用，是重要的中草药。陕西的菜中常用杜仲制作药膳菜肴、煎汤、浸酒。

　　秦巴山地区是杜仲的原产地，有"秦巴杜仲"之说。陕西安康、汉中、商洛等地广泛栽培杜仲。

◉ 山茱萸

　　山茱萸属山茱萸科落叶灌木或小乔木，其成熟果实可入药。山茱萸干燥成熟果肉亦称山萸肉、药枣、枣皮、蜀酸枣、肉枣、薯枣、鸡足、萸肉、天木籽、山芋肉、实枣儿。秦岭汉中、宝鸡是山茱萸主要产区。

　　山茱萸含有山茱萸甙、酒石酸、没食子酸、苹果酸、树酯、鞣质和多种维生素等有效成分，对痢疾杆菌、葡萄球菌以及某些皮肤真菌有抑制作用，有利尿和降压作用，常用以治疗高血压。

　　山茱萸还可作食品饮料和保健用品。

陕西有悠久的山茱萸栽培历史，是中国山茱萸的主产区，主要分布于秦巴山区的佛坪、丹凤、商南、太白、周至、洋县等。佛坪是中国山茱萸的主要产区之一，素有"山茱萸之乡"的美称。佛坪山茱萸质量为全国最优。佛坪县成为全国山茱萸栽培基地县、国家级山茱萸规范化种植示范基地。

山茱萸植株矮小，枝繁叶茂，根系发达，常组成灌木群落，具有较强的截流雨水、减缓雨滴冲刷坡面和固土、固沙能力，也是山区保持水土流失极好的木本植物。

陕南各地区大力推广佛坪县小流域治理中种植山茱萸的经验，大力推广山茱萸作为水土保持树种，实现生态效益和经济效益的双赢。

◉ 秦艽

秦艽是龙胆科多年生草本植物。李时珍认为"秦艽出秦中，以根作罗纹相交者为佳，故名秦艽，秦纠"。秦艽是唯一以陕西简称"秦"字命名的中药材。《陕西通志》记载，秦艽"出陇州和凤翔"，陕西凤县、陇县为秦艽道地产区。陕西主产大秦艽，部分小秦艽和粗茎秦艽。

秦艽性平，味辛、苦。祛风湿，清湿热，止痹痛，常用于风湿痹痛，筋脉拘挛，骨节烦痛，骨蒸潮热，小儿疳积发热等症。

由于野生资源日益缺乏，陕西推行了秦艽的人工栽培，并在国家项目支持下科学规范秦艽栽培，扩大了陕西中草药资源。

◉ 丹参

丹参又名赤参、紫丹参、红根，为双子叶植物唇形科。丹参含有二萜醌类、二萜类、酚酸类化合物，黄芩甙、β-谷甾醇、胡萝卜甙、谷氨酸、丙氨酸、天冬氨酸、组氨酸、精氨酸等多种游离氨基酸和水解氨基酸，还含钙、镁、钡、铝、硒、铁等元素。

丹参对心血管系统有降低心率，加强心肌收缩、预防心肌梗塞和改善微循环等作用，对血液系统有显著的降糖、降低血液粘度、抗凝血作用，对呼吸系统有保护肺纤维化、对抗低氧性肺血管的收缩作用。

对消化系统的肝、胃、胰脉有调节和保护作用，另外还有抗炎、抗肿瘤，促进组织修复和再生，抑制中枢神经耐缺氧，抗衰老，抗病原微生物，增强免疫力以及保护肾脏等作用。

陕西商洛地区的气候和土质，栽培的丹参品质是全国最好的。20世纪80年代，野生丹参人工种植的成功，结束了商洛数百年采摘野生丹参的历史。

陕西商洛地区与天士力集团开展科技合作，在商洛建立了GAP药源基地，成为中国首批GAP基地之一，以公司+科研+农户的形态经营，已拥有数千亩规范和集约化种植的优质丹参园，不仅保证了天士力集团优质药材原料的供应，而且，使得商洛的广大农民

因之脱贫致富。

◉ 盾叶薯蓣

盾叶薯蓣是薯蓣科薯蓣属多年生草本植物，是世界上薯蓣皂苷元含量最高的物种。

盾叶薯蓣，俗称黄姜。盾叶薯蓣的主要成分为根状茎内所含的薯蓣皂贰元，它是合成可的松、强的松、泼尼松、黄体酮、性激素等200多种激素类药物的重要原料，广泛应用于抗炎、镇痛、麻醉、避孕、杀虫、冠心病等症状，被药界誉为"药用黄金"。盾叶薯蓣是一种经济效益高、开发潜力大的药用植物资源。

盾叶薯蓣在中国主要分布在秦岭山脉、长江流域的丘陵山地，其中陕西安康地区非常适宜于盾叶薯蓣的栽培。

◉ 绞股蓝

绞股蓝系葫芦科植物，为多年生宿根草质藤本植物。性寒、味甘，有益气、安神、降血压之功效，民间称其为"神奇"的"不老长寿药草"，为中国"名贵中药材"之首位。

陕西秦岭独特的气候和相对优越的自然环境，非常适宜绞股蓝的生长。全世界有13个绞股蓝种系，中国有11个，秦岭就有短柄绞股蓝、长柄绞股蓝、心籽绞股蓝、光叶绞股蓝、毛叶绞股蓝、喙果绞股蓝等6个。

陕南秦巴山地区野生资源蕴藏量大，主要分布在秦岭南坡中低山中温带和暖温带湿润气候区及巴山低山暖温带和中山中温带过湿润气候区，从海拔540～3000米之间都有生长，地域上多集中分布在中高山区和部分低山丘陵区，盆地平坝则很少。一般多系零散和零星分布，在山区沟溪及林间隙地，还有集中连片分布。较多的有略阳、汉中、洋县、留坝、佛坪、宁陕、安康、平利、岚皋以及商洛、洛南、山阳、丹凤、商南、镇安、柞水等地均有分布，太白县太白山平安寺下海拔1800米处也有发现，其分布多呈小片状或丛状。

绞股蓝有五叶、七叶、以及苦味和原味两种，其中七叶苦味绞股蓝皂贰含量最高，中国境内非常少见，在陕西平利县山区发现了大面积的野生七叶绞股蓝，皂贰含量很高，平利绞股蓝研究所以及清华大学中药现代化研究中心进行检测发现，皂贰含量高达8～12.2%以上，药用及保健价值非常高。2004年，秦岭脚下平利县被列入中国绞股蓝原产保护地和第一个无化肥、农药污染的有机绞股蓝基地。

绞股蓝是一种投资少、见效快、用途广，集医疗、保健、营养为一体，被誉为"南方人参"，药用效果显著，又无毒副作用，深受世人瞩目，国内外纷纷研究开发综合利用的好药材。

中国苹果的希望

——陕西苹果

陕西苹果含糖量高，果质特别好，个大皮薄，口感甜脆，酸甜适口，而且色泽艳丽，角质层厚，风味浓郁，耐贮运。

陕西种植苹果数百万亩，是中国面积最大的苹果产地。陕西苹果每年的总产量达到数百万吨以上，约占全国总产量的27%，是全国最大的苹果产区。陕西苹果已销往30个省（自治区、直辖市），约占国内苹果销售量的1/3。

陕西苹果及产品畅销全国，远销欧洲、东南亚、北美、南美、大洋洲和非洲等地区，扩大到数十个出口国家和地区，连续多年实现了果品出口持续增长，占世界苹果总产量的1/10强，名扬海外。

● "柰"与苹果

苹果是世界"四大水果"(葡萄、柑橘、香蕉、苹果)之一，号称"温带水果之冠"。中国是世界苹果重点产区之一，产量居第三位。苹果约占全国水果总产量的三分之一强，为各果品之冠。中国现在栽培的苹果品种，绝大部分是由外国引入的。繁殖苹果多采用芽接，砧木是山定子、沙果、海棠。

苹果，中国古称"柰"，实际上是海棠果，俗称沙果，据说熟时就引得飞鸟来偷食，亦名"来禽"；"林檎"者，飞鸟来集之意；称"苹婆果"者，出自佛经《采兰杂志》，"燕地有苹婆果，味极平淡，夜置枕边，极有香气，即佛书所谓苹婆，华言于思也"。

中国栽培"苹果"已有2000多年的历史。相传夏禹所吃的"紫柰"，就是红沙果。苹果原产于中亚细亚和西北地区。在新疆，发现了成片的原始野生苹果林。

相传汉代苹果传入陕西，公元3-4世纪"群臣远方各献名果艺树……柰三、白柰、紫柰、绿柰"，柰，就是小苹果或绵苹果。

魏晋时，"家家收切曝干为脯，数十百斛为蓄积，谓之频婆粮"。并于"正月二月中，翻斧斑驳椎之，则饶子"，采用类似环状剥皮技术，促使沙果多结果。

宋代，有咏苹婆果诗"虞翻宅里起秋风，翠叶玲珑剪未工。错认如花枝上艳，不知荚子缀猩红"。

明代，夏熟的有"素奈、朱奈、绿奈"，"凉州有冬奈，冬熟，子带碧色"。

中国古代栽培的奈、林檎，虽"光洁可玩，香闻数步"，但"味甘松，未熟者食如棉絮，过熟又沙烂不堪食"。

直至19世纪中叶，欧洲苹果入驻中国，中国"苹果"被逐渐取代。

19世纪末20世纪初，欧洲苹果先在山东烟台落户。随后，山东青岛和辽宁南部，又相继引种欧洲苹果家族中享有盛名的祝光、金帅、元帅、红玉、香蕉和国光，进行经济栽培。

◉ "智慧"果

陕西著名的洛川苹果营养丰富，含水分约85%，糖16.2%，苹果酸0.38~0.63%，含有丰富的维生素C及各种维生素和矿物质，都是人体不可缺少的营养。

苹果除生食外，还可熟食、腌制、干制、烤制，以及加工成罐头、蜜饯、果酱、果糕、果脯、果汁、果酒、果醋等佳品，供人们享用。

苹果含有多种维生素、矿物质、脂肪、糖类等构成大脑所必须的营养成分，而且含有利于婴幼儿发育的细纤维和能增进记忆力的锌，含有易于消化和吸收的溶解性磷和铁，被称为"智慧果"。

现代医学研究认为，苹果性平，味甘，具有补血益气，止渴生津和开胃健脾之功，可消食顺气，增加食欲。

苹果能防止胆固醇升高、减少血糖含量和治疗高血压、糖尿病，还可减轻环境污染造成的慢性中毒，苹果有止泻、通便的作用，能起补脑、安神的功用，而且对癌症也有一定的抑制作用。

◉ 延绵黄土高原的苹果带

苹果树喜欢气候凉爽干燥、土壤深厚、排水良好、阳光充足、昼夜温差大的环境。

陕西渭北地处黄土高原中心地带，海拔高，属半湿润半干旱气候，昼夜温差大。土层深厚，质地疏松，土壤富含钙、镁、锌、硒等多种微量元素，远离工业区，无污染。

陕西渭北高原是中国唯一符合7项苹果栽培生态适宜指标的最佳适宜区。

陕西渭北高原已建成由27个基地县组成的渭北苹果带，拥有中国大面积的苹果种植区、绿色食品苹果基地、苹果汁加工基地。陕西生产的鲜苹果和果汁，行销世界30多个国家和地区。

这条延绵在黄土高原上的绿色苹果带，已成为陕西渭北果农的金腰带。

◉ 苹果之乡——洛川

陕西渭北沟壑丘陵区是苹果地理气候资源带。洛川是黄土高原优质苹果高产区，是中国发展优质苹果的最为理想的产区。

洛川是陕西的"苹果之乡"，洛川苹果甲天下。洛川苹果品质优良，果形优美，个大均匀，果面洁净，色泽艳丽，肉质脆密，含糖量高于外地苹果2～3%，香甜可口，硬度适中，耐贮藏，而居全国同类苹果之冠，誉满四方，驰名中外。

洛川苹果优良品种多达47种，其中尤以红星、红元帅、红冠、红富士、国光、秦冠、黄元帅等最优。在国家和地方组织的历届苹果评比中，洛川苹果质量均名列前茅。

由于洛川苹果质优，久负盛名，畅销全国24个省市，外销泰国、新加坡等国家和港、澳地区。市场竞争力较强，成为陕西对外贸易的拳头产品之一。

金秋季节，洛川漫山遍野、一眼望不尽的苹果林，树干深灰，枝叶殷红，果实累累，点点丹红之色，宛如使你走进一个红彤彤、光灿灿的神奇世界。

苹果树也是保持水土、涵养水源，防风固沙、调节气候的"黄土高原卫士"。

中国苹果的希望在陕西，陕西苹果的希望在洛川。

陕西苹果集中产在渭北黄土高原，以洛川为中心的延安、铜川、淳化、礼泉、白水诸县市一带。果园分布，绵延千里。

陕西苹果已成为国内外知名品牌，成为陕西经济发展的优势特色产业和农民增收、农村经济发展的支柱产业，陕西是全国重要的果业基地。

"大红枣儿香又甜，献给亲人尝一尝"

——陕北红枣

红枣"味夺石蜜甜偏永，红迈朱樱色莫论"，色、香、味、形俱全。陕西是中国著名的红枣产地，陕北大红枣更是驰名中外的陕西传统名优特产。

黄河西的支流清涧河、无定河、秃尾河、佳西河、窟野河沿岸，均在海拔1000米以上，气温、降水量，昼夜温差大，非常适宜枣树生长，加上这一地带年光照时数高达2600小时，使得红枣的果皮着色、果肉营养积累都达到一个最佳状态。

每至秋末，黄河西岸枣实累累，缀满枝头。造林成片，景色宜人。

● 活维生素C果

陕北红枣果大核小，皮薄肉厚，质脆丝长，汁多味甜，甘美醇香，含糖量高，色泽鲜红，水分较少，贮藏期长，品质优良。

红枣含有丰富的脂肪、蛋白质、磷酸钙。鲜枣含糖量为35%左右，干枣含糖量为70%以上，因而发热量大，鲜枣每百克为103千大卡，干枣为309千大卡，与米、面相近，被誉为"木本粮食""铁杆庄稼"。

陕北有"一斗枣，二斗粮，里面还加二斤糖"的佳话，红枣像粮食一样宝贵。每500克鲜枣中，维生素C含量达2400毫克，居百果之首，而且，人体吸收率可达86.3%。红枣有"活维生素丸"之称。

● 红枣之乡

枣树，在中国已有3000多年的栽培历史。红枣是陕西的原产果品之一。陕北地区的黄河、洛河沿岸一带，属温带半干旱气候，干燥少雨，温差大，土地肥沃，日照时间长等自然条件最适合栽种枣树。正如《齐民要术》记述的"干旱地区的枣树，结出的枣，品质尤佳"。

陕北大红枣主产于延川、清涧、神木、吴堡、佳县等县。绥德、清涧，早已是"陕北大红枣"的著名产区。清涧被命名为"中国红枣之乡"。

经过长期自然选择和人工栽培选育，陕北红枣形成了众多的优良品种。如绥德的木枣、团枣，延川的脆枣、狗头枣，清涧的牛奶脆枣，个大核小、皮薄肉厚、含糖量高，

深受国内外消费者的欢迎。

◉ 红枣生态林

20世纪60年代,陕西省政府就将红枣树纳入陕北黄河沿岸地区八大经济林带建设计划。80年代,陕西的果树区划和陕北老区脱贫致富重点资源开发规划将陕北黄河沿岸六县列为红枣基地建设区。

1989年,在国家科委、陕西省科委和陕北建委的支持和指导下,清涧和佳县建立了陕北红枣优质丰产示范基地,取得了良好的经济效益,促进了陕北社会发展。

1994年,国家科委、陕西省科委和陕北建委启动了百万亩红枣基地建设项目。陕北人民历经数十年的努力,建成府谷到延川长数百公里、宽数公里的枣林带。陕北黄河沿岸缀上了点点红果,荒山披上绿装,水土流失得到遏制,林草覆盖率大大提高,陕北的生态环境得到改善。在黄土高原脆弱生态重建中,枣树林功不可没。

◉ 摇钱树

西汉时,司马迁就认为,家有千树枣者"富比千户侯"。《清涧县志》记载:"红枣枣乡自店房坪直抵黄河百余里皆枣林,里民贩鬻他处,枭值万金。"

战争年代,陕甘宁革命根据地的人民将大红枣献给八路军,"大红枣儿香又甜,献给亲人尝一尝",支持人民军队的前线作战。

改革开放,陕北红枣基地的建设和红枣产业的开发,使陕北社会经济发生了巨大的变化。红枣已成为陕北革命老区的富民支柱产业,红枣加工业进一步促进了陕北经济发展。

陕北红枣加工工业蓬勃发展。陕北枣区的红枣专业加工企业十余个,兼业加工企业数10个,季节加工点数百

个。推出滩枣、畔枣、芝麻枣、马牙枣、酥枣、酒枣、蜜枣、保鲜红枣等10多个产品。在全国上百个大中城市设立了陕北红枣经销网点。陕北红枣不仅畅销全国各大中城市,还远销日本、美国、东南亚等国和地区。陕北红枣产业的发展,使地区经济走上了健康持续发展之路。

最大面积、最高产量

——中华猕猴桃在陕西

　　猕猴桃在中国的15个省区均有种植，以陕西境内的秦岭、巴山到河南伏牛山一带为最多。世界各国的猕猴桃种植都是从中国引种的，因此，"中华猕猴桃"是世界公认的称呼。中华猕猴桃是中国独有的藤木果树，陕西是中华猕猴桃在中国种植面积和产量均属第一的省份。

◉ 中华猕猴桃

　　中华猕猴桃是中国特有的藤本果种，因"其形如梨，其色如桃，而猕猴喜食，故有其名"。它还有许多好听的名字：毛桃、软毛猕猴桃、藤梨、阳桃等。

　　中华猕猴桃在中国已有两三千年的栽培历史。早在《诗经》中记载的一种叫"长楚"的水果，就是猕猴桃。唐慎徽的《证类本草》所说猕猴桃"味甘酸，生山谷，藤生著树，叶圆有毛，其果形似鸭鹅卵大，其皮褐色，经霜始甘美可食"。明代医学家李时珍在《本草纲目》中指出：猕猴桃"其形如梨，其色如桃，而猕猴喜食，故有诸名"。这种酸中泛甜，芳香怡人，营养丰富的果实，长期以来一直是猴子的仙果美食。

　　20世纪初，新西兰引进中国的猕猴桃，栽培成功。1943年，新西兰将这种营养丰富，风味独特的水果投入国际市场。猕猴桃被誉为世界的"新兴果树"，引起美、英、法、德、日、意、俄、澳等国的瞩目。猕猴桃在新西兰被称为"基维"，美国称"中国醋栗"，而日本称之为"中国猴梨"。中华猕猴桃这个千年为人类不屑的野果，竟成为风靡世界的百果之王。

　　1978年，中国全面展开了猕猴桃的资源调查、良种选育、栽培技术和贮藏加工等项目，取得了显著的成果。陕西秦巴山区是猕猴桃的主要产区，年产量居全国首位。陕西的长安、周至、太白、宁陕、安康等40个县都出产猕猴桃，其中以周至县出产的猕猴桃品质最优。

◉ 世界"水果之王"

　　中华猕猴桃呈椭圆形，小似核桃，大如鹅卵，果皮褐绿色，果瓤翠绿，味道清香酸甜。猕猴桃营养价值很高。其含有亮氨酸、苯丙氨酸、异亮氨酸、酪氨酸、缬氨酸、丙

氨酸等10多种氨基酸，每百克果肉中含钙27毫克、磷26毫克、铁1.2毫克等丰富的矿物质，还含有胡萝卜素、维生素C等多种维生素，其中，每百克果汁中维生素C的含量达100—300毫克以上，最高可达近千毫克，被誉为世界"水果之王"。

狝猴桃不仅味美，营养特别丰富，且具有滋补强身的医疗功效。它的果实和根茎可以制药，对肝炎、高血压、心脏病、动脉硬化、烧伤均有较好的疗效。特别是它具有清热生津、健脾、止泻等功能，对食道癌、直肠癌等疾病亦有一定的疗效，是世界上最流行的防癌水果。

狝猴桃的果实成熟后，可以鲜食，也可加工成果汁、果酱、果酒、果脯等销往国内外市场。中华狝猴桃已成为病人、老人、妇女、儿童和运动员、高温作业人员、野外作业人员的特殊营养品。近年来，狝猴桃又进入太空，成为宇航员的保健品。

◉ 种植最大面积、产量最高

陕西秦岭山脉是中华狝猴桃在中国的最大产区。1978年，中国重新开始狝猴桃的商业栽培。2006年，陕西狝猴桃栽培面积已达29.5万亩，居全国第一位；产量27.8万吨，也居全国第一位。

陕西省周至、户县位于秦岭北麓关中平原腹地，是中国狝猴桃的生产大县，也是世界狝猴桃的原产地。

陕西省不断将狝猴桃产业做大做强，许多狝猴桃新产品，如狝猴桃果脯、速冻狝猴桃，远销美国、俄罗斯、新加坡、日本、欧洲、台湾、香港等市场。

陕南茶香

——午子仙毫、紫阳富硒

茶叶，茶树的鲜嫩叶芽经过加工的干燥制品。茶叶含咖啡碱、茶碱、鞣酸、挥发油等，有提神醒脑、明目、解毒、利尿等作用。茶叶用水冲泡，茶汤色青绿，清香而稍带苦涩味，回味略甜，是一种非常好的饮品。

中国人饮茶历史悠久，茶已经成为人们生活中的一种重要的饮料。陕西是中国茶树种植、茶叶制作及茶饮较早的地区。陕西汉中西乡有数万亩无污染的科技绿色示范茶园，成为名副其实的"中国著名茶乡"。

◉ 历史悠久陕西茶

中国茶的饮用，茶树的栽培，茶叶的制作及药用，开始于西南地区的云南、贵州、四川，而后传入陕西秦岭，"秦人取蜀，始知茗茶事"。

唐代，著名学者陆羽的《茶经》是中国第一部描述茶树种植、茶叶制作、煮茶、饮茶的专著，也是世界上第一部研究茶的专著。据《茶经》记述，陕南巴山山区已是中国7大茶区中的"山南区"的一部分。

陕西茶种植、生产主要在陕南的汉中、安康和商洛。据史书记载，陕西茶树种植、茶叶制作及茶饮始于西周时期，盛于唐宋时期，到了明清时期，西乡、紫阳茶更成为贡品。

陕西的产茶区由于海拔高、无工业污染、含微量元素丰富等特点，使其出产的茶叶无论从口感上还是内质上，都可以说是全国绿茶中的精品。

陕西的紫阳、安康、岚皋、汉阴等12个县是盛产绿茶的地区。其中，紫阳宦姑毛尖、平利三里垭炒青、白河家园炒青、岚皋万安寨炒青、西乡午子仙毫远近闻名。

茶产业已成为陕南的一个重要的产业，在西乡、紫阳、宁强、平利等县，茶产业已成为发展经济的支柱产业，也成为茶农致富的主渠道。

◉ 午子仙毫

陕西午子山出产茶叶的悠久历史，始于秦汉，兴于盛唐，被尊为"贡茶"。相传，清明前采集加工的"珍茶"，途经子午古道，快马送入唐长安宫廷，"午子云雾茶，龙

泉洞中水，仙境凤栖亭，品茗清明人"。

午子仙毫是中国绿茶中的精品。采摘午子仙毫的茶树生长在陕西西乡午子山一带，北阻秦岭，南塞巴山。冬无严寒，夏无酷暑，雨量充沛；茶园分布在海拔600-1200米之处，土壤呈微酸性，有机质含量高；茶树喜湿润气候，耐阴性强。午子山独具"雨洗青山四季春"的适宜茶树生长的环境。

午子仙毫由于产自优越的自然条件，加之采制精细，形成了独特的品质，其状似兰花，色泽翠绿鲜润，白毫满披，香气持久，汤色清澈明亮，滋味醇厚，爽口回甘，叶底芽匀嫩成朵，十分美观。

午子仙毫汤色碧绿，清香高雅，滋味鲜嫩，使人感受到高层次的文化品位。饮午子绿茶，解渴降温，提神醒脑，健康长寿，令人心旷神怡！

午子仙毫含丰富的氨基酸、茶多酚、咖啡碱、叶绿素、维生素B1、维生素B2，还富含硒、锌微量元素，对人体有很好地保健作用。

◉ 紫阳富硒茶

紫阳位于陕西南部，大巴山的北麓，汉水流域，是中国传统名茶产区之一。中国历史上紫阳茶享有品质优良的盛名。唐代时，作为贡茶供宫廷享用。北魏时，经丝绸之路，销往西域各国。清代，紫阳毛尖已进入中国十大名茶排名。"自昔关南春独早，清明已煮紫阳茶"。

天然紫阳富硒茶的珍品为紫阳毛尖系列，分翠峰、银针、翠芽等，其品质特征为，芽叶嫩壮匀整，白毫显露，色泽翠绿，香气高长带花香；茶汤色绿明亮，滋味鲜美、回味甘甜。

陕西紫阳富硒茶属于特种绿茶。紫阳茶富含硒元素，对人体具有独特保健功效，被誉为21世纪健康佳品和绿色保健饮料。

"每户一升核桃"

——商洛核桃

核桃外形似桃，食用其核仁故名，也称胡桃、羌桃、万岁子，是世界四大坚果之一。

相传核桃原产于阿富汗和伊朗。西汉时，张骞出使西域，将核桃带回，在陕西种植。此后，遍及全国各地，陕西是核桃的中国原产地之一。

核桃在中国已有2000多年的栽培历史，独有商洛生长最佳，故称商洛核桃。

● 商洛核桃

核桃富含脂肪、蛋白质，含有铁、镁、磷、锰等多种矿物质，还含有维生素A及维生素B1、B2、尼克酸等多种维生素。经常食用核桃，可以降低人体血液中的胆固醇含量，可以通润血脉，补气养血，润燥化痰，润肺定喘，补脑健神。

"商洛果之最甚者，无如核桃"，历史久远。商洛核桃优良品种多，如洛南的薄皮核桃、山阳的鸡蛋皮核桃、镇安的大绵仁核桃、商州的马牙核桃等，都是个大形整、皮薄光亮、仁肥易取、出仁率高、味甜而香、含脂肪在70%以上等优点。

商洛漫山遍野到处都是核桃树，真是"核桃坡，核桃沟，核桃砭，核桃路，漫山遍野核桃树，核桃累累碰人头"。

● "每户一升核桃"

1957年，为了改变商洛山区贫穷落后的面貌，中共商洛地委向全区人民发出了"每户种一升核桃"的号召，群情振奋，核桃种植株数迅速增长。

1958年，毛泽东在《工作方法六十条（草案）》中批示："陕西商洛地区每户种一升核桃，这个经验值得各地研究。"号召将此经验推广到种植果木、桑树、柞树、茶树、漆树等方面去。全国各地的代表云集丹凤县武关"八一"林场，核桃造林现场会上颁发了由周恩来总理签发的国务院锦旗和奖状。此后，商洛核桃生产有了更大的发展，也推动了陕西造林的发展，为经济林建设奠定了基础。

1974年，在洛南县召开了全国核桃现场会议。1985年10月22日，中共中央总书记胡耀邦视察商洛时，高兴地说："陕西商洛的核桃皮薄仁饱是有名的。"

◉ 核桃之乡

商洛地区位于秦岭东段南麓，地处陕西东南部，群山交错，是个"八山一水一分田"的地方。

商洛，山多而不高峻酷寒，水丰而无激浪湍流。属亚热带向温暖带过渡性气候，冬无严寒，夏无酷热，气候温和，四季分明，光照充足，雨量适中，土地肥沃，亚热带与暖温带气候相兼并存，南北方植物同生共济。

核桃素有"木本油料之王"的美称，它属温带落叶果树。陕西商洛是中国核桃最佳分布区之一，商洛核桃栽培历史悠久，分布广泛，资源丰富。

商洛核桃分布全区各县、市，畅销海内外。全区核桃树达数十万株，年产数万吨，先后出口美、日、意、德、东南亚、非洲等国家和地区，成为商洛出口创汇的拳头产品和四大山地优势产业之首。

核桃是商洛地区土特名产之冠。商洛核桃被列为全国500个名优特经济树种。商洛是中国出口核桃的名产地，核桃出口量占陕西省的80%多，被誉称为"核桃之乡"。

商洛地区核桃的优良品种很多。栽培比较多的品种有圆绵仁核桃、大绵仁核桃、大圆光核桃、光皮露仁核桃、早熟核桃等。1964年，引进了新疆的隔年核桃；1972年又引进了云南泡核桃、贵州串子核桃、河北薄皮核桃。

近年来，商洛市委、市政府将核桃列为优势产业进行开发，全市建立了核桃示范乡、核桃基地乡，选、引、育推广核桃优良品种数十个。应用短、平、快、新、优、矮、密、丰八项创新核桃栽培模式；营建观光核桃园，选择"红仁核桃，橡子核桃、姬核桃、串状核桃"等稀有品种和部分观赏树种，把旅游和果品的产、供、销结合在一起，打响商洛核桃品牌；大力开发核桃产品深加工（核桃露、核桃粉、核桃软糖、精炼油）及副产品（核桃壳、核桃花菜、枝、叶）的食用和医用的不断创新开发，使商洛优质核桃生产有了广阔的发展前景和难以估量的挖掘潜力；新建核桃良种园、实生建园，科学管理改造核桃基地。

商洛核桃的内销、外贸势头良好，开发潜力巨大，前景广阔。商洛抓住机遇，依靠本身所具有的优势，走具有自己特色的农业发展之路。并取得了辉煌的成绩。

核桃之乡的人民，敞开山门，本着优势互补，互利互惠，共同发展的原则，诚招八方客商，前来投资开发核桃基地，投资兴办加工企业。

根系固沙，果实养人

——陕西的沙棘种植

沙棘是一种具有良好水土保持功能、果实有很高营养价值的野生灌木。陕西把沙棘作为主要的水土保持树种大力推广，沙棘成为加速黄土高原治理的一个突破口。

陕西具有沙棘种植的资源优势、人力优势和技术优势，在沙棘产品的开发利用上颇有成效。

● 沙棘

沙棘，俗称"黑刺""酸柳""酸刺"，落叶灌木、小乔木。沙棘枝条呈灰色，常有刺；叶子呈线状被针形，背面密布银白色鳞毛，两端趋尖，叶柄极短。春天，沙棘先叶开花，雄雌异株，花极小，淡黄色；果实宽椭圆形，橙黄色，肉质。

沙棘的种子被鸟、兽等传播到他处，被动传播而进行迁移。沙棘生命力极强，生长快，具有广泛的适应性，耐寒、耐盐碱、耐瘠薄、耐沙埋、耐严寒、耐高温，能在年降水量250毫米左右的条件下正常生长，具有无性繁殖和有性繁殖的能力，繁衍能力很强。

在适宜的环境下定居萌发，它树冠、地径大，水平扩展直径可达6米,郁闭迅速,生长两年后形成蘖芽群,根系发达,入土深度可达2米。以根蘖繁殖迅速扩散,短时间内就形成茂密的树林。

沙棘的根系发达，萌蘖能力很强。在水平根系上发育着根蘖芽，由根蘖芽发育成的根蘖株会产生自己的平行根系，形成强大的平行根系网。沙棘的球状根瘤菌,其固氮能力为大豆的2倍,被誉为"植物化肥"。

沙棘能充分利用生境，并向生境条件较差的地段拓展，它沿光照梯度扩散，沿水分梯度逆向扩散。

● 防风固沙

沙棘繁茂的枝叶，雨伞的树形，能减少降雨对地表的侵蚀。坡地栽植沙棘可减少径流泥沙70~80%，三四年的沙棘可使生态环境抗拒流水的、风沙的侵蚀。

沙棘林地的枯枝落叶层有很强的吸水作用，沙棘枯枝落叶的持水率为自身重的3~4倍，相当于0.6~1.1毫米的降水量，能涵养水分、分散水流、减缓流速、增补地下水，

1公顷沙棘林至少可以吸收3公顷地表径流。沙棘林错综庞大的地下根系，形成了一张"钢筋铁网"，能抑制泥石流和山洪。

陕西是中国沙棘的主要分布区之一，天然沙棘资源分布在榆林、延安、铜川、宝鸡、咸阳、渭南六市及桥山、黄龙山、关山、白于山林区，有天然沙棘林16.7万平方千米，多集中在延安南部和关中北部的天然次生林区，在白于山区和毛乌素沙地南缘也有人工栽种沙棘；子午岭山系的黄桥天然次生林区和关山天然次生林区是陕西省沙棘的主要分布区。

沙棘多为团块状在山顶、沟底、路边、林缘和林中空地生长，枝繁叶茂、果实累累的沙棘林在次生林区随处可见，黄龙林区最大的一片沙棘林达数万平方千米。旬邑县马栏林场有沙棘天然林近万平方千米，其中在转角附近一面山坡全部为沙棘林所覆盖。陕西永寿马坊的沙棘育种试验示范基地是中国沙棘育种试验示范三大基地之一。陕西省的沙棘种植面积在全国仅次于山西省，居第二位。

陕西沙棘林的建设，改变了山区的面貌，绿化了荒山；保护了干旱、半干旱的黄土丘陵沟壑区和长城沿线风沙区农作物；减轻了水土流失，减少了干热风，减缓径流，拦洪积淤，调节气候，涵养水源，陕西的生态环境得到有效改善。

◉ 酸酸甜甜沙棘果

沙棘的果实含果糖和葡萄糖5~12%，含有机酸类3~4%，黄酮类约为干重的0.05~0.20%，并含大量氨基酸类及多种微量元素。

沙棘果实富含多种维生素。维生素A的含量高于其他水果数倍至数十倍；每100克果汁中含维生素C800~1500毫克，比"维生素C之王"猕猴桃要高出3~7倍。另外，还含有丰富的B族维生素、叶酸、维生素E、维生素K等。沙棘种子含有脂肪油8~12%，蛋白质30%，还含有胡萝卜素、五黄素等。

沙棘是一种经济价值很高的树种。对沙棘果实的加工利用，有沙棘原汁、果汁、汽水、香槟、酒、沙棘油等，陕西的沙棘系列产品畅销国内外市场。

沙棘中富含生物活性成分，是祖国医学的常用配物。

沙棘是21世纪集水果、药物、绿色食品和绿化的先锋树种；是黄土高原生态和沙漠化治理的"突破性"树种和法宝；沙棘产业大有发展前途，是中国农业"入世"后极具国际竞争力的新型产业。

涂料之王

——陕西的中国生漆

中国生漆被称为涂料之王。人工从自然漆树割取的天然漆树液,生漆液含有高分子漆酚、树胶质等。生漆涂刷于物体表面,在空气中能自己结成黑色硬膜,坚韧耐久,并且能够耐许多化学品的腐蚀。

数千年前,我们的祖先已经将生漆作为装饰颜料画在陶器上,世界文化遗产秦始皇"兵马俑"也采取了天然生漆作涂饰,湖南长沙马王堆出土的漆器……生漆对保护现代设备方面仍不失其功能,具有极好的经济效益和社会效益。

陕西漆树种植面积最大,生漆产量最高,质量最好。中国漆树面积最大、生漆产量最高的就数陕西岚皋县了。平利的"牛王漆"又为金漆之珍品。

◉ 涂料之王

漆树属漆树科,落叶乔木,树高可达20米,有乳汁。漆树是中国特产,分布甘肃南部至山东南部各地。以陕西的漆树资源最多,生漆产量最大。

漆树是中国重要的特用经济林,全身是宝,树皮分泌的生漆是用途广泛的天然涂料,也是重要的出口物资,其经济价值很高;果皮可提炼漆蜡;树籽可榨取工业用油;树干结实通直,生长迅速,是优质的木材之一,为天然涂料、油料和木材兼用树种。

生漆(天然漆),俗称"土漆",又称"国漆"或"大漆",它是从漆树上采割的乳白色胶状液体,一旦接触空气后转为褐色,数小时后表面干涸硬化而生成漆皮。

生漆的经济价值很高,具有耐腐、耐磨、耐酸、耐溶剂、耐热、隔水和绝缘性好、富有光泽等特性,是工业设备、农业机械、手工艺品和家具的优质涂料。

就其性能,还没有一种人工合成涂料能与它媲美。它被誉为"涂料之王",是中国传统出口的重要物资之一,并以量多质好,著称于世界。

◉ 金漆之乡

陕西是中国生漆主要产区之一。安康的岚皋、平利是中国的最大产生漆县和驰名中外的"牛王漆"的产地。

安康古称金州,明代李时珍的《本草纲目》指出"漆树人多种之,以金州者为佳,

故世称金漆"。岚皋地处亚热带，是世界野生漆树分布的中心地带。

安康岚皋生漆，始于汉唐。明清之际，岚皋的大木漆"质纯清如油，照见美人头，拨开虎斑色，提起悬金沟"，以其优良的品质，远销日本、东南亚等国家，享誉国内外。

中国自古以来历代各朝都十分重视漆树的保护，建了许多保护漆林的石碑；同时，也很关注生漆的生产和发展。

安康岚皋生漆纯度高、燥性好、吃坯力强、耐贮存。岚皋生漆髹漆器物，用料省，结膜快，膜质硬，粘着力强，色泽光亮，经久耐用。可加工精制成多种不同用途的产品，如油漆、推光漆、漆酚树脂类等，以适应多种髹漆工艺,加工制造各种精美漆器。

◉ 生漆基地岚皋县

生漆对木材、房屋、器具、钢铁、管道、车船都有良好的防腐效果；可用作纺织印染工业的理想涂料；可用作电器设备的良好绝缘材料；是漆器工艺制品的良好涂料。

中国漆器工艺品驰誉世界，不仅因有中国独特的民族风格，还因为生漆漆膜光亮，色泽耐久，保光性能特优，因而具有经久不会变色，不易污染，不怕虫蛀、不受温度影响。

此外，干漆还是一味重要中药，泡制后可用于治疗疾病和外伤止血。

安康岚皋县为中国漆树栽培面积最大的县，生漆年产量居全国之首。闻名于世的"金漆"是国际市场三大名漆之一。

1976年，陕西岚皋县成立了中国第一家县级生漆研究所。在全县大力推广优良漆树品种、"牛鼻型"割漆法，对保护资源、延长割漆年限起到了重要的作用。1984年，岚皋被国务院确定为首批生漆基地县。

陕西生漆资源量、生漆产量及购销量均列全国之首。生漆是陕西土特产中的拳头产品之一。陕西大规模发展漆树造林再生资源，增加生漆和加工品，将中国传统的生漆产品及漆器文化发扬光大。

椒中之王

——秦椒

中国古代本草书上所记载的"秦椒""蜀椒""崖椒"等植物，释名不一。《本草纲目》的"秦椒"即"花椒"；《本草图经》的"蜀椒，今归陕及蜀川陕洛间，人家多作围圃种之"，这里的"蜀椒"又好似"秦椒"。《植物名实图考》所画的"秦椒""蜀椒""崖椒"，实际上都是"竹叶椒"。

秦椒就有了两种说法。不管是辣椒也好，还是花椒也好，都是人们日常饮食中不可缺少的。陕西的花椒、辣椒使人们的生活有滋有味，红红火火！

● 椒中之王

秦椒是辣椒中的佳品，素有"椒中之王"的美称，主要产于关中八百里秦川。相传战国时，陕西已种植秦椒。

秦椒，的颜色鲜红，辣味浓郁，体形纤长，肉厚油大，表面皱纹均匀等特点。秦椒分为青、干两种，尤以干椒最为有名，研碎、油泼后，为佐食佳品。制成辣子酱，香醇适口。

秦椒富含维生素C和多种营养成分，经常食用，可以健胃，增加食欲。秦椒以其独特的辣味为陕西人所喜爱。

在陕西，辣椒收获后，人们用线把红红的辣椒一个个穿起来，挂在干燥通风的屋檐下。秋后，陕西农村家家户户的屋檐下、院子里都悬挂着一串串红彤彤的辣椒，谁家的辣椒挂串越多，这家人必然富裕。在关中，去相亲的姑娘们总是爱瞅一瞅小伙子家屋檐下的挂的红辣椒，以此来判断未来婆家的家境。

● 油泼辣子一道菜

陕西的油泼辣子制作，将风干辣椒剪成1.5厘米左右的小段，放入锅中焙干。之后，将焙好的辣椒放入铁制的罐中，用铁杵击打至碎末；在辣椒碎末中撒上盐，再将热油浇在辣椒面上，边浇油，边搅拌，辣椒油冷后，即可食用。

四川、湖南是人们公认的能吃辣的地区，其实，陕西人更能吃辣椒。湖南人、四川人拿辣椒当作调料，而陕西人拿辣子当菜——"油泼辣子一道菜"——此为陕西八大怪

之一。

陕西人吃辣吃得豪气，吃出了文化。"刨（不要）说川湘能吃辣，老陕吃辣让人怕。辣面拌盐热油泼，调面夹馍把饭下"。关中人吃饭时，可以没有蔬菜、鸡鸭鱼肉，但是不能没有辣子。正如贾平凹所描述的"八百里秦川黄土飞扬，三千万儿女高吼秦腔，端一碗捞面喜气洋洋，没放辣子嘟嘟囔囔"。一根线辣椒，一口咬下半截下饭，直辣得龇牙咧嘴，唏唏嘘嘘，大汗淋漓，觉得这样才过瘾。

◉ 秦椒名扬海外

陕西关中平原是中国四大辣椒生产基地之一，生产秦椒、朝天椒、色素椒、板椒四大种类十多个品种。所产的辣椒无公害、无污染；味辣、色红、角型好、色素含量高等特点。"秦椒"闻名海内外，是陕西出口创汇的重要农副产品。

秦椒在关中地区普遍种植，数量巨大、品种众多。秦椒种植历史悠久，经年累月，秦椒中优良品种不少。秦椒"8819"色艳、味佳、质优、肉厚、皮硬；果颈长10厘米以上，单果重5克左右；果实品质好，水分少，干椒辣味浓，深受国内外青睐。

秦椒内销四川、湖南等省市；外销香港、澳门和台湾地区，东南亚各国。秦椒是闻名国内外的外贸辣椒生产基地，也是陕西大宗出口商品，畅销国际市场。

◉ 秦花椒

花椒是烹饪时不可缺少的调味佐料，为芸香科的落叶灌木花椒的果实。

中国栽培花椒已有2000多年的历史，陕西是花椒最早的栽培地。早在1400年前，就有"秦椒生秦岭上，八九月采实"的记载。明代，李时珍的《本草纲目》也有"秦椒，花椒也。始产于秦"的描述。

花椒富含花椒油香烃等醇类挥发油和麻味的主要成分山椒脑。干燥后，花椒有强烈的香气；入口，麻味持久，是非常好的调味调料。

秦花椒除作调料之外，还有独特的医药功用。《本草纲目》称秦花椒为"纯阳之物，其味辛而麻，其气温以热"，能"散寒除湿，解郁结，消痞食，通三焦，温脾胃，补右肾命门"。《神农本草经》谓之"久服头不白，轻身增年"。说明秦花椒有温补脾肾、延年益寿之功。

陕西花椒的品种很多，品质较好的有大红袍、黄金椒、小红袍、狗椒等。陕西韩城出产的大红袍花椒，花椒颗粒袍皮肥厚、色红味香、麻味十足，深受国内外市场的欢迎，是陕西重要的出口创汇商品。

又红又甜的特色水果

——临潼的火晶柿子

陕西骊山气候温和，泉水滋润，果树栽培历史悠久。每到金秋送爽，临潼柿树上挂满金红的小圆果，像一盏盏灯笼一样。

火晶柿子是陕西临潼特有的柿子品种，柿子成熟、软化之后，颜色朱红，晶莹夺目，所以，被称作火晶柿子。

◉ 火晶与四子

陕西人都知道"火晶柿子"，它又红又软、皮薄瓤沙、汁多味甜、名气不小。其实，"火晶柿子"是由一种吃着发黏、吐时尽核，名叫软枣的小野果子变来的。

传说，临潼山里任村有个老人和儿子四子一起，过着平静的生活。他家门前的树上，住着一只火鸟，与之相邻。一日，村上的孩子企图伤害火鸟，被四子救下。火鸟在四子的照顾下，养好了伤。感激的火鸟，从遥远的花果山衔回一根果树枝儿，对四子说："它能结出又红又甜的果子。"

当晚，四子梦见一个穿火红衣裙的姑娘送给他一对火红色的灯笼……四子在田畔上，看见一棵被折了头的软枣树，四子想起火鸟的那根果树枝，决定接到软枣树桩上。

回到家中，四子简直不相信自己的眼睛。他看见晚上梦见的那个姑娘正在给父亲端饭。父亲告诉他，"四子娃，这姑娘叫火晶，从小死了爹妈，今儿个讨饭到咱门前，是我把她领进屋来的。以后咱就三人过日子，你俩就是兄妹了"。其实，父子俩哪里知道，这姑娘正是报救命之恩的火鸟变的。

火晶姑娘和四子一块来到田畔，她用镰刀在软枣树干上切了条缝，四子把果枝削成马耳子，插到缝中，用树皮绑紧。三年过去了，果树结满了红得像水晶灯笼一样的果子。

春节时，火晶姑娘和四子成亲那天，拿出柿子让乡亲们品尝。怪呀，这果子放了这么多天，还是又红又软，汁多味甜。因为，火晶姑娘和四子嫁接的果实，老人们给果子起名"火晶四子"。后来，"火晶四子"种满了任村。日久天长"火晶四子"被叫成"火晶柿子"了。

◉ 火晶柿子

火晶柿子，果朱红似火，艳丽可爱，晶莹光亮，皮薄无核，果肉蜜甜，肉质深红细软，纤维少，含有丰富的糖和矿物质，是同类果品中的佳品。

火晶柿子除鲜食外，还可酿酒、做醋；药用能治肠胃病、止血润便、降血压，是良好的滋补品。柿蒂、柿叶均可入药。

临潼这片土地，到处蕴藏着奇迹。深藏地下的秦兵马俑、骊山温泉；地上晶莹剔透的石榴、火晶柿子，是临潼带给世界的一大惊喜。

晶莹剔透的红宝石

——临潼石榴

临潼石榴是陕西一大特产。它素以果实大，色泽艳丽，果皮薄，汁多味甜，籽肥渣少，品质优良而著称。临潼石榴为中国五大名石榴之冠，被列为果中珍品，享誉九州，驰名海外。

石榴之所以盛产于陕西临潼，与特殊的地理和气候有着很大关系。临潼背靠骊山，面临渭河和广阔的关中平原，又有温泉，气候温和，雨量适中，开花期无大雾。

石榴主要栽植于骊山北麓，土质松软，含沙量大，透水性好，渭河和温泉水汽蒸发，增加了空气湿度，夏季昼夜温差较大，这样的气候和土壤条件为石榴的生长提供了优越环境，所以世代相传至今。

● 石榴的传说

中国栽培石榴，已有2000多年的历史。相传，西汉张骞出使西域时，得石榴种子，引进中国。在长安上林苑种植。汉武帝很喜爱，遂之命人将石榴栽植于骊山温泉宫。临潼石榴成为历代宫廷帝王观赏、品味的佳果。

临潼石榴还有一神奇的传说。相传安石国王子打猎，遇到一只快要冻死的金翅鸟。他急忙把鸟儿抱回宫中喂养。得救的金翅鸟，为报答王子的救命之恩，不远万里，将女娲氏炼石补天时失落在骊山脚下的一块红宝石衔到安石国御花园。不久，园中长出一棵花红叶茂、果实特别的奇树，安石国王赐名为"安石榴"。

公元前119年，张骞出使西域，来到了安石国。安石国正值大旱，赤地千里，庄稼枯死，连御花园中的石榴树也奄奄一息。张骞便把国内如何修水利抗旱的方法教给安石国的百姓，不仅救活了庄稼，也救活了石榴树。这一年，石榴花开的特别红，果儿结的特别大。张骞回国的时候，安石国王送他许多金银珠宝，他都没要，只收下了一些石榴种子作为纪念。从此，由骊山"红宝石"变成的石榴，便开始在长安上林苑和骊山脚下定居繁衍。

● 浑身是宝

临潼石榴营养非常丰富，甜石榴的含糖量高，籽粒味道甘美，果汁中；维生素C的

含量是苹果和梨的2~3倍；每百克含磷量达145毫克，还含有碳水化合物、铁、钙等矿物质。

临潼石榴的香气和微微的酸涩，能生津、化食、健脾、益胃，食后可开胃，滋阴、平肝、补肾、明目；也是制糖、果子露、酿酒、制醋、高级清凉饮料的上等原料。

临潼石榴也是百姓家的常用中药，它性味甘、酸、温、涩而无毒，并含有多种生物碱、鞣质等，可治疗多种疾病。

石榴皮、花、叶、根部都可入药。果肉富含石榴素，性温涩，既润燥又收敛，用于治疗肠胃病、高血压和冠心病有一定效用。果皮含有石榴皮碱、甲基石榴皮碱、异石榴皮碱、伪石榴皮碱等多种生物碱。可治疗扁桃体炎、口腔炎、肠炎、胆道感染、气管炎、肺炎、慢性阑尾炎、外伤感染、虚寒久咳、下血崩带等病症。石榴籽，对绦虫、姜片虫、钩虫、蛔虫以及牙痛病，也有一定的疗效。

石榴花可治吐血、鼻血和中耳炎脓水不干等症。根也有驱除绦虫的作用。叶可治眼病。另外，石榴的根、果皮和叶，含有大量单宁，是鞣皮工业和印染工业的重要原料之一。

石榴树能抗氟化氢，对二氧化硫、二硫化碳和铅蒸气吸附能力较强。而且，花期长，花朵娇美，对美化环境和净化空气极有价值，为绿化城市、庭院的珍贵树木。

◉ 临潼石榴的优良品种

2000多年来，果农们在临潼石榴的栽培中，精心选择，去劣存优。临潼石榴既有籽肥汁多、香甜可口的食用品种；也有飞红流绿，花色艳丽的观赏品种。

临潼石榴食用品种分为酸甜两大类。酸石榴以"临潼酸""鲁峪蛋"两个品种为上品，其果实硕大，籽粒饱满，汁多味酸，清香宜人，最大的可达500克左右；甜石榴中以"大红甜""净皮甜"和"三白甜"三个品种为最佳。"大红甜""净皮甜"的果皮为红色或粉红色，籽粒肥大柔软，汁多味甜。"三白甜"因花瓣、果皮、籽粒均为白色而得名。它果皮薄，籽粒轻，汁液多，味纯甜，品质佳，好贮存。也称"冰糖石榴"，名列甜石榴之冠。

陕西临潼石榴在全国享有盛名。临潼石榴栽培面积已达20多平方千米；产量最高达到1000多万千克；数十个优良品种。临潼石榴是陕西的传统出口产品，在国内、港澳地区以及东南亚地区享有盛名。

身形美、挽力大

——秦川牛

秦川牛是中国著名优良黄牛品种之一，居全国五大良种黄牛之首。因产于陕西"八百里秦川"而得名。1944年，陕西宝鸡耕牛繁殖场第一次提出"秦川牛"的名称，并沿用至今。

◉ 西汉黄牛

秦川牛是陕西古老的优良地方品种，繁育历史悠久。西周时，就"择良牛献主"，供服役和食用。春秋时，推广牛耕，牛为农耕主畜，"择壮者作耕，余供食用"。西汉，张骞出使西域，从大宛国带回苜蓿种子，献给汉武帝。汉武帝听说"苜蓿喂牛马，则牛马壮"，命广种苜蓿，苜蓿遍及关中大地。

苜蓿含蛋白质、矿物质和丰富的维生素，牛喂食苜蓿后，在体质和气力上，起了极大的变化。咸阳市狼家沟出土的西汉陶牛，体态匀称、躯体浑圆、肩峰明显、四肢壮实、神态逼真，很像秦川牛。

"丝绸之路"的开通，中国与西域各国的交往增强。牲畜买卖市场日益繁盛，肉食以牛为主，并以牛肉干作为礼品。

◉ 牛中美男子

秦川牛，曾有关中黄牛、渭牛、平原牛之称，体格健美，高大硕壮。人们对秦川牛有个形象的描述："口如升子，眼如盅子，耳如扇子，角如罐子，头如狮子，胸如斗子，尻如筛子，尾如辫子，劲如虎脖子，蹄大如墩子，蹄坚如锥子。"

公牛体大结实，头较粗大，额宽面平，眼大传神，角短扁圆，颈部粗短，垂皮发达，鬐甲高宽，胸宽而深，背腰平直，长短适中，腹圆紧凑，体肥浑圆，四肢坚实，蹄质较硬，姿态健美，雄壮强悍；母牛头部清秀，体躯匀称，乳房发育良好。

秦川牛不光是美男子，而且吃苦耐劳，挽力强而能持久。一般一岁多调教使役，3到10岁时役力最强。成年公牛体重可达730千克，体高150厘米，在一般条件下，日增重1.2千克。

秦川牛，肉质良好，为役、肉兼用型古老地方良种，驰名中外。现正向肉用型方向

选育。1985年，北京建国饭店的厨师对国内外五大名牛进行多种烹调和品尝，陕西的秦川牛以肉质鲜美名列前茅。可谓"美哉秦川牛，誉满北京城"，秦川牛被誉为中国的瑰宝。

国家为保护秦川牛的品种，在1986年成立了秦川牛生产基地。2002年5月，国家科技部等六部委批准设立陕西渭南国家农业科技园区，确定以快速繁育和育肥秦川牛作为主导产业，通过技术引进，对秦川牛品种进行改良，现已培育出秦川牛新品系良种群体。

◉ 远嫁海内外

秦川牛品种优良，相继在青海、甘肃、四川、湖北，浙江、广西、黑龙江等21个省、市、自治区，进行了纯种繁育和改良当地黄牛，其后代的体格和役力超过当地牛，均获显著效果。

秦川牛肉和活牛出口港澳、日本及东南亚等地，赚回大量外汇。还有上万头秦川牛远嫁"洋丈夫"——英国安格斯公牛，以杂交优势繁育高产优质肉牛品种，提高秦川牛生产的商品率和经济效益。以安格斯肉牛的公牛与秦川牛的母牛进行简单二元经济杂交，所产生的杂交一代生产发育快，生存能力强，肉用体形明显，肉质鲜嫩，既可熟吃又可生吃，可以用来生产各种高档牛肉产品，在相同的饲养管理条件下，经济效益明显高于秦川牛。

山地运输的良种驴

——佳米驴

佳米驴是中国中型优良驴种之一，因盛产于陕西省佳县、米脂一带，故得此名称。

佳米驴是陕北驴中最优秀的品种。清康熙年间，《米脂县志》对佳米驴的外貌特征、使役情况，就有记载。1939年11月，陕甘宁边区农业展览会上，佳米驴作为良种牲畜参展。新中国建立后，通过普查、鉴定、选育，佳米驴畜种质量提高，数量发展，先后引种到全国20多个省、市、自治区。

◉ 体貌超群的驴

地球上有诸多驴品种，据说它们共同的祖宗是非洲野驴。中亚的驴经丝绸之路，进入中国。

驴一进入中国，就迅速地发展了起来。渭河流域的关中驴、佳米驴，黄河中下游平原的德州驴、渤海驴，都属于国内名驴。

中国拥有驴的数量，居世界之首。

中国之所以重视驴的繁殖，养驴多，是因为驴使起来灵活、方便，驴又有耐粗饲，抗病力强，使用年限长等优点。

◉ 佳米驴

佳米驴，体格中等，略呈方形，体质结实，结构匀称，眼大有神，耳薄而立，颈肩结合良，背腰平直，四肢端正，关节强大，肌腱明显，蹄质坚实。

公驴脖颈粗壮，胸部宽，富有悍威。母驴腹部稍大，后躯发育良好。佳米驴的毛为粉黑色，因白色部分大小不同，又分为两种。一种是黑燕皮，全身被毛似燕子，仅嘴头、鼻孔、眼周以及腹部为白色；一种是黑四眉，除具有黑燕皮特征外，腹下的白色面积较大，甚至扩展到四肢内侧，胸前、额下及耳根处。这种驴的骨骼更粗壮结实。

佳米驴，特别适应陕北地区的干旱和寒冷气候；性格温顺，易驯服使役；食粗料，消化器官疾病极少；少疾病，抗病力强，一家一户都能饲养。

佳米驴，体大力壮，能负重，耐力持久；行动敏捷，善于爬山越岭，是山区重要的运输工具。佳米驴外形和关中驴相似，唯体格较小。

佳米驴全身是宝，驴肉具有高蛋白、低脂肪、肉质嫩、味道鲜美的特点，驴肉及脏器还是生物制药的上好原料。佳米驴，既有使役价值，又有肉用价值。

◉ 佳米驴的亲戚——马与骡

骡作为役畜的出现，远晚于马和驴。春秋、战国时，中国虽已有骡子，只是被视为珍贵动物，供王公贵戚玩赏用。宋代尚不多见。明代以后，大量繁殖作为役畜。陕西产的骡子，享有世界盛名。

骡子似驴非驴，似马非马，是马和驴杂交的，比驴、马都高大，耕挽能力也胜过它们，具有驴的负重能力和抵抗能力，有马的灵活性和奔跑能力，是非常好的役畜，但不能生育。

骡子分为马骡和驴骡，由公驴和母马所生称为马骡，反过来则称为驴骡。马骡力大无比，是马和驴远远不可相及的，而驴骡则善于奔跑，也是驴所无法比拟的。

骡的生命力和抗病力强，饲料利用率高，体质结实，肢蹄强健，富持久力，易于驾驭。骡的体型外貌，介于马和驴之间。与马比较，头稍长而窄，耳长、颈短，鬣毛稀短，前胸窄，鬐甲低，腰部坚实有力。尻部短斜，尾毛上部短；有的个体后肢无附蝉，被毛多为骝、栗、黑色。马骡与驴骡在外貌上虽有差别，但常难区分。

有的驴骡由口角到眼下缘的距离比马骡短，而眼距较宽；有的下唇较长，尾毛少，尾的上半部毛更短，运步轻快，蹄高似驴。它们的体格大小决定于双亲的体型，但受母体影响较大。

骡子对人类是有很大贡献的。在陕北地区尤其是米脂、佳县，骡子更能大显身手；它吃苦耐劳，默默无闻，从古至今，骡子一直是憨厚老实的代名词。

世界珍禽异兽的驻留

——大熊猫、朱鹮、金丝猴、金毛扭角羚

秦岭周边是中国历史最悠久、人类最早活动的地区、人口最稠密的地区。它也是世界上最珍稀的四种野生动物——大熊猫、朱鹮、金丝猴和金毛扭角羚的生存地。

● 漂亮的陕西大熊猫

大熊猫是世界濒危物种之一，仅存于中国四川、陕西和甘肃的部分高山中，为中国特有珍贵动物。大熊猫是世界上最珍稀的动物。

熊猫亦称"猫熊""大熊"。体肥胖，形似熊而略小，身长约1.5米，重约100～150千克，尾很短、毛密且光泽，一般眼周、耳、前后肢和肩部毛为黑色，其余均为白色。善爬树，喜食箭竹、木竹、松花竹和树皮；性情孤独，不喜群栖；视觉、听觉比较迟钝。大熊猫通常在海拔2000米左右的山上活动；冬季来临，大熊猫便下到海拔1500米处觅食。

陕西秦岭的大熊猫头型是圆形的，鼻子却越来越短了，呈圆头圆脑的"猫头"。它圆圆的大脑袋，肥胖笨拙的体态，摇摇晃晃的行走姿态，使得研究大熊猫的专家议论"陕西秦岭的大熊猫比四川卧龙的大熊猫漂亮好看！"

"大熊猫之乡"的陕西省佛坪县坐落于秦岭深处，是生物学专家称为"野生大熊猫最有希望生存繁衍下去的地方"。2000年，中国第三次大熊猫普查结果显示，陕西佛坪自然保护区分布的大熊猫为100只左右，其数量分别占到秦岭和中国大熊猫总量的33.3%和10%；大熊猫分布密度约为每2.5平方千米1只，是中国分布密度最高的地区。

陕西的大熊猫主要分布在佛坪、宁陕、太白、周至等县境内的秦岭山中。秦岭是世界大熊猫种群密度最大的区域之一，其中南太白山又是秦岭大熊猫种群野外分布密度最高的地区之一。

● "东方宝石"——朱鹮

朱鹮，又名朱鹭，属鹤形目鹮科，是世界上30余种鹮科鸟类中最为珍稀的一种。朱鹮曾经广泛分布在东亚各国。由于生态环境的恶化，各地朱鹮种群数量急剧下降。至20世纪70年代，在各国朱鹮已无踪影，完全灭绝。如今，这种大型涉禽野生种群的绰约风姿，只能在中国陕西秦岭一带才能见到了。朱鹮是世界上最濒危的鸟类，被誉为"世界珍禽"和"东方宝石"。

朱鹮，面颊部皮肤裸露呈鲜红色，雌雄羽色相近，平时为白色体羽，翅膀内里映红；嘴细长而末端下弯，长约18厘米，褐色具红端；腿长约9厘米，朱红色。繁殖期的朱鹮会将白色的羽毛变成灰色，相貌与平时大相径庭。朱鹮这种为了保护自己、迷惑天敌的生理性转换，也称得上神奇。

在秦岭南麓洋县境内，朱鹮与人类相互依存地生活在一起。野生朱鹮聚集地与洋县的村落毗邻，朱鹮是一种湿地鸟类，常常在稻田里寻觅泥鳅、蝌蚪、小鱼、田螺、虾和小虫为食。为了保护朱鹮，禁止往水田里喷洒农药。

1981年5月，陕西省洋县重新发现朱鹮种群，发现时有7只。这是在鸟类学专家宣布在全世界已经灭绝后发现的，使中国成为世界上唯一拥有野外朱鹮种群分布的国家。1989年，中国在世界上首次人工孵化朱鹮成功。1995年，中国的野生朱鹮种群达35只；饲养种群有25只，为拯救这一珍禽带来了希望。经陕西省政府和野生动物保护工作者的努力，至今连同人工繁殖种群在内已发展到600多只，野生种群已由洋县向周边地区扩散。日本的朱鹮就是由中国赠送的朱鹮养殖发展起来的。在日本，朱鹮被称为"仙女鸟"。

● "美猴王"金丝猴

金丝猴是一种以树叶为食，活动在树冠层的树栖猴类。秦岭的金丝猴是中国独有

的，鼻子没有鼻骨，仰起朝天，是仰鼻猴属。成年的猴子都有一身漂亮的金色体毛，毛长柔密，色彩绚丽，光亮如丝而著称，若论"金丝"，唯有秦岭金丝猴为正宗；陕西的金丝猴脸型也很好看，不像其他的金丝猴脸部向前突；都长着一双漂亮的、会说话的大眼睛是猴中最靓的。

金丝猴通常是生活在热带、亚热带的动物。通常活动在海拔1200~1700米的山中，秦岭是中国金丝猴分布的最北限。川金丝猴，分布于四川、陕西、湖北及甘肃，深居山林，结群生活，背覆金丝"披风"，攀树跳跃、腾挪如飞。陕西金丝猴主要分布于陕西境内秦岭山脉的周至、太白、宁陕、佛坪、洋县等地。秦岭山中金丝猴约有3000~5000只。秦岭金丝猴属国家一级保护动物。

◉ 金毛扭角羚

金毛扭角羚是陕西秦岭地区体型最大的食草动物，为中国独有的世界珍奇动物。羚牛体型粗壮，成年羚牛体重在300~600千克之间。

秦岭亚种羚牛中大部分毛色为金黄色的金毛羚牛；幼羚牛在2岁时，已长出直的犄角，与羊的外貌很相像，所不同的是羚牛长到4岁时，直角开始扭曲。因雌雄羚牛均有角，而且角形弯曲特殊——呈扭曲状，所以，也称之"扭角羚"。金毛扭角羚吻鼻部裸露，并以一明显的鼻中缝分开，前额隆起。尾短，四肢强健，前肢特发达，肩高大于臀高。被毛短而松，但体侧下方披毛特长。金毛扭角羚栖息于高海拔地区，活动范围通常在海拔1500米到3500米的山地森林中。羚牛的食物以嫩枝、树叶、竹叶和青草为主，随着季节的不同，羚牛群会在山中上下迁移。

金毛扭角羚看上去又粗又笨，但反应很敏锐，攀爬能力较强。在长期与自然和人类竞争的过程中，金毛羚牛练就了一身攀登悬崖峭壁的好功夫。

秦岭山脉东端的熊耳山、伏牛山、大别山等峻岭崇山，从山脉的山形、走势上看，像一只呈扇形张开的手掌，阻隔了中国东部平原地区人们的进入；秦岭山脉南面的大巴山、米仓山组成的大山屏障，适度地缓解和抵挡了人类对秦岭的开发和冲击；秦岭的西部已进入青藏高原；秦岭的北坡呈拔地而起的太白山、华山，高高地仰起，让人类的开发望而生叹。秦岭以她宽广的胸怀保护着它的珍宝，守卫着世界上最后的珍禽异兽。

珍稀植物

——独叶草、连香树、香果树、光叶珙桐

陕西省自然景观丰富多彩，动植物资源种类繁多，有不少是世界稀有或中国特有的森林植物。陕西的野生植物资源中，属于国家规定保护的珍稀植物就有数十种。

陕西省野生植物资源中，有37种属于国家规定保护的珍稀植物。属于国家二类保护植物的有连香树、星叶草、光叶珙桐、翅果油树、香果树、杜仲、独叶草、太白红杉、鹅掌楸、窄叶瓶儿小草、大果青杆、山白树、水青树13种；国家三类保护植物有秦岭冷杉、庙台槭、沙冬青、羽叶丁香、天麻、桃儿七、紫斑牡丹等24种。

这些植物中有些孑遗种，如独叶草、水青树、沙冬青等，对于研究植物的系统演化、植物区系、古地理和古气候，都具有重要的科学价值。

这些珍稀植物多分布在陕南、关中地区。

◉ 连香树

又名叶紫荆叶木、五居树、山白香，属连香树科，是一种古老稀有的珍贵树种，被列为中国国家二级保护树种。数量不多。分布于中国北部、中部和东南部。

连香树不耐阴，喜湿，多生于海拔400至2700米的向阳山谷、沟旁低湿地或杂木林中。

连香树是一种古老稀有的珍贵落叶高大乔木，树干通直，树皮灰色或棕灰色。长枝细，短枝生于长枝叶腋；叶对生，宽卵形至圆形，基部心形，边缘有具腺钝齿，掌状脉；寿命长，树姿雄伟，叶型奇特美观。春季先叶开花，花单性，雌雄异株，无花被。因此，是观赏价值很高的园林绿化树种，又为绿化树。

连香树的果实与叶可作药用。叶含焦性儿茶酚；果主治小儿惊风抽搐、肢冷。

连香树的木质坚硬细致，供细木工、雕刻和家具等用。树皮和叶可提制栲胶。

连香树为第三纪孑遗植物，为中国和日本的间断分布种，对于研究第三纪植物区系起源以及中国与日本植物区系的关系，有十分重要的科研价值。

◉ 香果树

落叶大乔木。叶对生，革质，有柄；叶片宽椭圆形或宽卵状椭圆形，全缘，托叶三

角状卵形，早落。聚伞花序排成顶生圆锥花序，花序上有多枚白色大苞片，结果时变为粉红色并留在果实上。蒴果长椭圆形，两端稍尖，呈纺锤形；成熟为红色，熟后裂成2瓣；种子极多，细小，周围有不规则的膜质网状翅。

香果树为美丽的观赏植物。香果树木材优良，用途广；枝皮纤维可制蜡纸或作人造棉原料。香果树的根及树皮均可入药。

香果树为中国特产植物，分布于中部和西南各地。为国家二级保护植物。

◉ 珙桐

亦称"鸽子树""水梨子"。珙桐科。落叶乔木。叶宽卵形，先端渐尖，基部心形，有锯齿。由多数雄花和一朵两性花合成球形头状花序，花序基部有两片乳白色大型苞片，苞片矩圆形或卵形，花形酷似白鸽。为中国特产，分布于中国西部地区。为著名观赏植物。属国家一级保护植物。

◉ 水青树

落叶乔木，濒危树种。水青树是中国的稀有珍贵树种，为单种属植物。仅残留于深山、峡谷、溪边或陡坡悬岩处，多呈零睡散生。木材质坚硬，结构致密，纹理美观，可供制作家具及造纸原料等。树形美观，可作造林、观赏树及行道树。

水青树是古老的孑遗植物，在被子植物中，它的木材无导管，对研究中国古代植物区系的演化、被子植物系统和起源具有重要的科学价值。

◉ 秦岭冷杉

松科，冷杉属(Abies)树种。常绿乔木。小枝平滑，有圆形叶痕。叶线形，扁平，上面中脉凹下。球果单生叶腋，形大，直立，多为圆柱状卵形或圆柱形，种鳞木质，熟时脱落。耐阴性强，耐寒，喜凉润气候，多为产地造林树种。在秦岭山脉常组成大面积单纯林。

秦岭冷杉，木材较轻软、较脆、易翘，可供建筑、电杆、造纸、火柴杆等用材。又为观赏树。

为了保护这些珍稀动植物的生存环境不受破坏，建立了不同类型的自然保护区。陕西已建立多处自然保护区，有保护自然综合体的太白山自然保护区；保护森林植被的府谷杜松天然林和神木臭柏天然林管护站等。

悠悠黑河润古城

——黑河引水工程

万物生长于水，人类文明发祥于水。泾、渭、浐、灞、沣、滈、潏、涝诸河"八水绕长安"，润育了古都西安的辉煌。

◉ 悠悠黑河水

黑河发源于秦岭太白之巅，干流流向由地势决定，呈现出由西南流向东北。黑河水一路流经、交汇板房子河、大蟒河、骆峪河、崀峪河、田峪河等多条支流，河水流量巨增，于周至县东北尚村乡石马村注入渭河。

黑河流域的上游，处于秦岭的峡谷之中，流水穿流于岩石组成的河床中。黑河河床多砾石，也有基岩露出水面，黑河水清澈见底；河水沿途流经草被林被覆盖的太白山，山坡大多被原始森林所覆盖。因此，黑河水的含沙量很小，最少的几乎等于零。

黑河水流出峪口，砾石河床逐渐过渡到沙河床地段。清悠悠的黑河水，水质清澈、甘甜可口。黑河水为软质淡水，是饮用和灌溉的理想之水。甘甜黑河水是最好的引用水源。

◉ 引水润古城

黑河水从太白山中流出，由高向低；干流流向由西南向东北；汇众多支流，流量大。黑河峪口以上，河流落差大，水流急，曲流深切；峪口以下，河谷变宽，黑河进入浅山丘陵地带，较厚的黄土及洪水冲积，便于筑坝、修水库。

黑河水流缓慢，河道多边滩和沙滩，河床由砾沙组成逐渐过渡到以沙为主。

黑河径流的年际变化和年内分配与降水的时空分配基本吻合，而且，黑河水能资源潜力极大，可开发利用的前景，十分可观。

从黑河峪口到西安，相距约数十千米，峪口取水点比西安高出百余米，可以利用坡度，采用重力流水，不需加压，将黑河水自流输水到西安。

黑河引水工程，在峪口金盆古河道上修建一座水库，修建长达百余千米的输水暗渠；建设隧道、桥涵、渡槽、倒虹；建设净化厂、输配水干管，将清澈的甜水流引入西安。

黑河水流入西安，千年"百里涛声下渭川"的黑河水，"清波朝夕润古城"。

◉ 黑河畔的明珠

悠悠黑河水从狮山、象山间流过。黑河两岸青山环抱，竹林茂密，古木成荫。隋文帝杨坚到黑水峪口消夏避暑，为别致的峰峦，甘甜的流水，幽静的风光所动，在黑河河畔修建了"仙游宫"，作为避暑行宫。此后，隋文帝为了安放天竺法门的佛舍利，修塔安置，改宫为寺，称作仙游寺。

唐代改建为三寺。一寺废弛，存留下来的两寺，分隔在黑河南北两岸。南岸是仙游寺。明代一度改名"普缘禅寺"，由喇嘛桑加巴住持。清康熙年间重修寺院，恢复了"仙游寺"的原名。

南寺的隋代建筑法王塔，砖砌方形，上小下大，形如锥立，高约27米，底边宽8米，塔七层。气势雄伟壮观，千百年的风雨剥蚀，使塔更显得苍劲挺拔。

为了修建黑河水库，已将仙游寺搬迁到旁边的山上。法王塔也照原样用原来的砖复建。在拆塔的时候，发现了地宫，地宫中藏有石函，函内银棺里保存有舍利，为隋代原物。

南北寺之间的"黑水潭"，又称仙游潭。宽约7米，水色黝黑，深不可测。唐代有"石潭积黛色，每岁投金龙"的诗句。潭上石壁峭绝，形似"龙潭虎穴"。

仙游寺周围峰峦环峙，清溪如带。白居易在周至作县尉时，常和朋友在仙游寺饮酒论事，每当谈论天宝遗事，不禁感慨万千，遂创作长篇叙事诗《长恨歌》。

仙游寺是黑河河畔一颗明珠，它与常年湍流不息、清澈见底的黑河水相得益彰，交相辉映。

黑河引水工程是集城市供水、农业灌溉、发电、防洪为一体的综合效益的大型水利工程。它扩建了黑惠渠和田峪灌溉系统，扩大了农灌区。黑河水库的修建，使黑河下游的洪水泛滥成为历史。它为兴庆湖、大唐芙蓉园、秦岭野生动物园、护城河提供生态用水，美化了城市，为陕西人民造福。

植树种草，优化生态

——最早、最大面积退耕还林还草

陕北的盛夏，走进革命圣地延安，踏上绵延起伏的陕北高原，一派生机盎然、郁郁葱葱；清风拂面，沁人心脾；昔日的荒山秃岭披上了绿装。山谷沟壑，树木葱茏，泥土流失减少。这一切，都得益于国家退耕还林的好政策。

◉ 山川秀美工程

陕西地跨温带、暖温带、北亚热带。陕北地处黄土高原、黄河中上游，由于历史上的数次战乱、频发的自然灾害、人为的乱砍滥伐和无序的开荒耕种等多种原因，使陕北地区的生态植被不断衰减，水土大量流失，土地沙化日趋严重。

国家退耕还林还草工程的实施，使陕北的山绿了，水清了，人富了，旧貌变新颜。1997年，中共中央提出了"再造一个山川秀美的西北地区"的宏伟目标，极大地鼓舞了陕北人民。1999年，国家退耕还林工程开始实施。"退耕还林(草)、封山绿化、个体承包、以粮代赈"的政策措施，极大地唤起了延安人民的造林热情。至此，一项建国以来陕北地区规模最大、涉及面最广、群众得到实惠最多的伟大工程开始全面实施。

陕西把生态环境建设作为实施西部大开发的切入点和首场战役。《陕西山川秀美工程建设规划纲要》提出：在长城沿线风沙区、陕北黄土丘陵沟壑区、渭北黄土高原沟壑区、关中平原区和秦巴土石山区全面启动治理工程。

陕西把生态环境建设作为建设西部经济强省的一项重要内容，提出把退耕还林工程与天然林保护、"三北"防护林体系、秦岭生态环境保护、小流域综合治理等工程结合起来，按照统筹兼顾、可持续发展的思路，全面部署，重点推进。

"十五"期间，陕西完成造林近4000万亩，创陕西造林历史之最。陕北作为率先实施退耕还林还草的重点地区，经过长期不懈的努力和探索创新，走出一条退耕还林、封山禁牧和封山育林的新路子，为全国生态建设做出了积极贡献。

◉ 退耕还林（草）

志丹县退耕还林(草)111万亩，加上原有的112万亩的天然林，林草覆盖率提高到67.5%。如今山上的树木都已成活，远远望去，一片翠绿，几乎看不到一块裸露地块。

吴旗县退耕还林面积231万亩，成为全国退耕还林第一县。国家确认合格兑现面积165万亩，是全国150多个退耕还林县中退得最早、还得最快、面积最大、群众得实惠最多的县。

整个延安市退耕还林865万亩，其中退耕地502万亩。水土流失综合治理提高到45.5%；林草覆盖率达到42.9%。生态环境恶化的势头得到有效遏制。

退耕还林(草)不仅使陕北的生态环境得到了极大改善，而且也使广大农民得到了巨大实惠。

退耕还林改变了人们的思想观念，加快了农村产业结构的调整。林果业、草畜业、棚栽业在陕北大地蓬勃兴起。

退耕还林改善了陕北各区县农村的生产、生活条件。一个富裕的陕北、实力的陕北、生态的陕北、和谐的陕北将成为现实!

陕北作为率先实施退耕还林的地区，坚定不移地推进以退耕还林还草为重点的生态建设，坚持循环利用生态资源，走可持续发展的路子。

经过多年的退耕还林、封山禁牧和封山育林，有效改善了生态环境，从山顶到沟底，黄土被浓浓的绿色覆盖，形成一道道的绿色屏障，整个高原变成名副其实的绿色高原。

奇拔峻险冠天下

——西岳华山

华山位于陕西华阴境内,南接秦岭,北环黄河、渭河,奇峰雄险,气势磅礴,巍峨壮观,是中国五岳之一。华山以其"雄、奇、险、秀"著称于世界。

华山不仅山势高峻,它的东、南、西面都是万丈绝壁,根本无法攀登,只有山北面有一条小路可以登上山顶,所以说,自古华山一条路。通往华山顶峰,只能沿着一条从千尺幢、百尺峡、老君犁沟到云台峰、三元洞、苍龙岭的十分陡峭的山路攀登到达。

◉ 华山得名

中国古代地理名著《山海经》描述的"太华之山,削成而四方,其高五千仞,其广十里";相传,华山顶有池,生长有千叶莲花,服用了莲花会"羽化成仙";《水经注》记"远而望之,又若花状"……中国古代华与花字义相通,而且,华山远远望去,就像一朵花,故名华山。

远眺华山，朝阳峰、落雁峰、莲花峰突出如同花蕊，周围环抱的山峰如同莲花的花瓣，整个华山就像一朵盛开的莲花。

◉ 奇拔俊险冠天下

华山是秦岭支脉分水脊北侧的一座花岗岩石山。它高大险峻，气势壮观。

山上五峰高耸，东峰朝阳峰，观日出的最佳山巅；西峰莲花峰，如莲瓣覆顶；南峰落雁峰，大雁回归的栖息地；北峰云台峰，多云雾似托云中；中峰玉女峰，四峰环抱。

华山主峰区内峰壑连亘，古柏成林，到处是奇岩和苍柏构成的美景，体现了华山的"雄、秀"。主峰周围还有70多座小峰环卫而立，就像层层的莲花瓣。

华山势冲霄汉，具有王者之尊，自古"华山天下雄""奇拔峻秀"，为"奇险天下第一山"。山上奇峰、怪石、云海、鸣泉、飞瀑、古迹遍布。俯瞰华山，南面山岭连绵不断，郁郁葱葱；北边庙宇宏伟，亭台典雅。四季景色优美，鸣泉、飞瀑、红叶、雪淞、云雾雨雪、峭岩青松，构成一幅幅美丽的画卷。

华山多洞，有水帘洞、朝元洞、莲花洞、紫微洞；华山多岭，有狮子岭、黑虎岭、苍龙岭、飞鱼岭；华山多坪，有桃林坪、聚仙坪、莎萝坪、青柯坪、细辛坪；华山有八台，为王猛台、刘玺台、三皇台、聚仙台、念砚台、朝阳台、紫气台、升表台；华山有九崖，为搭钩崖、俯渭崖、擦耳崖、冲霄崖、舍身崖、明星崖、避诏崖、日月崖、仙掌崖。

华山日出、苍龙行云、北斗红叶、燕子衔表、莲峰雾淞、中方仙桥、莲台幻影、雨雾弧光、云崖神灯、地球阴影等幻象奇观，千姿百态。

◉ 华岳仙掌

"华岳仙掌"为关中八景第一景。位于华山东峰侧面的崖壁上，有一个巨型"仙人掌迹"，是华山最醒目的奇观。

这只"仙掌"是天然石纹，就像一只巨型掌印。它五指分明，纹理苍劲，惟妙惟肖。"仙掌"是华山岩体长期暴露在空中，岩体被风化，受侵蚀的悬崖沿节理产生的断裂，山水流下时，将那些垂直的裂缝冲成细微的小沟。岩石中矿物质风化后产生的溶液于青石崖壁上染色，形成许多黄白相间的垂挂色带。从远处望去，所能见到五条最大色带，犹如人的五指"俄然神工就，美迹露指爪"。

每逢雨过天晴，或东映照日时，"仙掌"之壮观，数十里外均清晰可见。

◉ 太华奇险

华山以雄险著称。华山第一险境是"千尺幢"。在仅能容一人上下的槽形两石峭壁缝中，凿有370多个仅能容半足的陡浅石级，登山者可以攀附着一条巨大的铁索链，一级

折
桂
犹
待
长
安
花

级向上。往上看，只见一线天井；向下望，深井似无底。站在井口"一人把关，万夫莫开"。

从千尺幢向北转，一架"天梯"悬挂在石壁上，这就是"百尺峡"。在近乎垂直的石壁上，凿有80多级石阶，虽石级两边有铁链相助，但是，攀登难度比登千尺幢要困难得多。

当攀登到百尺峡顶部时，在登山者的头顶上出现两块夹在石壁中欲坠的巨石。人们面对这样的情形，欲双手抱头，可手又不得不抓紧铁链，只有急速从巨石下爬过。这两块欲坠的巨石就是"惊心石"。

登上百尺峡，向北走，两崖中断了上山的道路。在此，临空搭了一块长约2米，宽约1米的石条，称为"二仙桥"。桥下是深谷。

由北峰循岭南行，过"阎王砭"，路右侧是绝壁陡崖，左侧是幽谷深壑，道路狭窄，登山者只能面壁挽索，贴壁而进，一不注意，耳朵就被石壁擦伤，因此，又叫"擦耳崖"。

苍龙岭是长约1.5千米，宽约1米，高百米的岭脊；脊坡陡约有45度，两旁是深不见底的悬崖深沟，登山的路就在中间突起的岭脊上，凿有350多级石阶，路的两边竖着铁柱子，并链以铁索。

登东峰，去下棋亭，必须下一段高约六七十米，上凸下凹的悬崖。上下都要在凸凹转折处转或翻一下身。人们把这种在半空中进行的翻身动作，叫做"鹞子翻身"。

千百年来，华山将大自然鬼斧神工的奇境和中国丰富的历史文化遗迹，和谐地融为一体，真可谓"祖国河山秀，雄险推太华"。

万里波涛一壶收

——黄河壶口瀑布

"黄河之水天上来，奔流到海不复回"，黄河一路向东奔腾，流至晋陕边界开出了一条深邃的峡谷，将黄土高原一劈两半。

黄河冲出晋陕峡谷的最后"要塞"龙门后，河槽豁然加宽数十倍，水流沿着宽广平坦的河床缓缓向南流去。

◉ 万里黄河一壶收

"九曲黄河万里沙，浪淘风簸自天涯。"滔滔黄浪，一川500多米宽水面的被黄土染黄的河水，以每秒数千立方的水量，向南奔腾至壶口突然被约束在两岸狭窄的石谷中。滔滔奔腾喧嚣的黄河霎时撞向石壁，河水怒吼，山鸣谷应，跌落到40米的深谷"十里龙槽"中，形成落差达50余米的大瀑布。

壶口瀑布最宽时达千余米，最大瀑面可达3万平方米，滚滚洪流，急速收敛，骤然收成一束50余米宽的水带，硬是挤进"壶口"内。因瀑布上宽下窄，水波急溅，激起百丈水柱，雾气腾腾，形如河水在巨壶中沸腾，声似雷鸣，数千米外都可以听到。

壶口瀑布是黄河水从较高的河床中突然跌入更低的沟谷中，站在岸边只能看见河水被"壶口"突然吸去，此可谓"天下黄河一壶收""一壶能提黄河水"！

北魏时，郦道元游历壶口瀑布，描述"其中水流交冲，素气云浮，往来遥观者常若雾雨沾人，窥深魄悸，其水尚奔浪万寻，悬流千丈，浑混贔怒，鼓若山腾，浚波颓垒，迄于下口"。

◉ 惊人的流量与冲蚀

黄河壶口瀑布的流量令人惊讶。每年4月初，冰河解冻，黄河流量由河面冰封的，仅150~300立方米／秒的流量，骤增至1000立方米／秒以上。巨流夹着大量冰块冲击而下，惊天动地。7-8月间，流量增至1000~2000立方米／秒之间。秋季，汇聚溪壑之水，流量增至3000立方米／秒以上。瀑布波涛怒啸，击打河床，声如奔雷。

壶口瀑布以其特有的侵蚀方式，冲蚀出壶口瀑布、槽谷（秦晋峡谷、十里龙槽）、河心岛（孟门离堆山）、涡穴、水蚀凹痕、侧蚀洞穴、陡壁跌水、漏斗；悬谷、支流谷

底冲沟、潜蚀线沟；滑坡、崩塌、泻溜、方山地貌等。2002年，壶口瀑布正式被命名为国家地质公园。

◉ 四季各异、神奇壮丽的壶口景观

壶口瀑布的景色，四季各异。春暖花开，河水解冻，冰凌崩落，冰块小者如牛，大者如屋，冰块跌落，声似雷鸣，犹如山崩地裂；夏日炎炎，黄河水汹涌澎湃，烟雾四溅；金秋时节，水流湍急，气势磅礴，雾气腾空；冰天雪地时，瀑布挂满冰凌，银装素裹"冰瀑银川"。

神奇壮丽的壶口景观，变幻多姿：黄河水落差50多米，跌宕而下，横崖千尺，悬水奔流，似"天河悬流"；滔天河水倾注一壶，万钧之力激起撼天惊雷，数里之外即可听到隆隆吼声，可谓"一里壶口十里雷"的"黄河惊雷"；飞瀑直下，激起飞腾的水雾，如同壶底生出的黄色烟雾，形成"收来一壶水，放出半天云"的"壶底生烟"；每逢日出，瀑布上空就会出现彩虹，仿佛一座五彩斑斓的天桥，"水底有神掀石浪，岸旁无雨挂长虹"的"彩虹飞渡"；由于瀑布水流巨大的冲刷力，日久天长竟然冲出长达5千米的狭长石沟，形成了今日的"十里龙槽"；黄河水冲出龙槽，豁然开阔，水面渐宽处，一块巨礁雄踞中流，划开河水，俯视如门，侧看如舟，仰视如山，它就是传说中"山石为禹所凿"的孟门山。河水下落时，镌有"卧镇狂流"四字的孟门巨石便露出水面；黄河水长期冲击壶口两边石岸，盘旋琢磨河床凹处，形成了多呈圆形，无数形状各异、大小不一的"石窝宝镜"。当地百姓相传，这些石窝是大禹治水时留下的马蹄印迹，又称"石臼仙踪"。

◉ 会行走的瀑布

壶口瀑布是世界上著名的移动瀑布。它不断地沿河道向上游移动，由于激流经年累月地侵蚀切割河床，使跌坝不断上移。

早在公元前770年《尚书·禹贡》记载：壶口紧连着孟门。公元813年成书的《元和郡县志》记载：壶口距孟门1000步（合1660米）。

2700多年过去了。现在的壶口却在孟门上游的3000米处，石槽向上推移了3000多米。在黄河水剧烈的冲刷与侵蚀下，壶口瀑布不断向上游移动，在移动的过程中，就在砂石河床上冲开了一条约60米深、30~40米宽的龙槽，"水非石凿而能入石，信哉"！

壶口瀑布是黄河气势最宏大的瀑布，也是仅次于贵州黄果树瀑布的中国第二大瀑布。

屹立渭河平原的黑色骏马

——风景秀丽的骊山

骊山，秦岭北麓的一个支脉。因远古地质断块运动，秦岭被灞河切断；一个南北宽约7千米，东西延绵10千米山脉，突兀渭河南岸的平原上；山脉海拔800米，最高处的仁宗庙海拔1256米。

骊山山体终年苍郁，苍翠秀雅，风景绮丽，以潺潺温泉水著称；自周、秦至汉唐，均在此建有烽火台、行宫别馆。骊山是举世闻名的风景胜地。

◉ 骊山的得名

"骊"在古代汉语里是指纯黑色的骏马。古时，山上松柏满坡，郁郁葱葱，林涛滚滚。远望山势，就像一匹奔腾的黑色骏马屹立于渭河平原，所以称为"骊山"。

又说是，骊山曾经是古骊戎国的所在地，所以称"骊山"。

还有女娲坐骑化骊山说。相传女娲为拯救万民，在骊山炼就五色石补天，被尊为"骊山老母"。她死后葬于骊山之阳（今蓝田县）。她的坐骑名叫"骊"，化作骊山。

◉ 骊山晚照现胜景

骊山东绣岭、西绣岭两峰，常年为青松翠柏所覆盖。西绣岭到第三峰——老君殿的断层北麓处为转折，随后向西南呈阶梯状延伸，形成一个缓坡。每当夕阳西下，太阳光正照在这一面向西北的山坡上，形成了鲜明的反照。一时之间，金光笼罩苍松翠柏、崖壁幽谷和亭台楼阁，折射的阳光异彩纷现。这"骊山晚照"，真可谓"丹枫掩映夕阳残，千壑万崖画亦难。此时骊山真面目，人生能得几回看！"

在不同季节，不同的时刻、角度和强度的光照以及云彩的不同条件，以及游客所处的位置，骊山晚霞都会再现唐代诗人王维所吟诵的"汉主离宫接露台，秦川一半夕阳开。青山尽是朱旗绕，碧涧翻从玉殿来"；清代诗人朱集义道"幽王遗恨没荒台，翠柏苍松绣作堆。入暮晴霞红一片，尚凝烽火自西来"的绮丽景色。尤其在夏天，骤雨初霁，满山青翠欲滴，夕阳映射骊山，这匹黑色的骏马好似在向东奔腾。

◉ 一脉温泉千古流

骊山北麓涓涓清澈的温泉水，溢流不息。早在6000多年前，我们的祖先在这天赐之

水的滋润下，休养生息。民间传说骊山温泉是女娲的恩赐。

中国历代帝王都利用骊山背山邻水和保健医疗价值极高的温泉等自然条件，兴建宫苑，使其享有"天下第一御泉"之美称。

相传3000年前，西周幽王曾在石瓮寺瀑布旁首建"骊宫"。秦始皇在此用石头砌了温泉池——骊山汤。汉武帝时，重加修缮。唐玄宗以骊山为根基，温泉浴池——华清池为主殿中心，修建了富丽堂皇的宫殿建筑群——华清宫，布设建造了楼阁亭榭。安史之乱后，华清宫遂遭破坏。此后，虽各朝多次修葺，终未能恢复原貌。新中国建立，华清池在清代建筑基础上，得到修缮、扩建及发掘复原唐代遗址，成为广大民众休闲沐浴的场所。

华清温泉水来自地面以下1000多米处，无色透明，水温为43℃，年变幅小于0.6℃，水温常年稳定。其水内含多种矿物成分，是一个富含硅、氟和氢的矿泉，具有很高的医疗价值。用骊山温泉沐浴，对风湿关节疼痛、肌肉疼、消化不良和某些皮肤病都一定的疗效，非常适于沐浴疗养。在华清池周边，已建起了数所疗养院。

◉ 青山秀水令人醉

骊山森林茂密，遍山郁郁葱葱，诸多名胜古迹，令人目不暇接。骊山，可沿登山便道盘旋而上，到达各个山峰。

登骊山，一是沿着缓慢上升的盘旋山路可达老君殿、老母殿，登烽火台；二是顺陡峭石质阶梯盘旋而上到"兵谏亭"，沿山路登烽火台。

老君殿，又称朝元阁，唐代华清宫的主要道观（清代重建）。唐玄宗信奉道教，朝元阁是他敬奉道家老子的地方。据传，他两次梦见老子降临西绣岭的朝元阁内，被视作大唐兴盛的征兆。此后，由西域著名雕刻家远迦儿雕成老君像，是为中国最大的汉白玉老子造像。

老母殿，供奉的是骊山老母——女娲氏。传说远古，天崩地坏。女娲氏为挽救苍生，在骊山采集五彩石，借天宫神火，将其烧炼，补天之缺；并用黄泥做人，造出了世间万物。

骊山半坡上的"兵谏亭"与震惊中外的西安事变有着极为密切的关联。1936年冬，事变发生时，蒋介石从山下五间厅后窗爬出，匿身于西绣岭半山腰虎斑石夹缝中，被搜山部队发现。事后，在蒋介石被捉处建亭。

烽火台，相传是周幽王戏诸侯的地方。周幽王为"褒姒一笑失天下"的"千金买笑"故事就源于此。

千古帝王眷恋之地，自然是风光秀美、独特安逸之所。骊山承天地之滋养，沐日月之精华，钟万物之灵秀，妙手天成，以其雄峻的英姿，迷人的景观，保健的温泉和道不尽的千古风流，吸引着一批又一批热爱自然、热爱中国、热爱陕西的中外游客。

石瓮奇景

——柞水溶洞

柞水溶洞位于秦岭山中的柞水县城向南，自然环境灵秀典雅，山清水秀的峰峦中藏着雄奇秀逸的喀斯特溶洞群。

柞水石瓮四面有挺拔秀丽的奇峰，天书山、仙桃山、笔架山、呼应山环绕。玲珑瑰丽的洞府四下分布，清澈的乾佑河水静静地流淌，置身石瓮，若天上人间。

石瓮秀在绿水青山，奇在幽岩古洞。这些令人着迷的佛爷洞、天洞、风洞、百神洞、云雾洞，有的高挂山腰藏匿在云雾中秀丽神奇；有的深于山腹，神秘若仙宫。这些神奇的洞府构成了"西北一大奇迹"。

◉ 奇特溶洞天作成

长期以来，人们一直认为，喀斯特溶洞只有长江以南才有。可地处长江以北的柞水，仅石瓮镇周边就有大小溶洞140多处，而且"无山不洞，无洞不奇"。柞水溶洞群是

西北地区最大的溶洞群，被称作"北国奇观"。

距今约5亿年前，陕西商县、佛坪、柞水、镇安一带是一片海水。随着地壳的运动，秦岭北部逐渐抬升，形成山脉；昔日海洋环境下，使柞水石瓮地区沉积了面积广厚的富含碳酸钙的石灰岩、白云质灰岩和泥灰岩，这一地带受地壳抬升影响，逐渐生成陆地。

秦岭南坡处于暖温带，湿热多雨，水源丰盈。雨水沿着地表流动，从岩石裂隙向地下流动。日久天长，在秦岭山脉的地上、地下雕刻出许许多多的奇峰异洞。

柞水山清水秀，奇峰突兀。山洞多为石灰岩，裂缝较多，透水性好。饱含碳酸钙的水沿着山洞顶部的裂缝，水珠向下滴落；由于洞内温度较高，而气压较低，水珠中的水分很快就蒸发了，水珠中所含的碳酸钙，没滴到地下就凝固成为悬挂在洞顶的石钟乳、石幔；滴落到洞底的堆积，就形成了石笋；石笋和石钟乳在滴凝中，上下连为一体，形成了石柱。这些凝固的沉积万年才能增长1公分。

柞水溶洞内钟乳石和石笋千姿百态，各具异彩，能与杭州的瑶林仙境媲美，与桂林的山水争奇。

● 雄奇佛爷洞

佛爷洞位于呼应山腰，海拔797米。洞口面向西北，由上三层、下三层和一个形状像牛角的支洞构成。佛爷洞很大，面积约有10000平方米，有7个大庭堂、23个小庭堂。大的平坦开阔，如同大雄宝殿；小的典雅秀丽，宛若苏州园林。

洞里最神处是"转角景楼"。游人举头观景，看着游走200多米，竟然又回到原路上了。

洞里各种石乳、石笋、石柱、石瀑布在五颜六色的灯光下，绚丽多姿，如同仙境。钟乳景物奇特雄伟，光怪陆离，造型千姿百态，"石人""石马""唐僧""八戒"等，形象生动，惟妙惟肖。

蝴蝶飞舞迎来宾、转景楼雪山景迷人、大瀑布飞流闪银花、水帘洞唐僧藏宝经、宝莲灯塔前子夜明、擎天柱雄壮入天云、蘑菇塔下罗汉堂、海石花深藏在迷宫、石笋弹奏幸福曲、仙女下凡送来宾等奇观美景，"方圆二百米，别开一洞天。不是武陵地，胜似桃花源。"

● 璀璨玉宇登天洞

天洞为隧道式洞穴，小巧玲珑。洞内时而开阔，时而窄小。入洞后步步而上，大有登天之势。有玉瀑厅、莲花池、龙宫、惊魂道、罗汉堂、观庵草堂等璀璨玉宇。

洞内各式各样的石笋，有的如嫩芽细枝，有的敦实憨厚；洞中的石锣、石鼓，手掌击之，音色各异。洞壁上的石花，朵朵簇拥，小而多姿。在彩灯映照下，似牡丹争艳，如菊花吐芳。真是"偷来人间千幅画，呼出玉宇万家仙。终南胜景知多少，此处别开一

重天"。

◉ 劲风不止

风洞是柞水溶洞群中最大的溶洞。相传，洞内有一小洞劲风不止，故名。

风洞廊道深长艰险，主洞深约25公里，洞道由数以百计的曲折通幽的支洞连成网。风洞厅堂宏大，可容纳千人以上的大厅就有数十个，规模大、离奇壮观。

洞顶和四壁的钟乳石构成"犀牛望月""仙鹤展翅""鸳鸯戏水""龙女出海"等景观；石笋、石柱、石幔密集处，形成了鳞次栉比的亭台楼阁，尤以错落有致的曲道回廊"玉皇阁"为最。

天洞内的"蝙蝠堂"，厅堂巨大，可容2000人。洞中栖息着万余只蝙蝠，受到惊扰，展翅乱飞，声响如雷贯耳。

陕西柞水溶洞内各种形态的钟乳石、石笋、石瀑布、石蘑菇、石幔琳琅满目，美不胜收；石禽、石兽、石猴、石佛形态各异，酷肖逼真；晶莹透亮的石花、石果、石葡萄令人垂涎欲滴。

洞群姿态各异，绚丽多彩，既有南方的柔媚，又有北国的豪放。

柞水溶洞外围景区山清水秀，碧水环绕，风光秀丽，气候温润。丰富的人文景观和美丽的奇峰异洞，构成了一幅幅色彩绚丽的风光画卷。

玉山哺秀

——蓝田王顺山

　　王顺山位于秦岭北麓，岩峰峻峭，奇峰耸立，沟谷幽深，有华山之险；芊芊绿树，郁郁葱葱，秀如黄山。

　　远眺王顺山，山势赫赫，巍然耸立；峰峰齐立，直冲霄汉。山势就像条条长蛇，纵横而卧，互不相让。故称为"秦楚之要害，三辅之屏障"。

　　近观王顺山，山脊线分明，山势峥嵘；磊磊的岩石，参差的崖壁，奇石异峰，千姿百态。清河水碧绿晶莹，像一条缎带蜿蜒，峡谷流翠。

　　"玉种蓝田"，此地孕育着美玉，真正的蓝田玉便出产在王顺山中，"蓝田日暖玉生烟"。

◉ 两山夹一峪

　　剧烈的秦岭造山运动，随着山体的不断抬升，在崩裂、挤压中，山地分裂成为错落有致、形状各异的岩峰，形成王顺山的中高山系。

　　强大的内营力，使山体断裂成"V"型的大山谷。蓝峪是王顺山最长、最阔的峪道。不断的造山运动，使王顺山的山体不断地抬高，蓝峪河不断低下切。历经岁月沧桑，风剥雨浸形成"两山夹一谷"。

◉ 玉山奇景

　　登王顺山主峰玉皇顶，可东眺西岳华山，北望渭水连天，南观群山蜿蜒，西瞰古都长安。唐代大诗人杜甫谓"玉山高并两峰寒"。

　　王顺山森林植物繁茂，形成比较明显的垂直带谱，依海拔高度自下而上分布：白皮松，侧柏林，松勒林，红桦林，杜鹃林，形成独具特色的山林景观。

　　王顺山森林景色，随季节变化，四季景观各异。春天，山花烂漫，争奇斗艳；盛夏，绿荫叠翠，凉爽宜人；金秋，枫红菊黄，野果飘香；严冬，雪拥蓝关，银装素裹，令人心旷神怡。

　　王顺山，属古冰川作用的中生带燕山期花岗石质断块板斜山地，地形地貌奇特险峻。奇峰秀岭，溪流、瀑布、池潭、溶洞错落；姐妹峰、孔雀梁、独秀峰等山峰惟妙惟

肖；天光一丝的一线天；山中数十怪石，天工巧成，有的像古猿，有的似奔马、骆驼，有的形如石狮观日、老鹰觅食、猛虎下山；松石、七彩、龙虎等池潭清澈见底；东羊等小溪河潺潺不息，弯弯曲曲地穿流于山谷之间，形成了多处悬流瀑布。

◉ 蓝水千涧落

从蓝田沿灞河而上，至清河河谷口，潺潺流水飘荡山谷。牛头山是清河的源头，流淌王顺山峪道；山夹水道而行，水沿山道而走。

清清河水，牵山引水，清澈见底；雨露荡涤山脉，葱郁浑然；温润峡谷流翠，成为王顺山的灵气。

荡荡清河水，从山石上流下，激流湍急；流水冲击山石，小块儿的被河水冲挤着，迁徙到下游；巨岩磐石岿然耸立。

清河水像一匹脱缰的野马，从牛头山至蓝桥，翻石越岩，奔腾不羁。河水一出蓝桥，渐渐缓慢下来，漫步于一眼望不到边的白石滩。

从悟真石下山，逆蓝河而上，转过一道弯，可见一道三级瀑布，站在谷底，仰看瀑布，真是"蓝水远从千涧落"，是秦岭北坡海拔最高的瀑布。

◉ 雪拥蓝关

王顺山作为"秦楚之要冲，三辅之屏障"，历来为兵家必争之地，金戈铁马的遗迹不绝于此。蓝关古道至今遗迹依稀可见。

蓝关古驿位于蓝桥乡北。相传，秦始皇东巡就是走的这条路。韩愈遭贬，途经蓝关被大雪所阻，留下"云横秦岭家何在，雪拥蓝关马不前"的千古绝句。蓝关古驿原先建有牌坊，牌坊上悬挂两块匾额，上面书写着"雪拥蓝关""云横秦岭"。

站在蓝关古驿遗址回首南望，只见王顺山奇峰突起，直插云天，大有泰山之雄伟，华山之险峻，真可谓"天下名山此独奇，望中风景画中诗"。

陕西王顺山是佛教胜地，庙宇、摩崖石刻自汉、北魏、隋唐至今，有现存，有遗迹。现存有碧天洞、成仙岭、舍身崖、林英嘴、铁瓦庙、王顺孝母祠、蓝关古栈道等。

黄土堆成的盛景

——白鹿塬

　　白鹿塬在陕西蓝田西面，是位于浐河、灞河两水之间的黄土塬。南连秦岭，北至灞岸，东西40里，南北15里。

　　古老的白鹿塬已有2700多年的历史。相传周平王时有白鹿出现此塬得名。塬上有汉文帝霸陵，也称霸陵塬。白鹿塬位于灞河上游，人们又称其为"灞上"。

◉ 白鹿的传说

　　相传周平王东迁，到了一座黄土塬。站在塬上，向西北可以俯望广阔的渭河平原，东南依靠终南山，是一个进退可据的、极为有利的军事要地。

　　周平王在塬上见到一只白毛、白腿、白蹄，连鹿角也白得莹亮剔透的白鹿。白鹿像跑着，又像飘着，从东塬跑向西塬，倏忽之间就消失了。周平王认为是个吉祥的征兆，禁止手下人射猎白鹿。

　　此后，人们发现凡是白鹿经过的地方，草木郁郁葱葱，十分茂盛；百花争艳；毒虫殆尽，疾病灭绝；六畜兴旺，人寿延年。

　　自白鹿出现，黄土塬便成为五谷粮仓，即使遇到干旱，麦苗也是绿油油的。人们感激白鹿，把白鹿的出现视为奇迹，就把这片高地称作"白鹿塬"。"平王东迁，有白鹿游于此塬"的故事，流传数千年。

◉ 兵家必争之地

　　白鹿塬自然环境独特，是亿万年风成的黄土堆积台塬。白鹿塬南接秦岭蓝关，北扼灞水，俯临长安，地势险要，自古是兵家必争之地，历代王朝长治久安的天然屏障。

　　秦末，刘邦进军关中，率军越秦岭、破崤关、出蓝田，占领屯兵灞上，迫使秦王子婴不战而降。同年11月，刘邦在灞上召集关中父老豪杰召开了历史上著名的白鹿会议。会上宣布了"杀人者死，伤人及盗窃者抵罪"的"约法三章"。废除秦的苛税酷刑，让人民休养生息、安定生活，为汉王朝的昌盛奠定了基础。

　　汉景帝三年，大将军周亚夫率兵从白鹿塬出发，平定了七国叛乱；东晋桓温伐秦，与苻坚决战白鹿塬；夏国匈奴首领赫连勃勃攻陷长安后，在白鹿塬筑坛拜天，自称皇帝。

唐代，白鹿塬由神策军禁守。"鹿塬秋霁""绣岭春芳""灞水还清"的塬上风光，被几代皇帝作为远郊狩猎的场所，唐高宗、唐武宗都曾在白鹿塬狩猎。

◉ 鲸鱼沟盛景

巨厚的黄土塬——白鹿塬是风吹成的，深长的鲸鱼沟便是流水的功劳。

白鹿塬面上降水，径流在低洼处汇流，沿塬坡侵蚀流下。在塬坡地上蚀成小小的细沟，一些细沟在流水的侵蚀下，逐渐向塬面内部伸长加深。鲸鱼沟就是被坡面流水侵蚀形成的深大冲沟。

鲸鱼沟将塬面切割为南塬和北塬，也叫炮里塬和狄寨塬。鲸鱼沟底的潺潺流水，万古长流，水质甘洌甜润。流水散布在沟中的座座水库，像一串串闪闪发光的珍珠。

鲸鱼沟深邃的沟底，"V"字尖底沟形，沟两侧竹林青翠，竹林中散布着亭楼阁台，蜿蜒曲折的林荫小道，幽静、清馨，美不胜收。

为了充分利用水资源，从沟的上游到下游，每隔一段，就筑一道堤坝，形成人工的自然特色风光。弯弯曲曲的水道，碧波粼粼的水面，飘浮、游荡的小舟；水库两边沟坡遍植毛竹，竹林青翠。水库边游走，不时有山鸡从草丛中飞出，库中也常看见水鸭和白鹭，一派宁静祥和的景色。

鲸鱼沟瀑布落差约有20米，远看，犹如悬挂在沟中的一幕白带，直挂沟底；水莲从紫红色沙岩上跌落而下，飞珠溅玉，飞瀑壮观。

鲸鱼沟是白鹿塬著名的旅游景点。

◉ 汉文帝长眠白鹿塬

白鹿塬有一陡峭的塬坡，形状像凤凰展翅，被人们称作"凤凰嘴"，汉文帝刘恒长

眠于此。汉文帝很注重俭朴，遗诏葬于白鹿塬。修建霸陵时，刘恒决定实行薄葬。霸陵是凭借山势造建的，没有起土造坟。

从白鹿塬看，霸陵体势低小；从灞河北望，霸陵气势宏伟壮观。"凤凰嘴"安葬着汉文帝刘恒，其母薄太后、文帝皇后窦太后。气势壮观的薄太后陵，为白鹿塬三陵之最大。

民间流传汉文帝背母顶妻、凤鸟衔陵、莫陵庙的故事。这些传说都源于三陵的位置和方向。

汉文帝霸陵北向临灞河，薄太后南陵南向临浐河，两陵相背，即有背母一说；窦太后的陵东北向，灞河在此处稍有改道，原走势变，窦太后陵与文帝陵反向交叉，故有顶妻之说。

传说薄太后南陵初址在东北，陵建成时，有凤凰飞来落于其上稍栖，又飞向西南而栖，长鸣三声，人们以现址为福地，故葬于此，这就是凤鸟衔陵。

莫陵庙，过去人们称为没灵庙。相传汉文帝灵柩抬到此处刚落地，一阵风过后不见其柩，故称没灵。其实，霸陵以山为陵，不修坟不起冢，故而比起其他帝陵可谓小之又小，故称没陵，后谐音为莫陵庙。

白鹿塬，塬面宽广平坦，塬高坡陡，地势雄伟；依山傍水，庄稼繁茂，风物宜人。白鹿塬有其独特的景色和浓厚的文化积淀。

天然地质博物馆

——翠华山

翠华山，秦岭终南山的一条支脉。汉武帝在此拜祭太乙神，又称太乙山。

翠华山层峦叠嶂，崩石成海，奇洞百出，山色与湖光辉映，峡谷与瀑布交织。古迹传闻神奇，书法石刻引人入胜，草木青翠，群峰竞秀，是景色如画的自然名胜和中国地貌博物馆。

◉ 翠华山

翠华山得名于一个民间传说。古时候，陕西泾阳县韩家庄有个叫做翠华的姑娘，美丽善良，勤劳聪明，心地善良，纺线织布、描龙绣凤样样会干。与邻村潘郎相爱，私订终身。翠华的兄嫂嫌贫爱富，逼妹妹嫁给富人做妾。逼嫁之夜，"翠华忍泪无一语，月明三更悄然去"，逃往终南山。她哥哥闻讯赶来，急忙追至太乙山中，只见翠华端坐石洞，进行相逼，上前去拉，突然"霹雳一声山岳崩，地动山摇烟雾腾"，山谷改观，流水喷涌成池。仙乐四起，祥云霭霭，有天仙迎翠华姑娘乘鸾驾凤而去。

也有说，翠华抗婚，坠崖跳湖自尽。传说她变成了仙女。人们同情、爱戴这个刚烈的姑娘，为纪念翠华姑娘，在她跳崖的地方修建了翠华庙，将太乙山更名为翠华山。

◉ 山崩奇观

山崩是极为壮观的自然现象。山崩时，巨石飞滚，响声震天。崩塌的石木高速下落，产生巨大的气浪，可托起成百吨，甚至上千吨的巨石，向远飞落而去。

数千万年来，喜马拉雅山运动的不断抬升，伴随着多次的断裂活动，关中盆地的不断下沉，在秦岭北侧形成了一条东西向的大断裂带。翠华山就矗立在大断裂带上。

距今约200多万年以来，新的大地构造运动使得秦岭山脉急剧抬升，顺翠华山体巨大节理和构造面由南向北的太乙河，下切侵蚀加剧，使翠华山峰与沟底高度差距增大，山坡更为陡峭。翠华山峻峭的山坡，受到节理面和断裂带伸延运动的影响，山体变得极不稳定。

翠华山地处秦岭北麓，秦岭北侧山体受到气候条件的影响，翠华山岩石风化严重，使得山体裂隙延伸长宽。这一切都使翠华山崩塌的发生埋下潜在危机。

真正引发翠华山山体崩塌的触发因素是地震。历史上，关于太乙山的记载很多。但有趣的是，唐天宝年以前，并无太乙山各式巨石、奇石景观的描述。

唐天宝年间，长安一带发生了5.5级的地震，太乙山西南方陡壁崩塌，坠落的巨石堵塞了山谷，山谷中的溪流受阻，汇成"太乙湖"。

唐贞元九年（793），渭南、华县一带6级地震；明成化二十三年（1487），临潼发生了6.2级地震；明嘉靖三十五年（1556）华县发生了高达8级的大地震，都对翠华山山崩影响很大。

翠华山崩塌的壮观场面，虽未见于文字记载，但是，崩落谷底的巨大岩块，形迹清晰的岩块擦痕、摩擦镜面……崩塌形成的奇特地质景观，为我们留下山崩的历史见证。

翠华山山崩形成奇特的山崩悬崖、石海、坠石堆砌洞穴、堰塞湖、瀑流等地质景观。翠华山山崩地貌不仅类型多样、典型，而且保存完整，是研究秦岭山脉和关中平原的形成以及山崩地质作用的最好物证。陕西翠华山是中国地质地貌博物馆。

◉ 崩石奇貌

翠华山山崩地貌，主要由残峰断崖、堰崖湖、石海组成。

残峰断崖为翠华山山体崩塌所形成的玉案峰、甘湫峰、翠华峰三峰鼎立，突兀险峻，直冲云霄，"南望终南如翠屏环列，芙蓉万仞直插青冥"及形成的山崩临空面，峭壁凌空，气势磅礴。

堰崖湖为甘湫峰下的甘湫池，但是，由于水源不足池水严重渗透成为干涸之湖；另一处，在大坪，由地石沙堆积，湖已被洪水冲击填平，故名大坪；最有名的一处称水湫池，又称天池，系山体崩塌石块堵塞太乙河形成的水域。

石海崩塌石块巨大，集中分布在翠华山的甘湫峰和大坪，巨石相互叠迭、堆砌，宛如石头的海洋。

山崩造成的奇景殊境有天洞、风洞、冰洞、蝙蝠洞等。

翠华山山崩遗迹，可分别在不同部位观察到山崩由孕育、崩塌形成和发展的过程。三处堰塞湖，展现了山崩导致堰塞湖形成到发育的过程。

翠华山山崩地貌类型之全，结构之典型，保存之完整，规模之巨大，实属世界罕见，故被冠为"中国山崩奇观""中国地质地貌博物馆"之美称。为进一步保护开发，建立了翠华山山崩景观国家地质公园。

◉ 翠华奇景

翠华山群峰环列，峭壁耸立，峻险秀丽。群峰中有一天然水池，人称"天池"，又称"水湫池""龙移湫"或翠华湖。

几经地震，翠华山体崩裂，崩塌的巨石顺坡下滑，石块堆砌成雄伟壮观的"毛石大坝"。天然巨石大坝横卧山谷，堵截了太乙河上游的山间流水，汇水成湖，故又名山崩湖。

湖水面积约有0.5平方千米，湖水微波荡漾，清澈碧透；苍翠的群峰环抱，峰影倒映湖中，山中有湖，湖中有山。池中，鱼跃鸭嬉，鸟语花香，山光水色，似入仙境。泛舟池中，更增几分情趣。

"天池"西南，有一片由巨石堆成的空旷地，其北侧是一"风洞"。由两块崩塌的巨大岩石叠置成"人"字形的狭长缝隙而成。进入洞中，呼啸的冷风，吹得人喘不过气来。盛夏，风洞是人们消暑的好去处。

过风洞，可见一个深入地下的巨石堆垒的洞穴——冰洞。冰洞内，虽夏亦有坚冰，四季阴冷刺骨，寒气逼人。

翠华湖的东南有龙涎窝，东北有老君庵、金花洞、玉案峰等名胜，风景优美，清雅幽静，为夏日避暑、游览胜地。

翠华湖东有玉案峰，峰腰有翠华姑娘庙，庙内塑有翠华姑娘坐像。庙后有一个山窟石洞，叫金华洞。洞内的一泓泉水清凉甘甜。

翠华山挺拔秀丽，群山环卫、奇峰林立、林壑幽静、怪石嶙峋、气候凉爽、秋水碧绿，景色宜人。翠华天池、山崩石海、鹰崖珠帘、盘道红叶、双瀑飞虹等景点，成为陕西著名的旅游景点。

轻烟淡雾　摇曳圭峰

——草堂寺

千年古刹草堂寺坐落在秦岭北的圭峰山北麓，草堂寺是中国翻译佛经的祖庭，中国佛教四大翻译家——鸠摩罗什翻译佛经的地方；"草堂烟雾"所在地。

● 千年香火

早在东晋十六国时，就有草堂寺，已有1600多年的历史了。据记载，寺庙坐落在后秦皇帝姚兴的逍遥园，因为它的建筑都是草苫的屋顶，所以称为"草堂"。

后秦皇帝姚兴崇尚佛教，几经周折，迎请龟兹高僧鸠摩罗什到长安，以国师之礼相待，安置在逍遥园的西明阁演讲佛法，校译经纶，当时僧众达3000多人。

唐代，草堂寺曾改名为"西禅寺"，但旧名仍被沿用。天宝年间，飞扬法师主持寺务，传播佛法。元和年间，唐宪宗敕令重修草堂寺，宗密禅师常在此弘扬佛法，恢复草堂寺原名。

宋代，对草堂寺大规模的重修，改称清凉建福院；金、元、明代，恢复草堂寺。

清雍正十二年（1734），鸠摩罗什弟子僧肇被封为"大智圆正圣僧"，草堂寺改名为"圣恩寺"。清同治年间，寺院曾毁于战火；光绪七年(1881)又遭洪水，寺庙毁为废墟。

1949年后，国家多次对草堂寺进行维修。20世纪80年代，陕西民政部门将其归交僧人管理。

● 圣庭肃穆

步入草堂寺院，松柏参天，翠竹轻拂，沿青砖铺就的林荫道北行，道旁矗立的钟亭上，悬挂一口铸有龙、狮、凤精美饰纹的大钟；与钟亭相对的碑亭，内有《圭峰定慧禅师法碑》。

草堂寺由大殿、厢房、碑廊组成。草堂寺现存最大殿堂是"逍遥三藏"殿。大殿内供奉如来佛全身塑像，佛像前安放着日本日莲宗奉送的鸠摩罗什坐像。

大殿西侧是一座用红砖花墙围成的六角形护塔亭，亭内矗立姚秦三藏法师鸠摩罗什舍利塔。舍利塔北边竹林深处，舍利塔亭西侧的《逍遥园大草堂禅寺宗派图》碑，记载

了与鸠摩罗什有关系的僧众数百人。

大殿前的碑廊，碑碣记载了寺院的盛衰变迁和古人游寺所题的诗词。

● 鸠摩罗什

鸠摩罗什(344-413)，祖籍天竺，出生于西域龟兹国(今新疆库车)。鸠摩罗什7岁出家学经，异常聪慧；师父讲解经义，他很快便能通晓。鸠摩罗什天资聪颖，颇有慧根，年少时就在众多高僧论战中从容取胜，名扬西域。

鸠摩罗什精通经藏、律藏、论藏，被尊为"三藏法师"。他讲经时，西域各国国王都跪在座侧，让他踩着自己的肩登上座位。

前秦王苻坚遣骁骑将军吕光西伐龟兹，俘虏了鸠摩罗什。因苻坚被姚苌所害，吕光不得已在凉州停兵不前，建立后凉政权。鸠摩罗什被困凉州长达十七八年，学会了汉语，为翻译佛经打下了坚实的基础。

公元401年，后秦皇帝姚兴征服了后凉，迎接鸠摩罗什到长安。从此，鸠摩罗什在草堂寺翻译佛经。

由于以往的佛经翻译者不太通晓汉语，硬译、直译译出的经文或晦涩难懂，或词不达意。鸠摩罗什佛学造诣极深，精通梵、汉文字；他采用意译，组织翻译的经典，既能明确地表达佛经本意，而且行文流畅，字句优雅，佛教徒无不信服赞赏。鸠摩罗什的意译方法，后成为翻译佛经的准则；鸠摩罗什成为与玄奘齐名的中国佛经翻译家。

鸠摩罗什与弟子800余人，翻译了《大品般若经》《阿弥陀经》《金刚经》等经典数百卷。这是用中国文字第一次大量翻译外国书籍。

鸠摩罗什所翻译的经典成为佛教宗派信奉的主要经典。《三论》为三论宗所本；《法华经》为天台宗所依；《阿弥陀经》为净土宗所尊奉的三经之一。

与此同时，鸠摩罗什还常在草堂寺内讲经。他宣讲《中论》《十二门论》《百论》和《成实论》等经典，听讲的人多达数百人，他大力弘扬三论和成实两派宗风，草堂寺被视为中国佛教三论宗和成实宗的祖庭。鸠摩罗什因而被尊为中国佛教三论宗的始祖，草堂寺也被视为三论宗的祖庭。

三论宗后来传到日本，所以鸠摩罗什和草堂寺在日本佛教界也享有盛名。

● 草堂烟雾

鸠摩罗什舍利塔的竹林西侧，有一口古井，井内经常出现烟雾升腾的奇景，使草堂寺显出神秘的色彩。

据《户县志》记载，"井中腰有石一块，相传昔时每见一蛇卧石上，辄有白气一股由井上腾，缭绕于省城西南，所谓草堂烟雾者此也"。

清人朱集义生动描绘这一奇景："烟雾空濛叠嶂生，草堂龙象未分明。"其实，古井中升腾的烟雾是地热发出的热气。草堂寺正处在地热带上，每逢秋冬的清晨，空气寒冷潮湿，井内升腾出的热气和空中的水汽凝聚在一起，就生成罕见的烟雾缭绕。

20世纪80年代，草堂寺附近打出两口水温达60℃的自流热水井，后由于水位下降，草堂烟雾也就消失了。

◉ 八宝玉石塔

鸠摩罗什是学问渊博、名噪一时的佛学大师。他一生中，主持译经，翻译出大量文字精美的经文，为佛教在中国的传播和发展，做出了杰出贡献。

相传，鸠摩罗什临终发愿：如果他的译文没有错误，死后焚尸，其舌当不坏。鸠摩罗什圆寂后，火化薪灭形碎，唯舌不烬，收其舍利，存放姚秦三藏法师鸠摩罗什舍利塔。

姚秦三藏法师鸠摩罗什舍利塔高约2米多，为玉白、砖青、墨黑、乳黄、淡红、浅蓝、赭紫及灰色的西域所贡玉石镶拼而成，呈八面十二层，称为"八宝玉石塔"。

塔的形制为仿亭阁式，塔身有精美的雕饰。宝罩上方为层脊型覆盖，盖下刻着许多线条流畅的佛像。原盖上有三层珠宝，在太平天国时，塔顶被毁，寺院僧人曾以山石补之。

历经千余年的风雨沧桑，塔身比较完整地保存下来，实属罕见。

孕璜遗璞

——姜太公钓鱼台

姜子牙钓鱼台位于陕西宝鸡市陈仓区南的磻溪河畔，源于翠柏葱郁的秦岭深山，河水淙淙，冲出峪口流入渭河。峪口间、磻溪水旁有一块巨大的岩石，相传姜子牙曾在此钓鱼，等待周文王的征召。

姜子牙钓鱼、文王访贤的故事就发生在这里。众所周知的"任凭风浪起，稳坐钓鱼台""姜太公钓鱼，愿者上钩"的典故就出于此。

◉ 姜太公钓鱼

姜子牙是西周初期杰出的政治家、军事家，姓姜名尚，字子牙，俗称姜太公。

姜子牙早年博览群书，满腹经纶，韬略过人。年轻时，家境贫困，曾以屠牛卖饭度日。早年，曾在商朝廷做过官，因纣王亲奸佞害忠良，愤而弃官，出朝歌。

姜子牙仰慕周文王贤明爱才，入潼关，来到离文王驻地岐山数十里的磻溪垂钓。

姜子牙到西伯属地时，虽已70岁的高龄老人，仍气宇不凡，胸怀大略。他很想辅佐周王成就一番事业。于是，姜子牙在磻溪河畔直钩垂钓10年，才逢周王访贤。

滋泉边有一嵌入河心的石英花岗岩巨石，巨石上有两道40厘米长，15厘米深的平行光滑浅槽，姜子牙在此垂钓，由于日久天长，巨石上跪出了两道槽痕。由此得名钓鱼台。

相传姜子牙钓鱼时，背水而坐，鱼钩直而不曲，且不入水。见其垂钓的樵夫笑道："你这等鱼钩和钓法，莫说三年就是一百年也无一鱼到手。"

姜子牙笑答："老夫在此名虽垂钓，意不在鱼，吾宁直中取，不向曲中求，只钓王与侯。"樵夫明白姜子牙胸怀大志。此即成为后世人俗话"姜太公钓鱼，愿者上钩"的出处。

文王得知姜子牙的情况，大喜，派儿子前去请姜子牙出山。姜子牙只顾垂钓，根本不理睬武王的施礼问安。突然，他将钓竿一挑，见一条小鱼，便道"钓钓钓，大的不到小的到。"武王心中会意，暗忖此人不凡，非父王亲来请方可。

周文王亲自去请姜子牙出山，拜其为国师。西伯死后，姜子牙继续辅佐周武王，富国强兵，联合各路诸侯，最终灭商而得天下。周文王访贤的故事从此留传后世。

◉ "丢石"之谜

最引人注目的是那块屹立在磻溪河畔的奇特巨石——"丢石"。

丢石，像莲座似的端立于溪水乱石之中，它是一块庞大而完整的石英花岗岩体，上大下小，呈碗形，岩石表面几乎没有任何裂隙。

丢石高6.6米，上部直径11.2米，下部直径仅4米；磻溪的河水，湍湍急流擦石而过，大有一触即倒之势，然而，千百年来它却"稳如泰山"。

清乾隆五十九年(1794)三月，宝鸡知县徐文博于丢石北侧书写了4个1米见方的苍劲大字"孕璜遗璞"。

磻溪河畔的"丢石"，有着许许多多神奇的传说：

姜子牙在磻溪河边垂钓了九年，仍无鱼上钩。一天，姜子牙钓到条其形不凡的鲤鱼，剖开鱼腹，鱼腹内掉出鸡蛋大小的"璜石"。姜子牙顺手将石头一丢，璜石被抛到磻溪河西，大头朝天，小头着地，变成高约二丈，恰似一只大碗的巨石，由此得名"丢石"。宋书《符瑞志》云，姜子牙钓鱼得璜是他发祥的征兆。

孙悟空驾筋斗云路过磻溪河上空，站在云头，将鞋中的一粒沙子随手丢下。沙粒着地变成一块儿碗形巨石，人们称其为"大丢石"。

王母娘娘去西天朝圣，路过磻溪上空，掏出玉梳梳理被风吹乱的云发，梳出一粒沙子，她用手弹落到人间，变成巨石。民间也称其为"乞子石"。相传没有孩子的男女，只要在"丢石"上投石子，就可得子。千百年来，游人在其上投抛的石子不计其数。

传说毕竟是相传，但这块奇特的巨石究竟从何而来，至今仍是个谜。

地质学家却认为，泥石流是一种突然爆发，破坏力极强的特殊洪流，能在几分钟或几小时，将数十万到数百万立方米，以至上千万立方米的固体物质，从山里搬到山外……丢石就可能是泥石流冲来的。

磻溪河峪山坡陡峻，沟谷宽阔，峪口出山段比降较大，很像是泥石流沟谷。

丢石，很可能是早期的山崩巨石，被泥石流搬到山外。丢石停积磻溪河畔，底部长期受河水侵蚀，使下部变小，其他部位只是受风吹、日晒、雨淋的侵蚀，逐渐变成上大下小的形态。

◉ 姜太公庙和周文王庙

丢石右上方的河边，是古香古色的姜太公庙，房屋出檐斗拱，雕梁画栋，雄伟壮观。庙前，矗立着唐代所植的4棵参天古树，枝杆粗壮，根深叶茂，四季常青。

从姜太公庙盘山而上，是周文王庙。周文王庙依山而建，庙堂重瓦巍檐，楹檩斗拱，布局严谨，巧夺天工。

隔河山腰，还有周武王庙和武吉庙。

据钓鱼台碑碣记载，自唐代始，修有庙宇、祭堂17处，殿，廊，楼、台共40余间。

姜子牙钓鱼台群峰奇秀，水明如镜，绿树如染，石多形奇，互相媲美，组成了绚丽的自然景色；众多的人文景观和历史传说，增加了钓鱼台的神秘色彩。

沙海明珠

——红碱淖

陕西最北端的神木尔林兔乡，毛乌素大沙漠的东南沿，有一个沙漠湖泊——红碱淖，水面67平方公里。红碱淖是陕西境内最大的高原性内陆湖泊，也是中国最大的沙漠淡水湖。素有"大漠明珠""沙海明珠""塞上明珠"之称。

◉ 红碱淖

"淖"是蒙古语，意思是水泊、湖泊。红碱淖是中国西北地区一个非常年轻的内陆湖泊，它属于沙区凹地汇聚地下渗水及天然降雨而形成的内陆湖泊。

这个地方，原为一片沼泽地。清道光年间，这里还是一片沼泽地，每逢天旱，便无积水。有记载，1928年，陕西大旱，这块沼泽地甚至可以骑马通过。即便是在涝年，这里也无湖泊存在。

这片沼泽地的西北面15公里外，有一碱湖叫查汗淖。每年冬春及夏季雨水少时，地面上就会出现一层淡红的碱土，碱土越积越多。冬春季节，西北风将地表的碱面刮来。而沼泽地西北面有一条小河——蟒盖兔河。蟒盖兔河上游流域内，地上多淡红色的碱土，每当涝时，泛滥的河水，便将土中的碱冲入低洼沼泽。日久天长，沼泽积成湖泊，湖水逐渐变成淡红。后来，人们才把这片海子称为"红碱淖"。

1946、1947年两年大涝，水面增到3万余亩；1954年大涝，水面增至6万亩，20世纪50年代周边群众大搞疏通排水渠为主的改造下湿滩地工程，积水一年比一年多，加上地下的泉涌和1961年至1967年的两次大涝，水面达到现在的10万亩，水深平均8.2米，最深处15米，蓄水量达7亿多立方米。随着水量增加，碱分稀释，含碱量相对减少，湖水也变成了现在的清澈碧水了。

◉ 沙漠美眸

红碱淖地处鄂尔多斯草原与毛乌素沙漠的交会处，就像一颗"明珠"镶嵌在陕西的最北端、毛乌素沙漠的边缘。

红碱淖是中国最大的沙漠淡水湖，水面面积达数十平方公里。从高空向下俯瞰，真是像黄土高原大漠上的一汪"泪水"。

红碱淖状似三角形，东西最宽处10公里，南北最长处12公里，水面面积67平方公里，湖岸线长43.7公里，平均水深8.2米，水最深处15米，湖面海拔高为1200米，属高原性内陆湖泊，四周有木独石犁河、壕赖河、柒卜素河、营盘河、拖河、蟒盖兔河、尔林兔河等7条季节性内陆小河注入，水源补给量与水分蒸发量平衡，水位稳定。

红碱淖水天一色，烟波浩淼，风光旖旎。尔林兔草原、天然草原牧场，栽有沙柳、沙打旺的防风固沙林带的半固定沙丘、滩地，环绕红碱淖。蓝天白云下浩瀚的湖水，软软的沙滩、平整而细腻，牛羊成群的草原，起舞的飞禽，初升的旭日，迷人的晚霞及气势磅礴的惊涛等一起构成了红碱淖风景名胜区独特的自然风光。

红碱淖湖面辽阔，清澈明净，盛产17种淡水鱼，其中，鲤鱼、鲫鱼以肉质细嫩、味道鲜美闻名遐迩；大银鱼色泽明亮、圆润，质地优良，闻名海内外。

◉ 遗鸥的天堂——红石岛

红碱淖为候鸟提供了理想的栖息地，有遗鸥、白天鹅、鸬鹚、海鸥、鱼雁、野鸭、鸳鸯等30余种野生禽类在这里繁衍生息。湖面上，成千上万的禽鸟翱翔空中，上下翻飞，翩翩起舞，和乐齐鸣。

红碱淖的南岸有一个半岛，因其边缘有一块巨大的红色岩石，得名"红石岛"。红石岛，面积约0.39平方公里，三面环水，与陆地相连最窄处仅有200米。

红石岛上，有大片松软的沙滩，沙滩洁净，是天然浴场。沙滩上，灌木丛生，特别适宜野生禽类的自由繁衍生息。

红碱淖水面上飞舞着一种美丽的鸥鸟，数量很少，属于世界濒危鸟类。动物学家带着愧疚之意，为这些相识恨晚的遗落之鸥，取名"遗鸥"。

红碱淖的红石岛是遗鸥繁殖、栖息地。在这里，遗鸥的数量大增。红碱淖的红石岛可谓是遗鸥的天堂。

◉ 地貌博物馆

红碱淖南北两侧，是连绵起伏的沙丘、沙滩、片状流沙和沙蚀残留的黄土梁峁以及一片一片以沙柳为主的固沙林带，中间连接着大大小小的草滩。

小小的红碱淖就集中了沙漠、岛屿、草原、高原、湖泊等众多的地貌，像个天然的地貌博物馆。

金黄的沙滩、蔚蓝的湖水、碧绿的草原、白云蓝天，伴着牧羊人的动听歌声，构成一幅独特优美的大漠湖海风光。

峡谷奇观

——商南金丝大峡谷

金丝大峡谷位于陕西商南东南的新开岭腹地，山形陡峭，河谷深切，森林茂密，植被覆盖率高，自然环境优美。

金丝大峡谷风光秀丽，谷深峡窄，壁绝峰险，瀑群奇幻，原始幽深，峡谷深处原始生态保存完好。

峡谷常有金丝猴出没；峡谷窄长，流淌在谷底石槽、石缝的溪水，折射在水中的阳光，就像丝丝金线，故名"金丝峡"。

● 罕见地貌

金丝峡是秦岭构造带的造山运动所为。金丝峡河流密布，峡谷山峦纵横，保留了石灰岩地貌的形成、演化的各种裂隙、水溶洞和小断裂发育的遗迹；地表水流丰沛，地下水蕴藏饱满，水流地层切割如刀削斧劈，形成许多河流切割冲刷与渗透裂隙和溶洞，产生众多涌泉、溶洞、钟乳石和喀斯特泉、湖等；雨量较多，湿度较大，植物茂密和地被的蓄水性强，基本保持原始自然状态，环境没有受到任何污染，人为扰动现象很少。

金丝峡完整的石灰岩峡谷地貌、连续瀑布和薄层灰岩、典型连续褶皱等地质现象罕见。金丝峡山势陡峭、奇峰秀岭、河谷深邃、水系发达、植被覆盖率高，自然环境优美。

金丝峡的植被覆盖良好，色彩葱绿，生机盎然，山地、山石，土壤很少裸露；山体既陡峭险峻，又别致、柔和。

金丝峡地质遗迹比比皆是，主要类型有的峡谷地貌类、流水地貌类、岩溶地貌类、地质构造遗迹类。

● 峡谷森林

金丝大峡谷日照充足，雨量充沛，空气清新；气候温暖，四季如春。生物生存环境好，生长旺盛，森林资源丰盈。

中国的南北植物汇聚于金丝大峡谷，既有温带、暖温带落叶阔叶树种，又有亚热带常绿、落叶阔叶树种。古树参天，森林茂密，森林覆盖率极高。

金丝大峡谷保存有数百亩短柄枹原始森林，是秦岭山脉面积最大、最古老、郁闭度最高的短柄枹原始森林。

峡谷内，有种子植物130多科，1696种，有红豆杉、大果青杆、香果树、朵椒、兰科植物等珍稀植物30余种，还能见到亚热带罕见的植物，尤其，兰科植物随处可见；林间植物、苔藓等低等植物更是十分丰富，形成独具特色的峡谷生态系统。

同时，金丝大峡谷保有国家一类保护动物3种，二类保护动物8种，省级重点保护动物多种。

◉ 三峡一寨

气势巍峨的"揽天门"，锁定了上下通道。三棵金丝栎树，各自长出三个主干，就像"界标指示树"，分别对着白龙峡、青龙峡、黑龙峡三峡谷。

白龙峡 长数公里，峡谷起伏，水绕山环，泛起层层浪花，犹如一条奔走的白龙。白龙峡从栈道行走，峭壁松柏繁茂，只能看见"一线天"。龙门是白龙峡最窄处，长约百米，宽只有2米左右，故称"天梯"。沿天梯攀登而上，两边危岩耸天，悬崖峭壁，脚下白龙瀑布吼声如雷。

石生树是金丝峡的奇观。距峡口3华里，两棵树根扎坚石，枝叶展天，傲然屹立。树的顽强的生命力，树根使坚硬的岩石炸裂开来。其中，一棵生长在巨石上的树，是名贵的国家重点保护树种——金钱槭。

青龙峡 长达4公里。峡谷两面生长着海桐、棒树、铁杉等常绿乔木，远看像是一条蜿蜒游动的青龙。青龙峡幽静、奇险。

黑龙峡 黑龙峡得名于源头的黑龙泉和黑龙瀑布。黑龙峡长达7公里，弯多、洞多、潭多、瀑布多。峡谷幽深，绝壁高耸；中午方见太阳，其他时候光线昏暗，常有乌梢蛇出没。

石燕寨 地势巍峨。一年四季云蒸霞蔚，气象万千。上石燕寨，要登上千级台阶。石阶上面便是石燕寨址。建有"真武祖师庙"，真武是道教镇守北方的太神。

白龙峡、青龙峡、黑龙峡和石燕寨是金丝大峡谷美不胜收的几处著名景色。

◉ 洞多如蜂窝

金丝大峡谷石山、石峰险峻高大，大小的山洞随处可见，洞多如蜂窝。半山腰上，山脚下，石崖间，洞洞各异，洞姿不同。

白龙峡罗汉崖北，一石洞中有一钟乳石，形似罗汉，故此洞命名"罗汉洞"。对面的山有蟒洞。

黑龙峡有吊罐洞、水帘洞、聚仙洞、莲花洞、群佛洞、峦山洞、杨世美洞、周家洞。

吊罐洞，形似吊罐倒挂，三方悬空，下则无底，高高悬在山崖上；

周家洞，传说三国周仓在此居住。洞内可容百人，洞壁皆为形状多姿的钟乳石；

莲花洞，洞底地面似布满莲花花瓣，中生一棵松，树头探出洞外；

杨世美洞，洞约数十平方米，相传一个叫杨世美的药农死于此洞；

群佛洞在悬崖上，距地面有数十米。主洞有个很大的平睡在佛座上的石佛，睡佛的旁，有一尊手持玉净瓶的石观音。主洞约有数千平方米，像一个万人大殿。

◉ 流泉飞瀑

金丝大峡谷流泉飞瀑婀娜多姿，流量较大的泉水有马刨泉、黑龙泉、水帘泉。

马刨泉，相传，王弘、孟禧率农民起义军经过大峡谷，人困马乏，饥渴难挡。危急中，战马用马蹄刨出一股泉水，解救了起义军，所以取名"马刨泉"。泉水下流成潭，得名"饮马潭"；潭边石上有几处呈凹状，形似马蹄踏下的蹄印，故称马蹄石。

泉水流进峡谷形成黑龙瀑布、双溪瀑布、拂尘瀑布、锁龙瀑布、连环瀑布、彩虹瀑布、仙鱼瀑布、珠帘瀑布、魔女瀑布、无名瀑布、关圣瀑布等处瀑布，如银练飞流而下，玉帛铺天盖地，气势磅礴，瀑声震天。

双溪瀑布，从山崖上飞泻而下，在半途被山石分出一缕，两瀑相距数十米，隔树相望，水在林中汇，声在空中合；

锁龙瀑布，两边的山崖，如同两扇厚重的门，锁住了瀑布的去路；

拂尘瀑布，似仙手拂尘，水珠滚滚而下，银白耀眼，气势夺人；

魔女瀑布，山水流顺一块疙疙瘩瘩的水锈石而下，形成一个个束状漩涡，远看就像一个披头散发的白发魔女在水中洗浴；

翡翠瀑布，四周山石峥嵘，林木茂密，绿树掩映。绿树染绿水，碧水映绿树，就连空气也透着浓浓的绿意。

黑龙瀑布，黑龙泉飞流直下，黑龙跳涧，一路欢歌。

婀娜多姿的流泉飞瀑形成了深浅不一、形状各异的碧潭。银盘似镜，翡翠、珍珠嵌峡槽，潭深似海，水平如镜，波光潋滟，游鱼成群。

金丝大峡谷，由高山向丘陵过渡的地势，山雄水秀；原始生态的动植物；中原文化向巴蜀文化融合。

金丝大峡谷以她雄伟险峻的山体、茂密的森林、绚丽的水瀑、幽深的峡谷神秘的魅力，向世人展现着大自然的钟秀神奇。

徜徉千年古都遗迹

——西安怀古

公元前11世纪到公元8世纪左右，先后有13个王朝在西安建都，其中，汉、唐两代创立了西安历史的辉煌，也是中国历史上的鼎盛时期。

西安与雅典、罗马、开罗并称为世界四大古都，是丝绸之路的起点。

西安是原始人类繁衍生息之地，创造了多姿多彩的史前文化，留下了丰厚的文化遗存。漫步西安，厚重的古城墙，巍峨的大小雁塔，鲜活的秦兵马俑，回荡的钟鼓楼的钟鼓声，随处都可以感受到秦砖汉瓦、大唐风韵的文化氛围。

◉ 半坡遗址

半坡遗址位于西安市东郊的半坡村，是黄河流域规模最大、保存最完整的母系氏族公社村落遗址，距今已有6000多年的历史。

半坡遗址分居住、制陶、墓葬三个区，居住区是村落的主体。属于新石器时期仰韶文化。

半坡人属于新石器时代，使用的生产工具主要是木器和石器。

◉ 汉代兵马俑

阳陵是汉景帝刘启及其皇后王氏同茔异穴的合葬陵园。

景帝刘启是汉朝的第4位皇帝，在位期间，继承文帝之举，推行"轻徭薄赋"，减轻了农民的负担，促进了中国社会经济的发展。

汉景帝推行"无为而治"的政策，"因修静默。勉人于农，率下以德。制度所创，礼法可则""贵清静而民自定"，国家经济迅速复苏，史称与文帝代为"文景之治"。

考古发现阳陵地下陪葬坑、排水渠道、南门阙遗址、罗经石遗址。已探明的陪葬坑有81座，在已清理出的第6、第8号俑坑中，发现了大量裸体陶俑，男阳女阴十分显露。

汉阳陵出土的大量男、女裸身陶俑与乐伎陶俑在烧制时，先烧造裸身，后披华彩丽服，岁月递变，使那些绫绢彩服成了灰烬。

兵将伎乐、五谷六畜、歌舞唱伎；或骑马、或侍立；男子挺胸站立，仕女端庄娴静，体现了汉代雕塑重韵。

这些陶俑比例只有真人大小的三分之一，却继承了写实的雕塑传统。

这些陶俑及其他文物，再现了汉代宫廷王室日常生活的情景，呈现出汉代的太平盛世，不同于严阵以待的、军旅整肃的秦始皇兵马俑的风格，与之有很大区别。

◉ 大、小雁塔

历经千余年的风风雨雨，政权颠覆，战乱纷纭，大地震撼，西安的大、小雁塔依然矗立在古城西安。

大雁塔位于西安南郊大慈恩寺内，是中国著名的唐代佛教名塔之一。大雁塔始建于公元652年，相传，慈恩寺方丈玄奘法师为保存从印度带回的经文而建造。

大雁塔造型简洁，气势雄伟，为楼阁式七层砖塔，高60余米，塔身方形锥体状。全塔为青砖砌成，采用磨砖对缝，砖墙上显示出棱柱，可明显分出墙壁开间；各层壁面作柱枋、栏额等仿木结构，每层四面都有券砌拱门。大雁塔南门两侧镶嵌着《大唐三藏圣教序》《大唐三藏圣教序记》两块石碑。石碑侧面雕刻着图案优美，造型生动的蔓草花纹；碑文由唐代著名的书法家褚遂良书写。

小雁塔与大雁塔东西相向，在西安荐福寺内，规模小于大雁塔，修建时间较晚，故称小雁塔。

小雁塔为方形、密檐式、砖构建筑，塔身每层叠涩出檐，逐层递减内收，南北各辟一门，秀丽玲珑，别具风格。

小雁塔内为空筒式结构，楼层为木构，木梯盘旋而上。明清时，小雁塔经地震，塔身中裂，塔顶残毁。民国时再次遭遇地震，塔身裂缝被震合。

◉ 晨钟暮鼓

钟楼，始建于明洪武十七年（1384）。明万历十年（1572），由广济街口迁到东西南北四条大街的交会处，清乾隆五年（1740）重修。钟楼上，悬挂报时的铜钟，所以被称之钟楼。

钟楼方型基座，为砖木结构，重楼三层檐，四角攒顶的形式，高36米，基座高8.6米，每边长35.5米；内有盘旋而上的楼梯。

檐上覆盖深绿色琉璃瓦，楼内贴金彩绘，画栋雕梁，顶部有鎏金宝顶，金碧辉煌。

以钟楼为中心辐射出东、南、西、北四条大街，分别与明城墙东、南、西、北四门相接。

明代，西安钟楼为各地钟楼中形制最大、保存最完整的一座。无论建筑规模、历史价值、艺术价值都居全国钟楼建筑之冠。

鼓楼，建于明洪武十三年（1380年），清代曾两次重修。鼓楼因原有巨鼓一面，傍晚击鼓报时，故名鼓楼。

鼓楼基座为长方形，用青砖砌成，重檐式与琉璃瓦顶，高大雄伟，与钟楼相辉映。

楼檐下悬挂巨匾，南为"文武盛地"，北为"声闻于天"。

鼓楼正中开辟南北门洞，连通北院门和西大街。鼓楼斗拱彩绘，外观庄重绚丽，与钟楼为姊妹楼，自古有"晨钟暮鼓"之说。

◉ 西安城墙

西安城墙是明代初年在唐长安皇城基础上建筑的，是中国唯一保存最完整、规模最大的城墙。

明洪武二年(1369)，明大将军徐达攻克奉元城，取"安定西北"之意，改奉元路为西安府。

洪武三年(1370)，朱元璋封朱樉为秦王，驻守西安府。为加强西安的防卫和秦王就藩，朱元璋扩建西安城。

新筑明西安城，尚无城砖，但城墙修筑却十分坚固，筑城用的夯土坚硬如石。

明隆庆二年（1568），陕西巡抚张祉下令，将城墙外壁和顶部包砌青砖，用以加固。明崇祯九年(1636年)，陕西巡抚孙传庭又增修三座关城，连同明初修的东郭城，并称"西安四郭城"。

西安城四面各设一正门，分别是东门长乐门，南门永宁门，西门安定门，北门安远门。

西安城墙有护城河、吊桥、闸楼、箭楼、正楼、角楼、敌楼、女墙、垛口、马道等军事设施，以及钟楼、鼓楼与城墙的配套建筑。南城墙顶上还建有魁星楼。

◉ 西安碑林

始建于北宋哲宗年间（1090），位于西安钟鼓楼东南面，西安古城墙文昌门城楼内的孔庙中。西安碑林收藏碑石1000余方，荟萃了自汉代至清代的名家手笔。

西安碑林收藏了汉、魏、唐、宋、元、明、清各代碑碣达2300余件，碑石拓片有颜真卿的《唐多宝塔感应碑》、柳公权的《唐玄秘塔碑》，还有欧阳询、褚遂良、怀素等大书法家的作品拓本。

在西安碑林，可以欣赏到篆、隶、草、行等书体；欧阳询、颜真卿、柳公权等书法家的亲笔石刻；还有王羲之、苏轼等名家的墨宝。

梦回汉唐盛世

——长安西行

陕西自古帝王都，有13个王朝以长安为中心建都。在国都的周围，出现了庞大的王陵带，展现了各个时期的盛世风貌。

西安以西、咸阳、兴平分布着西汉众多帝王陵和部分唐代皇帝的陵寝。

◉ 汉长陵

"长陵"，是因为刘邦是开国皇帝，"长久"之意；另外，陵墓所在地称"长平"而名。

长陵是西汉开国皇帝汉高祖刘邦和皇后吕雉的陵寝，建于公元前182年。陵墓位于咸阳以东，渭水北的塬上，隔河与汉长安城相望。

皇后吕雉，是中国历史上第一位临朝听政的女性，"为人刚毅，佐高祖定天下"，与刘邦同葬于长陵。

西汉名臣萧何、曹参、周勃、张耳等均陪葬于长陵，陪葬墓多集中在刘邦陵墓的东南部。长陵附近的杨家湾陪葬墓中，发现了汉彩绘兵马俑。

◉ 中国金字塔——茂陵

茂陵位于陕西兴平以东的渭北高原的南位乡——古称茂乡，故名。它是汉武帝刘彻的陵墓，西汉十数座陵墓中规模最大的一座。

茂陵是西汉诸陵中修建时间最长的一座陵墓，修建起于公元前139年，前后历时53年。

茂陵修建时，正逢西汉盛世，中央政府每年投入库银1/3建陵。据史料载，陵园呈正方形，边长430米左右，墙基宽5.8米。封土底边长230米，高46.5米。无论规模还是高度，茂陵均居西汉帝陵之首。

茂陵的封土为覆斗形，现存残高46.5米，墓冢底部基边长240米，陵园呈方形，边长约420米。至今东、西、北三面的土阙犹存。茂陵十分宏伟，被称为"中国的金字塔"。

茂陵的陪葬品十分丰富。相传武帝身穿的金缕玉衣、玉箱、玉杖和武帝生前所读的杂经30余卷，盛于金箱，也一并埋入。墓内殉葬品极为豪华丰厚，史称"金钱财物、鸟

兽鱼鳖、牛马虎豹生禽，凡百九十物，尽瘗藏之"。

　　汉武帝的陵墓由宠臣、名将的陪葬墓簇拥。死后能陪葬在刘彻的陵旁，一定是一些重要的人物。茂陵的陪葬者均具有传奇般的经历，这是西汉其他帝陵所不能比的。

　　茂陵的陪葬墓有"北方有佳人，绝世而独立。一顾倾人城，再顾倾人国……"的李夫人墓；七次带兵痛击匈奴，被封为长平侯的大将军卫青墓；"为报圣主知遇恩，马踏匈奴震敌胆"，6次出兵抗击匈奴，被封为冠军侯的骠骑将军霍去病墓；匈奴休屠王太子，被俘后为宫廷养马，因忠厚体勤，且善于徒手格斗，被刘彻封为侍中，"出者骖乘，入侍左右"的"中华第一保镖"金日磾墓；深得汉武帝赏识，官拜大司马、大将军，武帝之后，先后侍奉汉昭帝、汉宣帝的辅佐幼主而忠于遗命权臣霍光墓。

　　为表彰英雄，汉武帝下令将霍去病的墓修成祁连山的形状，以象征他战斗过的地方；并在墓前立了十数石雕，神似、生动、自然的"马踏匈奴"，肌肉丰满的石马昂首站立，马腹下仰卧的匈奴，恐惧的面对马嘴，彰显了霍去病的赫赫战功。

◉ 依山为陵——昭陵

　　昭陵是唐太宗李世民及其皇后长孙氏的合葬墓，位于陕西礼泉的九嵕山。唐太宗李世民的陵墓取名"昭"陵，为收集帝王之气，展示李世民的文治武功。

　　昭陵陵园面积数万公顷，陪葬墓180余座，是中国最大的帝王陵园。昭陵有其独特的布局：唐太宗陵寝居于陵园最北端九嵕山的主峰，居高临下，依山为陵；陪葬者须是"功臣密戚"；陪葬墓的排列均登记进行划分，以昭陵元宫为中心的陪葬墓向南分布成扇形，拱卫着昭陵，犹如君臣生前。这些陪葬墓分列神道两侧，像众星烘托着月亮一样，将九嵕山捧得高高在上。

　　昭陵是中国第一个列置"王宾"石像的帝陵。李世民为了展示他在统一大唐征战时所立的战功，将他在战争中所乘的六匹骏马刻立于昭陵两侧的庑廊中。

　　驰名中外的"昭陵六骏"。"六骏"是李世民经常乘骑的六匹战马，象征唐太宗所经历的最主要战役，表彰创建唐王朝过程中立下的赫赫战功。这六匹骏马均采用高浮雕雕刻，分别是：

　　突厥可汗治毕所赠的，可连续疾驰千里，为李世民太原起兵所乘，声如晴空霹雳的

特勒骠。

李密所献西域良马，具有很强的识别方向能力，"足轻电影，神发天机"的青骓。

西域汗血马，赤红，像一团火；疾跑如燕，不闻蹄声的什伐赤。

唐州都督洛仁所献，马身有卷毛，身中九箭八刀而不倒，"天马横空"的拳毛騧。

通体黑色，四蹄皆白，可跃大江，"倚天长剑"的白蹄乌。

飒露紫，是唯一有牵马人的浮雕。李世民乘此马，据说杀敌达7000之多。

● 举世无双的夫妻二皇合葬陵——乾陵

乾陵是唐高宗李治和武则天夫妻二皇合葬陵墓。乾陵位于陕西乾县的梁山。

梁山是块风水宝地，前有乌水、漆水相合；东西与九嵕山、娄敬山隔水相望；两侧隆起的山峰，恰似少女的一对乳房，地中龙气被紧紧围在中央，真可谓"龙脉圣地"。

唐永淳二年(683年)十二月，唐高宗李治病逝，武则天命营建乾陵。唐神龙二年(706年)，武则天葬于乾陵。

乾陵陵园的地面建筑是仿唐长安城的格局营造的，以地宫、内城、外城象征宫城、皇城和外郭城。外城周长达4万米，面积约230万平方米；建筑宏伟华丽、布局严谨、抑扬开合、肃穆庄严；而且"山陵松柏成行，以遮陵寝……"

乾陵开创陵前树碑的先例。乾陵司马道上的《述圣纪碑》，为武则天纪念唐高宗李治，亲自撰文，由唐中宗李显书写的功德碑。碑文原有5600余字，实存1700余字。碑顶、身、座为七节，示日月金木水火土，暗含李治的文治武功光照天下之意。

另一通是为武则天立的功德碑——《无字碑》，由一块完整的巨石雕成。碑两侧有《升龙图》，碑座阳面有《狮马图》，龙的变化、狮的威武、马的安然，逼真传神。

此碑无字，解释颇多：一说武则天认为自己功德无量，难以用文字表达；二说武则天自知罪孽深重，怕招世人辱骂，借无字碑以自赎；三说遵武则天遗嘱，功过是非，任由后人评价等。乾陵是中国帝陵中唯一有《无字碑》的陵墓。

乾陵司马神道上，列置着石刻组合。从南往北，依次计有展示帝王威严的华表；以表墓主圣德的翼马；以示唐朝与非洲友好往来的高浮雕鸵鸟；炫耀墓主文治武功的石马及控牵马人；掌管宫殿门户卫戍部队的将官直阁将军石人像；为帝王歌功颂德的《无字碑》《述圣纪碑》；隶属或臣属唐朝的诸少数民族部落首领的蕃臣石像；威武神圣、不可侵犯的兽中之王石狮，展现了乾陵的威势和唐王朝的强盛。

乾陵有陪葬墓17座，其中以懿德太子墓政治色彩最浓厚，地位也最高。

据史料记载，历史上的关中"唐十八陵"都被探盗，唯独乾陵地宫保存完整。

乾陵是用39层石条筑砌，石条之间，左右用铁栓拉固，上下用铁辊穿固，将石条固死，不能移动。石条之间的缝隙用熔化了的锡铁水灌注，发生汽化与石条成为一体。如此坚固的乾陵，是唯一没有被盗掘过的唐代帝陵。

阅强秦雄兵 观盛唐奢华

——长安东览

陕西自古帝王都，有13个王朝以长安为中心建都。在国都的周围，出现了庞大的王陵带，展现了各个时期的盛世风貌。

西安以东，有秦始皇陵；秦兵马俑雄伟阵容；骊山唐御汤、殿宇楼阁……

◉ 中国始皇帝陵

陕西临潼骊山北麓山前，中国历史上第一个皇帝秦始皇的陵墓就坐落在那里。

秦始皇陵墓南依骊山，北临渭河，东傍戏水，西有神女御汤，是一处景色秀美的风水宝地。

公元前247年，秦始皇陵就开始修建，直至秦始皇死，长达37年之久。实际上，大规模的修筑陵墓是在统一六国后的10年，前后共征发刑徒达72万人。

秦始皇陵园及其从葬区的总面积为56平方公里，为正方形。陵园为内外两城，南依骊山；墓葬区在南，寝殿和便殿建筑群在北。

秦始皇的陵墓规模宏大雄伟。据《史记·秦始皇本记》及《汉书》记载："坟高五十余丈"(约合115米)。

1985年，陕西省测绘局进行实地测绘。因为，秦陵是坐落在起伏不同地表上，其底部四边与顶部高差值各异。以陵碑作为起点测算，秦始皇陵墓冢的相对高度为47.6米，海拔高度为531.5米。底部南北长855米，东西宽350米，周长1410米。

秦始皇陵上有日月星辰，下有水银河道，各种珍奇异宝耀人眼目，是一座巨大的地下博物馆。秦始皇兵马俑被誉为世界第八奇迹，吸引着世界各地的人们。

◉ 秦雄兵马强阵

兵马俑坑是秦始皇陵的陪葬坑，位于秦始皇陵园东侧。

秦始皇兵马俑坑已发掘3座，坐西向东呈品字形排列，出土仿真人真马大小的陶制兵马俑8000余件。从秦兵马俑各坑的形制结构及其兵马俑着装看：

"1号俑坑"是由步兵、战车组成的部队。俑坑中有6000多件与真人、真马大小相仿的兵马俑。陶人、陶马容貌各异，栩栩如生；秦俑面向东方排列，间有四马一车的38路纵队；由步兵簇拥着驷马战车，排列成军阵。秦军阵威武雄壮，浩浩荡荡。兵马、战车结构复杂，制作技术高超。

"2号俑坑"为步兵、骑兵和车兵组成的混合部队。陶俑、陶马大约2300多件，战车80多辆。武士俑的布阵，为手执长矛或弓弩的前锋、侧翼、后卫，显然是为了保证主力部队向前攻击，又御防敌人从两侧或后面突然袭击的最佳布阵形式。由跪射式和立射式弩兵组成方阵，驷马战车方阵，车、步兵、骑兵俑组成的混合方阵等，呈现出秦军阵的生动画面。

"3号俑坑"是统领组成的军事指挥部。前为铠甲武士俑，后为武官俑，武官俑右为御手，左为铠甲俑。从布阵来看，显然是统帅三军的军帅指挥部。

一队队排列有序的军阵，一个个披坚持锐、拽弓挎剑、待令冲杀的将士，一匹匹膘肥体壮、四肢矫健、双目圆睁、昂首嘶鸣的战马，共同组成了一支浩浩荡荡、军容威严、所向无敌的地下御林军。

所有的兵马俑坑，主攻方向都向着东方，有指挥中心，是由步兵、弩兵、战车、骑兵构成的混合部队。兵阵严整，威武雄壮，所向无敌。

秦兵马俑是秦国强大军队的缩影，布局排列逼真、气势凛然的军阵，有着"横扫六合，统一中国的气概"。

1980年12月，在秦始皇陵封土西侧出土了两乘铜车马，车、马和御手均为青铜制作，大致相当于实物的一半。车马系驾齐全，豪华壮丽。车盖金碧辉煌，车窗雕刻镂空，马饰挽具和鞍上的各种装饰都用金银镶错，银箔如纸，光洁明亮、造型精美，工艺细致，甚为罕见。铜车马是中国发现的体型最大、装备最齐全，工艺精湛、价值极高的金属陪葬品。

秦兵马俑以它的"大、多、精、美"震撼了世界。

◉ 华清宫内宠贵妃

华清池的鼎盛时期是在盛唐。唐玄宗依骊山山势，环山建筑宫殿，宫中修筑罗城，

布设建造了楼阁亭榭。747年新宫落成，唐玄宗赐名华清宫。因宫内温泉浴池为华清宫主殿的中心，又称华清池。

唐华清宫为富丽堂皇的宫殿建筑群，山上山下宫殿林立，宫内布局严谨，还设置了百官衙署及公卿府第。华清宫合理地利用了骊山温泉，新修了唐玄宗专用的"御汤九龙殿"、杨贵妃沐浴的"海棠汤"，供百官公卿沐浴的"尚食汤""少阳汤""长汤十六所"等。

唐华清宫御汤是唐玄宗和杨贵妃游兴活动的主要场所。为此，"春寒赐浴华清池，温泉水滑洗凝脂"闻名天下。

贵妃池，是海棠汤的俗称，因供杨贵妃沐浴而得此雅称。池内平面呈一朵盛开的海棠花，是唐玄宗作为爱情的礼物赐给杨贵妃的。

汤池是上下两层台式结构，池壁由24块墨玉拼砌成的。池底中间有一进水口，进水口上接莲花喷头；下接陶水管与总水源相通，温泉水从莲花喷头四散喷出，水雾四起，飞珠走玉。"回眸一笑百媚生，六宫粉黛无颜色"的杨贵妃在海棠汤中沐浴了七八个春秋。

紧挨着贵妃池的是唐玄宗专用御汤。汤池非常大，平面呈莲花形状，又名"莲花汤"。有白玉雕成的九条龙，口喷泉水，名御汤九龙殿。白玉雕成的石雕莲花喷水头，加上池内栩栩如生的鱼龙花鸟雕，御汤的设计建造十分讲究。

唐华清宫还修筑有专供唐玄宗和杨贵妃寻欢作乐的"斗鸡殿""舞马台""大小马球汤""按歌台"等娱乐场所。唐华清池出现了"高高骊山上有宫，朱楼紫殿三四重"的壮观景象。

一个相当长的时间里，唐玄宗携贵妃及一些亲信臣僚到华清宫沐浴温泉，一呆就是数月。他们整日饮酒作乐，打马球、观斗鸡、看舞马、沐温泉……唐玄宗终日过着奢靡的生活。

安史之乱后，华清宫失去了过去的辉煌。

佛门古刹

——陕西的寺庙

陕西西安是世界历史文化名城，得天时、地利、人和之便，成为印度佛教传入中国内地的首传地区。陕西关中是佛教北传的翻译传播中心，素有佛教"第二故乡"之称。

◉ 慈恩寺

慈恩寺坐落在陕西西安的南端。唐贞观二十二年(648)，唐高宗李治为他死去的母亲文德皇后所建，命名慈恩寺。

慈恩寺是唐长安城最宏伟、最壮丽的皇家寺院，寺院规模宏大。由于与皇帝特殊的关系，慈恩寺还拥有其他寺院望尘莫及的显赫地位。

中国伟大的佛学家、翻译家玄奘取真经返回长安后，被唐高宗任命为慈恩寺首任住持。在慈恩寺，玄奘法师翻译佛经、弘法育人，创立了佛教的一大宗派——法相宗。慈

恩寺被尊为法相宗的祖庭。

慈恩寺院山门内，有钟、鼓楼对峙，中轴线之主体建筑依次是大雄宝殿、法堂、大雁塔、玄奘三藏院。

钟、鼓是寺院的号令。大雁塔南门两侧镶嵌着由唐代书法家褚遂良书写的《大唐三藏圣教序》《大唐三藏圣教序记》碑刻。石碑侧面雕刻着图案优美，造型生动的蔓草花纹；玄奘三藏院，殿上供奉有玄奘法师的顶骨舍利和铜质坐像，殿内壁面布满铜刻、木雕和石雕的唐代高僧玄奘法师生平巨幅壁画。

◉ 荐福寺

荐福寺坐落在古城西安大南门外。唐代，荐福寺是长安重要的佛教活动中心之一。

荐福寺曾接纳不同流派的高僧在寺内译经、说法，律宗、华严宗、密宗、禅宗等宗派的大师纷纷在此弘扬佛法。

义净法师翻译的56部、230卷佛经，大部分是在荐福寺完成的。义净翻译的佛经，涉及华严宗、律宗、密宗等流派，被称为中国佛教史上的四大翻译家之一。荐福寺也因为义净而成为长安城中重要的译场。

道岸法师是律宗之祖道宣的第二代弟子，也是唐中宗的受戒师。东渡日本，传播律宗，被誉为日本律宗的创始人鉴真和尚为道岸的弟子。

唐景龙二年(708)，于阗国高僧、著名的佛经翻译家实叉难陀在荐福寺翻译华严经。华严宗创始人法藏，也曾在荐福寺讲经。

荐福寺还是密宗、禅宗的活动场所。金刚智在这里登台授法，弘扬密宗。开元年间，禅宗高僧道光禅师也在此活动。

◉ 广仁寺

广仁寺位于西安西北隅内城垣处。康熙四十二年(1703)末，清圣祖来陕巡视，御批拨款赐建。旨在加强民族团结，巩固多民族国家的政权统一。

广仁寺为西北和康藏一带信仰藏传佛教的喇嘛、活佛、上层人士及僧侣入京路过西安，瞻礼和住宿的地方；也为达赖喇嘛和班禅活佛的行宫。它是西安市唯一的喇嘛教黄教寺院。

广仁寺建筑布局独特，由南向北依次为：照壁、盘龙铁旗杆、御碑亭、山门、牌坊、钟鼓楼、大殿、二殿、藏经殿、斋堂、寮房(即喇嘛挂单、居住之处)。

寺中有康熙皇帝"慈云西荫"题词、乾隆皇帝"佛教圣地"题词、慈禧太后所题"法相尊严"匾额。皇家还分别亲赐寺院唐开元镏金卓玛佛像、汉白玉莲花缸、楠木龙床。

广仁寺藏经殿内，还保存了康熙皇帝为《御制广仁寺碑》书写的碑文真迹，以及由康熙皇帝亲书的《御制广仁寺碑》，碑文详细记载了建寺经过等极有价值的细节。

还珍藏着康熙四十五年(1706)重修的明版《大般若波罗蜜多经》6770卷，以及康熙三十九年（1700）刻本藏文《甘珠尔大藏经》108卷。

广仁寺殿庭有乾隆皇帝赐与用作佛灯的汉白玉莲花缸，缸外有花锦，缸内有铭文。

◉ 大兴善寺

大兴善寺位于西安南郊，始建于西晋武帝年间，初名遵善寺。隋文帝开皇年间（581—600），扩建西安城为"大兴城"，寺庙正好占了城内"靖善坊"之地，赐名为"大兴善寺"。经隋唐时期多次修建，寺院规模宏伟，殿宇崇广。

大兴善寺是中国佛教密宗的起源地，也是长安佛经的三大译场之一。

◉ 香积寺

香积寺在陕西长安香积村。唐神龙二年（706）为纪念净土宗祖师善导建造。宋太平兴国三年（978）改名开和寺，后恢复原名。

寺内建有13层大塔一座，通称为善导塔。日本净土宗因尊善导，故视香积寺为该宗祖庭之一。

◉ 净业寺

净业寺位于西安终南山。唐代律宗的祖庭，律宗因为创立于终南山，所以又称南山宗。净业寺内竖有一通《唐道宣律师遗迹碑》。

道宣在净业寺创立戒坛，教授戒义，弟子达千余人，使净业寺成为兴旺异常的唐代名寺。

一千多年过去了，昔日的"长安佛教"已不复以往盛况，但是，陕西境内仍存有的200多处古寺庙，默默地展示着历史的光辉。这真是"一片红霞映秦川，名寺名刹遍长安"。

道教"第一福地"

——陕西的道观

道教是中国本土的宗教。认为"道"是化生宇宙万物的本源。陕西的楼观台、白云观、重阳宫、金台观，是中国道教重要的文化遗产。

◉ "天下第一福地"楼观台

楼观台，位于陕西周至东南楼观镇终南山北麓，风景优美，依山带水，茂林修竹，绿阴蔽天，"终南千峰耸翠，以楼观为最名"。

相传周代大夫函谷关令尹喜在此，结草为楼，以观天体，叫做"草观楼"。道教建筑称之为"观"伊始。他看见紫气东来，知有真人从此经过。后来果然迎来道家鼻祖老子。老子在此作《道德经》，并筑台说经。

又传周穆王到此游，崇拜神仙建"楼观宫"。秦始皇、汉武帝也建宫立祠，亲临拜神求仙，祈求成仙长生。

东汉顺帝时，巴蜀的张道陵创立道派，以《道德经》为主要经典，奉老子为教主。相传老子著《道德经》，讲"道德经五千言"的楼观台，就成为道教在北方的活动中心，道教的圣地，史称"仙都""洞天之冠""天下第一福地"。至南北朝时，北方道士聚集陕西，形成"楼观派"。

唐代皇帝姓李，因老子姓李名耳，故尊老子为李唐先祖。唐高祖李渊曾亲自"谒楼观老子祠"，改楼观宫为宗圣宫；唐玄宗称夜梦老子，改宗圣宫为宗圣观。从此，楼观台被奉为道家圣地"仙都"。

宋、元、明、清楼观台几经兴衰。清末，中心宗圣宫移到"说经台"，从此古楼观便被称为楼观台了。

说经台是楼观台的中心，老子于此著讲《道德经》；山门前，为八角形的"上善池"；说经台山门两侧，存有《大唐观圣记碑》《唐老君见碑》等碑刻数十件。

说经台顶的老子祠，祠门内廊东侧为《道经》碑、《德经》碑；西侧为《道德经五千言》刻石。

宗圣宫院内古柏参天，著名的"三鹰柏""系牛柏"，一株树龄达2000余年的古银杏树，仰慕着说经台。

楼观台处处遗留着老子的足迹：老子炼丹修身的炼丹炉、仰天池；教化弟子的化女泉，死后葬老子墓等。

◉ 参天白云观

白云观坐落于陕西佳县城南的白云山上。白云观，依山势高低起伏而建，蜿蜒跌宕，气势非凡。相传，修建白云观时，山顶上常常有白云缭绕，因而得名。登白云山游览古庙，必须经"神路"。

白云观，又名白云山庙，创建于明万历四十三年(1615年)，清雍正年间，重修并扩建，是陕西省著名的道教圣地，也是陕西、山西、河南、宁夏、甘肃等各地香客的"圣地"。

白云观濒临黄河，顺山势，殿堂、楼、阁、洞、祠数十座，形制各异，各具特色，浑然一体，为陕北壮观的古建筑群。琉璃瓦顶、出檐挑角、九脊十兽的真武殿是白云观的主要建筑。白云观的建筑设计，古雅灵奇，与众不同。

真武殿是白云观道徒举行宗教活动的主要场所。殿前建戏楼一座，台高敞亮，视听清朗。每逢农历四月初八的白云山庙会，开台唱戏，热闹异常。

白云观内存有叙述道教、佛教经变故事和描绘山水人物的彩色壁画千余幅、碑刻百余块、匾额数十块，还保存着明神宗皇帝赐予的圣旨、《道经》，可谓是白云观"镇观之宝"。

白云观真武殿的钟声，高昂而绵长，响彻隔黄河的山西境内，有"白云晨钟"之誉。

◉ 宝鸡金台观

金台观，位于宝鸡北面的陵塬上，地势高旷，建筑雄伟壮观，为宝鸡道教三观(金台、银台、玉台)之首。

金台观始建于元末明初，为道士张三丰的修真之所。明、清时曾经扩建重修，是一处著名道教活动场所。

金台观，依山就势，主要建筑沿中轴线排列，左右对称；金台观内建筑分为中院和东、西偏院三部分。主要建筑有玉皇阁、三清殿、灵官殿、八卦亭、朝阳洞、三丰洞及药王洞等。

金台观前的玉皇阁，朱檐雕栏、飞檐玲珑，在阳光下流金溢彩、熠熠生辉、富丽壮观，被称为"金阁流霞"。朝阳洞前，有张三丰手书"瓜皮书"碑刻。

金台观内，有数百年的古柏参天，生机盎然，传为张三丰亲手所植；明代碑碣"张三丰遗迹记""翻耳瓦罐""神锄定柱"，记载了张三丰的神奇传说；有高台一座，为张三丰修道处，登台可俯视全宝鸡。

每年农历三月三和十月初十，金台观举行庙会，人流如织，香火鼎盛。

◉ "祖庭"重阳宫

全真教祖庭重阳宫在陕西户县城西的祖庵镇，为元代全真教的圣地。

全真道的创立者王重阳，陕西咸阳人。相传，在陕西甘河镇(户县)遇异人，得修炼秘诀。于是，弃妻离子，在终南山一带修道；后住山东昆嵛山(在今山东烟台南)，在宁海、文登、莱州诸地云游讲道。收马钰、谭处端、刘处玄、丘处机、王处一、郝大通、孙不二(女)等七人为徒。他制定了道士出家的制度，称为"全真"。

王重阳死后，归葬咸阳。他的弟子在户县修建成道宫，以纪念王重阳，并以"祖庭"横额悬挂于大厅。自此，全真教门徒视其为祖庵，后改名灵虚观。

王重阳门徒丘处机为元太祖成吉思汗所重视，正式建立全真道，尊王重阳为教祖。邱处机被元世祖尊称为国师，总领道教；王重阳被封为全真开化真君。

邱处机旨准改灵虚观为重阳宫。此后，重阳宫被加封为重阳万寿宫，增建了许多殿阁楼台，成为关中的道教大观。

道观内保存有数十通汉、蒙文碑刻，被称为"祖庵碑林"。碑刻中，七真人图像、万寿宫图石刻、八思巴文碑等是研究元代道教的珍贵史料。

出师未捷身先死

——凭吊三国古战场

诸葛亮是三国蜀汉政治家、军事家。公元207年，刘备三顾草庐，请诸葛亮出山。刘备按照诸葛亮的策略，建立了蜀汉政权。刘备称帝后，任诸葛亮为丞相。

诸葛亮曾五次出兵攻魏，争夺中原。与魏司马懿在渭南相拒，病死于五丈原军中，葬于陕西勉县西南的定军山，谥忠武侯。

◉ 五丈原

岐山五丈原是个南高、北低的狭长黄土塬，南倚秦岭，东、西、北三面受河流侵蚀切割，塬坡高而陡峻；山关险阻，地势险要，进可以攻，退可以守，历来是兵家相争、行军布阵的理想之地。

五丈原东麓的斜水，两岸土质肥沃，宜于农耕。诸葛亮的军队驻守五丈原，"每患粮不继，使己志不申，是以分兵屯田，为久驻之基……"诸葛亮的军队在五丈原开垦出来的农田，人们称为"诸葛田"。

建兴十二年(234)春，诸葛亮率大军由斜峪关出，以流马运，屯兵五丈原。诸葛亮在

五丈原南端最窄处，建立城堡，设军帐发号施令于豁落城。豁落城地处陡峭险峻，连司马懿追击至此，也惊叹诸葛亮"真乃天下奇才也"！

五丈原东的葫芦峪，相传，诸葛亮诱敌深入，设伏火烧司马懿父子的地方。

五丈原西的蜀仓，诸葛亮存粮的仓库。

五丈原北坡脚有上、下泉。相传是上泉是蜀军取水之处，蜀军每日从上泉背水上塬，踏出了一条共有13弯道的小路；下泉则是蜀军饮马的地方。

五丈原是诸葛亮一生征战的最后一个战场。五丈原地下，经常能发现一种铁锅，铸有汉代隶书文字，当地农民称为诸葛锅，为诸葛亮驻兵于此的遗物。

◉ 落星湾

五丈原东南有一葫芦沟。相传，诸葛亮设计诱司马懿军队入葫芦峪，放火烧断峪口，想烧死司马懿。可不料天降大雨，诸葛亮用计失败。

诸葛亮在五丈原和司马懿相持百余天，积劳成疾，病死在五丈原军营中。

据说诸葛亮临死前，有巨星从东北方向流过，落在"诸葛田"一带的河湾，人们将巨星陨落的地方叫"落星湾"。

◉ 武侯墓

武侯墓在定军山西北脚下。定军山是汉中西面，沟通四川、陕西的必经之地，坚守汉中的重要屏障，可谓"陕南十二连山一颗珠"。诸葛亮"遗命葬定军山"，为"生为兴刘尊汉室，死犹护蜀葬军山"之意。

武侯墓与武侯祠隔江相望，背依定军山。武侯墓高约6米，周围以砖砌之，头北脚南，北顾中原，南立蜀国，复兴汉室。墓后的"护墓双桂"，树干的直径都有1米。相传，这两株结籽桂花树栽于蜀汉炎兴元年（263）。

武侯墓西南数十米处，还有一座所谓的"武侯真墓"。

武侯墓地前后建有殿、宫三院并联的大庙。墓区有数十棵千余年的古汉柏。

每年清明，诸葛亮的后裔都会来到这里，吊古亲近，追念先贤，缅怀诸葛亮。

◉ 武侯祠

诸葛亮辞世29年，刘禅下诏立祠。是中国唯一由皇帝下诏并拨给银两修建的祠庙，因而有"天下第一武侯祠"之称。

武侯祠坐落于定军山下的武侯坪，靠近墓地，背临汉水，面对川陕通道，"建之京师，又逼宗庙"。

武侯祠古建筑群由北向南，楼台殿宇排列整齐，中轴线直穿五进，其中三院并联，规模宏大，建筑雄伟；乐楼、东辕门、西辕门、牌楼、琴楼、钟楼、鼓楼、戟门，布局

适宜。

祠前，有一高10米有余的牌坊，上书"汉丞相诸葛武侯祠"。祠内，有汉、晋、唐、宋、元等历代碑刻数十余通；"高山流水""山高水长""大汉一人""代仰清高"等匾额悬挂祠内；诸多楹联中，"成大事以小心，一生谨慎；仰流风于遗迹，万古清高。"为冯玉祥所题。

祠院内，有株枝繁叶茂的"旱茂树"，形似平盖，花开如莲，色香俱佳。为中国稀有乔木花树，每年仲春，鲜花怒放。先花后叶，分外妖娆，为武侯祠一大胜景。

◉ 诸葛亮庙

为纪念诸葛亮，人们在五丈原北端修建了诸葛亮庙。登上塬顶，站在庙前可以远眺八百里秦川，蜿蜒东流的渭河，两岸稻田纵横。

诸葛亮庙始建于元代初年，明、清两代曾重修。诸葛亮庙门上方的"汉室孤忠""西蜀贤相""南阳纯儒"衬托出古庙的庄严肃穆。门廊下，外有黄忠、严颜，内有赵云、马超，威风凛凛。

献殿内，两侧壁上分别绘有草船借箭、空城计、三战吕布等三国故事彩色壁画；下端镶嵌着40块青石，刻着岳飞手书的诸葛亮前、后《出师表》。

诸葛亮身着八卦衣，手执鹅毛扇，神色威武而平和，端坐正殿中，关兴、张苞、王平、廖化立于两旁；配殿分别为姜维、杨仪殿。

庙内有诸葛亮衣冠冢，冢旁有一落星亭，亭内有一石，青褐色，表面凹凸不平，相传是诸葛亮辞世时天陨落石，从落星湾移来。

幽深古远

——石门、龙门古栈道

栈道是在险峻山脉阻碍交通的情况下，沿着河谷川道，依山凿石架木，铺上木板的一种悬崖峭壁之通道。陕西境内至今保留了许多古栈道。

陕西的古栈道，有陈仓道、褒斜道、傥骆道、子午道，又名秦栈。陕西留坝县，被人称之为"栈道之乡"。

自今陕西凤县东北草凉驿入栈，西南至凤县折东南经留坝又南至褒城旧治北鸡头关出栈。北段即古故道，南段即古褒谷道。五代以前自褒谷北上的或趋斜谷出郿县(今陕西眉县)，或西经故道出陈仓(今宝鸡市)。

◉ 中国最早的栈道

早在春秋战国之时，古人为了翻越秦岭天险，在悬崖峭壁上凿孔，立木为柱，横木为梁，然后在上面铺上木板，车马行走其上，巍巍壮观。

战国时，秦惠文王为"得其地足以广国，取其财足以富民"，出兵讨伐蜀。但是，常言说"蜀道难，难于上青天"。由陕西关中通往汉中，山路艰险，难以通过大量的军队和粮草运输。

至秦昭王时，"栈道千里，通于蜀汉"，成为连接川陕的天路。贯通秦岭栈道的修筑，"使天下皆畏秦"。

◉ 明修栈道，暗度陈仓

楚汉相争，韩信设下计策，派樊哙带兵公开地、大规模地修建栈道，为进兵做准备。实际上，韩信亲自带兵暗地从陈仓古道进兵，杀了对方一个措手不及。这就是历史上著名的"明修栈道，暗度陈仓"。

陈仓道，又名故道。起自陈仓(今陕西宝鸡市东)，西南行出散关沿故道水谷道至今凤县折东南入褒谷，出抵汉中。

汉高祖元年(公元前206年)刘邦自汉中由故道出陈仓还定三秦；《史记·河渠书》"抵蜀从故道，故道多阪，回远"，皆指此。

道虽迂远，以坡度较平缓，为往来秦岭南北的主要通道。自斜谷道废，公私行旅，

遂出此道。

● "烧激" 褒斜道

褒斜道，褒水、斜水两河同出秦岭太白山。褒水南注汉水，谷口在旧褒城县北10里；斜水北注渭水，谷口在眉县西南30里。因取道褒水、斜水两河谷得名。

褒斜道，南起汉中的褒谷，北到眉县的斜谷，全长大约有250千米。这一段古道，山石陡立，水流湍急。开凿此栈道的匠人们先沿石壁开出宽1～2米石道，上横铺木梁木板，采取了修木板铺为通道的办法。

在陡峭的山崖壁上，为树木架，需打一些石孔，栽木桩。按照修通道的需要，石孔分为"壁孔"和"柱孔"。横向凿孔，以插入粗木梁，并下加斜撑，再铺厚木板，并于路之旁侧，加铁链或木栏。在栈道路面距谷底较近的地方，梁下斜撑改用直柱支撑。

褒斜栈道上最重要是石门的修建。为修褒斜栈道而凿石门，后经历代修凿，方才开通。石门洞长13.6米，宽4.2米，南口高3.45米，北口高3.75米。它是用中国古代原始攻凿山石的办法"火烧水激"成的，是中国最早的人工隧道，也是世界上第一条人工开凿的通车隧道。

它的开凿技术是十分奇巧的。清代，《栈道歌》"积薪一炬石为桥，锤凿既加如削腐"，说明石门采用火烧水淬的方法破石开凿而成的。

褒斜栈道是中国古代修建时间最早、使用时间最长、选线合理的一条栈道。

汉武帝时，曾发数万人治褒斜水道，欲使通漕运，未成；其陆道则自汉以后长期间为往来秦岭南北重要通道之一。

《史记·货殖列传》：关中南则巴蜀，"栈道千里，无所不通，唯褒斜绾毂其口"。时或堙塞，屡经开复。自汉末至五代，南北兵争，双方军行往往取道于此。其后斜谷道废，自褒谷北上者皆由故道出散关。

褒斜栈道的遗迹至今犹存，并且，保留有汉代以来的石刻多处。

◉ 蓝关古栈道

蓝关栈道在蓝田县城东南的王顺山中，是长安通往河南、湖北一带的唯一栈道。

蓝关栈道，从水陆庵出发，沿蓝水河溯源而上，大约1千米左右便进入蓝关栈道。峻峰耸峙，峡谷流翠，蓝水河的右侧石壁上，排列着层层不规则地石窝，使人顿生幽深神秘之感。

春秋、战国时期，秦国为扩展疆域，劈巨垤，通关塞，修驰道，开通了由蓝田南登峣山，上七盘，经乱石岔、鸡头关、风门子、六郎关等要隘到蓝桥关，再经武关到东南各地的"东南方干道"。

一些能工巧匠在石壁上凿出排排深浅不等的石窝，树起支架，再铺上平板，便修成了沿蓝水河而上的蓝关，人马皆能通行的栈道。

蓝关古道和古栈道的开通，向为秦楚咽喉的蓝田成为"秦楚之要冲，三辅之屏障"。

秦穆公征伐郑国之战，秦哀公伐吴援楚之战，刘邦攻入咸阳，李自成同洪承畴、孙传庭的蓝田大战都与蓝关栈道紧密相关，蓝田成为兵家必争之地。

唐代之后，行旅商贾、云游僧侣、苦力脚夫等足迹踏遍蓝关古栈道。

秦汉以来，陈仓道、褒斜道等穿秦岭而过，成为沟通秦蜀经济、文化之要塞；蓝关栈道成为长安通往河南、湖北一带的通道，陕西的古栈道在中外交通史上占有重要地位。

踏寻中国革命的足迹

——革命圣地延安游

1935年10月，中央红军战胜千难万险，越过万水千山，胜利到达陕北。1937年9月，陕甘宁边区政府在延安成立，组织、领导中国人民反抗日本的侵略战争。陕甘宁边区成为中国共产党中央所在地，成为中国新民主主义革命的领导中心和革命的大后方。

陕甘宁边区成为爱国人士、进步青年向往的地方，成为红色边区。无数中华民族的精英汇集在宝塔山下、延河河畔。

毛泽东和他的战友们在延安地区战斗、生活了13个春秋，枣园、杨家岭、王家坪、凤凰山、南泥湾等著名的革命遗址，至今还留有革命者生活、战斗的遗迹，一些他们使用过的物品，依然如故，成为缅怀他们的珍贵纪念。

◉ 延安宝塔山

延安宝塔山，古称丰林山，宋代改称嘉岭山。坐落在延安城东南方，延河的对岸。

山顶耸立着一座古塔，距今已有1200多年的历史。宋代时，古塔曾经重修，金、明两代又加以修缮。塔高44米，为八角九级楼阁式砖塔。可缘梯登临塔顶，延安风貌可尽

收眼底。明清之际，均称此塔为"古塔"。

1937年，中国共产党中央机关进驻延安。9月，陕甘宁边区政府建立。延安成为领导中国革命的中心，成为无数革命青年向往的地方。古塔成为延安的标志，便有了"延安宝塔"之称；"嘉岭山"也就称为"宝塔山"了。宝塔山成为中国革命圣地延安的象征。

宝塔旁边的钟亭，悬挂着一口明朝崇祯元年铸造的铁钟，铁钟上部铸有莲花纹饰，下部铸的却是八卦纹饰，体现出明末时期的佛道合一。

这口钟原本置于太和山道观。因其音质清宏，余声久绕，可传方圆四五十千米。陕甘宁边区政府保安部将钟移到宝塔山上，用来报警。1938年11月，日寇飞机轰炸延安时，报警的钟声响彻延安城，为保卫延安立下了不可磨灭的功劳。

◉ 枣园

枣园，原为地主庄园。1939年初，更名为"延园"。因为，园内种有大量枣树，所以，称为"枣园"。1943-1947年，枣园为中共中央书记处所在地。毛泽东、周恩来、刘少奇、朱德、任弼时都在枣园居住过。

枣园的中央书记处小礼堂内的墙壁上挂着毛泽东亲笔题词"为人民服务"。

1939年10月始，中央机关的工作人员、老百姓共同修建了6个多月，使一条渠水穿枣园而过，可灌溉80多公顷土地。枣园的旱地变成了水浇地，庄稼连年丰收，老百姓为其取名为"幸福渠"。

◉ 杨家岭

杨家岭革命旧址，位于延安城西北的杨家岭村。一些黄土窑洞，粗糙的木制门窗，简陋的桌椅和生活用品，与普通的农家院落并无区别。

1939年起，先后修建了中央大礼堂、中央办公厅大楼、十余孔石窑洞、百余孔土窑洞、百余间房屋。

正是在这里，毛泽东为首的中共中央在这里组织了延安整风运动、大生产运动，召开了中国共产党的第七次全国代表大会、著名的延安文艺座谈会。

1946年8月，毛泽东与美国记者安娜·路易斯·斯特朗在杨家岭窑洞前的谈话，发出"一切反动派都是纸老虎"的警世名言。

◉ 王家坪

王家坪地处脑畔山和花豹山脚下，依山傍水，环境优美。王家坪是中共中央革命军事委员会、国民革命军第八路军总部所在地。

中共中央进驻延安后，中央军委和总部机关在王家坪领导抗日革命根据地的军民八

年抗战。1945年，日本投降。面对新的国内战争，中央军委领导边区军民粉碎了国民党的全面进攻。

中共中央革命军事委员会会议室及礼堂是王家坪最醒目的建筑。诸多重要的军事会议在这里召开。

● 陕北的好江南

延安城东南45千米有一片空旷的土地——南泥湾。这里原来是野草丛生、荆棘遍野、人迹稀少、野狼成群的荒凉之地。

1941年春，国民党军队对陕甘宁边区实行经济封锁。边区地广人稀，土地贫瘠。八路军将士几乎没有衣穿，没有饭菜吃，许多战士没有鞋袜穿；冬天到了，工作人员甚至没有被子盖……

为了克服困难，解决衣食问题，毛泽东发出"自己动手，丰衣足食"的号召，动员广大军民开展大生产运动。

1941年，王震率领八路军一二〇师三五九旅进驻南泥湾，实行屯垦，生产自救。短短的三年里，三五九旅的广大官兵们发扬"自力更生，艰苦奋斗"的革命精神，披荆斩棘，风餐露宿，开荒种地。他们用自己的双手和汗水，将荒无人烟的南泥湾改变成了"平川稻谷香，肥鸭遍池塘。到处是庄稼，遍地是牛羊"的陕北好江南。

中国的新民主主义革命选择了延安，延安是中国革命的圣地，也是中华民族的圣地。

黄土与皇陵

——中国帝王陵寝之最

"秦中自古帝王都"。陕西也是中国帝王陵寝最多的省份。

无论是傲世群雄的秦始皇，还是唐玄宗；无论是争夺权力的才子，还是成功政变的将帅，历经漫漫岁月，终不过一捧黄土掩风流。

◉ 陕西黄土埋皇上

"江南才子、山东将，陕西黄土埋皇上。"

自从黄帝在西北黄土高原一统华夏，先后有西周、秦、西汉、东汉、西晋、前赵、前秦、后秦、大夏、西魏、北周、隋、唐13个王朝在陕西西安、咸阳、凤翔、靖边建立帝都。西周9位天子，秦国26位国君，秦朝3位皇帝，西汉12位皇帝，东汉1位皇帝，新莽1位皇帝，西晋4位皇帝，前赵1位皇帝，前秦2位皇帝，后秦2位皇帝，大夏1位皇帝，西魏3位皇帝，北周5位皇帝，隋2位皇帝，唐20位皇帝，历史上曾有92位皇帝在陕西治国。

这些帝王中，周文王、周武王、秦穆公、秦孝公、秦始皇、汉高祖刘邦、汉文帝刘恒、汉景帝刘启、汉武帝刘彻、隋文帝杨坚、唐太宗李世民、武周皇帝武则天、唐玄宗李隆基在中国古代历史上都是家喻户晓的人物。

古人对族人的葬地选择十分重视，一般都选在国都的周围。随着国都的不断东迁，在陕西境内出现了庞大的王陵带。

陕西埋葬中国历代帝王现有陵墓有数十座。炎帝陵在陕西宝鸡以南的常羊山；黄帝陵位于陕北黄陵北的桥山；西周开国元勋周公、周文王、周武王皆葬毕原（陕西沣河东镐京乡）；秦国十数国君皆葬于秦都雍城（陕西凤翔）附近；秦始皇陵背靠骊山、面对渭水；西汉有11个帝陵，分布在咸阳、兴平、西安；唐代18个皇帝的陵寝，均在陕西境内。

◉ 秦始皇陵

《水经注》记载："秦始皇大兴厚葬，营建冢圹于丽戎之山，一名蓝田，其阴多金，其阳多玉，始皇贪其美名而葬焉。"

秦始皇陵，南靠骊山，北临渭水。初建时，被称为"骊山园"，汉代，开始称"秦始皇陵"。

秦始皇陵是中国规模最大的陵园。陵园呈南北长、东西窄的长方形，内外两重城墙

构成，地面有祭祀大殿——寝殿，还有便殿。有供出行的车马、狩猎场所和艺人百戏演出……秦始皇陵出土的车马坑、百戏俑坑、珍禽异兽坑、甲胄坑等，呈现了秦人视死如生的习俗。

秦始皇认为自己"功高三皇、德兼五帝"，修筑高大的坟冢，可展示其治国功绩。秦始皇改古人逝后，不封不树，埋于郊外的丧葬习惯；一改过去帝陵之制，封土为陵。秦始皇陵无论从规模上，还是气势上，均超越了春秋战国的帝陵。以至于后来逐渐形成封土越高，象征权力就越大丧葬规制。汉代后，多仿效这种制度。

修建秦始皇陵时，为了防范水灾，修筑了约3500米的大堤，保护陵园。

◉ 西汉帝王陵

西汉帝王陵中，除汉文帝霸陵是依山为陵外，其他的陵墓都堆土为陵。茂陵在十数帝陵中最高，其余各陵都是高十二丈、方一百二十步，大小相差无几。

汉初，为了加强中央皇权，削弱地方诸侯、豪强的势力。刘邦采纳了娄敬的建议，以"奉山"为名，将豪门旺族迁徙到帝王陵周围定居。西汉帝王陵邑中，数长陵、阳陵、安陵、平陵和茂陵最有名气，史称"五陵邑"。

西汉帝王陵墓，皇帝与皇后"同陵不同穴"。西汉时，皇帝与皇后不合葬，在一座陵中起两个土丘，因有以西为尊的习俗，故而一般多为帝王陵在西，帝后陵在东。

西汉帝王陵墓始现皇帝的宠臣、名将的陪葬墓。

西汉时，大面积的礼制建筑都分布于西汉帝王陵墓的附近。

◉ 关中"唐十八陵"

唐代有21位皇帝，其中18座陵墓均分布在陕西。关中唐代十八陵均坐落渭河北，地跨6县，绵延100多公里。

唐代帝王陵墓，除献陵（唐高祖李渊）、庄陵（唐敬宗李湛）、端陵（唐武宗李炎）、靖陵（唐僖宗李儇）外，多依山为陵。

所谓依山为陵，就是选择一山，在山的半山腰上深挖洞穴至山底，把棺椁葬入其中。李世民的昭陵是唐依山建陵的第一座陵墓。

唐代，帝王依山为陵，气势更加雄伟壮观，充分展现皇权至上，张扬皇帝的文治武功；依山修建帝陵可以节省大量经费和时间；依山为陵"固同山岳"，可以防盗。乾陵的墓道是用石条封堵，石条的缝隙之间铸铁，最后灌以流沙，坚固无比。

唐代帝王陵墓，都以地下墓室为中心，地面四方形柏城；柏城南门外设二道门阙。第一道标志物为石狮(献陵为石虎)；第二道是一些彰显皇帝生前的仪仗设施的石刻。

悠悠千年，一代一代盛极一时的王朝建都陕西。陕西安葬中国历代帝王的陵墓达数十座，赋予了陕西丰厚的文化底蕴。

朝向麦加的寺院

——陕西的清真寺

西北五省区是回族集中的区域。回族信仰伊斯兰教，做礼拜是必修课。数量众多，且分散的清真寺遍布陕西。

关中地区的清真寺主要集中在西安，有西安化觉巷清真大寺、大学习巷清真寺、大、小皮院清真寺、回民新村清真寺；宝鸡市群众路清真寺和凤翔县清真寺；另外，陕南有安康清真寺、安康市汉滨区石梯乡清真西寺和安康市汉滨区梅子铺镇铁岭清真寺。

◉ 陕西最大的伊斯兰寺院

西安化觉巷清真大寺位于西安鼓楼西北角的化觉巷内，是西安穆斯林的主要礼拜场所，是陕西最大的伊斯兰寺院、中国四大清真寺之一，也是中国建筑较早、规模较大、保存完好的伊斯兰寺院。

化觉巷清真大寺建于唐玄宗天宝年间，经过历代的整修和扩建，更多的保留了明代

建筑的风格。全寺占地面积1.2万余平方米，建筑面积约5000平方米。寺院呈狭长型，沿东西轴线分五进院落，排列有序，院院有特色。

前院，紧邻照壁的木结构大牌楼，建于17世纪初，高达9米，琉璃瓦顶，挑角飞檐，雕梁画栋，非常壮观。

进入悬挂"清真寺"匾额的五间楼，便进入第一进院，迎面一字排开摆放着4个用来庆祝"盖得尔夜"的灯架，灯架上沿顺时针方向插有两圈30余个灯座，灯架阳面刻有"祈求和平"。

第二进院，中央竖立石牌坊一座，两侧竖立"冲天雕龙"石碑，为《敕赐重修清真寺碑》《敕修清真寺碑》，碑阴刻有北宋书画家米芾的手书"道法参天地"和明代书法家董其昌的手书"敕赐礼拜寺"。

第三进院，院落中央坐落一座三层八角形的中国式宣礼楼，又被称为省心楼。省心楼是"穆安津"（宣礼员）召唤穆斯林来寺礼拜的最高点。楼北侧建有讲经堂，内藏有明代手抄本《古兰经》和清代《麦加图》。

第四进院，院子中心有凤凰亭，六角主亭加两个三角侧亭，三亭相连，状如展翼神鸟。凤凰亭西面有两个海棠形鱼池。越海棠鱼池，登月台。月台西端是全寺的中心场所——礼拜大殿。

大殿面积约1300平方米，可容纳千余人做礼拜，是寺内最大的建筑物。殿内有藻井画数百幅，书以阿拉伯文图案，构图各具千秋。

清真大寺的建筑形式、基调一派中国民族风格，布局上采取了中国传统的中轴建筑为主、左右建筑对称为辅的形式。然而，寺院内的一切布置又严格按照伊斯兰教制度，殿内的雕刻藻饰、蔓草花纹装饰都由阿拉伯文套雕组成，中国传统建筑和伊斯兰建筑艺术风格如此巧夺天工的结合，是伊斯兰文化和中国文化相融合的结晶——世界伊斯兰文物之一。

◉ 关中的清真寺

关中地区是陕西穆斯林较集中的地区，大小清真寺很多，除西安化觉巷清真大寺外，还有：

西安大学习巷清真寺　位于西安市西大街大学习巷内北侧，又称西大寺。始建于元世祖中统四年（1264），原名清净寺。明洪武时，称清真寺。元至明末，多次重修扩建。寺门立有石牌坊，大院通道两侧各有一座护碑亭。两碑亭外侧为南北相仿，后为宣谕台。中西合璧的清真寺建筑体现了中国早期建筑风格。礼拜殿前悬挂清光绪皇帝手书的"教崇西域"；慈禧太后题写的"派衍天方"匾额。

据郑和碑记载，明永乐十一年（1413），清真寺掌教哈三奉敕随郑和下西洋，并兼做翻译，为增进中阿人民友谊做出杰出贡献。

西安市小皮院清真寺 始建于明万历三十九年（1611）。四进院落，前门"小皮院清真寺"木牌高悬檐下。院内设满拉学习区、议事堂、讲经堂，可容700人同时礼拜的大殿。大殿殿顶为琉璃装饰，屋脊置圆形风磨铜顶，雄伟壮观。

西安市回民新村清真寺 始建于1945年。清真寺外形呈长方形，高二层，顶部建筑仿阿拉伯式，为中国现代式和阿拉伯式相结合的建筑形制。设男、女礼拜大殿、讲堂、大小净室、学生宿舍、教长室、贵宾接待室等。门庭壮观，大殿肃穆，已成为穆斯林群众礼拜聚会清净尊贵的场所。寺藏《古兰经》4部。

大荔城东关清真寺 清同治元年（1862）前大荔城内及东关回民进行宗教活动的场所。1865年，回民起义失败，西迁。改清真寺为"节义寺"。新中国建立后，迁居大荔的会民渐多，遂废"节义寺"，恢复清真寺。

宝鸡群众路清真寺 坐落在宝鸡市群众路北段东侧，创建于1938年，房舍和临时礼拜殿共10余间。1944年，复建正式礼拜殿5大间。

凤翔县清真寺 位于陕西省西部的凤翔县，始建于清末。是数百位回民宗教生活的主要活动场所。

◉ 陕南的清真寺

安康清真寺 位于安康城东南子巷内。创建于元代，历尽沧桑。明万历十一年（1583）和清同治元年（1862）遭洪水，几经重建，才得以保存。1984年，陕西省民委拨款维修了被洪水冲损的清真寺，古寺焕然一新。

正中是一座飞檐四出、雕梁画栋的六角宣礼塔，塔顶装有象征伊斯兰标志的银色月牙；两座绿色拱形大圆顶，分居两侧，与大殿拱形圆顶上的月牙相辉映，使整体建筑更具伊斯兰特色。

安康石梯乡清真西寺 始建于清道光年间。咸丰元年（1851）拆除草房，在原基础上修建大殿卷棚6间，后续南北议事各3间。后再续卷棚5间，简易邦克楼一座。几经劫难，又多次修葺。

庭院内遍植花木，朴素典雅，洁净庄严。卷棚下大殿内竖有"尊经古教""思隆普慈""以一贯之"清代匾文。寺内有阿拉伯文经典10部，波斯文经典2部。

安康铁岭清真寺 位于陕西省安康市梅子铺镇。建于清朝光绪十二年（1886），后历经续建，不断扩大。20世纪90年代，按阿拉伯式样重建。是回民履行宗教功课的场所。

与当地天主教堂、基督教堂相比，陕西的清真寺体现出不一般的特色。再加上陕西的清真寺建筑融入了强烈的地方特色，相对于时尚、靓丽的欧式教堂建筑，它的厚重更能体现出西北人的特有的性格特征。

西安事变旧址游

——缅怀革命先烈

1936年12月12日，爆发了震惊世界的西安事变。东北军将领张学良与第十七路军将领杨虎城，发动兵谏，扣押了蒋介石，震惊了全中国，轰动了世界。

西安事变爆发后，中国共产党派周恩来、秦邦宪、叶剑英为首的代表团，从延安赶到西安，为西安事变的和平解决，对有关各方做出了耐心细致地说服工作，经过多方面的努力，迫使蒋介石接受"停止内战，一致抗日"的要求。12月25日，张学良亲自随机送蒋介石回南京，西安事变和平解决。

西安事变的和平解决，对推动国共两党再次合作，共同抗日起了重大作用。

◉ 帷幄运筹

新城黄楼　20世纪30年代，西安绥靖公署所在地，杨虎城将军的办公处。张学良、杨虎城将军发动西安事变的指挥部。

所谓黄楼，并不是楼房。是一处外表呈六角亭式的大厅，因外墙涂以黄漆，所以称为黄楼。1936年10月8日，张学良、杨虎城在黄楼密谈，决定对蒋介石进行兵谏。在此，张学良和杨虎城对这次行动进行了分工：东北军负责在华清池拘捕蒋介石，并担任西安到临潼间的警戒；西北军负责拘禁在西安的南京方面军政大员，并解除西安蒋介石中央系统的武装。

1936年12日凌晨，张学良从张公馆赶到黄楼，和杨虎城一起指挥兵谏。蒋介石被捉后，最早是羁押在黄楼。新城黄楼，现位于西安市新城广场陕西省人民政府大院内。

止园　杨虎城将军的别墅，又称杨虎城公馆，环境清静幽雅。1932年止园建成。原名"紫园"。据说，杨虎城为了表达停止内战，一致抗日的爱国心情，改名"止园"。另有一说，公馆建成后，杨虎城发誓，永不再从政，起名止园。

西安事变发生前后，杨虎城在止园多次与中国共产党人接触，商讨应对事变的决策。止园，现在是杨虎城将军纪念馆，馆内陈列了杨虎城将军的遗物和西安事变的部分文件。位于西安市青年路。

张学良公馆　东北军将领张学良的官邸。一组东西排列的三座小楼，张学良住在西楼。1936年12月11日晚，张学良在公馆向东北军文武要员作了"兵谏"部署。并且，嘱

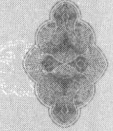

咐孙铭九"千万不要把委员长打死了，万不得已时，只能把他的腿打伤，不要叫他跑了"。次日凌晨，张学良赶到新城黄楼与杨虎城共同指挥了"兵谏"。

西安事变发生后，中国共产党代表团就下榻在张学良公馆东楼。中国共产党代表团与张学良、杨虎城二将军的会谈及与南京政府代表谈判也是在张学良公馆进行的。张学良公馆，现在位于西安市建国路。

◉ 兵谏华清池

环园 环园位于陕西临潼华清池。1878年，临潼县令沈家桢主持营建、命名。环园既有北方园林的殿宇宏伟，又有江南园林别致优雅的风格。园内由望湖楼、飞霞阁、飞虹桥、荷花阁、五间厅、三间厅组成。

1936年10月、12月，蒋介石两次来陕西督战，都在环园布置"剿共"事宜。

五间厅 1936年12月4日，蒋介石乘专列第二次到西安。由于，蒋介石对杨虎城怀有戒心，对张学良比较放心。所以，选择了远离西安城的张学良防区临潼华清池为临时行辕，下榻于五间厅。由东向西依次为：侍从室、会议室、办公室、蒋介石卧室、秘书室。蒋介石随身保卫人员有40人；由东北军卫队的一个加强连守卫华清池大门；东北军派了一个连驻守骊山的烽火台，控制制高点，警卫华清池。

1936年12月12日凌晨，东北军进入骊山附近，包围了华清池，与蒋介石的卫队交火。蒋介石惊闻枪声，并不了解实情，惊恐之下连衣服都未来得及穿，随侍卫官及随从逃上骊山。蒋介石藏匿在卧虎石的石隙中。

当东北军士兵冲入五间厅，闯进蒋介石的卧室，并未发现有人。蒋介石的假牙、衣帽、斗篷均在屋内，因被窝尚有余温，估计蒋介石离开不久。于是大面积搜捕开始。

最终，东北军士兵搜山时，在卧虎石缝隙中找到浑身发抖的蒋介石，将他扣留，后送往西安新城黄楼绥靖公署。至今，五间厅的玻璃窗上还留有枪弹的痕迹。

西京招待所 20世纪30年代初，杨虎城为招待国民党要员所修建的行辕。蒋介石、陈诚、朱绍良、蒋鼎文、卫立煌等国民党要员在陕西都住在此。

西安事变爆发，在西安招待所下榻的南京方面国民党要员及其家眷、随从、卫士全被扣押。西京招待所，位于西安市解放路和西四路交叉口西北。

高桂滋公馆 国民党高级将领、陕西定边人高桂滋的官邸。西安事变爆发前，尚未入住。蒋介石临潼被扣后，被押送到新城黄楼东客厅。13日上午，张学良先后两次来到新城黄楼，劝蒋介石改变政策，遭到蒋介石的训斥。14日，蒋介石经端纳劝说，移迁到高桂滋公馆。

闻讯从南京赶到西安的宋美龄、宋子文等人都下榻于高桂滋公馆。周恩来在此会见蒋介石，初步达成六项协议。

高桂滋公馆，位于西安市建国路陕西省作家协会院内。

◉ **联蒋抗日**

西安八路军办事处　西安莲湖路北新街的一组四合院，人们以"魏晋风度"的代表"竹林七贤"为它冠名，称为七贤庄。

西安事变之前，中国共产党在此设立了秘密联络站，对外称作"海伯特牙科医院"。中国共产党在七贤庄一号院建立秘密联络处。西安事变后，中国共产党以"红军联络处"的名义公开活动，由叶剑英同志主持工作。1937年7月卢沟桥事变爆发，全面抗战开始。为了抗日民族统一战线的实现，红军改编为国民革命军第八路军，红军联络处改为"国民革命军第八路军驻陕办事处"。此后，又因八路军改名为国民革命军第十八集团军，故而办事处又再次改名为"国民革命军第十八集团军驻陕办事处"。

20世纪30年代中期，原本是陕西私人修建的街房——七贤庄，无人租住。中国共产党便利用这个四合院作为联络工作站。随着抗日民族统一战线的日益巩固，七贤庄的一、三、四、七等院落构成了办公场所，办事处规模不断扩大。

1937年9月至1946年9月，七贤庄成为中国各地进步青年进入革命根据地的中转站；担负着陕甘宁边区的采购、运送军事物资的任务。周恩来、朱德、彭德怀、叶剑英、邓小平等先后在这里工作。林伯渠和董必武同志还亲自担任该办事处的党代表。因此，七贤庄被西安百姓称为"西安城中的小延安"。

游走西安事变旧址华清池五间厅、兵谏亭、张学良公馆、新城黄楼、止园、高桂滋公馆、西京招待所之间，无限感慨。事过境迁，人事已非，西安事变遗迹均在，缅怀革命先烈，英魂永存！

关中塔庙之祖

——佛教古刹法门寺

法门寺地处陕西扶风城北的法门镇，地势坦荡，风景秀美。寺院，北依岐山，南临渭水，遥望太白山，正像古人所描述的"面太白而千叠云屏，枕清渭而一条翠带"。

法门寺创建于汉魏之际，原称"阿育王寺"。隋朝时，改为"成实寺"。唐高宗李渊改名为"法门寺"，被誉为"皇家寺庙"，成为举国仰望的佛教圣地。

佛祖释迦牟尼的佛指舍利就安放在法门寺院内的法门寺塔，法门寺也因此名"真身宝塔"。

◉ 千年地宫重现天

唐贞观年间，法门寺塔改建成4极木塔。明隆庆三年（1569），木塔朽塌。万历七年（1579年）佛教徒募集资金，用了30年的时间，重修建法门寺塔。由于塔身重量过大，塔基下又有地宫，清顺治十一年（1654），甘肃天水地震，波及扶风。法门寺塔身向西南方倾斜，导致西南角塔基下陷一米深，塔体出现裂缝，形成隐患。

1976年，四川松潘大地震，真身宝塔受震波累裂缝扩大。1981年8月24日，扶风阴雨连绵，塔基下陷，宝塔半壁坍塌，半塔斜立。

1987年，陕西省政府决定重新修建法门寺塔。清理塔基时，意外地发现了封存千余年的唐代地宫。

法门寺地宫是中国迄今发现的最大佛塔地宫，由砖砌踏步、隧道、前室、中室、后室等组成。全用石头砌筑，共有石门四道，建筑构造宏伟壮观，为唐时所建。

地宫中，发现深藏千年的释迦牟尼指骨舍利和供养舍利的大批文物，其中金银器是等级极高的珍品。

法门寺地宫显示了唐代皇家寺院气势。在长达20多米的地宫内，近600件各式珍贵物品，大批丝织品、衣物，大量铁质器皿，数万枚铜钱等展现于世人。

◉ 佛指舍利

佛指舍利是指佛祖释迦牟尼入灭后的遗骨，是佛教界至尊至上的圣物。

公元前485年，佛祖释迦牟尼灭度，留下的真身舍利，在他推行佛教的地区、国家

建成84000座佛塔，供奉佛祖舍利。其中，在中国建立了19座舍利宝塔，供奉佛祖真身舍利。陕西扶风法门寺，存放佛指舍利。

相传法门寺佛指舍利30年一开示，岁丰人和，国泰民安。据中国史书记载：元魏二年（555）、隋仁寿二年（602）、唐贞观五年（631）三次开启塔基地宫，就地瞻礼佛指舍利，顶礼膜拜。

唐高宗、武则天、唐中宗、唐肃宗、唐德宗、唐宪宗、唐懿宗、唐僖宗都以极其隆重的仪式迎请佛骨到宫中供养。

佛祖释迦牟尼涅槃后，佛舍利就成为佛教界至高无上的圣物。佛教徒把佛舍利看作佛祖在人世间的代表，供奉舍利，弘扬佛法，成为佛教活动的重要内容。

法门寺佛指舍利的发现，引起世界佛教界的震动。佛指舍利的面世为佛教界一大圣事，成为中外文化交往中引人注目的一件大事。

◉ 奇珍异宝

法门寺地宫是规模大、等级高的佛塔地宫，地宫中的奇珍异宝都与佛指舍利有关。

唐王朝将大量珍贵的金银器、供养道具赏赐给与法门寺。这些奇珍异宝中，有皇宫所用的物品、有外国进献皇帝的贡品、有为了迎送佛指舍利而特制的器物等，都是最最珍贵、最最精致的器物。

地宫中珍藏佛指舍利的八重宝函，是世界上发现最精美、层数最多的宝函。

地宫中，富丽堂皇的金银器多达百余件，绝大多数是唐懿宗、唐僖宗供养的，展现了唐代金银器制作工艺的最高水平。这些精美的金银器凝聚着唐代工艺大师们高超的智慧和心血。精美绝伦的迎真身银金花双轮十二环锡杖，形制高大、制作精美的鎏金卧龟莲花纹五足朵带银熏炉及银炉台，上下对称的鎏金双蛾团花纹镂空银香囊，鎏金鸳鸯团花双耳大银盘，金银茶具等，件件金碧辉煌、精美华丽。

地宫中的琉璃器皿多是东罗马、西亚制造的，有敞口双唇葡萄纹蓝天琉璃盆、盘口细颈贴塑黄琉璃瓶，还有淡黄的茶杯、茶托等，其中伊斯兰式琉璃器占多数。

地宫中藏的十数件秘色瓷，是最精美的宫廷瓷器。另外，地宫物账上记载有唐懿宗、唐僖宗和惠安皇太后、昭仪、晋国夫人供奉的数百余件纺织品。唐代织锦工艺精湛令人吃惊，织锦所用的金丝，最细直径仅为0.1毫米，比头发还细。

陕西是一块神奇的土地，扶风是佛教圣地所在，法门寺是佛指真身舍利和"穷天上之庄严，极人间之焕丽"的大唐异宝珍藏之地。

千金药方藏山中

——药王山

药王山位于陕西耀州区城东，唐代时名磐玉山。因唐代名医孙思邈长期隐居于此，行医济人，被民间尊奉为"药王"而得名。药王山海拔1100米，表层有黄土覆盖，植物种类繁多，5座山顶如平台的峰峦组成，高而不险。

自唐以来，宋、元、明、清各朝都在药王山为孙思邈修庙、建殿、塑像、立碑，使药王山古建筑林立，远远眺望，绿树丛中，殿宇环山依岩而建，气势壮观，成为医学圣地。

◉ 百代之师孙思邈

孙思邈是陕西耀州区人。少时多病，喜习医道、药理，兼读经史百家之说。青年时，精勤不倦地钻研医学，造诣颇深。

隋文帝曾召孙思邈为国子监博士，唐太宗授予他爵位，唐高宗拜其作谏议大夫。但是，孙思邈都以各种理由推辞了。辞官之后，孙思邈悬壶济世，行走在乡间故里。他不仅医术精湛，且医德高尚。无论患者贵贱贫富，他都一样对待，尤为贫苦百姓免费治病，在老百姓中享有极高的声誉。

孙思邈悉心钻研中国古典医学，虚心向乡间名医学习。他根据唐代医药文献，搜集民间治疗经验，结合个人行医体会，编著《千金翼方》《千金要方》等医书。其中，《千金要方》《千金翼方》创立脏病、腑病分类，具有新的系统性，可谓中国医药技术的一项重大革新。孙思邈的医学理论，对预防、养生、食疗、针灸、药物学以及临床各科疾病诊疗等有很大贡献。

孙思邈是中国医药史上的一代宗师。《唐太宗赐真人颂碑》赞其"凿开径路，名魁大医。羽翼三圣，调和四时。降龙伏虎，拯衰救危。巍巍堂堂，百代之师"。

◉ 青山祭药王

孙思邈辞世之后，人们怀着无限崇敬的心情，为其修庙、立碑，缅怀这位百姓的医生。宋、金以来，尊孙思邈"妙应真人"，敕其祠"静应庙"。

明穆宗隆庆六年（1572），将孙思邈所著药书刻于五方石碑，置于五台山上。此后，人们随时可到山上抄石碑上的药方治病，方便实用。

传说孙思邈治好了皇后的病，唐太宗李世民称他"真乃药中之王"。在民间，百姓把孙思邈奉为"药王"，五台山就被传称为"药王山"。

每年农历二月初一至十一期间，陕西耀州区都要在药王山举办祭祀药王的盛大庙会。人们把药王大殿布置一新。周围的百姓带着香烛供品，前来拜祭药王孙思邈，扶老携幼，人头攒动，络绎不绝，热闹非凡。有求医问药，有还愿谢神，还有抽签问事，祈求保佑全家平安。真可谓："岩上宫墙下戏场，山南山北柏枝香，千金方使万人活，箫鼓年年拜药王。"

◉ 碑石大医

药王山北洞，翠柏茂密，郁郁葱葱，巍峨殿宇依峭壁而立，庄严持重，如同空中楼阁，十分壮观。过太元桥，达天门。门前一对铁旗杆冲天耸立，上铸有赞颂药王高尚医德和高超医术的对联：

铁杆铜条耸碧霄千年不朽

铅烧汞炼点丹药一日回春

穿过天门，有一古朴亭阁——献亭。亭内立有30多通石碑，刻着药王山的历史变迁和历代文人学者对药王孙思邈的赞颂诗词。

献亭的东侧有一座小碑亭，亭内5座大石碑矗立，它们就是著名的《千金宝要》碑和《海上方》碑。

《千金宝要》碑由四块相等石碑组成，碑刻分六卷，有164页，拓印后可装订成书。碑上的900多副常用药方，是宋代人郭思从孙思邈的《千金要方》和《千金翼方》两部书中选的，也可称作孙思邈这两部"千金方"的简本。《千金宝要》四字取自孙思邈原书用语："人命至贵，有贵千金，一方济之，德逾于此"。

《海上方》碑上刻的石孙思邈书中的卫生常识和一些民间常用验方，约有100多副；碑文以韵文记述，便于人们背诵、记忆。相传，海龙王为了答谢孙思邈救子之恩，将龙宫中珍藏的《海上仙方》送给了孙思邈。《海上方》的药方医治好许多人的疾病。

在印刷不发达的中国古代，手抄本广为流传，直到宋代才出版了孙思邈的《备急千金要方》和《千金翼方》两部书的摘缩本。这两本书开创了疾病分类、症候记述、治疗方法和药剂处方，对中国医学发展贡献极大。此后，孙思邈的《千金要方》《千金翼方》传入朝鲜和日本，日本的《千金翼方》、朝鲜的《东方宝鉴》都参考了孙思邈的这两本书。

药王大殿后面的大玄古洞深不可测。孙思邈曾隐居在这古洞里，过着粗茶淡饭的日子，他淡泊名利，专为百姓治病。

大殿西侧的巨石上，有两个常年积水的石盆，石盆旁可见"石盆仙迹"四个大字。相传孙思邈常常在石盆内淘洗采摘的草药，故得名"洗药池"。

在南庵院中有一株孙思邈所植古柏，树干围长约4米，树高15米，枝叶茂盛。庙院东南方有一块平地，人们称为晒药场，据传是孙思邈晾晒草药的地方。药王山处处都有孙思邈的遗迹。

陕西最大的摩崖石刻

——榆林红石峡

红石峡于陕西榆林城北3公里处的红石崖上。明成化八年（1472），余子俊任延绥巡抚都御史，驻守榆林，凿石为渠，引水由西而南，与无定河合流，定名"榆溪河"。榆溪河谷，因皆为红石，故名红石峡。石峡东西对峙，峭拔宏伟，又称"雄石峡"。红石峡分为南北两段，是塞北的一处美景。

◉ 红山夕照

红石峡东西两崖对峙，鬼斧神工，峭拔如削。东崖有雄山寺，依山傍水，寺内庙宇都是在悬崖上凿的石窟，约有10多个。窟殿相连，建筑别致，或阶梯相连，或凿洞相通。石窟为方形，顶多扁平，饰以藻井飞天。窟内有200多尊石雕泥塑、铜铸佛像，神态各异，姿态万千，栩栩如生。其中，有"天门""地门"各一，均为隧道。

"天门"从雄山寺直通峡顶，中间有一"翠然阁"，为历代文人学士把酒临风、品茗赏景之所。从石崖内拾级而上，站在峡顶，俯视寺西的广泽渠，水圃成茵，宛然如画。

"地门"从寺内通至峡底的榆溪河岸边，人们须弯腰匍匐通行。

崖壁上的栈道，起伏曲折；红崖雕壁，相互映衬；峡内流水碧波，垂柳依依，景色宜人。夕阳东照时，红崖映日，故名"红山夕照"。

◉ 塞上碑林

红石峡是陕西不可多得的书法艺术宝库。由于风光绮丽，景色迷人，红石峡名冠边塞，引无数官儒、名人墨客在石崖间、殿壁、石崖上就石摹刻。

经数百年的风吹雨淋，或人为的破坏，原来题匾相连，遍布石崖两壁，琳琅满目的160多处石刻，仅存120余幅题刻。这些题刻，字大者丈余，小者寸许；笔力雄健苍劲，草、隶、篆、行、楷俱全，笔法各异，镌刻有别。

红石峡的崖刻，多以横幅为主，还有不少条屏、楹联。

◉ 石刻豪情

榆林红石峡石刻上的题诗、记游、记功、题咏，抒发了爱国之情和对祖国山川秀美的赞美。

赞美红石峡历史悠久的有"中华天柱""禹迹摩崖""天外飞峰""瀚海蓬莱""天成雄秀""开天图画""河山千古"。

寓意其地势险要的有"龙蟠虎踞""万里长城""雄石封关""华夷天堑""大漠金汤""长天铁垛""天边锁阴""雄镇三秦""威震九边"。

有为立志实现中华民族团结的"中外一统""汉蒙一家",还有革命志士立志救国的"力挽狂澜""还我河山"。

石刻中,清代名将左宗棠所题"榆溪胜境"和"白云初晴如月之曙,黄唐在独与古为新"楹联。清代榆林书法家陈漳所书"三山拱翠",在石刻中是最有名的。

◉ 大漠之渠

一出"地门",就可以看到经石窟通道相连之下的涓涓流淌的"广泽渠"水。数百年来,"广泽渠"水滋养了守卫边塞的军队,也抚育了红石峡的百姓。

"广泽渠"开凿于明成化年间,延绥巡抚都御史余子俊为稳定部队,改善民众的生产、生活,亲自率领将士们在红石峡的半山腰凿山开渠。明万历年间,广泽渠得到重修。清光绪六年(1880),开凿普渡桥涵洞石壕,建成东西渠。

新中国成立后,几经改建,广泽渠全长达1000多米,穿石壁而过竟有200多米。广泽渠修建艰难,工程浩大,在榆林地区水利工程史上十分罕见。至今,广泽渠依然灌溉着榆林城郊万余亩田地,服务于榆林百姓。

榆林红石峡自然和人文之美,窟寺相依,石刻遍崖。集摩崖题刻、石窟古刹、军事要塞、水利枢纽于一体,风景幽美,是塞上名城榆林的掌上明珠,被称为万里长城第一胜景。

文史之乡

——陕西韩城

陕西韩城是史圣司马迁的故乡，流芳千古的天下绝品《史记》是司马迁留给世人的重要遗产。陕西韩城也是中国著名的文史之乡。

陕西韩城是一座有3000年历史的古城，司马迁祠墓、文庙、大禹庙、普照寺，魏长城遗址，千佛洞石窟等文物古迹，被誉为"明清建筑活化石"的党家村四合院民宅村落，素有"小北京"之称的金城区保护完整，龙门自然风景等，使韩城成为陕西的旅游胜地。

◉ 登龙门

龙门地处陕西韩城北30公里，黄河到此，河两边都是悬崖断壁，扼黄河咽喉。水流急湍，汹涌澎湃，水浪夹积在中，如山如沸，"禹门三级浪，平地一声雷"。河水出龙门，因河道拓宽，弥漫浩渺，缓缓流动。

相传每年冰化雪消时节，许许多多的鲤鱼游集龙门，竞相跳跃。能够跳过龙门的鲤鱼，就能化成为龙。当然，能过龙门的鲤鱼，寥寥无几。

"鲤鱼登龙门"成为中国民间的吉祥用语。历史上，也将"登龙门"用来比喻一个人得到了名誉。东汉时，李膺文采出众，被誉为"天下楷模"。一些敬仰他的文人、学士把得到李膺的点拨，或受到他的亲自接待，叫做"登龙门"。唐代，称会试得第为"登龙门"。

◉ 千秋太史公

司马迁祠东临黄河，西枕梁山，芝水环绕，屹立于悬崖峭壁之上，气势雄伟壮观。

通往司马迁祠的路用河条石铺就，风雨侵蚀、车轮碾轧，凹凸不平，依山势坡度逐级上升。顺坡道而上，抬头可见题有"高山仰止"牌楼。

司马迁祠用砖石依山势筑成四个高台，一个比一个面积大。每个高台之间有石级相连，层层上升，前面三个台上都有建筑物。祠院由献殿、寝宫组成。献殿是司马迁后裔祭祖的地方，悬挂"刚直不阿留得正气凌霄汉""幽而发愤著成信史照尘寰"对联。

最后一层是砖砌的司马迁墓。司马迁墓冢为类似蒙古包，元代修建。墓冢上镶嵌八卦砖雕。墓顶古柏分为五枝，人们称为"五子登科"。祭逝者英灵万古长青，寄寓子孙万代，多出人才。

登司马迁祠，环观四面：向东，滔滔黄河，荡涤滞气。向西，苍苍梁山，积天人灵光。向南，魏长城延绵围绕。向北，潺潺芝秀河为带，尽率俊秀河山！

◉ 建筑"活化石"

韩城党家村民居被誉为明清建筑"活化石"，历经风雨沧桑，世事变迁，古风古貌犹存。西庄镇党家村是保存最为完整的一个村落。

党家村的民居建筑中极富中国北方民居建筑特色的"四合院"，多达百余处。党家村"四合院"，吸收了北京、陕西、山西、河北等地民居建筑的特点，风貌古朴典雅，文化气息浓郁。院落都有门楼、照壁、侧壁。门楼上下都是木雕、砖雕、石雕相间，书有"耕读第""诗书第"字样的匾额。多数院落门前有"抱鼓石"、"上马石"以及拴马铁环。门窗、柱础石都为精雕细刻。

党家村居民院落中的显眼处，均刻有家训、格言。既有重视读书的，也有道德修养教育的。像"无益之书勿读，无益之话勿说；无益之事勿做，无益之人勿亲。""少壮之时，要知老年人的辛酸；当旁观之境，要知局内人的景况；处高贵之地，要知贫贱人的苦恼；居安乐之场，要知患难人的痛痒。""言有教，动有法，昼有为。宵忧的，息有养，瞬有存。"使人们受到中国儒家传统人文思想的教益，感受到做人的哲理。

党家村街道非常独特，全部是"丁"字形格局，青石铺路，石砌巷道；形式多样的门楼，考究的上马石，还有堡、祠堂、文星阁、节孝碑、哨门等配套建筑。合理的村落布局，可以感受到陕西韩城党家村的兴盛与辉煌。

下 编

折桂犹待长安花

走向和谐的陕西

>>>

话说陕西

导　言
梁星亮

> 说到中国文化，人们都无不为陕西文化的魅力而津津乐道；说到中国的文化大省，也无不为陕西文化之盛而自豪骄傲。

> 陕西——中华民族文化的源头。在这里，曾生息繁衍了蓝田猿人、大荔人、半坡人、姜寨人等先民，他们为人类留下了极其丰富的史前文明；在这里，中华民族的"人文始祖"黄帝，开启了中华民族五千年文化的先河；在这里，先后有13个王朝建都，古长安作为全国政治、经济、文化的中心，成为世界各国向往的文化名城。在这块丰厚的文化沃土上，一代又一代的先哲们创造了璀璨夺目的历史文化、革命文化、民间民俗文化等等，陕西的文化历史之悠久，文化底蕴之厚重，文化资源之丰富，在中国乃至世界文化发展史上都极为罕见。

> 当人类历史进入20世纪40年代末，新中国的诞生为陕西的文化建设迎来明媚的春天，尤其是改革开放的30多年间，陕西的文化建设事业更呈现出前所未有的蓬勃发展景象。繁花似锦的文学艺术，流光溢彩的戏剧艺术，蜚声中外的文物考古，独树一帜的民俗文化，繁荣兴盛的新闻出版，空前活跃的社会科学，门类齐全的教育体系等，都颇具地方特色而令世人向往，成为社会主义新文化百花园中的一朵奇葩。

> 新中国成立以来，陕西的文学创作一直为国内外文学界所关注。这不仅因为延安时期的文学运动涌现出一大批新作家、新作品引领了建国后陕西乃至中国文学创作的发展方向，还因为五六十年代，以柳青、杜鹏程、王汶石为代表的老一辈作家们开拓了新的创作领域，创作了小说《创业史》《保卫延安》等具有里程碑意义的作品。柯仲平、戈壁舟、王老九的诗歌创作，在中国诗坛上具有不可替代的地位。魏钢焰、李若冰的散文创作在中国当代散文史上占有一席之地。更为可喜的是，改革开放以来，一大批中青年作家又从这块古老的沃土上崛起，路遥、陈忠实、贾平凹等继承了延安时期文学创作的优良传统，以故土乡情为主要创作源泉，创作出小说《人生》《平凡的世界》《白鹿原》《浮躁》等等，树立了文学创作新的丰碑。

> 陕西地方戏曲剧种之多，演出之盛，亦为全国罕有。秦腔被称为"中国最古老的剧种"，此外还有眉户、碗碗腔、同州梆子、汉调桄桄、汉调二簧、老腔、线腔、弦板腔、阿宫腔、关中道情、商洛花鼓、陕北道情等，独具秦韵。新中国成立后，在各种全国性的大型会演、调演、巡演活动中，陕西的

戏剧演出都独具风韵。马健翎、范紫东、黄俊耀等戏剧大师的名世之作《赵氏孤儿》《三滴血》《梁秋燕》《游西湖》等，跻身剧坛，久演不衰；李瑞芳、肖若兰、马蓝鱼、贠宗汉、吴德等一大批戏曲艺术工作者，崭露头角，享誉全国。改革开放以来，陕西的戏曲工作者更以与时俱进、锐意进取的精神，先后创作并演出了《西安事变》《千古一帝》《卓文君》《屠夫状元》《杏花村》《迟开的玫瑰》《凤鸣岐山》《杜甫》等具有地方特色和时代气息的剧目，也涌现出李东桥、李梅、戴春荣、李小锋等新时期的优秀戏曲演员，呈现出良好的发展势头。

> 秦中自古帝王都，陕西文物甲天下。陕西的文物大多是1000多年前的，最早的是蓝田猿人头盖骨化石，距今110多万年，还有距今20多万年前的大荔人遗址遗物以及大量旧新石器时代原始先民的遗址遗物。周、秦、汉、唐等古代中国鼎盛时期的文物，占陕西文物总量的绝大部分。新中国成立以后，党和国家高度重视文物考古和保护工作，对文物遗存进行了大规模的普查。据统计，陕西省有各类文物点36000多处。半坡遗址、秦始皇兵马俑坑、法门寺地宫、汉景帝阳陵从葬坑、眉县杨家村西周铜鼎等考古发现震惊海内外，此外还有古墓群、古石刻和宗教文化遗留遍地皆是，陕西也因此被誉为"天然的历史博物馆"。

> 陕西的民间民俗文化，独具魅力，丰富多彩。既有热情撼云霄、气势壮山河的陕西社火，又有鼓如雷、人如醉的安塞腰鼓；既有载歌载舞绽新花的陕北秧歌，又有巴山汉水不了情的紫阳民歌；既有大红大绿，呈吉呈福的凤翔木版年画，又有铰出明天，铰出幸福的陕北剪纸艺术。展现秦人生活风采的"陕西十大怪"，更是引起人们无限的兴味而享誉中外。在2006年国务院公布的第一批国家级非物质文化遗产名录中，陕西有10多个民间民俗文化遗产名列其中，更为这些古老的文化增添了辉煌的一页。

> 陕西还是拥有众多知名高校和著名教授的教育大省，在各个领域都有全国甚至世界知名的专家学者。建国初期，陕西仅有几所高校，现在已经发展到有普通高校76所，成人高校19所，独立学院12所，民办高等教育机构24所，军事院校9所，居全国第五位，西部第一位。近几年，在各类大学排行榜中，陕西有西安交通大学、西北工业大学、西安电子科技大学、西北大学、西北农林科技大学、陕西师范大学6所高校进入全国100强，其中西安交通大学位

居前10名之列。在这些名校中，西安交通大学、西北工业大学、西北农林科技大学3所高校进入国家"985工程"建设院校，西北大学等8所院校进入国家"211工程"建设院校，分别位居全国第2和第4。2001年，陕西省政府正式批准，作为重点建设工程在西安市长安区兴建西部大学城。经过几年的建设，如今坐落在大学城的一所所高校已颇具规模，为莘莘学子提供了理想的学习和生活场所。

> 陕西的社会科学研究，建国后始终处于全国领先地位。经过半个多世纪的发展，陕西的社会科学建立了比较齐全的学科体系，聚集了一大批专门的研究人才，并出现了许多优秀成果。许多优长学科，如以侯外庐、张岂之等为代表的中国思想文化史研究，以史念海、朱四光等为代表的历史地理研究，以陈直、黄留珠、余华青等为代表的秦汉史研究，以牛致功等为代表的隋唐史研究，以傅庚生、刘持生、霍松林、黄永年等为代表的古典文学研究，以石兴邦、袁仲一等为代表的考古学研究，以郭琦、李宗阳、赵馥洁等为代表的哲学研究，以何炼成等为代表的政治经济学研究，以彭树智等为代表的中东史研究等等，都在全国学术界有着广泛而持久的影响。就全省的研究群体而言，价值哲学研究、陕甘宁边区史研究、西部经济研究、司马迁研究等，也在全国有相当的优势和发展前景。

> 今天，在党的十七大关于"推动社会主义文化大发展大繁荣"精神的指引下，陕西省委、省政府作出了要将陕西建设成文化强省，实行建设西部经济强省和文化强省的互动并进的决策。我们相信，在省委、省政府的领导下，在社会主义先进文化前进方向的引领下，随着国家经济发展和社会进步，陕西的社会文化生活将更加丰富多彩，人们的精神风貌将更加昂扬向上，陕西文化建设的明天将更加灿烂辉煌。

新中国的文学重镇

——陕西作家群（1949-1978）

新中国成立后，一大批从革命老区进城的文艺工作者和解放后成长起来的青年作家组成了实力雄厚的陕西作家群。他们内承太史公司马迁开创的陕西文学雄深雅健、苍凉厚重的优良传统，外携"五四"新文学及解放区文艺启蒙大众、改造社会的人文关怀精神，在新中国（1949—1978）文学史上写下了浓墨重彩的一页。

◉ 小说创作的擎旗人

陕西的小说创作首推柳青、杜鹏程、王汶石。柳青从1952年开始落户长安县皇甫村14年，亲身经历了长安县合作化的全过程，农村生活实践成了他创作素材的直接来源。1959年，《创业史》第一部面世，它通过蛤蟆滩实行合作化的艰难历程，把农村政治的、经济的、思想的、社会的、伦理的、心理的错综复杂的矛盾冲突艺术化、典型化地再现在读者的面前，被公认为是一部反映农业合作化运动的史诗性巨著。

1954年夏，杜鹏程的《保卫延安》出版发行，一时间轰动文坛，好评如潮。这部作品展现了保卫延安战争的宏大场面，塑造了众多可歌可泣的英雄人物形象，是一部里程碑意义的英雄史诗。如果说柳青的作品体现的是作者与现实的激烈搏斗，那么杜鹏程的作品则更多的是高扬了革命英雄主义精神和浪漫主义激情。他们两位在新中国文坛首开了长篇农村题材和军事题材的小说路向，在艺术上取得了较高的成就，为新时期陕西乃至整个中国文学的复兴打下了坚实的基础。

王汶石以短篇小说名世，他与李准、王愿坚齐名，世称"短篇三大家"。他创作的短篇小说大都以关中农村生活为题材，热情讴歌社会主义制度下的新时代、新农村、新生活、新人物，被称为"带着微笑看生活"的社会主义新人的热情歌者。他的作品清新健朗、含蓄蕴籍，富有浓厚的乡土气息和喜剧般的生活情趣，名篇有《风雪之夜》《大木匠》《套绳》《沙滩上》等。

◉ 诗歌、散文的创作

在小说创作取得辉煌成就的同时，陕西诗歌创作也收获了累累硕果，涌现出一批名家。柯仲平1920年开始写诗，1938年到达延安后创作了长篇叙事诗《边区自卫军》，引

起延安文艺界的关注。后来他主持成立战歌社，与田间等人发起延安街头诗运动。这一时期他大胆采用民歌体式，注重表现革命实际生活，被誉为"大众诗人"，名篇有《毛主席的小英雄》《献给志愿军》等。戈壁舟1939年到达边区，解放后历任西北文联创作室主任、作协秘书长、《延河》月刊主编、西安市文联主席等职。主要作品有诗集《别延安》《延河照样流》《黑海赞歌》《岩上青松》，诗剧《山歌传》等。他的诗朴实无华、篇章短小，在民歌化的倾向中渗透古典诗歌的格律因素，读起来朗朗上口。

李若冰被誉为"中国西部文学的拓荒者"。1953年，他在《人民文学》上发表了报告文学《陕北札记》，热情地讴歌了共和国第一批石油勘探者，从此与新中国石油事业结下了不解之缘。1956年，他作为《人民日报》特约记者到东北采访，写下了《汽车城散记》《在海洋的胸膛上航行》等散文，并出版了第一本散文集《在勘探的道路上》，与作家柳青一起受到了周恩来总理的接见。"文革"前李若冰先后出版了六本散文报告文学集，用他的文字见证了这一代西部拓荒者、创业者、勘探者的光荣与梦想。

除李若冰外，柳青、杜鹏程、何微等人也有散文作品引起过很大的反响，尤其是魏钢焰的报告文学在"十七年"中盛极一时。1959年出版的《宝山·宝地·宝人》有全国性的影响。魏钢焰的文笔以清新优美见长，洋溢着饱满的政治热情，充溢着战斗的情思。1963年发表的《党的女儿赵梦桃》是他的代表作，被誉为"我国当代报告文学的辉煌成果之一"。

◉ 文学评论的"耆老"

20世纪五六十年代，在陕西文学创作实践全面繁荣的背景下，文学理论研究也取得了长足的发展。霍松林在文学理论和古典文学方面都取得了杰出的成就，根据其授课讲义编辑出版的《文艺学概论》，是当时全国高校文科学生通用的教材。1956年发表的《试论形象思维》详细分析了形象思维和逻辑思维的共性以及对实践的依赖关系，指出了形象思维在文学创作中的重要作用。霍松林对唐代文学的研究也自成一家，有《白居易诗探析》《唐诗探胜》《万首唐人绝句校注集评》等专著问世。这时期对古典文学研究颇有建树的还有西北大学的傅庚生、张西堂等人。现代文学研究方面有卫俊秀1954年出版的《鲁迅<野草>探索》、单演义1958年出版的《鲁迅讲学在西安》等。文学评论方面有胡采和安旗等人。胡采时刻关注文坛的动向，对峻青、杜鹏程、王汶石等人的小说有着深刻的理解和精当的评价。作品有文论集《主题、思想及其他》《谈峻青的〈胶东纪事〉》等。

改革开放以后，陕西作家群中的老一代人大部分已停止了创作，年轻的一代接过老一代作家开创的现实主义传统，正在悄悄成长。他们在沉默中蓄积着力量，等待新时期到来的又一次爆发。

新时期的文学劲旅

——陕西作家群（1978-2007）

20世纪50年代涌现的一批国内外公认的优秀作家及其作品，奠定了陕西文学大省的地位。改革开放新时期，路遥、邹志安等人以近乎文学圣徒的虔诚与热情，为文学耗尽最后一滴心血，于清贫与拮据中坚守文学理想，为抒写时代而竭尽才智。陈忠实、贾平凹等以各自极具力度、厚度、深度与持久度的写作，使陕西文坛始终葆有广泛的影响力，也使一大批中青年作家在这块根深叶茂的沃土中，蓬勃向上，涌现出一个创作力旺盛的集群。

◉ 名家辈出

以路遥、陈忠实、贾平凹等人为代表的陕西小说家，继承了柳青、王汶石等人开创的农村题材和现实主义传统，创造出了《平凡的世界》《白鹿原》《废都》等一大批堪称经典的巨著。以之闻名天下的陕军在上世纪八九十年代与晋军、湘军、京派、海派鼎足而立，一时为全国文坛瞩目。

路遥是新时期第一位声震中国文坛的陕西作家，而陈忠实则是关中文学的杰出代表。他早在1965年就开始发表作品，但由于艺术手法的稚嫩和特殊年代文艺思潮的影响，早期的创作并未引起评论界和读者的关注。1986年陈忠实在《文学家》上发表的小说《蓝袍先生》是他创作生涯的一个转折点。小说毫不掩饰地描绘了一个知识分子的坎坷人生，题旨和基调充满了悲凉酸楚的气息。《蓝袍先生》的创作触发了陈忠实多年农村生活积累的艺术热情，他开始了关于民族命运的思考，计划用一部旨意宏大的作品展现我们这个民族在整个20世纪所走过的艰难历程。从1987年开始构思，到1992年完成定稿，历时五年陈忠实终于写出了沉郁悲壮的史诗巨著《白鹿原》，1993年一经面世，即大受欢迎并引起评论界的持续讨论。《白鹿原》摒弃了形式主义，以神圣、崇高、庄严的理性精神来支撑自身的美学品格，以文学性与可读性的成功结合昭示出纯文学的发展方向和前景，也以其文学上的高品位和轰动效应成为20世纪中国文学史上的标志性作品。1997年《白鹿原》获得第四届茅盾文学奖。

贾平凹的文学创作代表了陕西文学的另一路径。他出生于陕南丹凤的农民家庭，从小受长江流域巴蜀文化的浸染，又深得中国古典文学描写的神韵，使得他在艺术上呈

现出变化多端的个性：从柔美婉约的抒情风格到散文化的风韵，从充满着故事情节力度的"复归"到兼收并蓄现代小说技巧都有所涉猎，并且取得了辉煌的成就。贾平凹是一个相当高产的作家，从1973年开始发表作品，1977年短篇小说《满月儿》获奖后广为人知，先后出版《贾平凹小说选》《山地笔记》《腊月·正月》《肖月前本》《天狗》等中短篇小说集30多部，长篇小说《商州》《浮躁》《废都》《土门》《白夜》《高老庄》等，从1982年出版第一本散文集《月迹》开始，已出版散文集20多部，并于1992年担任散文月刊《美文》主编，提倡"大散文"。他的小说获奖无数，代表性的有长篇小说《浮躁》获美国美孚飞马文学奖，《废都》获法国女评委外国文学奖。进入21世纪，贾平凹依然笔耕不辍，先后出版《怀念狼》《病相报告》《秦腔》《高兴》等长篇小说。他不断地改变自己的艺术轨迹，经常带给读者新的阅读快感和新的思考。

◉ 再铸辉煌

　　小说是陕西文学创作的拳头产品，小说创作的巨大收获充分展示了陕西文学在新时期旺盛的生命力，与此同时其他文学形式也获得了较大的发展，涌现出刘成章、李天芳、李佩芝、叶广芩、朱鸿、方英文等在全国有影响的散文作家，刁涌泉、岛子、商子秦、朱文杰、沈奇、胡宽、伊沙、刘亚丽、李岩、秦巴子等诗人也享誉诗坛。

　　陕西的文学理论研究和文学批评也十分活跃。1978年以来，陕西形成了一个以中青年评论家为骨干的批评群体，他们观察敏锐，思想活跃，关注全国文学形势和地域创作等特点，以独特的批评方式显示了对文学的评判力量。有代表性的有王愚对现实主义理论的创新，肖云儒对西部美学的发现，李星对陕西作家"农裔城籍"的概括，畅广元文学本体论，刘建军等的柳青研究，赵俊贤对当代文学史领域的独特贡献及杜鹏程研究，韩望愈的王汶石研究，陈孝英的喜剧美学研究，费秉勋的贾平凹研究等。90年代以后，又出现了杨乐生、李国平、韩鲁华、段建军等新一代理论批评家。他们秉持不同审美理想和艺术追求，对发生在陕西乃至全国的文学现象进行极有价值的阐发和梳理，在促进文学创作，扶持文学新人，营造严肃、健康、和谐的文学氛围方面起到了不可替代的作用。

　　新时期以来，陕西的文学成就不仅是改革开放伟大成果的一部分，同时也是当代中国文学的有机组成部分。伴随着深化改革，全面建设小康社会和文化大发展机遇的到来，陕西的文学事业必将进入一个崭新的发展阶段。

在秦地成长的剧作家群

—新中国的陕西剧作家

　　作为华夏民族的发源地，陕西有着悠久灿烂的文明，曾经的大唐王朝是世界性的文化大都会，唐风唐韵至今深深地影响着三秦大地。人杰地灵的这片土地上，文化之花处处盛开，优秀的剧作家层出不穷，老一辈剧作家有马健翎、黄俊耀、杨克忍、朱学、陈正庆、南怀容、鱼闻诗等等，中青年剧作家有陈彦、王军武、顾群等。

　　马健翎是一代戏剧大师，也是陕西现代戏剧界的一面旗帜。他从话剧、戏曲创作到唱念做打表演导演，各种舞台艺术技巧无所不精。当年毛泽东在枣园会见马健翎时说，"马冉公坚持文艺和群众相结合，走大众化道路，连续创作和演出了《一条路》《好男儿》……等剧目，既是大众性的，又是艺术性的，体现了中国气魄和中国作风"。毛泽东的关怀和鼓励，极大地激励了他的创作热情，决定了他此后的事业和生命。从此，马健翎接二连三地创作了许多轰动边区、广为传播的优秀剧目，如《查路条》《小放牛》

《十二把镰刀》《大家喜欢》《吴牛回家》《保卫和平》《穷人恨》《血泪仇》等等，特别是最后两个剧目，从1943年一直演到现在，演遍了神州大地各个角落，经久不衰。

整理、改编秦腔传统剧目和编写新的秦腔历史戏，是马健翎戏剧活动的又一重要内容。在延安时，他就整理了《打渔杀家》《回荆州》《金沙滩》等戏，编写了《鱼腹山》《顾大嫂》等戏。新中国成立后，又先后整理、改编了《游龟山》《赵氏孤儿》《窦娥冤》等戏。这些戏在思想内容和舞台艺术的继承与革新方面都取得了不俗的成绩。马健翎还是一位出色的导演和演员，他的许多剧作都是自导自演。1956年，在他的领导下，又将皮影戏碗碗腔搬上戏曲舞台，丰富了戏曲表演形式。他还十分重视戏曲教育工作，为秦腔、眉户、碗碗腔培养了许多演员和其他艺术人才。

杨克忍出生于陕西泾阳，关中地区浓厚的秦地文化造就了他对秦腔特有的喜爱。从早期的话剧创作转到了秦腔戏曲的创作上，秦腔现代戏《沙河浪》《钟声再响》《山村新风》是他的代表作。"文革"后他又陆续改编创作了《八一风暴》《万水千山》《西安事变》。其中《西安事变》荣获全国戏曲调演创作演出一等奖，不仅向人们展现了秦腔特有的魅力，也展示了杨克忍戏曲创作的实力。

陈彦是新时期陕西戏剧界的代表。镇安县的青山绿水赋予了他质朴和睿智，使他从小就显露出写作的天赋，从处女作《爆破》，到《九岩风》《留下真情》，再到《迟开的玫瑰》，他在创作上不断超越着自己。陈彦在戏剧、电视剧、歌词创作三个领域，三次获得全国精神文明"五个一工程奖"。2000年被陕西省委、省政府授予"德艺双馨文艺工作者"称号，同年被评为国家文化部优秀专家，被中国文联命名为"全国百名德艺双馨中青年文艺家"。2001年被评为"陕西十大杰出青年"。他还是全国第六、七、八次文代会代表，党的十七大代表。"我就是生活中的一个普通人，置身于普通人之间"，陈彦一语道出自己的创作基调。站在平民的立场，认真发掘、发现普通人的美和崇高，从而建构真实而又生动的故事，进行接通观众血脉并打动其心灵的艺术创造，是他一贯的追求。

陕西的话剧创作在全国一直占有重要地位，为全国人民奉献了一场又一场精神大餐。2007年，中宣部、文化部、国家广电总局等主办了"纪念中国话剧诞辰100周年暨第五届全国话剧优秀剧目展演"，西安市话剧院创排的话剧《郭双印连他乡党》在全国32台优秀展演剧目中脱颖而出，荣获一等奖；陕西省人民艺术剧院创演的《钟声远去》获二等奖。话剧《郭双印连他乡党》还获得了首届曹禺剧本奖。这些丰硕的成果带给陕西剧作家更大的动力。在以后的日子里，陕西的文化事业定将迈上一个新的台阶，戏剧创作也将迎来一个绚烂的春天。

广阔的农村生活画卷

——柳青和他的《创业史》

柳青是中国当代文学史上的一座大山，他的一部《创业史》气势恢宏，为世人所称道。他是从延安解放区成长起的作家，也是"十七年"期间最受推崇的小说家之一。柳青在自己作品里所坚持的"现实主义"创作方法和"三个学校"的创作主张，在不断的争议中又不断受人膜拜，在他身后出现的陈忠实、路遥等，无一不是他的效仿者。

◉ 从乡文书到大作家

柳青从小酷爱文学，青少年时期积极投身革命，曾以"东园""敦垣"等笔名发表进步文章，或译介外国短篇革命文学作品。在一系列政治救亡运动中，柳青深刻体会到文学之于人类的伟大意义，并立志用文学传播正直的社会理想。为了这个目标，他全身心投入到火热的生活中去寻找创作源泉，到米脂县一个乡做了文书，一干就是三年。

很难想象，一个操流利英文又熟知国内外政治、经济、文化、历史的知识分子，能以一副地道的农民装扮走在田间地头去采集"生活"，还以真实、科学的精神写出了调查报告《米脂县民丰区三乡领导变工队的经验》，同时创作出了长篇小说《种谷记》。柳青在米脂的三年，是他文学生命成熟的开始。后来，他再次回到陕北，写出了反映陕北革命战争的长篇小说《铜墙铁壁》。

随着1958年《恨透铁》，1960年《创业史》第一部的相继出版，柳青的文学艺术达到了他人生的顶峰，他的作品将现实主义推到了无以复加的高度，受到广泛好评，他成也为闻名遐迩的大作家。

◉ 扎根皇甫村14年

柳青有这样一句名言："创作是愚人的事业，要60年一个单元。"在他看来，文学是终生事业，勤勤恳恳容不得半点虚假。

柳青这样说道，也这样书写着自己的文学生命。从《种谷记》开始，他的写作就深深扎根在生活的土壤中。当然，三年乡文书的生活是远远不够的，于是他毅然放弃了在北京优厚的生活条件和工作环境，带着简单的行李来到陕西长安的皇甫村安家落户，全心全意的扎根到农民群众的生活中去。柳青在皇甫村经历了农业合作化的全过程，以县

委副书记的身分和普通农民的面貌参与其中。他常对儿女们说："咱是皇甫村人"；这里的庄稼人也亲切地称他为"咱的柳书记""咱们老柳"。在那十几年艰苦岁月中，柳青跟这里的庄稼人一起经历了社会变革的风风雨雨，共享着愁苦和欢乐。

熟识柳青的人都知道，他的生活向来是俭朴严谨的。除了书籍外，一对旧沙发、一个破藤椅、一张桌子、一张床几乎就是他全部的家当。在皇甫村的田间地头总能看到头戴毡帽，脚踏圆口布鞋，膊上挂个小竹篮的柳青，谁能想到他是个县委书记、或者作家呢？

1960年，柳青的长篇小说《创业史》第一部出版了，他立刻拿出所有稿费共16065元，捐给胜利人民公社。这笔"巨款"给村里建了一座农业机械厂，又建了王曲卫生院。为给村里架电线，柳青更预支了《创业史》第二部的部分稿费。他的后半生几乎是在债务中度过的，去世时几乎一贫如洗。

● 《创业史》：不朽的丰碑

《创业史》的开篇就说："我这是在写小说吗？不是，我是在写历史。我想要写出来的就是中国的农民在进入社会主义那一瞬间时的生活感受。"柳青的才华在于能把生活上的无数细流，千方百计疏引和汇集到他作品整体结构的宽广河床上，使这些平常的生活短截面连成一条巨大又蕴藏思想和历史的河流。

《创业史》描写的重心在农业合作化运动本身的历史深刻性上。艺术的触角既触及到了农村中那些有代表性的人物，也伸进了蛤蟆滩草棚院里那些不为人注意的角落；既展现了运动滚滚向前的主流，也揭示了它的支流、暗流和逆流；既写了人们的政治立场，也写了人们的思想动向和心理状态。这无疑是对生活最有深度的描写。

20世纪60年代的柳青是文学史上的一座丰碑。他在农村题材领域创造的艺术和思想的高峰，至今依然为文坛所敬重。《创业史》的艺术手法和审美价值已结晶成为时代的符号，其中的艺术细节和描写的生动性是现今任何一部农村题材作品所无法比拟的。若

想真实地知道那个时代的"农民故事"，感触合作化时期农民的心态，触摸社会变革时期农民的喜怒哀乐，《创业史》有着其他史料无法替代的作用。在柳青的创作中现实主义的基本表现方法和创作精神得到了充分体现，他开创了陕西文学的精神风尚，陕西几代作家的创作中多少都体现了柳青的品格，陈忠实、路遥不止一次说在创作上是柳青精神在引领自己。

如今在神禾塬的常宁宫旧址，柳青当年居住的那孔窑洞还完好的保留着，现已修缮一新，作为柳青精神的载体对外开放，供文学朝圣者参观。

激情燃烧的岁月

——杜鹏程和他的《保卫延安》

杜鹏程的《保卫延安》是他全部的革命理想和政治信念，而《保卫延安》之于杜鹏程，除了革命文学理想的实现和莫大的荣耀之外，还带给了他无尽的灾难。在一个黑白颠倒的年代，一部倾注了作者满腔热情讴歌保卫延安之战的作品，竟然变成了阴谋造反和背叛人民的"罪证"，这是杜鹏程的不幸，更是这个时代的不幸。

◉ 延安岁月

杜鹏程原名杜红喜，1921年出生于韩城夏阳乡苏村的一个农民家庭。两岁半父亲去世。1935年，杜鹏程经人介绍到韩城西庄镇学校半工半读，在这里他加入了由进步教师组织的"中华民族解放先锋队"，并有机会接触到了《共产党宣言》和列宁、斯大林等人的著作。1938年6月，延安抗日军政大学招生，他报名参加，由于年龄太小被分配到鲁迅师范学校，后又到八路军随军学校、延安大学学习，并在陕甘宁边区的农村工作数年。这期间杜鹏程阅读了大量的外国名著，并对文学产生了浓厚的兴趣，常在《解放日报》上发表一些通讯和报告文学。1947年初，他被调到陕甘宁边区群众报社工作，同年夏天又被派赴前线，深入王震指挥的西北野战军第二纵队独立第四旅第十团二营六连，做了一名战地记者。他跟随部队参加了许多次战斗，走遍了大半个西北，直到1949年末进军至帕米尔高原。

在这段日子里，杜鹏程和战士们同吃同住，一起站岗放哨，教他们识字，帮他们写决心书、家信，逐渐熟悉了战士们的身世、经历、性格、生活习惯，并亲眼目睹他们在战斗中的英勇表现。戎马倥偬之中，他一边采写通讯报道，一边如饥似渴地看书学习，还长期坚持写日记，把战斗生活、心得体会，以及各地的地貌历史、风俗民情忠实的记录下来。数年间，他写下了200万字的日记和几十万字的通讯、剧本以及报告文学，其中包括他第一部正式出版的剧作《宿营》。这段战火纷飞、激情燃烧的岁月丰富了杜鹏程的生活积淀，坚定了他的革命理想，也使他萌生了用文学来表现这场规模空前、惨烈无比的战争的冲动。

◉ 《保卫延安》：历史的写照

1949年底，杜鹏程携新婚妻子随军进驻南疆重镇喀什，这时他已被任命为新华社野

On

On

On

战二支社社长，并在接管的旧军营里安了家。百废待举的喀什成了杜鹏程战天斗地的舞台。他一边为日常工作忙得焦头烂额，一边开始构思将战争期间的所见、所闻和所感写成一部长篇报告文学，以告慰那些为共和国流血流汗的英雄们。这期间，妻子张文彬给了他最大的支持，她不仅承担了所有的家务，而且由于喀什纸张奇缺，还要帮他收集各种废纸。初稿即将完成的时候，张文彬怀孕了，为了不耽误丈夫的写作进程，她毅然选择了人工流产，由于当地的医疗条件差，造成了大出血，差点危及生命。心怀愧疚的杜鹏程破例带上妻子赶了回维族的传统集市"巴扎"作为补偿。1950年底初稿刚完成，杜鹏程接到了母亲病危的电报，当他背着一捆乱糟糟的书稿，从冰天雪地的边疆回到黄河岸边的故乡时，母亲已离他而去了。

1953年，杜鹏程调离新华社新疆分社，《保卫延安》也最终定稿，进入送审阶段。四年间，这部作品经历了九次删改，从最初百万字的报告文学，改为60多万字的长篇小说，到压缩成17万字，最终又变成30万字的定稿，用去的稿纸，用作者的话说"可以拉一马车"。1954年6月，这阕凝结了杜鹏程所有理想与信念的英雄赞歌终于面世了。时任人民文学出版社社长的冯雪峰写下了《<保卫延安>的地位和重要性》的长篇论文，认为"作品真实地再现了解放战争时期著名的延安保卫战的历史场景，歌颂了毛泽东的战略和解放战争的辉煌胜利，成功地描绘了西北战场总指挥员彭德怀的光辉形象，塑造了以周大勇为代表的一大批指战员的英雄形象，构成了一幅壮丽的人民战争的历史画卷，是当代文学的重大收获"。《保卫延安》不只拓展了中国的军事文学领域，推进了中国当代文学现实主义的发展，也为杜鹏程带来了巨大的声誉，同年他加入了中国作家协会西安分会，成了一名专业作家，先后创作了《工地之夜》《延安人》《夜走灵官峡》《在和平的日子里》等人们耳熟能详的作品。而《保卫延安》则在此后的数年中三次重印，发行一百多万册，直到1959年被查封，一直受到许多读者的喜爱，甚至被译成多国文字，流传海外。

◉ 晚年生活

"庐山会议"彭德怀蒙难，杜鹏程也不可避免地受到株连。《保卫延安》因塑造了"彭德怀光辉形象"被诬陷为"利用小说反党的活标"。"文革"结束后，随着彭德怀冤案的平反，杜鹏程和他的《保卫延安》也恢复了名誉。时隔20年之后的1979年，人民文学出版社重新出版了《保卫延安》。该书的地位和声誉一路飙升，被认为是"我国建国初期第一部讴歌人民战争的名著""我国描写现代战争的长篇小说的里程碑"。劫后余生的杜鹏程身心饱受摧残，衰弱多病的身体已不允许他进行艰苦的创作了，这也构成了《太平年月》夭折的悲剧，但他也并未停止跋涉的脚步，开始把注意力集中到培养下一代作家身上。晚年的杜鹏程发表了大量的评论及序言提携青年作家，为我国文学在新时期的复兴贡献了自己最后的力量。1991年10月27日，杜鹏程因病在西安溘然长逝，他和他的《保卫延安》成为了中国文坛上的一段传奇，被人们久久传唱……

黄土地文学的开拓者

——路遥和他的《平凡的世界》

　　路遥是一位被无数读者顶礼膜拜的作家，他以一部《人生》给多少处在城乡夹缝中的青年人以心灵的关爱，也给多少在理想与现实中挣扎的年轻人以可见的指引。他从黄土高坡走来，用平静的语言记叙着青春与选择的困惑，以淳朴的语调诉说着黄土地上的悲欢离合。作为陕西本土的作家，他以一座"茅盾文学奖杯"告慰了他的父老乡亲。然而，他的英年早逝，却给中国文坛留下了无尽的遗憾。

◉ 苦难的生活经历

　　路遥1949年出生于陕北清涧县一个贫困的农民家庭，由于家里困苦不堪，7岁的时候被过继给了伯父。伯父家也是一贫如洗，但勉强还能供路遥上学。上中学时，伯父实

在交不出学费，可成绩优异的路遥硬是跑到县城，在生活上毫无资助的情况下开始了艰辛的求学之路。生活没有保证的他连五六块钱的伙食费也交不起，整天饿得发晕。

后来，在好友曹谷溪的撮合下，路遥爱上了一位在陕北插队的北京知青，并将县上给他当工人的唯一指标让给了心爱的人。生活总有许多说不清的巧合，就在县革委会宣布对路遥隔离审查的当天中午，这位知青因路遥的"农民身份"而提出断交。这样的打击，使得风云一时而又倔傲的他一下从崖边跌进了沟底。这时，又一位知青走进了路遥的生活，用爱抚慰了他的创伤。又是在曹谷溪的牵线搭桥下，他们结为伴侣。遗憾的是，婚后生活并不和谐，终于在路遥离世前的几个月，两人签字离婚。

上天在路遥人生中不断设置的这些障碍，造就了路遥可贵顽强的品格和强烈的生命激情。这样一个人，必定在平凡的世界中创造不平凡的人生。

◉ 文学"沙场"的远征

从《延川文化》开始，路遥在文学中建构了自己的"黄土地世界"。真正奠定他创作基础与后来贯之始终的主题的作品是《人生》。当时还不到32岁的路遥象着了魔似的，用21个昼夜完成了13万字的中篇小说《人生》，他已经将自己的实体生命置之度外了，完全融进对文学创作的痴狂中。1983年，《人生》获得《当代》中篇小说奖，不久又获得全国第二届中篇小说奖。

在巨大的成功面前，路遥是清醒的，他说："作家的劳动绝不仅是为了取悦当代，而更重要的是给历史一个深厚的交待。如果为微小的收获而沾沾自喜，本身就是一种无价值的表现。"他暗下决心："眼前这种红火热闹的广场式生活必须很快结束。"这意味着他必须从《人生》所造成的暖融融的气氛中再一次踏进冰天雪地去进行一次更加艰苦的文学远征。

35岁的路遥为了一部心中的作品，平静而紧张地展开准备工作。他潜心阅读了一百多部多卷体长篇小说，各处搜集的简报、杂志、资料有几尺厚。他狂热的工作着，

似乎生命只是一种纯粹的精神形式。

1988年5月，路遥用整整六年时间，终于为《平凡的世界》全书画上了句号。洋洋三卷本的《平凡的世界》，是路遥心灵最深处的积淀，是路遥对于苦难理解的最有力的爆发。画上句号的这一刻，他几乎不受思想的支配，将手中的那支圆珠笔从窗户里扔了出去。路遥在卫生间里看到陌生苍老的自己，终于禁不住放声大哭……

1991年3月9日，《平凡的世界》获得了全

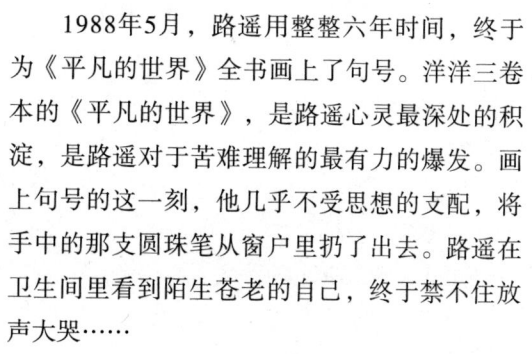

国最高文学奖——"茅盾文学奖"。1992年11月17日8点20分，路遥的心脏停止了跳动。

◉ 黄土地文学的"里程碑"

在路遥的创作生涯中，他丰厚的作品几乎都是以神秘的黄土地作为源泉，以厚实的黄土文明作为背景，总是渗透着他对黄土地神圣的皈依情节。无论是高加林悲剧的生命轮回，还是孙少安、孙少平扎根黄土的深沉选择，都营造出一个充满人情、豪迈奔放的黄土世界。作品人物和作家本人都在表达着对黄土地最深切的爱恋，在他们心中没有什么比自己拥有的黄土地更珍贵的了，可面对城市的现代文明，农村生活的愚昧落后，这些年轻人不断在城乡夹缝中挣扎，做着各式各样的痛苦选择。

路遥小说在情感上还特别注重悲剧情结和苦难意识，表现人面对苦难命运时不屈的抗争，《平凡的世界》就是这种精神的写照。在这部被誉为"第一部全景式描写中国当代城乡生活的长篇小说"的巨著中，主人公孙少安与孙少平兄弟俩在这个平凡的世界中不断超越自身的局限，最终获得生活上的成功，向人们揭示了人生的自强与自信、奋斗与拼搏、挫折与追求、痛苦与欢乐，并以一幕幕催人泪下的苦难展现出了人物的顽强坚忍的信念。它告诉人们：苦难与挫折只是个躯壳，生活的真正意义在于我们对生活理想所持的生生不息的追求和在挫折苦难中所体现的顽强的信念。

《平凡的世界》是路遥呕心沥血的现实主义巨著。它质朴真切，格调冷峻苍凉，语言风格平实而又真诚。它虽不具有惊心动魄的刺激性效果，却透露着忠贞动人的情感，很能触动普通人纯洁、高尚的灵魂。有生活就有苦难，有苦难就有抗争，更会有人生的悲欢离合。承受苦难，超越苦难，构成了路遥小说的主题。

"平凡的世界，辉煌的人生。"这是刻在路遥墓前方石上的悼词，极为恰当地描述了路遥短暂而辉煌的文学人生。这个从陕北最贫穷的山村里走出来的孩子，以他顽强的精神，以他诚实的劳动，以他对脚下这块土地的无限热爱，在无中找到了有，在终结中找到了开始，在死亡中找到了永生。路遥和他的作品是不朽的。

唐诗国度里的耕耘者

——傅庚生与他的唐诗研究

　　唐朝的诗书，精魂万卷，卷卷永恒；唐朝的诗句，字字珠玑，笔笔生花。傅庚生用他的智慧和勤劳在美妙的诗歌世界里耕耘着，他的《杜甫诗论》，是唐诗国度中一颗闪亮的明星；他的《杜诗散绎》等，更是研究中国古代文学不可多得的资料。

◉ 走上文学研究之路

　　傅庚生生于辽阳，他的中学语文老师杨梦熊是他文学上的启蒙老师，对他教益匪浅。傅庚生在杨老师的悉心指导下，掌握了古诗词的格律及作法，为他以后从事诗词研究奠定了良好的基础。1926年傅庚生转入东北大学国文预科班，同时开始了文学创作。他醉心于新文艺和翻译文学，和同学杨予秀、吴恩裕、赵石溪等自编、自写、自印文艺刊物《夜航》。

　　1933年，傅庚生加入了梅公任、周天放等人在北京组织的东北行健学会，在这个集救亡、爱国、文艺于一身的团体中，傅庚生汲取了大量的文学养料。期间他的小说《桐儿》在《东北月刊》上发表，废名先生碰巧看到，直夸他写的好，又告诉傅庚生，要想在文学上搞出成绩来，非搞好外文不可。正是这句话影响了傅庚生后来在文学上的走向。由于外语的限制，他逐渐从文学创作转向了中国古典文学研究。1939至1941年间，傅庚生任东北协会干事秘书，当时协会内备有一套《古今图书集成》，傅庚生借工作之便翻了又翻，大量的中国古典文学书籍阅读为他日后进行古典文学研究做了奠基的工作。

　　1946年到1948年间，由于家庭生计原因，傅庚生不得不到处寻谋差事，他先后在北京大学、东北中正大学、东北女子文理学院、辽东学院任职或任教，在好友高亨的举荐下于1948年3月落脚西北大学，直至去世。

◉ 文学鉴赏的奇葩

　　傅庚生是国内有影响的中国现当代文学史上的鉴赏大家。他指出文学评论的关键在于鉴赏而不在于大量的罗列资料，而对古典文学的鉴赏要有"水磨工夫"，要"入乎其内，出乎其外"。傅庚生在学术研究上的成就，为人们留下了宝贵的文化遗产。他的《杜甫诗论》《杜诗散绎》《杜诗析疑》等，阐述了杜诗的人民性及爱国精神，把民

主性从杜诗中解脱出来，使之富于时代气息；《中国文学欣赏举隅》《中国文学批评通论》两部书更是被列为研究中国古典文学的必读书目，在我国的古典文学研究史上具有极高的地位。

《中国文学欣赏举隅》是傅庚生对于过去的文评诗话材料进行搜集、分类后，运用西洋文学批评理论加以整理而作。该书使用醒豁易懂的古汉语对中国古典文学名著从文学的感情、想象、思想、形式诸方面进行了赏析，同时可以帮助年轻读者掌握学习古汉语的必要方法与技巧。1943年成书后，经余冠英推荐，由叶圣陶主持编入《开明青年丛书》，同年出版，遂成为颇受广大读者喜爱的著作，至1949年再版印至九版。《中国文学欣赏举隅》是一部有"学"有"识"之作，被认为是继王国维的《人间词话》之后古典文学鉴赏的又一力作。

◉ 治学与育人

在古代文学研究上，最难的就是考究。一文一字都有章法，如不细心治学，很容易贻笑大方，更难以做出成绩。在这方面，傅庚生受清代章实斋《文史通义》的影响最大，他认为理解古人的诗文，应该象章实斋所说的"尽其旋折"，做个初步的奠基工作，大略有如下的过程：一要知人论事；二要剖判粗细；三要设身处地；四要缘情度理；五要分清主从；六要区别正反；七要疏通比较；八要衡量揣摩；九要辨明辞义；十要一以贯之。

傅庚生在治学方面主张要有创新，不可照搬。他总结出三个信条：在教学方面，不嚼剩饭再去喂人；在科研方面，不走他人的熟路；在学习方面，应该尽量做到过细。研究和整理古代文化遗产，秉持科学的态度，实事求是的去尚友古人，才能够将古代珍贵的遗产很好的继承下来。

尽管有着繁重的科研任务，傅庚生也同样看重教学。他知道只有培养出大量文学研究人才，中国文化的精妙才可为外人言。傅庚生尤其看到"师弟相渎，教学交弊"现象的普遍存在，深感忧虑。他指出这是由于"向来国文课，只有教师的活动，没有学生的活动；只有教师的教授，没有学生的学习"，学生成了"教师的机械"。同时阐明了"教学一贯"的思想，即"教学的宗旨是仁——真善美的极致，教与学的方法是诚—良知良能的自觉与发挥，已立已达便是学，立人达人便是教。教与学是一件事的两方面，应该是一以贯之的"。只有这样才能真正达到教与学的良好统一。

傅庚生对于青年教师学术水平的提高也是关切在心的。在他身体好的时候，每周五下午都到教研室给青年教师辅导答疑，教大家欣赏格律诗，讲授平仄、押韵等基本知识，并亲自辅导他们创作，其中有成就的有岐国英、武复兴等人。"西大有个傅庚生"，傅庚生是西北大学的一面旗帜，由他培养的如何西来、韩理洲、王瑶、刘锋焘、陈贻欣等一批学人，都在各自的研究领域有所建树，并在全国学术界产生了重要影响。

农人笔下的情怀

——农民诗人王老九

　　20世纪50年代，陕西出过两个闻名全国的王姓农民，一个是临潼县的"农民诗人"王老九，一个是礼泉县的"农民科学家"王保京。如同"农民科学家"一样，"农民诗人"也成了新时代的标志，中国文学史和世界文学史上从未有过的"农民诗人"的桂冠让王老九摘取了，他的诗歌在社会上广泛流传的同时还被编入了小学教材。

　　王老九，原名王建禄，临潼县（今西安市临潼区）相桥镇北王村人，因在家中排行第九，故名王老九。王老九一生经历清朝、民国和新中国三个不同历史时期，读过私塾、当过学徒、也曾逃荒要饭。他自幼爱听戏、看唱本，能背诵不少戏文，常将旧社会的不平之事编成顺口溜和快板。遇到谁家有什么喜事，王老九就去说一些恭喜的吉祥话，很受当地群众喜爱。1929年陕西关中出现"大年馑"，本乡的大恶霸秦颂丞派人抢走了王家仅有的七斗粮食和四包袱衣物，还开枪打伤了王老九，他就编了一首以"蒋家天子秦家臣"起头的快板泄恨。后来，他的快板逐渐成了鼓舞人民与反动势力斗争的武器。

　　1946年，胡宗南任命秦颂丞为渭北"剿匪"总司令，秦颂丞更是横行无忌。一次，秦颂丞为催粮还将王老九毒打了一顿，王老九咬牙切齿，编歌唱道：

　　秦颂丞，胡蛮蛮，上下磨扇转得镟，磨得百姓骨头碎，血榨净来汗抽干。有朝一日天睁眼，砸烂磨扇搁河滩。

　　1949年3月人民解放军挺进关中，王老九的家乡即将解放，他唱道：

　　天昏地暗黑洞洞，乌云遮日路不明；一股大风从北起，吹散云雾太阳红。

　　新中国成立后，王老九的创作热情更加高涨，他的诗也陆续在报刊上发表。他1951年参加了陕西省文艺创作者代表会议；1953年参加了中国文学艺术工作者第二次代表大会；1958年参加了中国民间文学工作者会议，并被选为理事；1960年先后出席全国文教群英会和中国文学艺术工作者第三次代表大会，并当选为中国作家协会理事。王老九五次进京，曾受到毛泽东主席的接见和夸奖；出席全国文联群英会时和郭沫若和过诗，被传为佳话。当时的新民歌运动中曾提出一个响亮的口号，叫做"乡乡要出一个王老九，县县要出一个郭沫若"，由此可见他在当时的影响。后来他相继出版了《王老九的诗》《王老九诗选》等书。

　　王老九的诗，鲜明地反映了中国农民翻身作主的欢声笑貌，唱出了亿万农民坚决

跟党走，建设新中国的高涨热情。他喜欢民歌，熟悉民间故事、传说、谚语、谜语、对联，善于从中汲取养料。他的诗富有生活气息，通俗生动，活泼流畅，具有中国作风、中国气派，为人民群众所喜闻乐见。一次，他在富平参观"墙头诗"，看到满墙的民歌诗篇，就吟唱出："富平是个诗窝窝，诗歌更比牛毛多；唱一个产十个，三年唱不完一个牛耳朵"。这个比喻通俗易懂，当他念到"三年唱不完一个牛耳朵"时，人们都哄笑起来。他类似的诗篇还有很多，比如：

在《王保京》诗中写道："他爸听说是县长，吓得心跳脸皮黄，莫非为玉米没结棒，来找麻烦把脸伤。"

在《国民党抓壮丁》中写道："国民党，太横行，军麦、大粮、带壮丁，保警队，特务兵，查户口，抓烟灯，事如牛毛说不清。"

在《咱陕西穷百姓的一段灾难》中写道："有民国十八年春雨短欠，人无粮马无草麦根旱干，老一军公粮重日有千万，出不起哭爹娘也是枉然。……男子汉卖婆娘二斤米面，恩爱的好夫妻不能团圆，庄稼汉把农器各样卖遍，把妇女用汽车载出潼关。"

在《荒年歌》写道："这劫中病死人无法计算，各村有绝门户断了根源，把野草和树皮油渣当饭，又有那人吃人太得惨然"。

王老九还善于把农民种地、吃饭、走路等日常生活同歌颂毛主席联系起来，有血有肉，生动逼真，如曾入选小学语文课本的诗歌《想起毛主席》中写道："种地想起毛主席，周身上下增力气。走路想起毛主席，千斤担子不知累。吃饭想起毛主席，蒸馍拌汤甜香味。"

谈到写诗的体会，王老九说：创作是一件艰苦的事情，不要怕难，不要怕写不好，久练必精，熟能生巧。怕困难，怕费脑子，一辈子也写不出好诗来。他在《看稿杂记》中说："写诗作文一大窍，多用脑子多思考，写不好了莫要怕，熟能生巧大胆搞。"

王老九的诗之所以有那样深的感染力，与他的千锤百炼、苦心钻研是分不开的。王老九是从农民走上诗坛的，他一直全身心地投入生活的激流，让"自我"经受时代的洗礼。他的诗中有多彩的农村风光、传统的乡风民俗以及渗透其中的醇厚乡情，他用朴实的民歌体新诗倾吐着金灿灿的生活激情。

当然，由于受特定时代政治氛围的影响，王老九在"大跃进"年代写的部分诗歌确有"浮夸风"的痕迹。但这个时期，王老九在其诗作中所歌咏的，农民基于新旧社会对比所激发出来的改变家乡贫穷落后面貌的美好愿望及其昂扬奋发的精神，仍是弥足珍贵的。

王老九于1969年2月14日逝世，享年66岁。1983年4月5日，"王老九诗社"成员捐款在他的家乡临潼申东修建了一座高一米五的墓碑，永远纪念"农民诗人"王老九。

中国最古老的剧种

——秦腔

有许多外地来西安旅游的朋友说：去陕西旅游有三件事一定要做的，第一是拜谒黄帝陵、瞻仰兵马俑；第二是品尝西安的羊肉泡馍、喝西凤酒；第三是听秦腔，只有听了秦腔，你的魂儿才彻底留在陕西了。由此可见，秦腔的艺术魅力在国人心目中是何等重要。2006年5月20日，在国务院公布的第一批国家级非物质文化遗产名录中，秦腔已名列其中，更为这一古老的剧种增添了辉煌的一页，使之成为三秦文化艺术的重要品牌。

◉ 源远流长的秦腔历史

秦腔的历史源远流长——肇始于秦汉，形成于唐宋，昌明于明清，成熟于民国，繁荣于当代，是我国现存数百个剧种中最古老的一种。它源于陕西，主要流行于西北地

区，是在古时秦中民歌和说唱艺术基础上逐渐发展形成的。唐玄宗李隆基曾专门设立培养演唱子弟的梨园，据说当时的梨园乐师李龟年原本就是陕西民间艺人，他所做的《秦王破阵乐》称为秦王腔，这大概就是最早的秦腔乐曲。后来秦腔受到宋词的影响，从内容到形式上日臻完美。明朝中后期，陕、甘一带的秦腔逐渐演变为梆子戏，形成一个剧种。明末，第十代秦王在西安秦王府曾征选民间秦腔戏班入府演唱，并选《五典坡》一剧晋京为崇祯皇帝的母亲祝寿演出。

清代是秦腔艺术发展的鼎盛时期，康乾年间，秦腔更盛，出现了西安和北京两个演出中心。乾隆年间，名角魏长生曾三次进京，以动人的腔调、通俗的词句、精湛的演技轰动京城，随后又三次下扬

州、苏州，把秦腔传遍江河两岸，时有"海外咸知有魏三，清游名播大江南"的赞语。1790年，秦腔著名班社三庆班晋京，被请入皇宫同徽班徽调"两下锅"(即两个剧种同时演出)，接着有"徽秦不分"的合流，从而培育出拥有二簧调和西皮腔的皮簧戏（即后来的平剧、京剧），它的剧目、表演程序等，几乎全部照搬秦腔。

民国年间，时代的风云变幻也给秦腔艺术打上了深深的历史烙印。陕西易俗社和陕甘宁边区民众剧团是这一时期秦腔的两大支柱。易俗社创建于1912年，最早称作陕西易俗伶学社，它在辛亥革命的影响下，以"移风易俗，改良社会"为宗旨，从剧目、表演、唱腔到演员培养等，力图革故鼎新，走出一条新路来，被称为秦腔的"模范科班"。1924年鲁迅在西安观看了易俗社演出的秦腔剧《双锦衣》，亲笔题写了"古调独弹"的匾额，并相赠他50元的讲学酬金。陕甘宁边区民众剧团是由毛泽东倡导、在抗日烽火中诞生的第一个职业化革命戏曲团体，创作并演出了大批反映边区人民革命斗争生活的"新秦腔"，毛泽东、周恩来、博古、贺龙、李富春等中央领导曾多次给民众剧团捐款捐物，民众剧团也多次受到边区政府的嘉奖。

新中国成立后，秦腔获得了新生。边区民众剧团迁往西安并成立了西北戏曲研究院，后来又改为陕西省戏曲剧院、陕西省戏曲研究院。当时西安和全省各地有易俗社、三意社、尚友社等秦腔剧社70多个，从业人员5000余人。1952年9月，在全国首届戏曲会演中，秦腔《游龟山》等获演出二等奖，刘毓中、苏育民等人获得表演一、二等奖。1958年11月，陕西组成汇报演出团晋京演出42天，刘少奇、周恩来、朱德等观看演出并接见了演员，被称为"三大秦班进北京"。1959年9月，这个演出团又二次进京参加了庆祝建国十周年献礼演出，随后赴上海和福建前线慰问演出，又在江南数省巡回演出，历时半载，被称为"三大秦班下江南"。1958年4月和1960年6月，长春电影制片厂和西安电影制片厂分别将优秀秦腔剧《火焰驹》《三滴血》摄制成戏曲艺术片向海内外发行。

⊙ 异彩纷呈的秦腔剧目

秦腔剧目丰富多彩，题材上自盘古开天地的神话传说故事，中经几千年文明社会的历史，下至当今重大政治事件和现实生活，应有尽有，可以说是全国剧目最多的剧种。据有关专家考证研究，秦腔剧目的总数，按保守估计当在万本左右。秦腔传统戏班的看家戏是"江湖二十四本"，也是体现秦腔艺术风格的剧目，后来有人把它编成歌诀，在社会上流行：《麟骨床》上系《串龙珠》，《春秋笔》下吊《玉虎坠》，《五典坡》降伏《蛟龙驹》，《紫霞宫》收藏《铁兽图》，《抱火斗》施计《破天门》，《玉梅绦》捆住《八件衣》，《黑叮本》审理《潘杨讼》，《下河东》托请《状元媒》，《淮河营》攻破《黄河阵》，《破宁国》得胜《回荆州》，《忠义侠》画入《八义图》，《白玉楼》欢庆《渔家乐》。

20世纪是秦腔剧目光辉璀璨的时代，随着历史的发展，秦腔演奏出与时俱进的主旋

律。辛亥革命后，易俗社的孙仁玉、范紫东、李桐轩、高培支、李仪祉、李约祉、封至模等可以说是这一时期编写新戏的代表人物，编演的秦腔剧目有《婚姻谈》《三滴血》《一字狱》《鸦片战争》等600余本。在陕甘宁边区民众剧团也形成了以马健翎为代表的编演"新秦腔"的剧作群，编演的秦腔现代戏、传统戏剧目有百余出。从50年代初到70年代末，全省各地秦腔院、团演出新编、改编和移植的秦腔戏共有200余出。

◉ 名家云集的秦腔演员

秦腔的剧中人物可概括为13类、28门，分别是老生、须生、小生、幼生、老旦、花旦、正旦、小旦、武旦、媒旦、大净、毛净、丑，其中须生和大净尤为重要，最能显示出秦腔的风格特点。

晚清时期，秦腔最具有代表性的演员当数魏长生、刘丰收、十八红、党甘亭、李云亭、刘立杰、茂盛儿、要命娃、陈雨农、白菜心儿、四川红等。到了民国时期，秦腔班社林立，表演艺术也日臻完善，并随之涌现出大批表演名家。须生行当中，麻子红李云亭、假麻子红郗德育、衰派须生一绝的刘毓中、须生泰斗润润子、"活孔明"王文鹏，以及苏育民、刘光华、耿善民、刘易平、刘化鹏、康正绪、阎更平、乔新贤、刘亘天等，把须生苍凉悲壮的唱腔及表演艺术发挥得淋漓尽致。旦角行当中的"秦腔正宗"李正敏以及王天民、刘箴俗、何振中、孟遏云、杨金凤、李爱云、余巧云、王玉琴等，在表演中充分发挥了中华民族女性所固有的任劳任怨的传统美德。净角行当中，从清末的雷大坪、四金儿到民国年间的田德年、马健南、张德明、张建民、周辅国、李可易、刘茂森、陈西秦、殷守中等，功架讲究，唱腔纯厚，展现了西北人崇侠尚义、刚强正直的个性特征。还有丑角行当中的聂金山、苏牖民、席子才、马平民、汤涤俗、晋福长、阎振俗、樊新民、王辅生等，他们诙谐幽默的表演引发了观众无尽的联想。在小生行当中，人称"活周瑜"的沈和中、"贫生大王"的靖正恭、"活张生"的张新华、"活周仁"的任哲中等，也在观众中久享盛誉。

在全省各地，秦腔各个行当的优秀演员比比皆是，新中国成立后，陕西省委、省政府尤为重视秦腔人才的培养，各个秦腔院、团或举办训练班，或由老艺人传授技艺，或派出进修学习，为秦腔培养了一大批演艺人才。从建国初到1978年期间，生角行当中有陈妙华、李爱琴、负宗汉、郭葆华、王保易、李继祖、刘茹慧、高信民、卫保善等；旦角行当中有肖若兰、苏蕊娥、李应真、马蓝鱼、全巧民、张咏华、刘棣华、郝彩凤、郭明霞、肖玉玲、崔惠芳、马友仙等；净角行当中有胡正友、白江波、李买刚、伍敏中、张忠义等；丑角行当中有董珣、王琦、毛文德、张晓斌等，都受到了广大观众的喜爱和好评。

陕西地方戏曲的辉煌

——秦腔晋京献礼演出暨三大秦班下江南

在陕西地方戏曲千百年的发展史上，有过许许多多令人难忘的盛事，最辉煌的莫过于1959年建国10周年秦腔晋京献礼演出及随后的"三大秦班下江南"，一时被我国文艺界誉为"老树红花"。至今人们每每谈及，仍是津津乐道，说："这次为咱陕西争了光。"

◉ 西安组团

1959年10月1日是新中国成立10周年的大庆之日。为了检阅建国以来戏曲艺术的成就，"中央鉴于秦腔是个古老的优秀剧种，指定陕西省戏曲演出团的秦腔团晋京进行国庆献礼演出"。陕西省委对戏曲是一贯重视的，秦腔也曾多次进京演出，但参加建国10周年献礼演出并非往日，省委尤为重视，省上几位领导亲自参与领导工作。经过反复审定、筛选，最后确定陕西省戏曲剧院的秦腔《游西湖》和西安易俗社的秦腔《三滴血》等为赴京献礼节目。

时至6月，演出团的主要演员基本选调齐备，进入了紧张的排练阶段。为了提高演出的艺术质量，演出团特邀京剧大师尚小云和徐碧云指导排练，由部分艺术造诣较高的秦腔表演艺术家组成导演组，还特请川剧表演艺术家莅临现场指导表演。省上的主要领导也亲自参与剧本修改和排练指导，从表演的一招一式，到台词的一字一句，都一丝不苟，反复推敲。当年的演员们至今还清楚地记得其间发生的一件趣事：

一次，在排练秦腔《三滴血》时，省长赵伯平兴致勃勃地来到排练场看戏。当演到剧中晋信书审案一段戏时，原来的台词"马下了个牛娃子"一句被改掉了。台下的赵伯平突然站起来，问道这句台词咋不见了。扮演晋信书的演员连忙解释原因，说是导演考虑到晋信书是个熟读五车书的书呆子，这样的话出自他的口不太雅致。赵伯平则心平气和地说："这是演戏，戏的语言不能太死板，要生动活泼，大众化。改戏改词时要尊重历史，又要照顾观众，'马下了个牛娃子'有啥不好，这句词是有效果的，台上已经说了多年了，你改了，观众是不会同意的。"接着，戏又继续演了，扮演晋信书的演员熟练地说出了"噢：原来是马下了个牛娃子"。台下哄堂大笑，赵伯平笑着说："你看，你看，嫽扎咧！"后来，《三滴血》拍成电影戏曲片，这句台词仍保留了下来。

● 誉满京华

9月下旬，陕西省戏曲演出团一行89人启程赴京。国庆节前夕，演出团应邀派出10名代表，前往新落成的人民大会堂，出席周恩来总理主持的盛大宴会；全体成员应北京市市长彭真之邀，出席了北京市在大会堂举行的欢迎宴会；观看了苏联乌兰诺娃演出的芭蕾舞《天鹅湖》和梅兰芳演出的《贵妃醉酒》。国庆节那天，演出团全体成员在天安门城楼下的观礼台上，还见到了毛泽东主席以及党和国家的领导人检阅游行队伍的情景。

演出团首场在中南海怀仁堂为中央领导演出《三滴血》，刘少奇、周恩来、朱德等观看后，都给予了高度的评价，称赞《三滴血》是在戏曲舞台上继昆曲《十五贯》之后的又一台好戏。随后，《三滴血》在前门外广和剧场演出，更是盛况空前，中午时分当天的戏票已全部售完；据工作人员说，当天晚上停放小轿车之多，也是从未有过的。

《三滴血》是秦腔名剧，进京前曾做过多次修改，集中了剧情，缩短了演出时间，主题变得更加鲜明了，它一"亮相"首都舞台，立即获得了各界人士的广泛赞誉。首都各大媒体也不时地派出记者到演出团驻地采访，均给秦腔名剧以高度的评价。

● 声震江南

10月中旬，演出团离开首都前往南京，同时陕西省戏曲剧院眉户、碗碗腔团也由西安启程向南京进发，"三大秦班下江南"的序幕由此拉开。准备演出的剧目有秦腔剧《三滴血》《火焰驹》《游西湖》《赵氏孤儿》等，眉户剧《梁秋燕》和《曲江歌女》，还有碗碗腔《金琬钗》《白玉钿》等。演员都是当时三个剧种的名角。演出团在南京滞留10天，共演出12场。赴沪途中在无锡、苏州做了访问演出。此后，先后在上海、杭州、福州、南昌、广州、武汉、成都、重庆、贵阳、昆明、南宁等十多个城市巡回演出，前后历时半年之久。

演出团在上海演出和交流的时间最长，其情其景也令人难忘。为迎接陕西同仁，许多上海文艺界知名人士冒雨来到车站迎候。当时，大家最担心的是上海人听不懂陕西地方戏，但事实和大家的担心恰恰相反。每晚演出时，剧场门前总是早早地排着长队，争购座票。三个剧种演出了一个月，场场座无虚席。上海的各大报纸几乎每天都报道演出盛况，发表戏剧界名流的评介文章。演出团也把艺术学习和交流作为活动的重要内容，多次观看了京、越、沪、淮等剧种的表演。

当演出团在上海演出即将结束时，接到陕西省委的指示，演出团随陕西省各界赴福建前线慰问团前往海防前线慰问演出。在福州的几天里，演出团既演大戏，也深入到前线机场、哨所和炮兵阵地，进行小型慰问演出。在厦门军港，演员们个个精神振奋，出现了许多动人的事迹。演小生的演员夜航去慰问守卫在小岛上的战士，出航不久因海晕呕吐不止，到达小岛附近时，海滩水浅，炮艇又不能傍岸，守岛的战士蹚水连背带抬把

她接上小岛，此情此景，使该演员十分激动，立即给战士们献上了精彩的秦腔唱段；当她听说附近更小的岛上有一个班的战士守卫，航行不易，便在电话机旁演唱起来，向隔海小岛上的战士表达诚挚的慰问情意。

　　1960年元旦前夕，演出团抵达南国英雄城市广州，全体演职人员应邀出席了广州市委举行的盛大羊城迎春会，迎接60年代的第一个新年。古老的秦腔第一次来到羊城，当地观众能不能听懂秦腔的担心又在演出人员中浮现。但几天的演出效果却出人意料，剧场门前连日热闹非凡，数场戏票，一天售完；港澳文化名流、影坛明星，商贾戏迷，纷纷电告广州华侨饭店，预定房间和戏票。广州和香港的报刊也连篇累牍发表剧讯和剧评，《羊城晚报》尤以《古老秦腔别开生面，羊城观众为之倾倒》为标题，用特大字体刊登消息，在头版显著位置刊登巨幅演员剧照。

　　春节刚过，演出团在回陕稍事休整之后，又应邀于正月初八前往天府巴蜀，继续巡回演出。先在成都，后到重庆，历时半个月。期间，演出团还虚心向川剧名流学习了一些新剧目以及扇子、道袍、甩发等基本功，得到了很大的教益。演出团原计划在成、渝两地只演出几天，但应热情的观众要求，延长了演出时间。演员们连日去工厂，到农村，下军营，送戏上门，甚至在重庆的繁华地带解放碑组织了街头演出，观众达数万人。

老树新花，争奇斗艳

——新时期秦腔的辉煌

改革开放的春风，给祖国大地带来了一派生机，也使秦腔这个古老的剧种再度辉煌。在今天的三秦大地上，从都市到乡间，从大街到小巷，从戏曲舞台到电视荧屏，随处可以听到激扬而缠绵的秦声，领略秦韵的魅力。"八百里秦川秦声飞扬，吼一声秦腔喜气洋洋"，正是秦腔影响之广泛的写照。

● "浩劫"后的繁荣

十年"文革"期间，秦腔同其他剧种一样备受摧残。许多剧作家、导演、演员和艺术骨干遭到揪斗、批判甚至关押；多数剧团也被更名为"文工团"或"宣传队"；全部的传统戏和许多现代戏勒令停演，只有"革命样板戏"一花独放。1976年10月，十年"浩劫"结束，阴霾散去，举国欢腾，秦腔也再度获得了新生。1978年初，陕西省戏曲

剧院秦腔团和一些地、县剧团开始演出秦腔传统戏《十五贯》《杨门女将》，并移植上演了《逼上梁山》《红灯照》等历史剧。同年4月，陕西省文化局决定开禁《窦娥冤》《三滴血》《铡美案》等一批传统戏。这些戏的上演，使久久渴盼传统戏曲艺术重回舞台的广大观众奔走相告，欢腾雀跃。全省城市剧场座无虚席，乡野舞台如逢盛会，人头攒动。1979年2月22日，中国戏剧家协会陕西分会根据中共陕西省委宣传部的决定，召开西安戏曲界大会，为"文革"期间受到批判的《游西湖》《三滴血》《赵氏孤儿》《女巡按》《窦娥冤》等戏曲作品平反，恢复名誉。这一时期，全省戏曲团体出现了创作、改编、排演传统戏、新编历史剧和现代戏的繁荣景象，其中以西安市秦腔一团编演的大型秦腔现代历史剧《西安事变》和改编的秦腔现代剧《于无声处》以及陕西省戏曲研究院秦腔团的《梁玉娘》等最为瞩目。

1979年9月至10月，在西安举办的陕西省庆祝中华人民共和国成立30周年献礼演出，是对粉碎"四人帮"后几年来戏曲创作和演出的一次大检阅。全省10个地、市和省直属单位共17个代表团的21台戏，共演出了63场，观众达8万多人次。渭南、宝鸡、咸阳、汉中等地市也相继举行了各种戏曲会演和调演活动，把这个时期的戏曲创作和演出活动推向了高潮。1981年秋，西安市组成秦腔访日艺术代表团，排演了《柜中缘》《会阵招亲》和《游西湖》等剧目，在日本东京、奈良两市演出，这是秦腔首次走出国门，在国际舞台"亮相"。

◉ "振兴秦腔"

进入80年代，随着现代生活节奏和娱乐形式的变化，秦腔的观众越来越稀少，青年演员青黄不接，剧团也相继解散。这些"危机"引起陕西省委和省政府的高度重视。1983年，陕西省委提出了"振兴秦腔"的号召，并于1984年3月成立了陕西省振兴秦腔指导委员会，下设五个秦腔实验剧团作为实验基地。

省里的组织者们为了振兴秦腔锲而不舍，不断出新。第一是抓队伍，培养人才。1984年10月举办的秦腔青年演员调演选拔了全省各地、市和省直院团的64名演员参演，涌现出丁良生、耿建华、乔慷慨、戴春荣等一大批观众认可的秦腔新秀，成为秦腔艺术的生力军和台柱子。进入新世纪，尖子演员的培养成为工作重点，这一时期的李东桥、李梅、孙存蝶、李娟、侯红琴、齐爱云、李小锋等先后荣获了全国戏剧"梅花奖"。

第二是抓剧目创作和艺术革新。剧本老化是秦腔转"冷"的重要原因，从1984年开始，省里的组织者们在秦腔剧本创作上做了大量卓有成效的工作，许多剧目得到广大观众和戏曲界的认可，尤其在1985年振兴秦腔实验剧团新剧目汇报演出时涌现出的《千古一帝》和《卓文君》等优秀剧目，先后晋京演出并获得多项大奖，推出了李东桥、戴春荣两个秦腔最早的"梅花奖"得主。

第三是抓观众。1991年11月，陕西举行了全省首届群众秦腔演唱大赛，并由陕西电

视台进行了现场直播。1992年又录播了户县群众秦腔清唱比赛，由此拉开了我省群众秦腔演唱活动的帷幕，唱红了关中几十个县市。《王宝钏》《窦娥冤》等电视艺术片还被制成音像带和光盘，多次在中央电视台和地方电视台播放，古老的秦腔通过现代传媒手段走进了千家万户。

◉ "秦之声"

说到"秦之声"，在陕西可谓无人不知，无人不晓。在秦腔艺术遭遇空前挑战的时候，陕西电视台创办了"秦之声"栏目。20多年来，栏目组开着录像车，翻山越岭，四处奔波，深入到全省70多个县（市），和基层单位、企业联合举办了一场又一场群众秦腔演唱会，录制成一期又一期节目，逐渐成为广大秦腔戏迷文化生活中不可缺少的栏目。

为了抢救秦腔艺术遗产，"秦之声"录制了数十位秦腔老艺术家的艺术资料片，还录制发行了数十万盒（盘）秦腔艺术磁带、录像带、光盘，使秦腔艺术在音像市场上有了自己的领地。

1997年7月，"秦之声"与中央电视台合作，在黄金时间通过卫星直播"陕西地方戏专场"，获得了极大成功。这是中央电视台第一次以直播方式向全世界介绍我国一个省的地方戏。多年来，在陕西电视台观众最喜爱的自办节目评选中，"秦之声"有50多次荣登榜首。在全国优秀电视栏目表彰会上，"秦之声"栏目荣获由国家广电总局命名的"全国优秀电视文化(文艺)栏目"称号，是西部地区唯一获此殊荣的电视栏目。

2004年夏，"秦之声"和西北地区的多家媒体联袂组织的"秦腔四大名旦争霸战""秦腔四小名旦竞美秀"活动备受人们关注。经过半年多的激烈角逐，陕西的李梅、李娟、齐爱云和宁夏的柳萍荣获"秦腔四大名旦"称号，陕西的李军梅、甘肃的袁丫丫、青海的刘颖和宁夏的梁少琴荣获"秦腔四小名旦"称号，随后在北京和西北巡回演出，盛极一时。

新婚姻的赞歌

——经典眉户剧《梁秋燕》

1954年春，眉户现代戏《梁秋燕》在西安首场演出，一炮打响，轰动古城。一时"看了《梁秋燕》，三天不吃饭；看了《梁秋燕》，打倒老封建；看了《梁秋燕》，媒人靠边站；看了《梁秋燕》，恋爱有经验"的顺口溜，在西北地区广为流传，生动地反映了当时《梁秋燕》的演出效果。

◉ 黄俊耀与《梁秋燕》

说到《梁秋燕》，不能不提到它的编剧黄俊耀。黄俊耀是陕西澄城人，著名的剧作家。他从小就喜爱戏剧，后来到了陕甘宁边区民众剧团，既演戏，又写戏。新中国成立后，黄俊耀先后独立或合作新编、改编的现代戏、历史剧、传统戏多达40多部，其中影响最大的当数眉户现代戏《梁秋燕》，这是他的代表作，也是他的成名作。

1951年秋天，黄俊耀参加中央和西北局司法部组织的贯彻新《婚姻法》检查组，到华县、潼关一带开展工作。仅在华县高塘区的十多天里，他们调查处理的婚姻案件就有40多起，其中多数是女青年反对家庭包办婚姻的案件。她们的哭诉引起了黄俊耀深深的思考，他决心拿起笔为她们撑腰、伸冤，并很快写出了剧本初稿，定名为《婚姻要自主》，最早由渭南文工团、铁道文工团和一些业余剧团演出。1953年西北戏曲研究院决定排演这出戏，但黄俊耀感到不满意，决心推倒重来，并结合排练进行了几十次修改，使原作有了脱胎换骨的变化，最后定名为《梁秋燕》。

《梁秋燕》讲述的是新的《婚姻法》颁布后，陕西关中某地农村姑娘梁秋燕与同村青年刘春生相爱，父亲却要把她许给董家湾16岁的董学民。梁秋燕坚决反对包办买卖婚姻，遭到父亲的打骂，后来在刘二嫂的帮助下，最终与刘春生结成佳偶。《梁秋燕》好就好在它是新婚姻的赞歌，它通过梁秋燕与刘春生、梁小成与张菊莲两对青年人的婚姻故事，展现了青年一代对自由婚姻的追求，塑造了新一代农村青年在婚姻问题上敢于同封建思想和传统观念斗争的舞台形象。

◉《梁秋燕》唱红半个中国

1954年2月，《梁秋燕》正式在西安公演，立即引起社会轰动，好誉如潮。据统

八十年代《梁秋燕》剧照

计，到"文革"前，省戏曲研究院演出《梁秋燕》达1000多场，不仅成为院里的"看家戏"，而且被西北五省（区）一百七八十个剧团争相上演，山西、河南、四川等地也曾广泛流行，久演不衰，甚至一度形成"梁秋燕"表演艺术派系。

1958年11月，《梁秋燕》作为眉户剧和现代戏的"头牌戏"，随陕西省戏曲赴京演出团晋京演出，刘少奇、周恩来、朱德、陈毅等中央领导和周扬、曹禺、田汉、梅兰芳等戏剧界知名人士先后观看了演出，都给予高度评价。曹禺在《人民日报》撰文热情赞扬说："《梁秋燕》的演出，充满了今天劳动人民幸福生活与快乐的气氛。在刻画梁老大和梁秋燕父女之间新与旧的矛盾和以后梁老大对婚姻自主认识的转变上，都看得出编剧黄俊耀和导演任国保的才能。"梅兰芳撰文指出："《梁秋燕.》是陕西戏曲中现代戏的一出好戏，无疑它将长时期地活跃在舞台上，成为保留剧目。"

《梁秋燕》晋京演出的成功，使北京人了解了陕西的戏曲，也了解了陕西。随后，《梁秋燕》又随陕西演出团南下江南13个省市巡回演出，唱红了大半个中国。

◉《梁秋燕》戏外的故事

《梁秋燕》的成功演出，不仅展现了眉户戏的艺术风采，也撼动了许许多多观众的心灵。在《梁秋燕》上演的50多年里，人们能回忆起很多戏外的故事。

因主演梁秋燕而成名的戏曲表演艺术家李瑞芳至今还清楚地记得多年前发生的一个真实的故事。有一位叫李二妹的农村姑娘写信给李瑞芳诉说了自己婚姻的痛苦遭遇。李

二妹爱上了一位有事业心但家境贫寒的民办教师，她的父母以这位青年家贫为借口，拒绝了女儿的亲事，却要女儿嫁给不喜欢的"油花浪子"。女儿不从，他们就合伙逼婚，又打又骂，强迫女儿屈从就范。无奈之时，李二妹想起了台上的梁秋燕、台下的李瑞芳。在她眼里，李瑞芳就是"梁秋燕"的化身。信中写道：今年春节我再次听到你演唱的《梁秋燕》，感动地又落泪，你哪里是在演戏，简直是在诉说我的身世和我的爱情遭遇啊！瑞芳大姐，我实在忍受不了目前的痛苦和折磨。请您告诉我，有什么办法能使我的美好愿望实现？李瑞芳收到李二妹这封含血带泪的信，心中不禁为之一震：李二妹和梁秋燕的婚恋遭遇那么相似。她立即写了回信，鼓励她努力说服父母，大胆寻觅自己的知音，追求自己的新生活。后来李二妹终于得到了自己的幸福，高兴地给李瑞芳回信报喜。

梁秋燕的生活原型叫梁梅叶，生活在华县高塘镇。李瑞芳演了半个多世纪《梁秋燕》，却没有和梁梅叶见过面，她一直为此心存遗憾。前几年，当她得知梁梅叶家里的生活还很困难时，便放声大哭，觉得自己没有尽到责任，打算去看望梁梅叶。她听说梁梅叶家里的被子不够用，就连夜精心为梁梅叶缝制了一床缎面被子。见面的那一天，村民们听说李瑞芳来了，早早就聚集在高塘镇政府的院子里，期待着他们心目中的"梁秋燕"。李瑞芳一下车，大步上去亲昵地叫了声"秋燕"，紧紧握住了梁梅叶的手，关心地问她身体是否好了一些。见到梁梅叶的丈夫，李瑞芳也亲切地叫他"春生"。两位70多岁的"梁秋燕"老人在因《梁秋燕》结缘的50多年后，终于紧紧地拥抱在一起。李瑞芳为了不辜负大家的期待，不顾嗓子刚刚做完手术，为村民清唱了《梁秋燕》选段，赢得了大家的阵阵掌声。这次见面，李瑞芳不但给梁梅叶带去了一些钱物，还将她接到医院为她检查治疗。后来，县上还通过多种渠道筹集资金，帮助梁梅叶家盖起了新房。

讲述百姓故事 抒发百姓情怀

——眉户剧新花《迟开的玫瑰》

2006年11月28日，由陕西省戏曲研究院创作演出的《迟开的玫瑰》（以下简称《玫瑰》）荣膺"2005—2006年度国家舞台艺术精品工程"十大精品剧目榜首，这是陕西戏剧史上前所未有的殊荣。2007年2月10日，陕西省委、省政府隆重举行眉户现代戏《迟开的玫瑰》荣获国家舞台艺术精品剧目表彰会，决定对《迟开的玫瑰》予以表彰，并奖励100万元。此前，该剧先后荣获文化部第九届"文华大奖"、第六届中国艺术节大奖、中宣部第七届"五个一工程"奖、第六届中国戏剧节优秀剧目奖、第八届"中国人口文化进步奖"金奖、第十一届"曹禺戏剧文学奖"，是我省当之无愧的文化名片。

◉ 戏曲舞台的"玫瑰现象"

《玫瑰》叙述的是发生在西部某大城市的一个深巷小院中的故事：女青年乔雪梅考上了京城某名牌大学，但此时母亲因车祸去世，父亲瘫痪在床，为了三个年幼的弟弟妹妹，她毅然放弃了上大学，支撑起这个家。十几年后，父亲去世，弟弟妹妹学有所成，她自己也在艰难困苦中自学成才，开创了服务社会的公益事业，并收获了自己的爱情。这是一个平凡人的平常故事，全剧牢牢抓住普通人的命运，紧扣时代脉搏，以乔雪梅的牺牲精神向人们昭示：实现自我是人生的目的，但能照亮他人更是人生的大境界。

1999年元旦，《玫瑰》在西安首演，其后在全国许多省市巡演，接受了不同地域、不同观众的数百场检验。《玫瑰》以她朴实深邃而饱含时代精神的思想内容，清新别致而浸润浓郁韵味的艺术风格，声情并茂而充盈震撼人心魅力的表演风采，倾倒各界观众，风靡大江南北，被陕西、山西、甘肃、宁夏、江苏等省市不同剧种的十几个剧团移植上演逾千场，一时被戏曲圈内人称为"玫瑰现象"。

◉ 好评如潮

著名作家陈忠实看了《玫瑰》后激动地说："我前后三次观看这部戏，每次都激动地流下了眼泪。这个戏得到了官方和民间、专家和观众的共同认可和广泛赞赏，这是一个奇迹，它向我们显示了一点：真正美的艺术品能达到这样的境界，而达到这样的境界确实不易。"

　　有一位北京戏迷在网络上留言说："此剧真乃是经典之作，我从头至尾流了五次眼泪。李梅的感人唱腔，我是以鼓掌来表示；在剧情发展到感人时，我还是鼓掌表示，但这个鼓掌还伴着眼泪。我认为陕西省戏曲研究院青年团的演员是一个非常了不起的团队，这个剧情的内容被他们演绎的太感人了。更让我佩服的是陈院长的精彩作品，以前我听说过这本戏，但不是很了解，如今看完之后，我真的很感动，尤其是剧中'九不亏''十不悔'的唱词，真乃是名剧中的名段。"

　　最早看过《玫瑰》的一位普通的观众说："《迟开的玫瑰》与《世上只有妈妈好》《渴望》一样，是反映百姓生活的真实写照，没有半点虚假和夸张的地方，凡是看过《迟开的玫瑰》演出的人，都会流下感动的泪水，我相信这部好剧将来一定能成为精品。"

　　…………

　　面对如潮的好评，《玫瑰》的编剧、陕西省戏曲研究院院长陈彦百感交集地说：《玫瑰》表现的是当代人的生活，注重开掘人性中的崇高、善良和复杂的精神世界，具备了浸润以至震撼观众心灵里最富有共性的那根弦儿的力量。艺术家应以对人生的深度关怀、深切体验，抒写自己的真情实感，表现充满个性的人格风范，要能促进民族文化的发展和人民精神生活质量的提高，适应人民积极健康的审美需要。

◉ 《玫瑰》的"团队"

《玫瑰》创演九年，演出400多场，剧本两次重大修改，屡获国家大奖，其间的台前幕后，凝聚着剧组每一个成员的智慧和汗水，记录着许多人努力拚搏、勇往直前的足迹。

《玫瑰》的编剧陈彦二十出头就创作了现代戏《九岩风》，后来又连续创作了《留下真情》《西部风景》《迟开的玫瑰》等优秀作品，以不同的题材展示了对现实问题的敏锐洞察力和深邃思考力。陈彦在艺术创作之路上始终保持着对现实生活审视的冷静与警觉，坚守着能经得起时间检验的价值引领，注重追求作品的"后效应"。他先后对《玫瑰》剧本进行了两次重大修改和无数次"微调"，甚至在演出的前一刻，还在对剧中的一段台词进行修改。《玫瑰》获得殊荣是对陈彦多年来创作成就的高度褒奖。

导演谢平安说：《玫瑰》的主题以小见大，虽然写的是一个家庭，但艺术张力却扩展到整个国家。当时演员们都很年轻，表演热情高，通过这个戏，他们得到了锻炼，在演唱和人物塑造上有了新的突破。因此，《玫瑰》的获奖，收获的不仅是荣誉，更是一种珍贵的艺术体验。

面对接踵而来的荣誉，扮演剧中主角乔雪梅的李梅说：乔雪梅是一位普普通通的平民百姓，她的生命历程中并没有惊天动地的事迹，却给人以泣鬼神的震撼。她以自己的行动赢得了人们的尊敬，也给了我无尽的启迪和感动。扮演乔雪梅的过程，也是我不断完善自我，不断学习进步的成长过程。为了演好主角，李梅在父亲病危时，坚持完成了演出任务，直到昏倒在舞台上。等她第三天赶到医院，父亲已经进入弥留之际，没能给她留下只言片语。

在《玫瑰》演出前的后台，经常可以看到这样的场景：李小锋、郝卫、李娟、任小蕾、张倍、陈魁等演员一边换服装，一边还背着台词，挤出一切时间用心记、认真背，力求以自己超强的艺术素质战胜困难，保证编剧、导演意图的完美展现。

折桂犹待长安花

苍茫悲歌遏云霄

——华阴老腔

话剧《白鹿原》开场有一段令人荡气回肠的老腔——"他大舅他二舅都是他舅,高桌子低板凳都是木头……"它震撼了每一位观众,唱出了得胜的英雄气吞山河的豪迈和激昂,唱出了失败的英雄马革裹尸还葬的粗犷和悲壮,唱出了陕西人的冷倔和苍凉。

◉ 独一无二的艺术

老腔起源于西汉,主要流行在陕西华阴地区,它发源于西岳华山脚下的泉店村。泉店村地处秦晋豫三省要冲,黄河、渭河、洛河在村庄附近交汇。这里曾经是汉代京城长安的粮仓基地,也是西通长安的水路码头,自汉唐以来就交通发达,船工云集。在艰苦的劳动中,带头船工为了统一动作,消除疲劳,便一边喊着船工号子,一边用木块敲击船帮,后来吸收了当地的一些民间艺术,创造出这种一人演唱,众人帮腔的说唱形式。这种形式没有乐器,仅以木板拍击船板,现在演唱用的檩板就是由此而来的。当地兴起新剧种皮影碗碗腔后,人们就将其早者称为"老腔",将其晚者称为"时腔"。因为老腔是以皮影戏的形式演出,人们又称它为"老腔影子"。

后来,随着黄河、渭河、洛河水运的衰落,船工越来越少,老腔的演唱市场也越来越小,作为皮影戏伴奏的老腔渐渐被人们淡忘。到了清朝中叶,秦腔盛行,老腔隐退幕后,几乎被湮灭而成为家族戏,唯有泉店村张姓一家独有剧本、道具和乐器等。尽管如此,老腔长期形成一人唱、众人和的拉坡调,以及用板凳敲打伴奏以表现慷慨、激昂、悲壮情绪和磅礴豪迈气派的演唱特色,在全国还是独一无二的。有的专家认为,华阴老腔把说、念、唱交织在同一个唱段中,有原始说唱遗风,每句末的三拍乐节形式,已经构成了一种独特的乐句声腔形态,这在全国剧种里绝无仅有。目前,经过挖掘、整理的老腔剧目有78本,多是反映古代军事征战、宫廷斗争的戏。

◉ 老腔的传人们

老腔生于华阴张氏家族,曾经有过辉煌的历史。在明、清两代,华阴境内有十多个班社,活跃在周边几个县和晋南、豫西一带。张喜民、张新民、张军民、张拾民是华阴老腔正宗传人张泉生的儿子,他们家里至今还保存着自乾隆年间流传下来的百余个老腔

戏手抄本，这些戏本几乎全是北宋、金、元时期民间流传的列国、三国和唐宋故事，至为珍贵。

近年来，抢救保护老腔的呼声日渐高涨，张氏兄弟分别组成"喜民班""新民班""军民班"，频繁活动在华阴周边各地。张氏一族老腔还有一位传承人，就是人称"白毛"的老艺人王振中，他生来眉发如雪，对老腔有相当的领悟力。1993年，著名导演张艺谋拍摄电影《活着》时曾邀请王振中出演剧中老腔的演唱者，蔚为一时之盛。从那以后，经常有人从省外甚至国外专程来到华阴老腔艺人家中，欣赏和了解老腔这一独特的民间艺术。

在老腔鼎盛的年代，仅泉店村就有十几个戏班，如今能演唱老腔戏的不过十几个人，年龄最大的72岁，最年轻的也已年近半百。如何才能让老腔传承下去成了老腔艺人和关心热爱老腔的人们最大的困扰。

● 老腔再度唱红了

老腔作为家族戏，有许多清规戒律，如除非至亲，一般人不准入班；既已入班，不准再搭其他班社；剧本绝不外传等等。这种封闭保守的规矩直接影响了老腔艺术的发展和创新，限制了它的流播范围。直到建国以后，随着老腔舞台演出形式的出现，这种状况才得到改变。建国初期，华阴县成立了以老腔艺人张泉生为首的老腔皮影革新社，扩大了演员阵容，兼容时腔、老腔两种声腔，以皮影、木偶两种形式演出，从组织机构、人员构成到演出剧种都突破了族戏范围。1959年，华阴县剧团邀集张泉生等以老腔传统剧《借赵云》为蓝本改革音乐唱腔，配备文武场面，分设须生、红生、净等行当，进行舞台试排，一举成功。此剧1960年参加了陕西省新搬上舞台剧种的会演，获得剧种奖。后来他们又排演了老腔传统剧目《盘河战》，保留了皮影的一些动作特征，并吸收了其他剧种的某些表演程序，使之在艺术上更加完善。从此，老腔便有了皮影和人演两种演出形式，活动地域也扩大到邻近各县。

2006年夏天，当话剧《白鹿原》的导演林兆华发现民间自乐班演出的老腔时，他兴奋不已，立刻决定将这一独特的秦风秦韵融入剧中。到北京参加这次演出的是老腔的主要传承艺人张喜民、王振中等，他们为首都观众献上了原汁原味的老腔唱段《薛仁贵征东》《表功》及影子戏《三英战吕布》等，以独有的魅力在瞬间激发了观众激昂的情绪，掀起阵阵高潮。

同年冬天，在中央电视台举办的"陕西戏剧周"演出期间，老腔传人张四季板凳伴奏的老腔曲目成为压轴曲目。当张四季从舞台后方搬起板凳冲上前台，沉重的木块一下下砸向板凳时，苍劲的嘶吼随之响起，一时间台下的叫好声不绝于耳。

2006年5月20日，在国务院公布的第一批国家级非物质文化遗产名录中，华阴老腔名列其中，成为三秦文化艺术的重要品牌。

梆子腔的鼻祖

——同州梆子

同州梆子作为秦腔五大地区流派之一的东路秦腔，多年来已渐渐为人们淡忘。其实它是一个历史悠久、影响深远的剧种，又称老秦腔，被奉为我国梆子腔的鼻祖，外省称之为"西秦腔""西调""陕西梆子"，后来为区别于其他梆子剧种，始称"同州梆子"。同州梆子以同州（今大荔）、朝邑（1958年并入今大荔县）为中心，盛行于关中东府10余县，北至绥德，东到潼关，南抵洛南，西行渭南，甚至流传到甘肃、宁夏、青海、新疆及北京、山西、河南、湖北等地。

◉ 古老而优秀的剧种

据史料记载，同州梆子在明代万历年间已有班社演出。明末李自成农民起义军在大荔和蒲城之间的孝同练兵时，曾以同州梆子为军戏，后来李自成率领起义军走南闯北，同州梆子也随之传到中原各地。李自成攻破北京后，曾在北京演出同州梆子三天三夜来庆贺胜利。

到了清朝康乾年间，同州梆子逐渐形成了自己的唱腔艺术，涌现出双凤班、居凤班、杨家班等班社及一批名艺人。乾隆年间严长明在《秦云撷英小谱》中就详细记述了秦腔班子和名演员的活动，提到在同州府已有"同州腔"，是秦腔的重要派别。道光、咸丰年间是同州梆子的全盛时期，同州府十数县的戏班就有30多个，各行当出现了不少名演员。他们不仅在本乡本土演出，有的在北京成立仪泰班，驻京演出多年；有的经常

赴山西太原、介休、太谷、榆次等地演出，与山西梆子演员同台，时人称之为"山陕梆子"或"山陕班"。这一时期，同州梆子也形成自己独有的剧目，如《画中人》《昭君和番》《下河东》《司马懋断阴》等。

辛亥革命后，改革秦腔的声浪日高，同州梆子未能赶上时代潮流，流行地域日渐缩小，后来因为战乱与饥荒所迫，至20世纪20年代，关中各地出现班社解体、艺人离散的局面，一些技艺出众的艺人无奈转入秦腔班社的易俗社、榛苓社、三意社当教练或参与演出。30年代后，这一剧种几乎绝迹舞台。

◉ 赵伯平与同州梆子

赵伯平是陕西蓝田人，自幼酷爱戏曲，对秦腔尤甚。他在1939年任中共陕西省委宣传部部长时就倡导成立了七月剧团，改编了秦腔《三滴血》《石达开》和《民族魂》。后来担任陕甘宁边区文化协会主任，直接主管许多文艺团体，发展新秦腔、新秧歌，曾受到边区政府的嘉奖。

新中国成立以后，赵伯平任陕西省委第二书记和省长期间，不但抓省里的政治经济建设，还亲自抓陕西的戏曲发展。当时，陕西地方戏曲剧种繁多，但除秦腔外，大部分已濒临消失，或处于"地摊子"状态。同州梆子艺人在建国前仅存三位，剧种几乎灭绝。赵伯平听说一位同州梆子老艺人已经在其故里为自己掘好坟墓，衣食起居皆在其中，他立即派人从"坟墓"中把他请出，给予妥善安排；后来他又陆续聘请王谋儿、王赖赖、朱林逢、张海娃、王麦才、刘省三等著名老艺人献宝授徒。1957年陕西省戏曲学校专门设立了同州梆子班，招收了70多名学生，赵伯平经常询问师生的学习和生活。学生排演《辕门斩子》《渔家乐》《石佛口》《截江》等传统戏时，他也亲临指导，从唱腔设计到服饰化妆，做了许多细致的工作。学校先后培养出白岳彦、雷平良、王云香、杜爱仙、党树仁、贺安东等优秀青年演员。

赵伯平在身负繁重的党政重任之余，还亲自修改和参与修改了同州梆子《辕门斩子》《破宁国》等多部剧本，且有不少创新。传统戏《辕门斩子》是秦腔、同州梆子的看家戏，但多年来对杨延景斩子的原因都语焉不详，赵伯平的改编本以"大敌当前，擅离军营，山寨闯祸，私意招亲"16字概括，从而赋予这一形象新的生命力，恢复了杨家一门忠烈的本色。《破宁国》一剧则从主题思想到唱腔、表演、服饰、脸谱化妆等诸多方面，都比原来的剧本有了新的提高，被誉为"老树红花，别具一格"。

◉ 再造辉煌

1958年，同州梆子班在西安演出多场后，又赴大荔、蒲城、合阳、澄城一带巡回演出，受到群众的热情欢迎和好评；1961年5月，由同州梆子班组成"陕西省同州梆子实习演出团"，赴京汇报演出《破宁国》《石佛口》《辕门斩子》等优秀传统戏，轰动

京城，引起首都戏剧界的关注，梅兰芳、马少波、田汉、周贻白、郭汉城等纷纷撰文，赞誉不已。京剧艺术大师梅兰芳称赞"同州梆子的起死回生，由枯变荣，是戏曲百花齐放的新成果"。田汉、郭汉城认为同州梆子"是高度发展了的戏曲艺术""是个很成熟的优秀剧种"。1964年同州梆子班学生毕业后成立了渭南专区同州梆子剧团，1966年因"文化大革命"解散， 1979年恢复成立陕西省同州梆子剧团，演出百场以上。1987年同州梆子剧团并入陕西省戏曲研究院， 1997年并入该院秦腔团。尽管同州梆子已无专业剧团存在，但其高亢激昂、优美动听的唱腔余音，仍在千万人的耳际回响。

同州梆子剧目丰富，据统计有1000余本，这些戏多以历史题材为主，但大部分已经失传。近几十年经过发掘、整理和演出的有《破宁国》《八义图》《画中人》《大报仇》《鼓滚刘封》《辕门斩子》《破洪州》《夜审潘洪》《天门阵》《金沙滩》《串龙珠》《长坂坡》《打金枝》《清风亭》《赠绨袍》《斩秦英》《斩韩信》《麟骨床》等200余本。

2006年5月20日，在国务院公布的第一批国家级非物质文化遗产名录中，同州梆子名列其中，更为这一古老的剧种增添了辉煌的一页。

古戏新生

——碗碗腔走上大舞台

建国以后，在陕西的戏曲舞台上有一个由古老而新生、由小戏到大戏的剧种——碗碗腔，以它婉转而明快，柔雅而浑厚，华丽而质朴，缠绵而多情的艺术特色闻名遐迩。当地人曾有"过年不唱碗碗腔，喝酒吃肉也不香"和"一曲（即眉户）二黄（即汉调二黄）三秦腔，细腻不过碗碗腔"之说。

◉ 碗碗腔与皮影戏

碗碗腔又名"灯碗腔""阮儿腔"，前者因击节乐器小铜碗和演皮影需用灯盏照"亮子"而得名；后者因主奏乐器阮弦（即月琴）而得名。1958年易名"华剧"，一般仍称"碗碗腔"。碗碗腔在形成过程中吸收老腔的艺术成分较多，为与老腔相区别，关中东府人又称它为"时腔"，主要盛行于陕西大荔、华阴、渭南、西安、户县、绥德、洋县等地。

据现有史料记载，碗碗腔最早来自同州、朝邑一带，早在清乾隆年间已相当流行，演出形式一直是皮影戏。百余年来，民间就流传有"华州的眉户合阳的线（腔），同、朝的灯影天下传"的说法。皮影戏也叫"灯影戏""影子戏""土影戏"，其人物形象起初用厚纸制作，后发展为以牛皮或驴皮为原料，刻后上彩，风格如同民间剪纸，头、身躯和四肢分别雕刻，用线连接，表演时活动自如。"皮影戏"的最大特点是"演员"为皮影，由艺人牵手操作皮制人物剪影，通过灯光投影于白色幕上，映出人物造型，并赋以动作，达到表演的目的。幕内配以相应的剧情唱腔和道白，并配有各类打击乐和弦乐管乐演奏音乐，形成完整的戏曲表演形式。

到了清朝中后期，碗碗腔的唱腔板路已基本形成，同州、朝邑一带有碗碗腔皮影班社30多家，其中著名的有李家班、齐家班、王家班、参子班、祥盛班等。清末民初，碗碗腔已经流传到东府的华县、渭南一带，大体形成了东西南北四路。在这前后，有些艺人流入山西曲沃、新绛、汾阳、孝义等地演出，逐渐形成晋南碗碗腔；还有些老艺人流入豫西的灵宝、陕县和卢氏一带演出，使碗碗腔成为黄河三角地带千里四方人们十分珍爱的一个戏曲剧种。

◉ 李十三与碗碗腔

说到碗碗腔，不能不提到清朝著名的剧作家李十三。李十三的真名叫李芳桂，字林一，号秋岩、鸷峰。祖籍华阴，因战乱流落渭南小钟村（今渭南市临渭区蔺店镇）。李氏家族人丁兴旺，自成一村，到李芳桂一代，弟兄众多，他排行13，人称他为李十三。他39岁中举，因家道贫寒而设馆教书几十年，在教书的同时致力于碗碗腔皮影戏剧本的创作，先后写成《香莲佩》《春秋配》《十王庙》《玉燕钗》《白玉钿》《紫霞宫》

《万福莲》《蝴蝶媒》《火焰驹》《清素庵》等名作，后来人把这十个大本戏称为"十大本"。乾隆年间，李十三创作的传奇剧《春秋配》首次演出，嘉庆年间传入北京，后来，嘉庆皇帝大兴"文字狱"，禁演地方戏，李十三饮恨而亡。为了纪念他，人们把他的出生地改名为"李十三村"。

李十三的创作以结构严谨、情节曲折、人物生动、戏词典雅，富有人民性的倾向，而受到人们的喜爱，广为流行，碗碗腔皮影戏也因此声誉日隆，获得"时调新腔"的美誉。从民国年间至今，李十三的"十大本"依然为全国许多剧种上演。京剧大师梅兰芳早年在北京上演《春秋配》，轰动一时；川剧还把《春秋配》列为自己的四大传统名剧之一。《白玉钿》在20世纪30年代是"秦腔正宗"李正敏常演的名剧，50年代又以碗碗腔形式搬上舞台。《火焰驹》是近百年来秦腔的"看家戏"，60年代初被拍摄为电影艺术片。还有《万福莲》被改编为秦腔《女巡按》和京剧《谢瑶环》，《清素庵》《玉燕钗》被分别改编为碗碗腔《囊哉》和《岳老爷上任》，《十王庙》被改编为京剧《陆判》。

◉ 碗碗腔走上大舞台

民国时期，由于军阀混战，陕西的各路碗碗腔皮影戏先后衰落，濒临绝境，少数幸存的民间班社，也在风雨飘摇中难以为继。建国后，古老的碗碗腔获得了新生，在陕西省委、省政府的大力支持下，各路碗碗腔重新活跃起来。大荔、华县、渭南专区和省上成立了专业碗碗腔剧团，新老文艺工作者共同努力，相继将多个碗碗腔皮影戏搬上大舞台，使这一剧种真正进入了舞台戏曲阶段，成为陕西地方大剧种之一。

1961年，大荔县碗碗腔剧团和富平县阿宫腔剧团组成陕西联合演出团，进京演出碗

碗腔传统戏《兵火缘》《二度梅》《金琬钗》和阿宫腔的《王魁负义》等40多天，受到了周恩来、朱德、董必武、李先念、彭真、陈毅、习仲勋等党和国家领导人的接见。随后赴山东济南、青岛、淄博等地演出。1963年又赴山西、内蒙古、宁夏、青海、甘肃演出100多场。其间涌现出李瑞芳、段林菊、温喜爱、王斌、王景山、王毓娴、梁才、杨荣荣、王玲、刘云、梁益龙、刘淑琴等一批碗碗腔表演名角，有的至今还活跃在戏曲舞台上。

建国以来的半个多世纪里，陕西省戏曲研究院眉碗团、华剧团为弘扬光大碗碗腔艺术，做出了重要的贡献。他们改编的的碗碗腔传统戏有《钗头凤》《铡美案》《枫洛池》《杨门女将》《燕燕》《白河沟》《艳阳楼》《恩仇记》等；新编的历史剧有《梨花魂》《杨贵妃》《法门轶事》等；创作或移植的现代戏有《红色宣传员》《瘦马记》《芦荡火种》《红花曲》《阮文追》《智取威虎山》《江姐》《红色娘子军》《蝶恋花》《家庭公案》《天池山》《恩仇恋》《药王庙传奇》《真的·真的》等。1986年《杨贵妃》一剧应邀晋京汇报演出，引起强烈反响，并于翌年赴香港参加"中国地方戏曲展"，获得各界好评。1992年，由欧洲话剧改编的碗碗腔《真的·真的》一剧，应邀赴芬兰进行文化交流演出，使古老的碗碗腔第一次走出国门，成为碗碗腔艺术发展史的里程碑。

2006年5月20日，在国务院公布的第一批国家级非物质文化遗产名录中，碗碗腔名列其中，更为这一古老的剧种增添了辉煌的一页。

山花烂漫

——商洛花鼓

"商洛山窝窝，处处花鼓多。"商洛花鼓是商洛山区人民喜爱的地方戏，盛行于镇安、山阳、丹凤、商县一带。每到春节期间，几乎所有山寨、村落都要打花鼓，有的地方竟连打正、二两个月，男女老幼翻山越岭，争相观看，煞是热闹。

商洛花鼓民间通称"花鼓子""地蹦子"或"二棚子"(即时兼唱二簧戏)，由丰厚的秦楚历史文化积淀而成。据镇安、山阳一带的艺人介绍，商洛花鼓始源于湖南，上传湖北，南由汉水传至安康、汉中一带，北由丹江传到丹凤、商县、洛南一带，进而传入关中。清光绪年间，花鼓戏由湖北传入商洛时，湖北正遭遇数十年未有的大水灾，许多灾民通过打花鼓的形式到处漂流，靠"化谷物"维持生计，人们将其所唱之调叫作"化谷调"，以后逐渐衍化称作"花鼓调"。

清光绪年间，丹凤县竹林关冯善亮的职业花鼓始有演出，该班先后传艺六代人。演出多为小旦、小生、小丑为主的三小戏。从清末到民国20年前后的30多年里，商洛各地花鼓班社众多，艺人云集。有名的班社有丹凤县的竹林关班，商县的东张班、西乡班、板桥班，镇安县的太白庙三圣班、云盖寺安乐班，柞水县的沙沟班、大石沟班，山阳县的杨老四班等。而且因流行地域和语音不同，逐渐形成了商丹（即商县和丹凤）路和镇柞路（即镇安和柞水）两派。

商洛花鼓经历了对对戏、三小戏、舞台戏三个发展阶段。对对戏也称"地蹦子"，以旦角、丑角表演为主，以耍扇子、耍手帕、矮子步、划船等为主要表现形式。三小戏以小生、小旦、小丑表演为主，其演出节目、戏剧内容都较对对戏有所发展，演出形式除载歌载舞外，还增加了故事情节，有道白、有演唱、有表演，开始了戏剧化进程。舞台戏是商洛花鼓不断与地方其他大型剧种交流、借鉴，逐步完善而形成的具有独特风格的大剧种。

"跳"和"舞"是花鼓表演最突出的特点，贯穿于一堂花鼓的人物表演始终。花鼓跳法多样，姿态刚健优美，有蹦跳、闪跳、弹跳、扭跳、踏跳；有兔子跳、麻雀跳、侧身跳、单腿跳、双蹬跳；有三角跳、十字跳、之字跳、拐线跳、双八字跳。跳的名目虽然很多，但没有固定的程序，由演员自由发挥，随境而变，自然生动，耐人观赏。

据不完全统计，商洛花鼓的大小剧目约有500多本，仅丹凤、商州一带就有100多个。常演的有几十本，内容大都是反映山区风情民俗和青年男女之间的爱情生活，还有一些一人一事或几人一事的说唱故事节目。

新中国建立以后，商洛花鼓迎来了明媚的春天，也跃入了大剧种的行列。从1953年起，商洛地区各县多次举行民间文艺座谈会、训练班和戏曲调演，组织花鼓艺人传艺献宝，专业戏曲工作者与老艺人合作对花鼓艺术进行了全面的改革和升华。1956年，在陕西省第一届戏剧观摩演出大会上，商洛专区剧团改编排演的花鼓传统剧《夫妻观灯》获得剧本改编和演员表演一等奖，轰动戏剧界；花鼓小戏《回河南》《西楼会》《桑园配》也分别获得二、三等奖，在这次大会上这一古老的剧种首次被命名为"商洛花鼓"。1958年到1966年，商洛专区剧团又创作演出了《种核桃》《龙凤山》《对鞋》《桐岭赛歌》等现代戏数十个，均获得好评。1964年，镇安县剧团创作演出的现代戏《换猪》，也享誉一时。

1978年十一届三中全会以后，经过新老文艺工作者的不懈努力，商洛花鼓推出了一批在全国有较大影响的新剧目，如《屠夫状元》《六斤县长》《牧童与小姐》《小农小贩小教师》《凤凰飞进光棍堂》《月亮光光》等。1979年国庆节期间，《屠夫状元》在西安舞台面世，立即引起全国戏曲界的高度关注和观众的广泛赞誉。由于艺术上的创新，《屠夫状元》成为生旦净丑行当齐全、唱做念打皆备、出将入相场面宏伟的大型剧目，其生动的故事、恢宏的场面、鲜明的人物、优美的曲调，感染和倾倒了无数观众，被戏剧界称赞为"商洛飞出的金凤凰"。后来这个戏被全国的十多个剧种移植上演，并由其他剧种拍摄成电影戏曲片。《六斤县长》是大型现代戏的结晶，在荣膺1982—1983年全国优秀剧本奖后，先后在北京、天津、上海、武汉等地巡回演出，使商洛花鼓享誉大江南北。2004年，《月亮光光》代表陕西省参加了文化部在浙江举办的第七届中国艺术节，被国家文化部授予十一届文华新剧目奖，将商洛花鼓的声誉推向一个新高度。由此商洛市剧团先后被国家文化部、人事部授予"全国文化工作先进集体"的称号，被陕西省文化厅授予"戏剧之乡"的称号，并被中国现代戏研究会接纳为集体会员，中国戏剧文学学会接纳为成员团。

2006年5月20日，在国务院公布的第一批国家级非物质文化遗产名录中，商洛花鼓名列其中，更为商洛"戏剧之乡"增添了辉煌的一页。

汉水滋育的两颗戏曲明珠

——汉调二簧与汉调桄桄

汉水发源于陕西宁强，流经陕南汉中、安康地区，进入湖北境内。它不仅给当地带来了繁荣的经济，也孕育了灿烂的文化。汉文化和秦文化相结合而产生的汉调二簧和汉调桄桄，历经数百年的衍化、变迁而不衰，于2006年5月20日，被国务院列入第一批国家级非物质文化遗产名录，从而成为三秦文化艺术的重要品牌，引起了当地政府的重视和人民的珍爱。

◉ 汉调二簧

汉调二簧，习称"汉二簧""山二簧""陕二簧""二簧戏"，流行于汉水流域，由西皮、二簧结合形成，故又多称"汉调"，辛亥革命后更名为汉剧。解放初期，在安康地区又有"陕西汉剧"之称。

汉调二簧的发祥地在紫阳县蒿坪河一带，这里的乐楼（即戏台）上曾有清乾隆二年二簧班社的题壁。嘉庆、道光年间，著名的二簧班社有汉中汉荣班、西乡仁丰班、城固宜太班。咸丰初年更有杨金年、范仁保等名艺人分别在西乡、安康二地设科授徒，先后培养出"洪、来""永、清""吉、寿""天、久"等辈艺人。随着这批艺人到处献技艺，二簧班社遍布川、陕两地，并形成汉中派、安康派、商洛派、关中派等不同的流派。

光绪年间，泾阳的安吴寡妇班四处招罗艺人，延聘文人修改剧本，声誉日高。慈禧太后逃至西安后，该社曾应诏为慈禧演出，得到赠匾嘉奖。1919年，艺人凌成佑在安康创立了汉剧同心社，以安康城为大本营，使汉调二簧再度兴起，直到解放后成立了安康人民剧院和安康县汉剧团。辛亥革命后，在陕西督军张凤翙、革命军师长张云山的支持下在西安创办的二簧鸣盛学社，拥有师生300多人，成为关中地区最大的二簧科班，与当时声誉正隆的陕西易俗社齐名。这些班社先后培养了不少颇有成就的艺人，如清末的姚彩盛、赵清平、董兴平，民国中期的邢大伦、杨大钧，民国后期的山鸣岐、刘鸣祥、张鸣峰、雷鸣震等，驰名遐迩。

抗日战争期间，汉调二簧曾一度衰落。建国初期，党和政府组织失散艺人分别在安康、商洛、汉中、西安、咸阳等地成立了一批专业剧团，在随团培养青年艺徒的同时，

又在陕西省戏曲学校设立了汉剧班。遗憾的是，"文革"中这些团体几乎损失殆尽。改革开放后，安康、汉中、商洛等地陆续恢复了一批专业剧团，使汉调二簧重现复兴景象。此外，安康、汉中、商洛、西安等地相继出现了专业或业余的社会研究团体，如汉调二簧研究会等，一些戏曲爱好者将它作为自己的研究项目，这必将推进二簧剧的发展和提高。

汉调二簧的剧目，在老艺人中久有"唐三千，宋八百，野外史传数不得"之称，不过，这些剧目大部分已经遗失了，现存的传统剧目仅有1400多本。这些剧目的取材范围从上古传说到明清故事，活像一部中国通史演义，艺人习惯谦称其为"三本戏"，即"封神演义""东周列国"为"一本"，约80余本；秦、汉、三国为"一本"，约120多本；隋、唐至明、清为"一本"，约400多本。其中《炼石补天》《曹刿论战》《征北海》《进妹喜》《黑逼宫》《尝百草》《女界牌》《有莘三聘贤》等200多个剧目，为二簧所独有的剧目。建国以来，改编移植的二簧剧目有《穷人恨》《红娘子》《北京四十天》等200多个，创作的现代戏有《红珍珠》等，为汉调二簧的繁荣增添了新的财富。

◉ 汉调桄桄

汉调桄桄，又叫"南路秦腔""汉调秦腔"和"桄桄戏"。主要流行于陕西的汉中一带，又以汉中为界，分为东、西两大流派。

据传汉调桄桄的起源有三。一说元朝有个蒙古族亲王，因犯罪被朝廷谪贬到汉中，带来了一班戏，后来演变为汉调桄桄。二说明朝万历皇帝有个宠妃，是洋县江坝人，皇帝为了让爱妃的父母在家欢度晚年，赠送了一班戏，后来发展成为汉调桄桄。三说秦腔于明万历年间传入汉中后，吸收了当地语音和民间音乐，清乾隆年间洋县一带艺人在演出中，又吸收了民间山歌、小调，丰富了唱腔曲调，使秦腔演变为汉调桄桄。汉中毗邻四川、湖北，长期与川剧、汉调二簧交流，使新兴的汉调桄桄既保留了秦腔高亢激越的特点，又融入了川剧、汉调二簧的柔和婉转之长，形成了自己鲜明的地方色彩和独特的风格，因此当地有"吃面要吃梆梆子，看戏要看桄桄子"的民谚。

清光绪年间至民国初年，汉调桄桄进入兴盛时期，仅汉中一带就有三秦班、洪喜班、同庆班、五福班等40多个班社，演出活动遍及汉中、安康及川北、鄂北、陇东等地。被称为"戏状元"的王庚子名噪陇东10余县，青衣杨桂芳、花旦李伍凤等活跃于川北广元及成都一带。当时演出的剧目主要有《伍员逃国》《帝王珠》《秦琼卖儿》《七星庙》《青梅宴》《夜打登州》《甘露寺》《黄金台》《风筝媒》《秋风扇》《疯僧扫秦》等。到了20世纪30年代，易俗社的改良秦腔传入汉中，加之抗战爆发后不少机关、学校和文艺团体进入汉中，演出京剧、话剧、歌舞剧以宣传抗日，汉调桄桄的演出一时衰落。解放前夕又因战乱，大部分班社相继解散，演出更为寥落。

解放后，汉调桄桄获得了新生。1950年在洋县成立了以老艺人程海清为首的洋县新民学社；1951年在南郑县由同乐、聚乐、协和三个班社200余人成立了南郑县新民剧社。当时的名老艺人有旦角杨桂芳、老旦程海清、丑角杜文书、大净马忠福、须生王五太、小生孙太正、副净刘太利、彩旦董玉华等。名须生谢兴隆唱腔宏亮高昂，有"夜过梁"之美称，且有听远不听近的特点，是汉中的好唱家。后来举办的多期演员训练班，培养出许新萍、陶和清、曾建芳、白敬民、谢新俗、王全成等一大批优秀青年演员，壮大了演员阵容，为汉调桄桄注入了新的精干力量。

据统计，汉调桄桄的传统剧目有千余本，建国初期挖掘、整理出抄存本720余本，其中大部分为移植秦腔剧目，建国后又创作、改编了一批传统戏和现代戏，久演不衰，获得了观众的普遍好评。

纵是偶人也多情

——合阳提线木偶

木偶戏，也叫"傀儡"，是我国文艺百花园中一朵土香土色、雅俗共赏的山花。它种类繁多，遍及全国，主要有杖头木偶、提线木偶、悬丝木偶、药发木偶、水木偶等，在陕西有杖头木偶和合阳提线木偶两种。合阳提线木偶与福建泉州提线木偶，一南一北，独具特色，为广大观众所喜闻乐见。2006年5月20日，在国务院公布的第一批国家级非物质文化遗产名录中，合阳提线木偶已名列其中，更为这一古老的剧种增添了新的一页，使之成为三秦文化艺术的重要品牌。

合阳提线木偶，民间俗称"线戏""线猴""线胡"或"小戏"，后来为与搬上大舞台由人出演的大戏相区别，一度曾称为"线腔戏"。合阳提线木偶起于汉，兴于唐，繁荣于明清，至今已有2000多年的历史。据说当年匈奴进攻中原，汉王刘邦被困平城。代王知道西河（合阳古称"西河"）有线戏，告知侍臣陈平，陈平遂命工匠以美人为原型仿制大木偶，借夜月舞于城楼，栩栩如生。匈奴王之妻望见，心生妒忌，恐城破之后匈奴王纳汉家女，遂网开一面，放走汉王。后来代王被封为合阳侯。到了明末，合阳举人李灌(向若)与线戏艺人过往甚密，对线戏的唱腔、音乐、服饰、剧目及偶人造型作了较大的改革，使之更趋戏曲化，并随商帮到江南的苏州、扬州演出。清朝乾隆至光绪年间，是合阳线戏的鼎盛时期，仅合阳县境内就有线戏班社70多个，多次往江南苏、扬两州及北京等地演出。到了清末民初，合阳县有大的线戏班社20多个，几乎村村都有自己的班社。

提线是合阳线偶戏的主要表演方法，表演时偶人的动作全靠演唱艺人用手中的细线悬控木偶完成。表演时，在戏台上搭一高约1.2米的长板台，前边用布帐围起，手提偶人在帐

前表演，为台上主角；演唱艺人站在布帐后的木台上或藏身幕后，通过提线来操纵偶人。偶人一般通高80至90厘米，重3至5千克。根据角色的不同，每个偶人身上分别带有偶线五到十余根不等，艺人巧妙地运用提、拨、勾、挑、扭、抢、闪、摇等方法，赋予偶人"生命"，使之多姿多彩，犹如活人。

合阳提线木偶剧目丰富，或由小说、演义和民间故事改编，或由元曲和明清传奇移植，或取材于现实生活，据老艺人传说大约有500余本，陕西省剧目工作室收集有200余本。过去的许多老艺人都能说五六十本戏，最多的可以说到100多本，其中最受欢迎的是他们的招牌戏——"三箱(厢)二楼加双钗"。"三箱(厢)"就是《百宝箱》《囊哉装箱》《西厢记》，"二楼"就是《谪仙楼》《鸳鸯楼》，"双钗"就是《金琬钗》《双凤钗》。

合阳线偶戏代代相传，绵延至今，出现过不少有名的艺人。人称"六八儿"的王武汉，过世已有多半个世纪，但当地人还是不忘他和他传神的表演，流传着不少他的故事。还有艺人六六子、高郎儿、刘升庆、王棣娃、谋儿、王相银等，人们编了许多顺口溜，来称赞他们的精湛演艺："六六子本事没法学，生旦净丑能提活""高郎儿，提的谄，对台戏才把功夫显；能吹胡子能瞪眼，能踢纱帽把单翅儿闪""升庆提线本领高，旦娃出来像水上漂。碎脚儿一步一步跷，前后左右会甩梢""不管生旦净丑，唯有棣娃子拿手。抬桌子，挪靠子，当场脱袄撂帽子""谋儿、郎儿再暴牙，提线算个全挂挂""提靠甲戏有能人，灭不下黑池王相银。"

合阳提线木偶成本低廉，乡土气息醇厚，多在农闲季节演出，它不仅流传于东府的大荔、澄城、韩城、白水、蒲城、华阴、潼关、华县，还在晋南的永济、运城、临猗、万荣和豫西的灵宝、陕县一带极受欢迎。有一位常去外地演出的艺人说：他们一出去都是十天半月不回来。在山西风陵渡演出时，十里八街看戏的人挤得水泄不通，其艺术魅力由此可见一斑。

全国解放后，线戏艺人魏天才、王忠绪等在民间班社的基础上发起成立了合阳晨光线剧社，即今合阳县提线木偶剧团的前身。1955年，晨光线剧社赴北京参加全国第一届木偶皮影戏观摩演出大会，演出传统戏《打金枝》中"进宫背舌"一折，获得极高评价。同年合阳线偶戏又赴中南海作了汇报演出。1956年，该社参加陕西省木偶皮影会演大会，以传统戏《白汗衫》荣获一等奖。文革时该剧社曾一度被解散，后来逐渐恢复，多次参加全国及省市的大型比赛和演出，均取得了优异的成绩。1994年，合阳线偶戏晋京参加建国45周年庆祝演出，1997年王红民、萧鹏芳夫妇又远渡重洋，赴巴西演出。2006年5日至15日，合阳皮影线偶表演艺术团应德意志学术交流中心、德国波恩博物馆等邀请，参加了"德意志波恩——中国西安博物展演国际交流会"，连续多天15场的演出中，容纳数百人的波恩博物馆艺术表演大厅场场爆满，就连走廊过道都被热情的观众挤满，每场演出都赢得观众热烈的掌声。中国传统民间艺术能在异域受到如此欢迎，实在令人非常震撼。

东府艺苑的一朵奇葩

——华县皮影

皮影源于陕西华县，作为我国古老的艺术奇葩，它曾经出现在《秋菊打官司》《大明宫词》《钟无艳》等诸多影视剧中。"一口叙说千古事，双手对舞百万兵""隔帐陈述千古事，灯下挥舞鼓乐声""奏的悲欢离合调，演的历代奸与恶""三尺生绢作戏台，全凭十指逞诙谐"，这些对联便是华县皮影艺术的真实写照。

◉ 我国古老的戏曲艺术

皮影戏又名"影子戏""灯影子""土影戏"，有的地方叫"皮猴戏""纸影戏"等。它是用灯光照射兽皮或纸版雕刻成的人物剪影，以表演故事的戏曲。其剧目、唱腔等多同地方戏曲相互影响，由艺人一边操纵一边演唱，并配以音乐。

皮影戏发源于西汉时期的陕西，距今已有一千多年历史。据说，汉文帝的太子小时候由一位宫女照看，一天太子哭闹不止，聪明的宫女便用梧桐树叶剪成人形，借着透进纱窗的阳光，一面用手舞动梧桐叶子，一面口哼小曲，太子马上转哭为笑。这大概就是

皮影戏最早的萌芽。

自宋朝开始，皮影戏真正成为我国民间广为流传的戏曲艺术。据宋朝《梦梁录》等书记载："京师初以素纸雕簇，自后人巧工精，以羊皮雕影，用以彩色装饰，不致损坏。"从13世纪的元朝起，皮影艺术随着军事远征和海陆交往，相继传入了波斯（伊朗）、阿拉伯、土耳其、暹罗（泰国）、缅甸、马来群岛、日本以及英、法、德、意、俄等国。明武宗年间，皇宫在京城大兴土木后，调集全国各地的名艺人举行了盛大庆典，举行了百戏大会演，皮影以其独特的艺术形式，备受皇宫王府的重视。

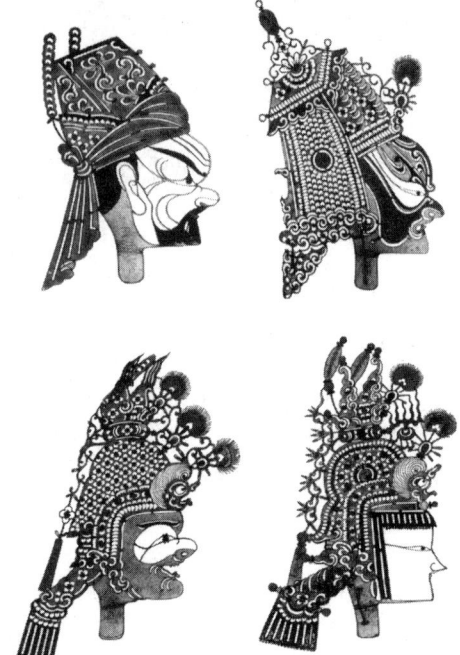

从清军入关至清末民初，我国皮影戏艺术发展到了鼎盛时期。无论是从影人造型制作、影戏演技唱腔和流行地域上讲，都达到了历史的巅峰。当时很多官第王府、豪门望族、乡绅大户，都以请名师刻制影人、蓄置精工影箱、私养影班为荣。在民间，大大小小皮影戏班比比皆是，一乡一市有二三十个影班也不足为奇。逢年过节、喜庆丰收、祈福拜神、嫁娶宴客、添丁祝寿，都少不了搭台唱影戏。一个庙会可出现几个影班搭台对擂唱影，热闹非凡，其盛况可想而知。

◉ 华县皮影的魅力

陕西皮影分为东路和西路两派，其中东路的华县皮影最为著名，自明代以来即在关中的华阴、华县和潼关地区流行。据《华县志》记载："在清末时……有演出班社二三十家。民国时期皮影仍盛行不衰，极盛时有班社48家。"我国皮影的国际正式名称为"华剧"，取"来自华县的皮影戏"之意。从古到今，在华县及周边各县农村，每逢家中举办婚丧大事，给老人祝寿、立碑，给孩子过满月、新房盖成，甚至哪家母牛生了两个以上牛犊，都要请皮影戏班子唱戏。华县皮影五六个人就可组成一个剧团，能演出２００多本戏，随点随演，不受限制，成本也较低，便于在民间广泛流传。

华县皮影有四绝：一是皮影雕刻作品造诣高。华县皮影一般由上好的秦川牛皮经过数十道工序精制而成，堪称艺术精品。二是演唱者功底极深。戏曲中的生旦净丑各种角色，全由一人包唱。三是表演者功力精湛。表演者依照剧情，两手分别掌握各种人物的动作，或执刀斗戈，或腾云驾雾，或顿足捶胸，或翩翩起舞，无不精彩动人。四是华

县皮影博大精深，继承了2000年传统精华，综合艺术水平炉火纯青，堪称戏曲艺术之绝唱。

华县皮影的制作非常讲究，所雕的帝王宫殿、佳人乡阁、才子书房、军营帅帐、桌椅门窗、花木怪石，无不逼真；文臣武将、才子佳人、工农兵商、男女老少，形象生动，惟妙惟肖。华县有名的皮影雕刻艺人李占文，从事皮影艺术50多年，所刻制的皮影剧目达100多个，人物、衣饰花纹等造型1000多种。他的刀法精炼古拙，设色浓浅均匀，富丽华贵，具有浓郁的陕西地方特色。20世纪60年代，他精心刻制的巨型皮影屏风"文成公主进藏图"被送到北京人民大会堂陕西厅，周恩来总理看后，十分赞赏。雕刻新秀汪天喜等刻制的影人，近年已进入国际市场，销售至德、日、法等七个国家，受到国外友人的高度赞扬。

◉ 华县皮影走向全国和世界

新中国成立以后，华县的皮影演出活动异常活跃。1955年，华县皮影艺人李俊民和安世杰曾赴陕西省戏曲研究院传艺。翌年11月，华县皮影代表团赴西安参加陕西省皮影木偶戏观摩演出大会，老艺人刘德娃、李五喜、康自发、于新稳、李占文等参加演出并获奖。1976年6月，上海美术电影制片厂来到华县拍摄了皮影戏演出活动的专题纪录片——《皮影轻骑队》。1993年，华县皮影参加了著名导演张艺谋执导的影片《活着》

的拍摄。1995年7月，应台湾国立艺术学院戏剧研究所邀请，华县光艺皮影社赴台北南投、高雄二地巡回演出，12月又赴香港参加"中国民俗文化节"，受到了台湾、香港学者和社会各界的欢迎。

自上世纪90年代以来，华县皮影踏出了国门，开始走向世界。1996年，华县皮影团赴日本进行民间文化艺术交流活动。1996、1997年两度赴德国进行民间文化艺术交流活动。2001年参加了国家文化部和德国联合举办的"柏林亚太周"文化活动。2004年3月又赴法国，参加"中国文化年"活动的文化交流演出；2006年4月，为"中法文化年"——法国文化考察团作了专场演出。2006年5月20日，在国务院公布的第一批国家级非物质文化遗产名录中，华县皮影名列其中，更为这一古老的剧种增添了辉煌的一页，成为三秦文化艺术的重要品牌。

琴瑟歌舞起新声

——仿唐乐舞

在我国舞坛上，陕西省歌舞剧院推出的全国第一台艺术宫廷乐舞——《仿唐乐舞》，将古代宫廷"乐"与"舞"有机结合起来，从20世纪80年代至今久演不衰，誉满中外，为探索民族乐舞开创了一条新路。据统计，20多年来，仿唐乐舞演出近2万场，观众达600万人次之多，出访过40多个国家，为数以百计的国家元首和政府要员观赏和赞誉，已成为陕西独具个性特色的文化品牌。

◉ 大唐乐舞

"乐"是我国古代的一种表演艺术形式，它既可抒情，又可叙事，题材选择广泛，表现手段灵活，有强烈的感染效果。我国的舞蹈起源于民间祭祀，先祖们以富有节奏韵律的动作，载歌载舞，声情并茂，向上苍祈祷广施恩泽，驱除祸患。唐王朝建立后，政通人和，国力昌盛，古代乐舞艺术发展也进入了鼎盛时期。唐代的许多帝王都喜爱乐舞，通晓音律，能编善作。唐太宗李世民为歌颂自己统一国家的功绩，创制了规模宏大的著名乐舞《秦王破阵乐》，到唐高宗李治时，这一乐舞改为《神功破阵乐》，成为宫廷的祭祀乐舞。武则天为庆祝"改唐为周"，组织公子王孙进行乐舞表演，她所做的《鸟歌万寿乐》也载入了中国音乐史。唐玄宗李隆基更是酷爱乐舞，在长安设立教坊、梨园、宜春园等众多宫廷歌舞音乐场所，亲自任教练并参与演出活动，而且创制新曲40多首。由他与爱妃杨玉环表演的《霓裳羽衣曲》，已成为历代传颂的唐代乐舞佳作。

大唐乐舞荟萃历代歌舞所长，兼收西域众多少数民族及国外之精粹，气势磅礴，场面壮观，集诗词歌赋于吹奏弹唱，融钟鼓琴瑟于轻歌曼舞，乐曲高亢悠扬，动作舒展流畅，服饰华丽多姿，堪称历代歌舞之最，也是大唐盛世歌舞升平的写照。

◉《仿唐乐舞》之盛

《仿唐乐舞》是我国当代第一台仿古乐舞，它一"亮相"舞台，就以鲜明的民族特色和辉煌、典雅、古朴、淡馨的中国气派，向人们展现了1200多年前大唐王朝的宫廷音乐舞蹈艺术。帷幕徐启，只见舞台上瑰丽庄严的宫廷景象悠然而来——宏伟的宫廷大殿，玉石宫柱，挺拔矗立。乐声中演员们按照唐代夜宴的习惯，点燃四棵金色灯树，再

参以浩瀚无际的蓝天，观众仿佛置身于宁静高雅的宫廷之中。整台乐舞的舞蹈编排、音乐作曲、舞姿形态、服装设计、内容情节、"乐"与"舞"的结合，都充分体现鲜明的大唐特色，美不胜收，幕幕都为观众报以热烈的掌声。

《仿唐乐舞》由14段音乐、舞蹈组成。舞蹈部分有《燃灯舞》《观鸟扑蝉》《柘枝舞》《剑器》《白纻舞》《面具金刚力士》《踏摇娘》《踏歌》等。整部作品既是一个完整的艺术作品，各段又可独立进行表演。演出采用唐宫梨园弟子向皇帝和各国使节、四方宾客呈现歌舞的方式，由"教场使"吟颂报幕来连接各段乐舞，形成一个表演整体，展现出唐代多姿多彩的乐舞艺术精华。

为了比较准确地反映唐乐舞恢弘的气势，《仿唐乐舞》从创作到表演，从服饰到舞美，从音乐设计到演员遴选，都尽可能地利用陕西当地丰富的艺术资料，挖掘民族音乐舞蹈的宝贵遗产，力求使《仿唐乐舞》成为原汁原味的陕西"土特产"。从1981年起，演职人员阅读了《旧唐书》《资治通鉴》及其他一些舞蹈史料；请教了史学家及音乐舞蹈研究专家；考察了故宫博物院、莫高窟、云冈石窟、龙门石窟以及陕西唐昭陵、乾陵中的古迹、壁画、石刻、石雕，从中寻觅参照形体的素材和灵感。

◉ 《仿唐乐舞》享誉海内外

1982年10月1日，《仿唐乐舞》在全体演职人员的艰辛努力下，只用了14个月筹备时间，就作为国庆献礼在西安举行了首场演出。当时联合国15个国家的艺术考察团也前来观赏，对演出效果赞不绝口。翌年1月，《仿唐乐舞》剧组赴京向中央领导汇报演出，30天内公演了22场，轰动京城，共有80多个国家的驻京使节及外宾前来观看。此后剧组又在北京、广州、深圳、南宁、上海、桂林、武汉、香港等地演出，1985年先后出访了苏联、朝鲜、新加坡、挪威、丹麦、芬兰、瑞士、阿尔及利亚、西班牙、葡萄牙，四次到日本，两度赴法国，深得学者、专家及观众好评。

现在，《仿唐乐舞》已成为陕西的文化宣传和旅游品牌。1987年以来，陕西省歌舞剧院与旅游部门合作，将多年创排的《仿唐乐舞》《唐·长安乐舞》《秦风古韵》中的精彩部分重新加工，在西安唐乐宫以全新阵容推出精华浓缩的《仿唐乐舞》，舞美、服装、布景、乐器均焕然一新，获得极大成功，成为外来宾客了解西安的传统经典保留节目。

近年来，西安市在原唐代芙蓉园的遗址和风格基础上建成了曲江大唐芙蓉园，《仿唐乐舞》也在这里以新姿展现在中外观众面前。芙蓉园的《仿唐乐舞》改名为《梦回大唐》，是采用全新视听艺术手法制作，集诗、乐、舞于一台的蕴涵盛唐风韵的大型梦幻诗乐舞剧，通过舞美、灯光、服饰及特技表演，再现了盛唐恢宏壮丽、大气磅礴的风貌。

三秦大地上的人民艺术家

——常香玉在陕西

豫剧大师常香玉是河南人，从1938年到1955年，她在陕西生活了18个年头，她戏曲演艺上的起家和成家立业，都是在这里完成的，她的艺术流派也是在这里形成的。

● 陕西：常香玉的第二故乡

常香玉，1923年生于河南省巩县，9岁开始学戏，10岁登台，13岁主演六部《西厢》，名满开封。1938年12月，已经在河南舞台演红的常香玉应邀来到西安，从此这里成为她绽放艺术光彩的第二故乡。一到西安，常香玉就在南大街的豫秦剧院演出近5个月，上演了48个剧目，一时间名声大振，被观众称为"豫西牡丹"。

随后的四年，常香玉一直在西安豫秦剧院和宝鸡河声剧院演出。在宝鸡她结识了当时的三青团分部书记、戏曲爱好者陈宪章，并结为终身伴侣。1948年，这对豫剧伉俪在西安创办了

香玉剧社，不仅吸纳了一批有影响的剧作家、演员和演奏人员，而且吸收京剧、秦腔、河北梆子、评剧、曲剧及坠子、大鼓等艺术优长，丰富了自己的唱腔和表演，逐步形成了一支高水平的豫剧班社。香玉剧社把各种格调不同的豫剧唱腔融汇于豫西调之中，独创新腔，形成豫剧中独具风格的一种流派——常派。

◉ "常香玉剧社号"战斗机

1950年3月，常香玉和陈宪章率香玉剧社结束甘肃的演出返回西安。这一年6月，爆发了美国入侵朝鲜的战争，战火烧到了鸭绿江边。在全国人民抗美援朝、保家卫国的捐献热潮中，常香玉和陈宪章组织剧社连续义演十多场。当全国抗美援朝总会发出捐献飞机大炮的号召后，他们几天长夜不眠，决心要用演出收入来捐献一架战斗机，支持志愿军。

捐献战斗机是光荣的的事，也是艰巨的事。按当时的币值一架战斗机需要15亿人民币，常香玉知道它的分量。她带头卖掉剧社拉戏箱的卡车，卖掉自己22两重的金首饰，为外出义演捐献4000万元(旧币)，还表示义演不要国家一分钱，自己六个月内不要一分钱工资，和大家同甘共苦、艰苦奋斗，完成捐献任务。

1951年8月7日，常香玉率领剧团从西安出发，先后到开封、郑州、新乡、武汉、广州、长沙等城市演出178场，历时半年，观众达31万多人次。1952年2月剧团到达长沙时，收入已达15.2亿元。这年秋天，筹款全部寄到北京抗美援朝总会，会长郭沫若十分高兴，给捐献的飞机命名为"常香玉剧社号"。

40年后的1993年春，电视连续剧《常香玉》在全国播出后，空军政治部致电常香玉说："这架飞机还在，完好地保存在空军博物馆，而且欢迎香玉本人去看看。"常香玉专程到了空军博物馆，穿着空军的装束，站在飞机前拍照纪念。

◉ 两度晋京演出

1952年10月，全国第一届戏曲观摩演出大会在北京举行。香玉剧社由常香玉主演的剧目《花木兰》《断桥》和《拷红》，被西北文化部推荐晋京演出。10月6日，观摩大会在北京中山公园音乐堂举行了开幕式和首场演出，政务院总理周恩来、副总理陈毅等和全国23个剧种的1600多名戏曲工作者代表出席，其中演出的剧目就有常香玉的豫剧《新花木兰》，这是给爱国艺人常香玉的特殊荣誉。常香玉获得了这次会演的最高奖项——荣誉奖，这项殊荣既是对她前半生艺术成就的总结，更是豫剧界的光荣，常香玉成为豫

剧界当之无愧的领军人物。两年后的1954年国庆节期间，常香玉再次被调赴北京，以自己的拿手好戏《断桥》参加国务院招待外宾的演出。常香玉此时虽已怀身孕7个月，但她唱念做打一丝不苟，演出十分成功，以意义非同寻常的一页载入香玉剧社的史册。

◉ 在朝鲜慰问演出

1953年4月到8月，常香玉和香玉剧社奉命赴朝鲜为中国人民志愿军慰问演出。常香玉义演为志愿军捐献战斗机的事，志愿军的首长和士兵可以说无人不知、无人不晓。当她率领"香玉剧社"来到前线慰问演出时，受到了志愿军将士们的热烈欢迎和关怀。夜晚，在她的房门口，志愿军战士给她站岗守夜。次日清晨，常香玉发现后就为这位战士单独演唱几段戏。常香玉所到之处，志愿军战士总是把她高高举起来。志愿军司令员彭德怀看了常香玉的演出后，紧紧地握着她的手说："我在西安看过你的戏，你和你的剧团捐赠了一架飞机，这种爱国精神是了不起的，我们志愿军感谢你！"

常香玉和剧社在朝鲜的慰问演出历时170余天，平均每天一场。由于当时特殊的战争环境，她们的演出多是在坑道里和掩体下进行的，有时只有十几位战士观看演出，百人以上的观众很少。有一次，常香玉正在演出，遭到敌机轰炸，会场的汽灯被震灭了，舞台阵阵抖动，但她仍静静地唱着，一直到剧终。还有一次，常香玉正在掩体里演出《花木兰》，敌人的炮弹突然袭来，泥土落了她一身。几位战士飞步向前把她推倒，用自己的身体挡在常香玉身上，以免受到伤害。后来，常香玉多次谈起这件事都十分动容。她常说："我过了几十年的舞台生活，只有这次赴朝为志愿军演出，是最光荣的。"

1955年，河南省豫剧院成立。应河南省委、省政府之邀，常香玉以及香玉剧社老班底自西安返回郑州，常香玉出任省豫剧院院长兼一团团长，继续为深爱的戏曲事业做出奉献。常香玉以其赤诚的爱国之心和精湛的戏曲表演艺术，得到了全国人民的厚爱。2004年她逝世后，国务院追授予她"人民艺术家"称号。

献身秦地的京剧大师

——尚小云在陕西

尚小云是闻名全国的京剧"四大名旦"之一。1959年,尚小云与家人离京来陕,直到1976年他逝世的17年里,他一直扎根陕西,献身于西北的戏曲艺术事业。他德艺俱馨的人格魅力、独树一帜的艺术风格和炉火纯青的精湛技艺,至今令人难以忘怀。

● 举家来陕

尚小云1900年生于北京,幼年开始学艺,一经公演即大受欢迎,两度被选为"四大名旦"。1936年,尚小云一手创办了荣春社,一边演出,一边收徒传艺,并多次为遭受灾害的同胞义演筹款。无奈时局不稳,社会动荡,荣春社终究无法维持,于1948年解散。

1949年新中国的诞生,为尚小云的京剧艺术事业开辟了新天地,不久尚小云剧团即在北京成立。1951年和1957年,尚小云两次来西安演出,都盛况空前,受到热烈欢迎,同时,古城西安的民情风俗和人文历史也给他留下了深刻印象。在与陕西文艺界及戏曲同行的广泛接触中,尚小云开始关注西北地区戏曲及其教育事业,不知不觉间与古城结下了不解的情缘。

1958年底,陕西省筹建京剧院,省上的领导同志动员尚小云来陕,筹建京剧院的负责人也风趣地恳求说:"刘备三顾茅庐感动了诸葛亮,我们的恳求也能感动您尚先生。"尚小云深为感动,给陕西省有关领导写信明确表示:"西北在召唤,古城西安在召唤,三秦人民在召唤,我愿意充当陕西省京剧院的创始人。"1959年1月6日,尚小云不顾北京方面的挽留,带领剧团和全家老小离京来陕,陕西省的主要领导亲自到车站欢迎,西安从此成为尚小云的"第二故乡"。

尚小云来陕不久,就当选为中国戏剧家协会陕西省分会常务理事、陕西省戏曲学校艺术总指导,并于1963年12月当选为陕西省政协常委。1964年陕西省京剧院成立后,尚小云任首任院长。

● 收徒传艺

尚小云来陕时已年届花甲,主要从事收徒传艺和教学工作,有时也参加部分演出活动。1961年12月2日,陕西省委宣传部、陕西省文化厅在西安人民大厦举行尚小云收徒传

艺大会，来自西安、富平、大荔等地九个剧种11个剧团的35位戏曲演员正式拜尚小云为师。在此前后，他到山西、山东、贵州、广西、云南讲学时，还先后收徒百余人。从他入陕到1966年"文革"前，尚小云在省内外共收弟子180多人。

尚小云收徒，贵在言传身教，不图虚名。仅在陕西，他先后为省戏曲研究院马蓝鱼排导了《昭君出塞》《绿衣女侠》《宇宙锋》；为省同州梆子剧团刘智民、杨巧言、张小萍排导了《取桂阳》；为省戏曲学校白岳彦排导了《昭君出塞》；为渭南秦腔剧团的张彩香排导了他的拿手好戏《失子惊疯》等等。尚小云对弟子处处关心，时时鼓励，既是严师，又似慈父。陕西省京剧院的孙明珠就是尚小云手把手教出来的，有时一个动作能反复排导几十次。马蓝鱼上演《绿衣女侠》时，尚小云将自己当年扮演剧中刘芳时所穿的戏衣和道具亲自送到后台，让学生使用。刘智民等演出《取桂阳》时，尚小云亲自为他们化妆，并在台下认真观看，后来还在报纸上发表文章，予以肯定。

经过尚小云呕心沥血的培养，他的一大批学生都脱颖而出，崭露头角，成为各剧种的台柱子。马蓝鱼在尚小云的精心教导下，把京剧的水袖功运用到秦腔的表演上，做工日渐扎实，成功地演出了《游西湖》中的"鬼怨·杀生"，被人们誉为"火中凤凰"。孙明珠继承了尚派艺术的许多"绝活儿"，担纲主演了10多出京剧大戏、名戏，成为尚派艺术的正宗传人。还有秦腔演员张彩香、豫剧演员邢凤云、蒲剧演员王秀兰、河北梆子演员胡小凤、京剧演员吴素秋、张君秋、孙荣蕙等，都成就斐然，成为深受观众喜爱的戏曲演员。

◉ 捐献家藏

尚小云平生除了演出、教学之外，唯以收藏自娱，是梨园界的收藏名家。他的收藏范围很广，有名人字画、古董玩器、瓷铜玉器、金银珠宝、古籍善本、木器家具、碑帖拓片、金石印章等等，而且质地好、价值高，有许多珍品乃至极品。1959年4月，尚小云移居西安不久，鉴于陕西省博物馆藏品较少，便慨然地将自己珍藏多年的古书画、玉器等66件藏品无偿地捐献给了陕西省博物馆。这些字画中有多幅宋、元、明、清历代名家的作品，另有清御赐折扇两匣和汉白玉玉圭、玉璧个一件。

尚小云的儿子尚长荣回忆说："父亲一生除献身艺坛外，其他爱好就是喜欢古代字画，可以说是一个收藏家。他演戏之后回家，还要观看字画，以调养性情，甚至出外还随身带着字画，到了旅馆就挂起来欣赏。作为戏剧家，这样既增加了文化的修炼又汲取了艺术的营养。"

尚小云的三个儿子受到家庭艺术熏陶，也都从艺京剧，长子长春工武生，次子长麟工青衣，三子长荣工花脸，人称"尚门三杰"。尚小云对他们教育极严，要求他们先学做人，后学演戏。他们也不负父教，把尚派的刚健之风融入自己的表演之中，都取得了不凡的艺术成就。

遥远的遗迹

——蓝田公王岭猿人遗址

在我国境内发现的猿人化石中，最有代表性的主要有距今约170万年的云南元谋猿人、距今约115万年的陕西蓝田猿人和距今约60万年的北京周口店猿人等。位于黄河流域中游的三秦大地，不仅用她宽广的怀抱养育过神奇灿烂的炎黄文化，在更加遥远的旧石器时代早期还以她清纯的乳汁哺育过刚刚学会直立行走的人类初祖。

◉ 大雨冲出惊世端倪

1963年7月，中国科学院古脊椎考古队在陕西蓝田陈家窝村附近发掘出一具古人类老年女性下颌骨化石。这个即将震惊中国和世界考古界的消息传开后，考古队员们无不欢欣鼓舞。陈家窝蓝田猿人下颌骨的发现，极大地鼓舞了蓝田地区的科学发掘与研究工作，为后来的更有价值的公王岭猿人头骨化石的发现奏响了序曲。

考古队离开陈家窝村，又挥师向后子镇进发，可一连几天都被大雨阻隔在蓝田县城中。天放晴后考古队再次起程，走到玉山公社又是电闪雷鸣，大雨倾盆，队员们无奈又在玉山村留宿。第二天，雨过天晴，考古队员黄万波、张宏与几位村民在村口闲谈时说到"龙骨"（哺乳动物化石），一位中年男子指着灞河南岸的公王岭说他当年在那里挖过"龙骨"。乡民的话把黄万波和张宏的注意力引向了灞河之滨的公王岭。第二天一早，他们便涉过灞河，爬上了公王岭。半山腰上遍地卵石，雨后很是滚滑，难以攀登，黄万波和张宏便转身进入了右侧一条狭长的冲沟，沟底的情景让他们不禁惊异了：被大雨冲刷出来的"龙骨"几乎遍地都是。他们不顾一切地跃入沟底，在泥泞中深一脚浅一脚地收拾这些珍贵的哺乳动物遗骸。经过四天的非正式发掘，公王岭上采集的哺乳动物化石装满了两大箱，其中最多的是马和鹿类的牙齿，此外还有貘牙、鼠科牙、大角鹿的眉枝等。

1963年冬天，虽然天寒地冻，考古队在蓝田地区的考古发掘却仍在热火朝天、紧锣密鼓地开展着。中科院古脊椎动物与古人类研究所特别组建了三支队伍：一支为公王岭发掘队，一支为陈家窝发掘队，一支为新生代地层考察队。三支队伍由北京猿人发现者、著名考古学家贾兰坡任总队长。一场即将爆出世界级考古重大发现的发掘战役正在悄然展开。

折桂犹待长安花

◉ 实验室中爆响春雷

　　1964年春天，山花烂漫，各考察支队都在按照预定的计划开展野外工作。公王岭发掘队先在去年黄万波、张宏等人发现过大批哺乳动物化石的黄土层上作业。5月23日，发掘技工武文杰在一块钙质结核土层中发掘出一枚猿人牙齿，其后又发现一些旧石器。贾兰坡及总队其他专家得知消息后立刻赶赴现场，对猿人牙齿的出土地层进行了详细分析，认为在这一大块钙质结核中可能还会发现人类化石。他们决定把这块钙质结核运回北京实验室，组织有经验的修复专家进行仔细的修复。

　　在北京实验室，经验丰富的技师李功卓对这块结核中的钙质土层进行了精细的清理。随着时间的推移，余下的钙土越来越少，有关猿人化石的信息却点滴未露。

　　10月12日，李功卓清理一块骨片旁边的泥土时，渐渐地露出了一块厚厚的骨头，他感到这块骨头有些与众不同，于是动作也更加小心翼翼。当暴露出来的骨面越来越大时，他一边清理一边分析：这会不会是人的眉脊骨？不像，人的眉脊骨没有这么隆起，也没有这么厚实？如果是猿人的呢？他的心里不停地打鼓，期盼着奇迹的出现。不久，著名考古学家裴文中来到了现场。凭着对猿人化石属性的辨别力，他仔细地观察后得出了结论："应该是猿人头骨。"裴老的声音引起了满堂欢腾——"公王岭蓝田猿人头骨"就在这一刻跃然出世了。经过进一步鉴定，该头骨为女性猿人头骨。

◉ 公王岭上建展馆

　　蓝田猿人头骨的发现，是继北京猿人之后的最重要的古人类化石发现。消息发布后，震撼了世界考古界和文化界，被国际考古界誉为20世纪60年代世界考古的重大发现。从此，蓝田猿人被写进了历史教课书，蓝田县也名扬世界。

　　蓝田猿人化石的年代经古地磁测定为距今约115~110万年，属旧石器时代早期。蓝田猿人的头骨具有明显的原始性状，眉骨粗大，前额低平，头骨壁较厚，脑量仅约780毫升（现代人平均脑量为1400毫升），按照国际学术命名规范被命名为"蓝田直立人"或"直立人蓝田亚种"，伴随着蓝田人共生的42种哺乳动物被定名为"蓝田公王岭动物群"。

　　1979年，国家在蓝田县公王岭上建造了蓝田猿人遗址纪念馆。纪念馆距西安市50公里，是国内外学者研究古人类、古地貌、古气候、古动物的理想场所，同时也是风景悦人的旅游景点。馆内沿山建有展览馆、纪念亭、新生代地层剖面保护厅等，文物陈列室陈列着115万年前的猿人用石英打制而成的旧石器工具，有刮削器、砍砸器、尖状器和石片、石球等约200多件。1982年该馆被国务院公布为第二批全国重点文物保护单位。

六千年前的氏族村落

——半坡遗址的重大发现

在西安市东郊的浐河东岸，座落着驰名中外的半坡遗址博物馆，这是我国最早的一座遗址博物馆，也是黄河流域规模最大的、保存最完整的母系氏族公社村落遗址。六千年前的半坡人就生活在浐河岸边，他们这里捕鱼狩猎，种植五谷，饲养家畜，制作陶器，创造着充满智慧之光的华夏早期文明。

◉ 修铁路挖出了洪荒古董

1953年春天，西安灞桥火力发电厂正在热火朝天地进行专用铁路建设。当推土机推垫路基时，有人发现黄土里加杂着一些墓葬遗物之类的东西，赶紧向上级部门报告。当时的西北文化部文物处得知消息后，立刻派人前往现场考察，并建立了工作站。不久，工作站又在半坡村附近的浐河二级台地上发现了灰土层、红烧土、灶坑、骨斧、骨锛、骨刀、骨笄、骨针等器物。

1954年秋天，在中国科学院考古研究所的主持下，举世瞩目的半坡遗址发掘工作正式开始。半坡遗址属新石器时代仰韶文化类型，总面积约五万平方米，挖掘面积一万平方米，由居住区、制陶区、墓葬区组成。发现房屋遗址45座，围栏2座，窖穴200多个，陶窑6座，墓葬250座，生产生活用具近万件。遗址中出土的竹鼠、獐鹿等亚热带动物遗骸说明当时的浐灞平原正是气候温暖，竹林遍地，鱼虾成群的富饶水乡。半坡人用骨头制作的鱼钩与我们今天使用的鱼钩几乎完全一样，这些精美的鱼钩和网坠之类的渔具也说明半坡人的重要生活来源之一就是捕鱼捉虾。出土的纺轮、纺锤、骨针等证明半坡人已经具有纺织缝纫技术。陶器底部各式各样的席纹、布纹证明半坡人具有相当高超的编织技术。瓮棺上便于死者灵魂进出的小孔说明半坡人已经具有灵魂不死的原始宗教信念。洪荒时代的先民竟然具有如此高超的智慧，实在令人惊叹。

在半坡遗址博物馆的陈列大厅中，我们可以看到很多彩陶盆上都有著名的"人面鱼纹"图腾徽标。典型的"人面鱼纹"图案是：在圆形人面的嘴角两边各画一条横置的鱼，在人头两边太阳穴处各画一条横置的鱼，人物头顶上高高的尖顶发髻也是抽象化了的鱼尾巴。这个徽标的真实含义至今仍是扑朔迷离。

据统计，在半坡出土的陶器上刻画的陶文符号共有22种，113个。有些学者认为这

些充满神秘色彩的刻划符号只能是符号，也有些学者认为它就是中国文字的雏形。郭沫若1959年夏天首次莅临半坡时，对这些极其古老的符号产生了浓厚的兴趣，他在给半坡遗址的题词中写道："殷墟文字已合乎六书规律，则文字之起源必尚可逆溯三二千年。仰韶龙山似已进入有文字的时期。今来半坡观先民遗址，其建筑结构，器制花纹，生活礼制均已脱出原始畛域。陶器破片上见有刻纹，其为文字殆无可疑。将来发掘更多时必能进一步解决此问题。"这些刻画符号在对中国文字史的研究过程中占有重要地位，但它们的含义至今仍是未解之谜。

◉ 半坡人与神话传说中的炎黄部族

古史传说在六七千年前，生活在黄河中下游地区的主要是炎帝氏族以及氐、羌氏族等。炎帝氏族是在大约六千年前壮大起来的，他们的主要活动区域是以宝鸡地区为中心的渭河流域。从炎帝氏族中分裂出来的黄帝氏族的主要活动区域是陕北洛河流域。炎帝氏族后来又分为两支，一支走甘肃，一支走渭水、沿黄河，进入中原。从时间上看，六七千年前的半坡遗址、姜寨遗址均为炎帝氏族由宝鸡地区东迁过程中定居在浐灞平原的氏族公社村落。后来，炎帝氏族日渐衰退，黄帝氏族日渐壮大，炎帝部族无力抵抗东夷蚩尤族的入侵，向黄帝求援，黄帝战败蚩尤后又与炎帝发生领地冲突，炎帝败，炎帝族融入黄帝族，这就形成了华夏民族，也就是古书上讲的"诸夏"。由此可见，陕西是炎黄文化乃至华夏文明的发祥地，半坡人也正是我们华夏民族的远古祖先。根据古人类学家的研究，中国人属于蒙古人种，山顶洞人就是蒙古人种，而半坡人又是直接继承山顶洞人的血统发展下来的，是中华民族的直系祖先。

◉ 元帅拍板建展馆

半坡遗址的发掘工作得到中央领导的关怀和重视。当时的教育部长钱俊瑞曾专门向周恩来总理作过汇报，得到周总理的亲切关怀。1955年底，陈毅元帅在郑振铎、王冶秋的陪同下参观了半坡遗址，郑振铎提议修建半坡遗址博物馆，陈毅元帅当场拍板定夺，并于第二天向国务院发电报，建议拨款30万元作为建馆经费。1958年，中国第一座遗址博物馆在半坡村拔地而起，命名为"西安半坡博物馆"，为全国重点文物保护单位。博物馆有一个遗址保护大厅、两个文物陈列室和一个陶窑遗址室。展出复原房屋以及各种生产、生活用具等，给游人展现了遥远的半坡时代人类生产、生活的真实图景，对研究中国原始社会历史和仰韶文化的分期等都具有重要的科学价值。

西岐凤鸣之地

——周原遗址的保护

《诗经》里有这样一句话："周原膴膴，堇荼如饴。"意思是说，周原太肥沃了，就连堇、荼这样的苦菜都是甘甜如饴的。周原位于陕西省岐山、扶风两县之间，东西长约70公里，南北宽约20公里，距西安市约200公里。这里是周文化的发祥地，地形突起如高原，故名"周原"。

◉ 周人迁徙 定居周原

相传周族始祖是赫赫有名的农神后稷，他从天上带回五谷嘉种，教民稼穑，发明农业。周族以姬为姓，最早兴于陕西武功的"邰"，后迁于陕西彬县的"豳"，最后在陕西岐山脚下箭括岭一带的"周"（也称"岐周"）营造城郭，长期定居。经过周太王（古公亶父）、周王季、周文王三代国君在这片肥沃的土地上励精图治，蓄养国力，周最终成为商王朝"三分天下有其二"的强大诸候国。到了武王灭商，建都于西安西南沣水东岸的"镐"，周原依然还是周王朝重要的文化聚散中心，一些重大国事活动还都在这里举行，周人也以此地为祭祀天地、祖宗、神祇的圣地。直到西周末年，西戎入侵，这里才渐渐伦为荒草横生的残破废墟。

作为周文化的发祥地，《诗经》中讲到的许多地名至今都还在周原上的村名中存其遗风。例如武功县的"代"，岐山县的"公留"和"召陈"，扶风县的"召公"等都在《诗经》中有之。

◉ 重点保护周原遗址

1976年，国家正式开始考察、保护与发掘周原遗址。随着发掘畛域的不断扩展，周人旧邑的面貌也逐渐浮现在世人面前。考古队在岐山县凤雏村和扶风县召陈村两处都发现了西周时期的宫殿、宗庙等建筑遗址。保存比较完整的、较能代表西周建筑模式的是凤雏村南的甲组建筑基址。该基址由前门、门屏、东西塾、中庭、主体殿堂、回廊、后庭、过廊、后室、后檐墙等组成，均为台式建筑。基址南北长43.2米，东西宽32.5米，面积1469平方米。该建筑遗址的正门朝南开，门前有一扇长4.8米的门屏，进门后两边是东西塾，各有三间房。中庭面积约222平方米，中庭后面就是主体殿堂，共6间，

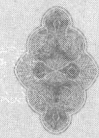

每间宽3米，深6米。主体殿堂四周是回廊环绕。殿堂后面是东西两个后庭，各63平方米。两个后庭之间有过廊相连接。最后面是后室，共5间，总宽23米，深3米。后檐墙与东西厢房的后墙相连，从而把整个建筑通为一体，厢房在东西两边，对称排列，各有8间，通长42米，进深6米。在凤雏村和召陈村西周建筑基址中，还出土了大批的建筑材料，数量最多的是板瓦、筒瓦、半瓦当等，这是迄今发现的最早的瓦类建筑材料。

此外，周原遗址还出土了刻字甲骨近300片，字数总计1009个，不同单字360多个。这些甲骨上的文字少则一个，多则30多个。内容涉及卜祭祀、卜祷告、卜年成、卜出入、卜田猎以及人名、地名、官名、月象等十大类，时间大都在武王灭商前后。这些甲骨文的字形工整、字迹秀丽、刚劲有力，刀法流畅娴熟，其中有指甲盖儿大小的"微雕甲骨文"，字体小如针孔，需用五倍放大镜才能看得清楚，存在刻写之谜。周原甲骨文的发现，首次打破了甲骨文只见于商代殷墟（今河南安阳小屯村）的考古记录，对于确定周原的性质和研究周人历史至关重要。

1982年，周原遗址正式被国务院定为全国重点文物保护单位。目前，周原遗址的主要保护范围是岐山县东北部的京当、祝家庄、青化三个乡，以及扶风县西北部的法门、黄堆等区域。周原博物馆也在周原遗址大规模发掘基础上建立起来。馆内收藏周原遗址出土文物万余件，有青铜器、玉器、骨器、陶器、石器等，全面反映了三千年前周人生产生活、政治经济等方面的状况。

◉ 享誉四海的青铜之乡

周原素有"青铜器之乡"的美誉，大约从汉宣帝开始就经常有西周青铜器出土，以后历朝历代，都有鼎彝现畛，其数量之多，器形之大，造型之美，铭文之无价，都是文物界罕见的。迄今为止，周原遗址共发现铜器窖藏30多个，出土青铜器1000余件。

1960年在扶风县齐家村外发现一窖藏，出土青铜器39件，其中28件铸有铭文。1975年在岐山县董家村处发现一个窖藏，得青铜器37件，有铭文者30件，其中有我国最早的诉讼判决书。1976年在扶风县庄白村发现一个窖藏，出土青铜器103件，其中74件是珍贵的铭文铜器，仅史墙盘铭文就有284字，这是建国以来出土铜器数量最多、学术价值最高的一批。总之，在周原遗址出土的数万件文物中，以青铜器的数量多、铭文多、考古价值高著称。其中最为珍贵的有巧夺天工的艺术瑰宝折觥、青铜史书史墙盘、壶中之冠三年师壶、战争史书师同鼎等，这些文物不仅史料价值极高，而且纪年明确，是难得的断代标准器，为探索先周文化的起源，研究周代社会的政治、经济、法律、社会关系等提供了第一手史料。

有学者在饱览周人遗风后赋诗道："钟鼎彝器甲天下，金甲陶文冠古今。"是的，通过周原遗址显现的博大精深的周文化，我们看到的是华夏文明的根，中国历史的源。

文明乡土的骄傲

——眉县杨家村出土西周青铜器

　　2003年1月19日，震动我国考古界的一次重大考古发现——宝鸡眉县杨家村出土的窖藏西周青铜器，一举创下了中国现代考古史上的八个"第一"，被誉为"旷世国宝"。就在文物出土后的第49天，"盛世吉金——中国·宝鸡21世纪重大考古发现首展"在北京拉开了帷幕，由王宁贤等5位文物发现人为之剪彩，创造了中国新出土文物赴京展览史上的又一奇迹。

◉ 一镢头挖出个"国宝库"

　　那是一个阳光晴朗的日子，杨家村村民王宁贤、王明锁、王拉干、王勤宁、张勤辉等5人相约到村北砖厂的公用土场距地面十多米的半坡上掘崖挖土。王拉干挖着挖着，突然"扑通"一声，挖出了一个比拳头还稍大一点的洞。他们趴在洞口往里一瞅：里面好像有几个大锅（鼎），上面还有耳朵。

　　五位农民在轮番窥探之后，确认洞里藏有多件青铜器。大惊大喜之余，他们决定先用土块封住洞口，由居家最近的王宁贤回家去打电话报告文物局，其余4人就地守候，保护现场。接到消息后，宝鸡市文物局立即组织文物考古专家赶到现场，经勘察确认，这是一处十分完整的古代青铜器窖藏。考古工作者当晚开始对这处窖藏进行抢救性发掘清理，当窖藏洞口打开到高六七十厘米、宽四五十厘米时，大家发现这个椭圆形的窖洞里放着满满的一洞青铜器，迎面是3个大鼎，小鼎套大鼎叠放，里面还有铜鬲、铜壶、铜盘等，简直不可想象。

　　其实，早在1954年，杨家村就出土了4件西周青铜酒器，其中2件夔方尊、2件夔驹尊。1972年，村子西北的土沟边出土了一件罕见的大铜鼎，口沿内有铭文27字，轰动了考古界。1985年，该村出土有铭文的成组青铜编钟等珍贵文物18件，为研究古代音乐史提供了非常宝贵的实物资料，被定为国家一级文物。1991年，这里又出土青铜器、瓷器等文物数十件。这些文物出土地点均相距不远，经专家鉴定都是西周时期的珍贵文物。

◉ 价值连城的"旷世国宝"

　　经发掘清理，眉县杨家村窖洞共出土青铜器27件，其中鼎12件、鬲9件，还有壶2

件，盘、盂、盉、匜各一件。据专家初步认定，这批窖藏青铜器为西周晚期的珍贵文物，距今约2800年左右。这批器物造型精美，组合完整，礼器、酒器、水器、食器齐备，形体硕大，其中最大的铜鼎通高58厘米，口径50厘米，重46公斤；铜盘口径54厘米，铜壶高达60厘米。此外，这批青铜器铭文上还有年、月、月相与干支，四要素齐全，对推算西周历谱极为重要，为"夏商周断代工程"的检测细化提供了实物资料。经专家鉴定，这27件器物中，除一件青铜盂时间较早可能为传世之作外，其他26件青铜器的做器人均应当是铭文中提到的"逨"。窖藏主人应是西周后期周宣王时代主管林业的官员，青铜器铸造时间应在周宣王43年或42年。

专家们认为，在我国文物窖藏出土史上，这批青铜器数量之多、形体之大、铭文之长、内容之重要、保存之完好，都是极为罕见的，堪称新世纪一次非常重大的考古发现。他们对杨家村青铜器窖藏总结出中国考古的八个"第一"：一、第一次发现西周青铜器的洞式窖藏；二、第一次发现一个家族27件青铜器出土于一个窖藏，件件有铭文，有华丽的纹饰；三、第一次出土系统介绍一个家族8代世系事迹的青铜器；四、第一次发现一个家族史铭文总数多达4048字；五、第一次出土完整记录周王朝纪年铜器中年份最早的；六、第一次出土完整记录周王朝从文王到厉王再到宣王的名称、位次以及有关事件的青铜器，是记录周王最多的一次；七、第一次发现"考（孝）王"于青铜器铭文中；八、第一次发现建国以来出土铭文最长的铜盘，达372字，内容极其重要，逨盘堪称目前"中国第一盘"。

◉ 重奖护宝"功臣"

2003年3月4日，杨家村的大戏场里聚集着数千村民，在这里参加保护眉县杨家村窖藏文物有功人员和单位表彰大会。在热烈的锣鼓声和鞭炮声中，陕西省文物局、宝鸡市政府和眉县人民政府对保护文物有功的人员和单位给予表彰，发放奖金20万元。

经国家文物局和陕西省政府批准，这27件青铜国宝被运抵北京，由陕西省文物局、宝鸡市政府和眉县政府在京联合举办为期一月的展览，并对参加全国"两会"的代表和外国驻华使节举办专场展示活动。

3月9日傍晚，这个名为"盛世吉金——中国·宝鸡21世纪重大考古发现首展"的国宝文物展在中华世纪坛隆重揭幕。王宁贤、王明锁、王拉干、王勤宁、张勤辉等5位护宝有功的普通农民应邀出席国宝展揭幕式，他们平生第一次用握镐拿锹的大手举起了金色的小剪刀，共同为展览开幕剪彩。国家文物局对5位文物保护功臣进行了嘉奖，并特意嘱咐陕西省文物局和宝鸡市文物局要给这5位农民特批文物保护通讯员证，将他们纳入到文物保护通讯员队伍之中。

遗失的古国

——韩城梁代村西周古墓群考古重大发现

"陕西韩城梁代村出土了100多座西周古墓！"这一消息不光会让考古学家如雷贯耳，稍有点考古知识的人都会十分的震惊。因为这是"西周"而不是"秦汉隋唐"，而且是"100多座"而不是"一两座"。梁代村西周古墓群的发现，是近30年来中国考古的最大发现，一位考古学家在发掘现场怀着狂喜的心情惊叹道：多少年都没见过这么轰动的场面了！

● 古国现世　缘于盗墓

梁代村西周古墓群的发现与众不同，它是由盗墓贼的一声"炮响"引发的。

陕西韩城是著名的大禹凿龙门之地，当地民间至今还流传着"鲤鱼跳龙门"的神话传说。龙门以下的黄河流域是物产丰富的富饶之地，历史上就有"风水宝地"之称。位于黄河西岸的梁代村，人口不过千余，村中有一段明清时代的古城墙，村北有一条宽50米、深40米的鸿沟一直向东进入黄河，这条大沟的南边，就是西周古墓群的所在地。当年盗墓者正是沿着风水宝地的黄河西岸寻觅墓葬，在梁代村滩壁上发现了陶片和墓室的痕迹，于是才确认该村有西周古墓葬。

大约从2004年8月以来，村民们经常半夜听到田野里传来震耳的"炮响"，有的村民在浇地时发现水怎么也流不到地那一头去，后来才发现地里原来有"地洞"，水都流到洞里去了。村里的有心人发现这是盗墓贼炸开的盗洞，就向有关部门报告，这才引发了官方和考古界对梁代村西周古墓群的发现。

在考古队准备进行全面发掘的同时，官方也派民警甚至武警部队对这片宝地进行昼夜守卫，并多次抓获顶风做案的盗墓团伙。据统计，从2004年初以后，先后有省内省外的数百名盗墓贼前来盗掘，由此也可见这些价值连城的西周古墓对盗墓贼有多么巨大的吸引力。

考古学家称，梁代村古墓群是1974年以来发现的唯一在历史上未曾被盗掘过的西周贵族墓葬群。那么，这些西周墓葬怎么会在将近3000年的漫长历史过程中都未曾被发现过呢？这确是一个谜。但是明代以后的原因，应当主要在于这些西周墓葬是深埋在明清墓葬之下的，明清埋葬的深度一般在四五米，而其下层的西周墓葬竟深达十米左右，所以原先考古队在这一带勘察时，也只是发现有明清墓葬，下层的西周墓葬群也就难以被发现。

◉ 未见青史的神秘古国

梁代村古墓群在文献中并无记载，所以当盗墓贼对这片土地进行疯狂盗掘的报告传到考古部门时，考古学家还感到十分诧异。因为文物部门也曾对这一带进行过勘察，只发现有明清古墓而并无更早的古代遗存。然而，后来的发掘证明，正是在明清古墓的下层，埋藏着约2800年前的西周诸侯墓群。

随着梁代村古墓的不断发掘，专家根据目前出土的青铜礼器、金制品、玉器等已基本确定墓葬为诸侯级别，并初步判断其年代在西周晚期（包括东周早期）。

根据考古队的勘察，梁代村古墓群一共有103座，目前发掘的只是其中的三座墓葬和一个车马坑，只是冰山的一角。

考古学家在19号墓出土了4件青铜鬲（ɡé 隔，古代煮饭用的炊器），青铜鬲上有"内太子""内公"等铭文。考古学家根据古汉语"内"通"芮"的现象而提出这里可能是古芮国墓葬的可能性。果真如此，则《史记》中有关韩城为两周时期的诸侯国梁伯国的记载就有可能要被改写。

据《史记》记载，两周时期的诸侯国芮国是在黄河西岸的陕西大荔县一带，距韩城有100多公里。《史记》与《左传》都记载，两周时期的梁伯国是在韩城一带，而在今天的韩城南边10公里处确有古城墙，被认为就是古梁伯国的城墙。

史料中还记载，在西周初期，周武王曾经把一个姬姓子弟封于芮国，从而建立了新的芮国。芮国在公元前641年被秦国吞并后灭亡。史料中关于梁伯国的记载是在西周晚期，周平王曾经封秦仲少子康于梁山之阳，建立了梁伯国。梁伯国也是在公元前641年被秦国吞并后灭亡的。所以，从文献记载看，两周时期的韩城应为梁伯国，而芮国则是在百里之外的大荔。

那么，19号墓出土的"芮太子""芮公"等铭文到底意味着什么呢？根据墓葬骨骼属于女性这一特征，考古学家提出了两种可能性：一，如史料所载，韩城在两周时期确为西周诸侯国梁伯国的所在地，而梁代村墓葬群也确为梁伯国的诸侯古墓，而19号墓出

土的"芮太子""芮公"铭文，是说明这里埋葬着一个从芮国嫁到梁国来的公主，带有"芮太子""芮公"铭文的青铜鬲是这位公主嫁到梁伯国来时的陪嫁品，或者是这位公主死亡时从芮国送来的陪葬品。二，此地确为古芮国的所在地。而假如真属后者，那么司马迁《史记》关于韩城为两周时期梁伯国之记载就要被改写了。

总之，这还都是考古学家的推断，目前的发掘范围还只是一百多座墓葬中的三座，大量的文字信息还埋藏于地下，待全部发掘之后，这桩公案也许就会明白了。

◉ 灿若繁星的珍贵文物

目前发掘的这座车马坑中，有马车二三十辆，马匹近百匹。而在西周时期，一个诸侯国若有千乘马车就算是很强大的了，能杀上百匹马，拆二三十辆车作为陪葬，可见这个诸侯国具有多么强大的国力。

在19号墓中，出土的玛瑙陶珠就有8000多颗，从出土情况看，原先在墓坑的四周还垂挂着各种饰物，这些饰物都是由青铜鱼、玛瑙珠管、陶珠、石坠、海贝等串连起来的。从泥土上的印纹可以看出，当时还使用了席子和精美的纺织品为覆盖装饰。此外该墓还出土了鼎、簋、方壶、甗、盘、盖盆、盉、鬲等青铜礼器共14件。目前三墓共出土了30多件青铜礼器，600多件青铜鱼，还有大量的青铜车马器，还有大量罕见的金器、玉器、乐器，6000多颗玛瑙，1300多枚海贝。其中有一件黄金镂空透雕剑鞘，是考古学家过去从未见过的。朱砂在西周时期像黄金一样贵重，每当考古人员在墓葬中看到朱砂时，都会兴奋不已，而在这里出现的是棺底铺垫朱砂、棺椁涂抹朱砂，以显示墓主人的尊贵地位。

"翣"（shà杀）是一种很独特的青铜礼器，文献中记载它是一种仪仗用器，行葬礼时高举于棺的两边。在19号墓中，这种少见的礼器共出土了4件，厚度不足1厘米，是一种巨片状青铜器。

27号墓中还出土了一件被考古专家确认为非属中原的外来兵器。这兵器中间是空的，呈三角形，上端有安装把柄的孔，整体像三角形的锄头。这件罕见的兵器说明西周时期的中原国家已经存在对外交往。

在27号墓中，考古人员发现了最早的宫廷乐器"建鼓"，虽然它已化为"一堆土"，但仍被考古学家视为最重要的收获之一，认为这是考古发掘中见到的最早"建鼓"实物。这是一种两面敲的鼓。经过二三千年的腐蚀，当年的建鼓现在已成了"土化石"，但鼓上的油漆还依稀可见。

梁代村古墓群的发现引起国家高度关注。2004年10月20日国家文物局局长单霁翔曾亲临发掘现场，并审定将梁代村古墓群列入第六批全国重点文物保护单位。2005年全国十大考古发现，梁代村古墓群榜上有名。

世界第八大奇迹

——秦兵马俑坑考古重大发现

秦始皇兵马俑是1974年因农民打井被发现的，1979年国庆节规模宏大的秦始皇兵马俑博物馆正式对外开放。举世瞩目的秦兵马俑以其高超的科学、艺术水平、威武的场面和巨大的阵容倾倒了前来参观的中外游客。外国元首和其他贵宾来到中国，其访问日程中多数都有参观中国陕西的秦始皇兵马俑，因为秦兵马俑是"世界第八大奇迹"。1987年秦始皇陵及兵马俑坑被联合国教科文组织批准列入《世界遗产名录》。

◉ 打井挖出了"瓦盆爷"

1974年3月29日，春光明媚的骊山脚下，临潼县西杨村的几个农民正在打井。打到3米深时，出现了红土层，农民猜测这可能是先人用过的砖瓦窑。过了几天，又挖到一个"瓦盆爷"（陶俑）和一些方砖。一位略具考古知识的水保员看见这些东西了后，立刻叮嘱说："这口井暂时不要打了。你们看这些砖，不是和秦始皇陵的秦砖一样吗？"水保员立刻向县文化馆报告，文化馆专管文物的干事来看了说："什么瓦盆爷，这很可能是国宝呀！"于是他们把所有挖出来的俑头、俑身、俑腿、弩机、箭镞甚至碎片包起来，带回县文化馆。

县文化馆的同志们正在修复这些陶俑时，一位回乡探亲的中国新闻社记者正好来馆

里，他看了这些陶俑说："你们为啥不上报呢？"文化馆的同志说："连我们自己都没弄清这是啥时候的东西，怎么上报？"记者回到北京后，很快就写了一篇叫《秦始皇陵出现的一批秦代武士陶俑》的内部报道，交给《人民日报》。报道一经印发，毛主席、周总理及中央有关部门领导同志都看到了这一消息，国务院副总理李先念立刻给国家文物局发了一道批示："建议请文化局与陕西省委一商，迅速采取措施，妥善保护好这一重点文物。"国家文物局立刻派人携李先念的批示飞往西安。

国家文物局、陕西省组织一批专家很快来到了西杨村，经过小规模的再次发掘，又出土了一批武士陶俑。看着这些"陶俑巨人"，陕西考古研究所的专家们激动地都不知道该说啥好。这次考察，正式确定了由陕西省组织考古队，正式对西杨村进行全面的勘察与发掘，由此揭开了世界考古史上的壮丽篇章。

◉ 规模可观的兵马俑坑

由西杨村农民发现的俑坑后来被称作"一号坑"，以后钻探又发现了二号坑和三号坑。在三个坑的北面，还有一个俑坑，但钻探后发现是空的，可能是某种祸变使该坑未按原计划完成而成为"空城"。一号坑最大，总面有1.4万多平方，发现其中有6000多个与真人一般大小的陶俑。现在的秦始皇陵兵马俑博物馆就是在一号坑址上建造起来的。二号坑经初步钻探和试掘，也有6000多平方米，预计是一个由1000多兵马俑组成的混合兵种（包括弩兵、车兵、骑兵）。三号坑的面积虽然只有一号坑的二十七分之一，但从其中以军官俑为主体的68个兵马俑、战车以及其他物品以及整体布局看，三号坑无疑是这支地下御林军的总指挥部。有考古学家看着这些造型如此逼真的陶俑时，情不自禁地感叹道："如果不是实物展现，实在令人难以置信！"

这些威武雄壮的武士陶俑身高一般都在1.8至1.97米，全身呈古铜色，整齐排成庞大的军事方阵，方阵中还有真马一样大小的陶马，一般4匹为一组，拖着真正的战车。整个方阵威严逼人，有一种令人望而生畏的震撼力——这就是当年所向无敌，征服万邦，统一中国的秦军！

方阵排列是：3列横队面向东方，每列70个武士，共210人，是为前锋。前锋之后，是步兵与战车组成的38路纵队，是为军阵主体。左右两侧，各有180名武士排成横队，一队面南，一队面北，是为两翼。军阵后面还有一队武士，面西而立，是为后卫。全部武

士身穿战袍，披带铠甲，手握青铜兵器。这威武森严的军阵仿佛让人看到了当年秦军金戈铁马、横扫六国的真实场面，耳边仿佛听到了战马嘶鸣、杀声震天的古老回声。

秦兵马俑的艺术价值也堪称卓绝。兵马俑的雕塑是以真人为模特来创作的，所以其相貌、神态、性格等都各不相同，脸部表情、手势甚至发式等都各不相同。考古学家说，从他们的装束、表情、手势等就可以判断出谁是军官、谁是士兵，甚至是步兵还是骑兵等。满脸杀气、胡须横生的一看就是久经沙场的老兵，表情稚拙、形体委顿的一看就是初上战场的新兵。有身高1.96米的将军，巍然直立，凝神沉思，表露出一种坚毅必胜信念。还有的武士，头微微抬起，两眼直视前方，透露出一种初生牛犊不怕虎的昂扬稚气。总之，这些陶俑的雕塑手法细腻而明快，且具有鲜明的个性特征和强烈的时代气息，令人不得不赞叹当年的秦国工匠都是一些多么技艺超群、智慧过人的雕塑高手，为了完成如此庞大的雕塑巨阵，他们又是如何的呕心沥血、全力以赴。他们岂能想到，他们的作品竟会在两三千年后，成为世界人类雕塑艺术宝库中的一颗璀璨的明珠……

兵马俑坑内出土的青铜兵器有剑、矛、戟、弯刀、弩机、箭头等。化验数据表明，这些铜锡合金兵器都是经过铬化处理的，表面都有一层铬保护膜，所以才能埋在土里2000多年而依然闪闪发光、刀刃锋利，表明当时已经有了很高的镀铬技术，这实在是人类冶金史上最令人不解的奇迹。

据史书记载，秦始皇从13岁即位时就开始营建陵园，由丞相李斯主持规划设计，大将章邯监工，修筑时间长达38年，工程之浩大，气魄之宏伟，开历代统治者奢侈厚葬之先例。筑陵劳役多达72万人。

● "世界第八大奇迹"

秦始皇兵马俑博物馆自从开放以后，震惊了国内外的考古界，而且也震惊了社会各界：美术家带着画板来了，他们庆幸秦俑的出土填补了秦代美术史空白；年老的元帅和将军们来了，他们说秦俑的发现为中国兵法、兵器和军阵研究都提供了最真实的资料；冶金学家也来了，他们震惊地看着秦代的镀铬宝剑，带着迷惑地惊呼秦代怎么会有如此高超的铬保护膜制造技术；一向崇拜古希腊雕塑艺术的学者，一改往日的约定俗成之见，惊呼秦兵马俑是世界雕塑史上最早的、成就最辉煌的一章。凡来到西安的外宾，都要以看过秦兵马俑才算不虚中国之行，许多外国人都把参观秦俑作为"访华高峰节目"，他们在气势非凡的秦俑兵阵前激动不已，连连赞叹："中国——伟大！""中国——伟大！"

1978年9月，在世界史研究方面有很深造诣的法国前总理、巴黎市长希拉克面对秦兵马俑军阵激动不已，他说："原来世界上公认有七大奇迹，今天看了秦俑，我要说这是第八奇迹。"他打着手势，言犹未尽地做了一个强有力的补充说道："而且秦俑应该名列前茅！"

世界上最大的帝王陵

——秦始皇陵的测探与保护

秦始皇帝陵是中国第一座皇家陵园，在中国近百座帝王陵墓中，以其规模宏大、埋藏丰富著称于世。它南依骊山的层峦叠嶂之中，山林葱郁；北临逶迤曲转、似银蛇横卧的渭水之滨。高大的墓冢在巍巍峰峦环抱之中，与骊山浑然一体，景色优美，环境独秀。有人赞誉说：古埃及金字塔是世界上最大的地上王陵，中国的秦始皇帝陵就是世界上最大的地下皇陵。

◉ 修建了38年的帝王陵墓

"秦皇扫六合，虎视何雄哉" "刑徒七十万，起土骊山隈"。这脍炙人口的诗句出自唐代大诗人李白笔下，它既讴歌了秦始皇的辉煌业绩，也描述了营造骊山墓工程的浩大气势。

的确，陵园工程之浩大、用工人数之多、持续时间之久都是前所未有的。秦始皇陵园工程的修建，几乎伴随着秦始皇一生的政治生涯。当他13岁刚刚登上国王宝座时，

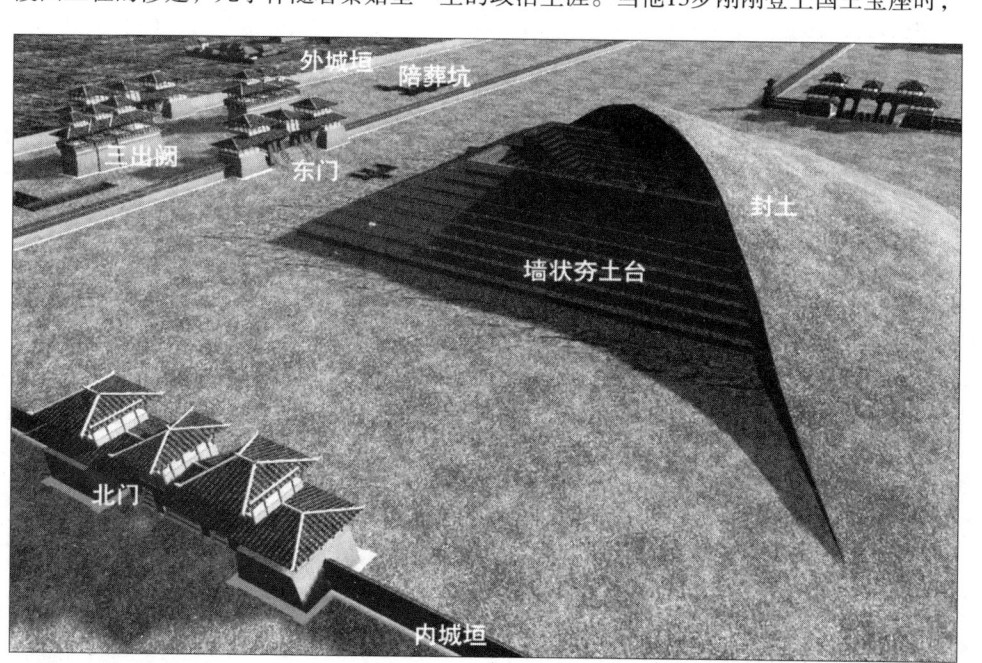

陵园营建工程也就随之开始了。由丞相李斯为陵墓的设计者，大将军章邯负责监工。到公元前208年完工，历时38年，时间比埃及胡夫金字塔还要长8年。前后共征集了72万人力，动用修陵人数最多时近于80万，几乎相当于修建胡夫金字塔人数的8倍。

秦始皇帝陵园按照秦始皇死后照样享受荣华富贵的原则，仿照秦国都城咸阳的布局建造，大体呈回字形，陵墓周围筑有内外两重城垣，陵园内城垣周长3870米，外城垣周长6210米，有城门10座，南北城门与内垣南门在同一中轴线上。坟丘的北边是陵园的中心部分，东西北三面有墓道通向墓室，东西两侧还并列着4座建筑遗存。目前陵区内探明的大型地面建筑，有寝殿、便殿、园寺吏舍等遗址。

秦始皇帝陵的封土呈覆斗形，底部近似方形，面积约25万平方米，高115米，由于经历2000多年的风雨侵蚀和人为破坏，现封土底面积约为12万平方米，高度为87米。整座陵区总面积为56.25平方千米。据说建筑材料都是从湖北、四川等地运来的。

陵墓地宫中心是安放秦始皇棺椁的地方，陵墓四周有陪葬坑和墓葬400多个，主要陪葬坑有铜车马坑、珍禽异兽坑、马厩坑以及兵马俑坑等，历年来已有5万多件重要历史文物出土。

◉ 荡气回肠的秦陵兵马俑坑

1974年，秦兵马俑的发现，为秦始皇陵这座沉睡地下2000多年的"人间世界"打开了一扇天窗。兵马俑坑位于秦始皇陵东侧1.5千米处，为一大型陪葬坑，共有四个俑坑。据估计，兵马俑坑共埋藏有木质战车130余乘，驾车的陶马500余匹，骑兵的鞍马116匹，各类武士俑（包括步兵、车兵和骑兵）8000多个。现已出土战车20辆，陶马百余匹，武士俑1400余个，青铜兵器万余件。这些秦俑均经泥塑、窑烧、绘彩、组装而成。武士俑的平均高度在1.8米左右，个个身穿短褐、勒带束发、手执弓弩、背负箭囊，身形威武，面东而立，双目炯炯有神，凝视前方。他们神情各异，有的面带微笑却沉着老练；有的单纯活泼带有几分稚气；有的顾盼自雄，意气昂扬；有的凝神专注，深沉严峻。其工艺技术之精湛令人叫绝。联合国教科文组织专家考察后，誉其为"人类精神财富的瑰宝""本世纪最壮观的考古发现"。法国前总统希拉克充满激情地说这是"世界第八大奇迹"。

站在巨大的秦俑坑前，威武雄壮的军阵，令人荡气回肠，仿佛正在烟尘滚滚中迎面而来。精锐的前锋三路横队，每行70人，210个武士俑身穿战袍，手持弓弩，背负箭囊。后面紧跟着的是身穿铠甲的步兵、骑兵和驷马战车组成的40路纵队，从一个个过洞里源源不断地涌出。整个俑坑充满了临战气氛，激荡着当年秦国兵强马壮、统一全国的煊赫声威。

在发现秦兵马俑之后，1980年在秦始皇陵西侧又发掘出土了两乘随葬的大型彩绘铜车马——高车和安车，这是迄今中国发现的体形最大、装饰最华丽，结构和系驾最逼真、最完整的古代铜车马。每乘车前驾有四马，车上有御官俑。铜车、铜马、铜俑大小均为真车、真马、真人的二分之一，两车驾具齐全、装饰华丽，被称为"举世无双的古代青铜之冠"。

◉ 破解秦始皇陵地宫之"谜"

前几年，在北京召开的秦始皇陵考古遥感与地球物理技术成果验收会上，秦始皇陵考古队队长段清波郑重宣布：通过最新遥感考古和物探勘查表明，秦始皇陵地宫的布局之"谜"已经解开。据悉，这个项目是国家"863计划"之一，是我国首次将考古工作纳入该计划，也是我国有史以来对秦始皇陵所进行的资金投入最大、技术水平最高的地下考古勘察工作。

墓室面积约一个足球场大。有关秦陵地宫位置问题，民间传说秦陵地宫在骊山里，骊山和秦陵之间还有一条地下通道。考古学家根据这个传说曾作过很多考察，但却一直找不到这个传说中的地下通道。段清波介绍说：我们用遥感和物探的方法分别进行了探测，其实地宫就在封土堆。规模宏大的地宫位于封土堆顶台及其周围以下，距离地平面35米深，东西长170米，南北宽145米，主体和墓室均呈矩形状。墓室位于地宫中央，高15米，面积大小相当于一个标准的足球场。

宫墙坚固墓室未坍塌。在勘探中，研究人员发现宫墙都是用多层细土夯实而成，每层大约有5-6厘米厚，相当精致和坚固。还根据探测发现，墓室内没有进水，整个墓室也没有坍塌。关中地区历史上曾遭受过8级以上的大地震，而秦始皇陵墓室却完好无损，这与宫墙的坚固程度密切相关!

地宫有道"防水大坝"。研究人员通过勘探，发现在秦陵周围地下存在规模巨大的阻排水渠，长约千米。阻排水渠其实是堵墙，底部由厚达17米的防水性强的清膏泥夯成，上部由84米宽的黄土夯成，正好挡住了地下水由高向低渗透，有效保护了墓室不遭水浸。

宫内水银防腐防盗。史书记载，秦始皇陵地宫内"以水银为百川江河大海"。研究人员通过物探证明，地宫内的确存在着明显的汞异常，而且汞分布为东南、西南强，东北、西北弱。如果以水银的分布代表江海的话，这正好与我国渤海、黄海的分布位置相符。秦始皇以水银为江河大海的目的，不单是营造恢宏的自然景观，在地宫中弥漫的汞气体，不仅可使入葬的尸体和随葬品保持长久不腐烂，而且还可以防盗。

墓室只有东西两墓道。以前有媒体曾报道称，考古人员用钻探方法在封土东边发现了5条墓道，封土西边北边也各找到1条。这次探测结果，除了东、西各一条墓道外，其余则是一些陪葬坑。从商周到汉代，帝王的墓道通常都为4条，而秦始皇帝陵的墓室墓道目前却仅发现了东、西两条，引起专家的极大的兴趣和关注。

1961年，秦始皇帝陵被国家公布为第一批重点文物保护单位。1987年，联合国教育科学文化组织又把秦始皇陵列入《世界文化遗产保护目录》，成为全人类共同的财富。1980年，秦始皇兵马俑博物馆在一号坑原址上建成后，1987年、1988年考古工作者又对二号坑和三号坑进行了发掘，并建起了遗址大厅，对外开放，吸引着世界各地慕名而来的千百万参观者。

盛世的美丽晚霞

——西汉阳陵考古纪事

汉阳陵是汉景帝刘启的陵园，位于陕西咸阳张家湾。汉景帝是一个伟大的皇帝，他与前任皇帝汉文帝治理的时代共同被后世誉为"文景盛世"。汉文帝刘恒是汉高祖刘邦的中子，在位23年；汉景帝刘启是汉文帝的太子，在位16年。两位皇帝在40多年的时间里，把西汉社会治理得政治稳定，经济昌盛，文化繁荣，百业兴旺，呈现出一派盛世气象。

◉ "文景之治"

西汉王朝建立以后，汉高祖、惠帝、吕后都着力恢复农业，稳定社会秩序，收到了显著成效。文、景两帝相继即位后，又在这个基础上采取了"轻徭薄赋""与民休息"等措施，使西汉社会更加繁荣。汉文帝十分重视农业生产，即位后多次下诏劝课农桑，鼓励农民发展生产，同时注意减轻人民负担，两次"除田租税之半"，以"三十税一"为汉代定制，徭役减为每三年服役一次。文帝还下诏"弛山泽之禁"，开放属国家所有的山林川泽，促进副业生产和盐铁生产。文帝废除"过关用传"制度，以利商品流通和地区间的经济交往。文帝还对秦以来的刑法进行重大改革，人民因狱事简省而明显减轻了所受压迫。到汉景帝，又把秦时的服役年龄从17岁改为20岁甚至23岁。文景两代对少数民族不轻易用兵，尽力维持和睦关系，文帝与匈奴曾签定"和亲之约"。文帝废止诽谤妖言罪，促使群臣敢于提出不同意见。而文帝又提出百官犯罪皇帝负责的思想。文帝还是一个注意节俭的皇帝，他在位时，宫室苑囿、车骑服御之物均无增添，并禁止郡国进献奇珍异物。在文帝的表率下，贵族官僚也不敢滥事搜括，奢侈无度。在西汉初年，大的诸侯国不过万家，小的更不过五六百户，而到了文景时代，流民归田，户口日增，大的诸侯国达到三四万户，小的诸侯国也户口倍增。《汉书·食货志》记载文景盛世是百姓丰衣足食，郡国粮食满仓，太仓因粮多而腐不可食，京师因钱币不用而串钱的绳子都朽断了。足见文景时代的汉朝国力的繁荣与强大。

◉ 独特的陵园制度

汉阳陵是汉景帝与他的窦皇后同茔异穴的合葬陵园。西汉时，皇帝与皇后合葬实行

 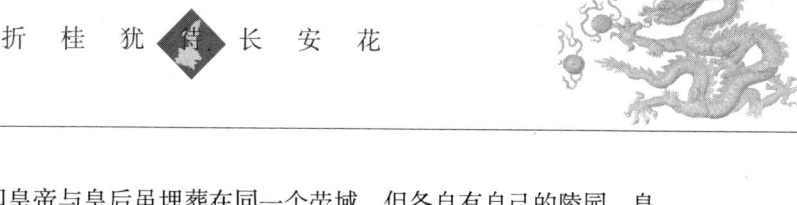
"同茔不同穴"的制度，即皇帝与皇后虽埋葬在同一个茔域，但各自有自己的陵园。皇后陵在皇帝陵域中占据如此突出地位，这在西汉以前和以后都是绝无仅有的。中国历史上惟一的女皇武则天，死后也只能与其夫唐高宗屈居于同一墓穴而不能享有独立墓穴的权力。西汉的"同茔异穴"是与当时社会的妇女地位分不开的。在西汉社会，妇女在很多方面都与男子地位平等，例如在婚姻方面，妇女享有与男子相同的离婚、结婚自由，社会也并不鄙视离婚再嫁之妇。正是在这样的社会观念基础上，才出现了汉景帝与窦皇后"同茔异穴"的合葬形式。

在汉阳陵的总体布局中，汉景帝的陵墓叫"帝陵"，窦皇后的陵墓叫"后陵"。帝陵居于阳陵的中部略为偏西，坐西朝东。后陵在帝陵东北450米处，形状与帝陵相同，只是略小一点。景帝死后，窦皇后在太后位置了还生活了15年，于武帝元朔三年病逝而合葬于阳陵。帝陵北侧有嫔妃陪葬墓区，其中陪葬的是景帝的哪些嫔妃，限于史料，尚难定论。

帝陵与后陵均为"亚"字形，这令人联想起遥远的商代陵墓多为"亚"的制度。帝陵与后陵均是坐西朝东的，这一发现基本解决了汉代帝陵制度研究的一大难题。学术界长期以来都为"汉陵是面南还是面东？"这一难题争论不休。这同时也否定了汉代帝陵是依照昭穆制度进行布局的观点。

◉ 规模宏大的陵园布局

汉景帝虽为一代明君，但由于历史条件的制约，仍走不出大兴土木、劳民伤财、修建陵墓的窠臼。由于修建帝陵的劳动强度大、工期长，所以从秦始皇开始，修建帝陵多使用刑徒为主要劳动力。如秦始皇陵的修建就使用了70万刑徒，在始皇陵西侧还专门有刑徒墓葬区。而在阳陵西侧也有刑徒墓葬区，是南北一字排列的。据当地农民说，解放前这一带就经常有带刑具的骨架被犁铧带出地面。目前发现29座刑徒墓葬，清理出35副骨架。经探测，在帝陵西北约1.5千米处有刑徒墓地，总面积在8万平方左右。20世纪70年代初被发现，估计葬于此地的刑徒在万人以上。到1972年发掘出29座墓葬，35具人骨架。墓葬排列无序，尸骨凌乱，相互枕藉，埋葬草率，均无陪葬品。骨架上大多戴有"钳""钛"等类似铁制刑具的东西，有的明显的呈现砍斫痕迹。

帝陵和后陵都有从葬坑，占地约9.6万平方米。帝陵内有86座从葬坑。这些坑中有排列密集的武士俑群，全面展现了汉代的军旅场景，可能与西汉时期的"南军""北军"有关。出土的武士俑已达600多件，大多裸体敷彩，高约60厘米，身躯修长，比例匀称，造型美观。这批裸俑原来都安装有可以活动的木臂膀，画须眉眼发，戴兜鍪，穿长袍，披铠甲，执兵器。陶武士俑外，还有木俑、女俑。从葬坑中还有堆放粮食的仓库以及牛、羊、猪、狗、鸡等陶质动物，陶、铁、铜质生活用具。这些从葬坑的分布和坑内陪葬物品的放置，无疑与当时宫廷的制度有关，对汉代宫廷制度、帝王生活、陪葬习俗的

研究都具有重大价值。其中的武士俑也是继秦兵马俑后的又一重大考古发现。

阳陵的南阙门是三出的阙门。在汉代，国家规定皇帝可以使用三出的阙门，官员可以使用两出的门，一般的老百姓只能用一出的门。到目前为止，阳陵所见是发现最早的三出阙门，也是时代最早、等级最高、规模最大、保存最好的三出阙门遗址。它的发现，对于中国门阙的起源、发展，门阙制度的形成和影响，以及与之有关的中国古代建筑史研究都具有重要价值。由于这个遗址的重要性，经国家文物局批准，在这里修建了一个保护性的设施，这就是现在的南阙门保护大厅。

在阳陵中心部分的最高处，放置着一块方形巨石，当地群众称之为"罗经石"。这块巨石是对准正南正北方向的。根据研究推测，它的作用可能是为修建阳陵时标定水平、测量高度和标示方位的，这可能是目前世界上发现的最早的测量标石。

在帝王陵园旁边修建供奉陵园的陵邑，这一制度在秦代就已有之。例如在秦始皇陵东北处，就有秦陵邑，因骊山之故所以也叫"丽邑"。阳陵邑在阳陵的东端。阳陵邑的道路纵横交错，形成了40多个"里"，"里"中有不少房屋建筑遗址，出土了一些建筑材料。阳陵邑大的布局目前已经很清楚，但具体建筑情况由于破坏严重而不很清楚，发掘出来的大量带文字遗物可以证明这里正是阳陵邑。

阳陵总体上是由帝陵、后陵、南北从葬坑、刑徒墓地、陵庙、陪葬墓、阳陵邑等组成。汉阳陵气势雄伟，规模宏大，东西长6千米，南北宽3千米，平面呈宝葫芦的形状，四周是4米高的围墙耸立。整个陵园以帝陵为中心，显示了"惟我独尊"的皇家意识。

汉阳陵是从1990年5月由陕西省考古研究所开始进行大规模的调查、测绘、钻探、发掘和研究的。1998年9月14日，阳陵考古陈列馆破土动工。1999年10月1日，陈列馆正式对外开放；2002年，南阙门保护大厅建成开放；2006年3月31日，我国第一座全地下博物馆正式落成。

一坛佳酿，千秋余香

——西汉酒之发现

　　酒是一种文化，也是一座亘古不朽的舞榭歌台。尤其是在华夏文明的五千年历史长河中，因酒而流传的悲欢离合事更是多如河沙。大到帝王将相，有因酒亡国的夏桀商纣；小到庶民百姓，大事小事，有事没事，都要以酒寄情，抒发心绪。伟大的诗仙李白，独忧时要"花间一壶酒，独酌无相亲"，会友时要"烹羊宰牛且为乐，会须一饮三百杯"。古人多用"灯红酒绿"一词来形容达官显贵的彻夜狂欢。清人有诗云："天伦乐事萃华堂，绿酒红灯夜未央。"古代的酒，难道真是绿色的吗？2003年夏天的一个下午，考古学家在西安北郊的一座汉墓中，居然见到了两钟2000多年前的西汉美酒，而这两钟千年美酒，果真是碧绿透明的。

● 古城出土西汉酒

　　2003年3月至6月，西安市文物保护考古所在西安北郊文景路发掘清理了三座西汉早期大型积炭墓，整个墓区呈长方形，由墓道、侧室、墓室三部分组成，应属西汉早期列侯以上高级贵族的墓葬。从该墓出土17件大型青铜器、5件茧形陶壶。

　　2003年6月20日下午，当考古工作者正在清理一件通体鎏金的凤首铜钟时，钟盖刚一揭开，一股浓郁的酒香扑鼻而来，不用考虑，发现者立刻意识到：这是一钟西汉美酒。接着，在另一件相同的通体鎏金的大型青铜钟中也发现了酒香扑鼻的西汉美酒。经称量，共26千克，酒色碧绿透明。消息不胫而走，记者纷至沓来，西安市的大街小巷都在议论：北郊出土了西汉美酒。闻者莫不喜笑颜开。专家认为，这钟距今2000多年前的西汉美酒，是目前所知的保存最好、存量最多的古代美酒，在中国考古史和科技史上都属重大发现。

　　由于西汉美酒出土的消息引起社会强烈关注，西安市文物局正式公布了中国食品发酵工业研究院对西汉美酒的检测结果：

　　经过气相色谱法测定，这钟西汉美酒的乙醇含量为0.1%；采用现代浓缩提取技术并结合高效毛细管色谱分析，确认除相对多量的乙醇外，酒中还含有正丙醇、异丁醇、异戊醇等微量香味成分。这些化合物均属酒类的基本成分。据此可以认定，西汉早期酒样的属性为酒，但其成分非常复杂，至于进一步的分类区分，尚待深入研究。

汉美酒实物证明，中国古代酿酒技术在2000多年前就已经十分成熟，而且与现代酿酒不太一样。有专家提出，要想对这批西汉美酒的成分及制作工艺进行全面破译，仅靠一家技术力量是很难达到的，建议尽快成立联合课题组共同攻关。

与会专家普遍倾向于西汉美酒是黄酒一说。一位黄酒专家说，我刚闻了酒香，这肯定是黄酒的酒香。我国新的黄酒标准的定义为，用稻米、粟米粮食等作物经过蒸馏、发酵过滤以后，形成的酒统称为黄酒。西汉美酒符合这个定义，大家所说的米酒其实也是黄酒的一个组成部分。

参会者普遍认为，西汉美酒已经不宜饮用。围绕西汉美酒，有专家风趣地说："我不敢保证我敢喝，因为它是文物。"专家们表示，西汉美酒不能饮用，因为经过2000多年，酒中的乙醇含量已经很低，失去了酒的饮用价值。另外它还含有一定量的铜及其他一些重金属离子，如果饮用会对人产生一定的危害。

考古界以前也出土过西汉以及更早时代的古酒，但要么是残留，要么是结晶物，要么是酒精成分已经完全挥发，都没有像这次发现的西汉酒保存如此完美、数量如此之多、酒香如此之浓。

◉ 美酒主人　萧何之后

在西安北郊文景路西汉古墓附近的萧家村，曾出土一块明代墓志，一直存放在村中一座小庙里。墓志上说墓主是明代厅选官萧沣涯，嘉靖年间萧沣涯去扬州出差时去世，家人将他的尸骨运回萧家村，因为这里是萧家历代居住之地，祖坟在这里，萧家是一个大家族，为萧侯之后。而据史书记载，萧何曾被刘邦封侯，萧沣涯是萧何后人，所以这里应该是萧何后人的居住之地和祖坟所在之地。

萧家村64岁的退休教师萧世敬说，萧家村东去不远是汉长安城遗址，萧家村世代都是萧氏后人居住地，明代墓志也证明萧氏的始祖即萧何，曾居汉长安城的讲武里，他据此大胆推测，西汉美酒的主人是萧何后人。萧家村71岁的萧富英称，他们村旁原来有5个大冢，当地人叫梅花冢，解放前还有厚厚的封土堆，可惜解放初期平整土地把坟头平了，西汉美酒就是出土于其中的一个冢。

说到中国酒的起源，2005年5月，由中国和美国联合组成的一支考古队，在山东省日照市发现了残留着酒石酸成份的陶器。这些陶器的时代在4600多年前的新石器时代。这说明中国在4000多年前就已经发明了酿酒技术。经鉴定，这些陶器中的酒石酸成份为葡萄酒残留物。早先学术界都认为，葡萄酒源于中亚，是在大约公元前二世纪传入中国的，现在看来，中国酿造葡萄酒的历史，要比中亚早至少2000年。

佛门辉煌，皇家气象

——法门寺考古重大发现

1987年5月5日，恰逢农历四月初八佛诞之日，就在这一天，考古工作者意外地在陕西省扶风县法门寺地宫中发现了释迦牟尼佛真身指骨舍利。消息传出，法界遍喜，普天同庆，四海僧众云集法门，诵经之声感天动地。

◉ 关中佛塔始祖

法门寺自古就有"关中塔庙始祖"之誉，建于东汉桓灵年间，当时称作阿育王寺，距今已有1700多年的历史。法门寺不仅历史悠久，而且意义十分重大。因为法门寺是为了奉养释迦牟尼"佛指舍利"而修建的，即史书上所谓"因舍置塔，因塔建寺"。传说在公元前三世纪时，释迦牟尼佛灭度，遗体火化时，结成无数舍利佛宝。印度阿育王为了弘扬佛法，将佛宝舍利分成八万四千份，分送到世界各国，建塔供奉。公元148年，印度高僧释利房一行18人，带着盛装19枚佛宝舍利的宝匣，到达汉代京都洛阳，汉桓帝仪礼相迎，惊喜万分。不久，桓帝下旨，将佛宝舍利分发到全国各地，建塔造寺，供养佛宝。所以，中国共有19处佛舍利塔，法门寺是其中的第五处，供奉的是释迦牟尼佛的指骨舍利。

对于阿育王寺秘藏供养的佛指舍利，史书上有"三十年一开，则岁丰人和"之说法。北魏皇室扩建阿育王寺，于公元494年首次开塔瞻礼佛指舍利。隋代右内史李敏于公元602年第二次开塔瞻礼佛指舍利。唐贞观年间，唐高祖李渊第三次开塔瞻礼佛指舍利，并将阿育王寺改名为"法门寺"。唐咸通十五年正月初四，唐懿宗第四次也是最后一次开塔瞻礼佛指舍利。从这一次瞻礼之后，唐懿宗按佛教仪轨将佛指舍利以及数千件稀世珍宝一同封入塔下地宫供养。从此以后，佛指舍利再未显世。

法门寺在宋代曾进行过一次最大规模的扩建，承袭唐代皇家寺院的宏阔气势，把寺院扩建到二十四院，仅其中的"浴室院"，就可日浴千人，山门之上还有宋徽宗手书的"皇帝佛国"四个大字高悬。金元之际，金人曾刻"诗碑"盛赞佛塔："三级风檐压鲁地，九盘轮相壮秦川"，当时的法门寺仍是关中名刹。明清以后，法门寺逐渐衰落。明隆庆三年（1569），唐代修建的四级木塔崩塌。明神宗万历七年（1579），地方绅士杨禹臣、党万良捐资修葺佛塔，花了30年，建成47米高的13级八棱砖塔。清顺治十一年

（1654），佛塔因地震而崩裂倾斜。民国二十八年（1939），爱国志士朱子桥再次修缮佛塔，完成了明代以后的最大一次塔身维修。文革期间，红卫兵"破四旧"大闹法门寺，欲挖地开塔，该寺主持良卿法师为了保护地宫中的佛舍利，在大殿中点火自焚，红卫兵惊恐万状，无心挖塔，尽皆散去。

● 释迦诞辰　佛骨再现

1981年8月24日子夜，法门寺中突然发出一声巨响。第二天人们看到法门寺宝塔的一半已经坍塌，而另一半却巍然屹立，纹丝不动。那情景，令法门镇上的人们惊叹不已，惊的是这宝塔怎么会突然坍塌，叹的是那剩下的一半居然凌空而立，稳如泰山。

1987年，当地政府决定重修坍塌的佛塔。2月底，考古队来到法门寺，对宝塔塔基进行重修前的清理性发掘。经过一段时间的清理发掘，唐懿宗咸通十五年封闭的塔下地宫被发现。5月5日，当考古队员在地宫中清理一个不为人注意的角落时，意外地发现了装有释迦牟尼真身指骨舍利的小型玉棺。这一发现，似惊雷般传遍四方，尤其是佛教僧侣，喜悦之情，难以言表。而当所有僧俗面对这一天的日历时，俱皆震惊。这一天正是释迦牟尼佛圣诞日——农历四月初八。

曾经主持清理发掘佛塔地宫的我国著名考古学家石兴邦，回忆当年意外发现法门寺佛指舍利的经过：1987年2月28日，为了重建法门寺一座民国年间修葺的13层八角宝塔，我带了一个考古队对塔基和外围做了发掘清理，结果意外地在塔基正中部位发现了唐懿宗时修建的地井盖，我们就移开这块已成碎片的方型石板，开始寻找地宫的入口，地宫中应该保存着法门寺的镇寺之宝——佛指舍利。

经过一段时间的查找，终于在罗汉殿北面发现了宫口。宫口北面有一段踏步漫道，沿着台阶下去，是一个方形的平台，有近万枚铜钱在上面散置着。我们把平台清理后，看见了用巨石封堵的地宫门。从看见的浮雕双凤门门楣石上，我们断定地宫是唐朝修建的。把巨石吊开以后，就看见了用铁锁把守的石门。为了表示对佛教的尊重，我们请法门寺的住持法师和寺内众僧设案诵经祈祷，然后开启了石门。

地宫位于塔基的正下方，平面像一个很长的"甲"字形，开启第一扇门后，是一个长长的隧道，尽头的第二道门前有两块石碑，详细记述了法门寺的沿革、佛指舍利及咸通年间迎佛骨的盛事和唐僖宗送回佛骨的经过。前室的北部有很多遗物，包括汉白玉的阿育王塔，一对石狮子。中室中间是一座汉白玉灵帐，前面还放置了一个铜熏炉。

最主要的文物全部集中在后室，有大盒子装小盒子的八重宝函，函顶盖上还有一尊鎏金菩萨像，两边有石雕护法天王。

但是，开始时我们并没有发现最重要的文物佛指舍利。后来我们在后室地下找到一个坎，挖开以后看到有一个小小的玉石棺材，里面装着一节长约6厘米的青黄色管状物，这就是让佛教徒视为圣物的佛指舍利。

法门寺地宫的发掘，不仅是我国唐代考古的重大发现，也是佛教界的一大盛事。在

唐代安放佛指舍利的四大名寺中，只有法门寺佛指舍利惟一幸存下来。从此以后，世界各地的佛教徒源源不断地来到法门寺瞻仰。

◉ 一枚真身　三枚影骨

1987年5月，考古工作者在法门寺地宫共发现了四枚佛指舍利，其中真身指骨舍利一枚，其余三枚均属影骨。所谓"影骨"，就是仿照真身指骨舍利制成的仿制品。释迦牟尼佛真身指骨舍利，高40.3毫米，上宽17.55毫米，总重16.2克。史书对其形状的描绘是："上齐下折，高下不等，三面俱平，一面稍高，色白如玉少青，质密而泽。"另外三枚"影骨"，一枚装在八重宝函中，一枚装在五重宝函中，一枚装在微型阿育王塔中。佛指舍利是佛教世界至高无上的圣物，是法门寺千年辉煌的根本。

由于历史的变迁，战乱的频仍，以及历史上几次大规模的灭佛行动，分布于神州各地的19处佛舍利塔几乎破坏殆尽。目前，所知的唐代四大佛舍利名寺都已毁灭，其中代州五台山塔和终南山五台寺的佛指舍利都毁于唐武宗时的"会昌法难"，洪泽湖旁的普光寺则是在清代康熙年间塌陷湖中，佛指舍利沉埋湖底，不知所终。传说公元704年，武则天派人前往法门寺迎取佛指舍利入宫供养，武则天死时，佛指舍利还供奉在明堂之上。

1988年农历十月初一，法门寺举行佛指舍利开光仪式，数百名高僧及数千名居士会集于此，虔诚礼拜。当仪式正在进行时，忽然一枚舍利开始发光，射出白光万道，而后在舍利上方空中显现"灵相"。众僧悲喜交集，诵经之声，感天动地。如今，法门寺成了世界佛教界的"朝圣中心"，八方游客也趋之若鹜，络绎不绝。1994年应泰国僧王邀请，佛指舍利在泰国瞻礼供奉。2002年应台湾星云大师等邀请，佛指舍利到台湾瞻礼供奉。2004年应香港佛教领袖觉光长老等邀请，佛指舍利在香港瞻礼供奉。

千年古炉　百代文明

——耀州窑与耀州瓷

耀州的千年瓷炉光耀神州，耀州的精美瓷器闻名遐迩。耀州窑在陕西省铜川市黄堡镇（古称同官），这个地方在宋代是属耀州，所以自古就把这里的窑场称作"耀州窑"。耀州窑是从唐代开始创烧的，到北宋进入全盛时期，当时的耀州瓷器是我国"六大窑系"中的北方青瓷之冠，成为皇家"贡瓷"。

◉ 十里陶坊　陈炉不夜

耀州窑坊以黄堡镇为中心，沿漆河两岸，密集分布，史称"十里陶坊"。此外，在陈炉镇、玉华村、上店村、立地镇都有窑坊，绵延百里。《同官县志》记载当时的盛况称："南北沿河十里，皆其陶冶之地，所谓十里窑场是也。""同官黄堡镇瓷器，宋代早已驰名，即现代鉴古家所称之宋器，精巧绝伦……""黄堡镇故瓷厂……所制之瓷，式样雅朴，刻画工巧，釉色精美，上裂冰纹。虽欧瓷之艳丽，景瓷之细致，亦弗能相匹，近年颇为中外人士所珍视"。在一块宋元丰七年的德应侯碑上，对耀州瓷器的制做和形色之美描述道："始合土为坯，转轮就制，方圆大小，皆中规矩，然后纳诸窑，灼以火，烈焰中发，青烟外飞，锻炼累日，赫然乃成，击其声，铿铿如也，视其色，温温如也""巧如范金，精比琢玉"，并说当地百姓是"居人以陶器为利，赖以谋生"。

耀州窑在宋代神宗元丰年至徽宗崇宁年最负盛名，成为朝廷贡瓷。宋代晚期的耀州青瓷胎薄质坚，釉面光洁，色泽青幽，宛若透明，十分淡雅怡人。纹饰有牡丹、菊花、莲花、鱼、鸭、龙凤等。器形有碗、盘、瓶、罐、壶、香炉、香熏、盏托、注子温碗、钵等。其不凡的制瓷技巧和活泼洒脱的纹饰风格对当时的各地窑场产生了很大影响，形成了自北而南的耀州窑系。耀州窑系以铜川黄堡镇为中心，系属的窑场有河南的宜阳窑、宝丰窑、新安城关窑、广东的西村窑、广西的永福窑等多个大型窑场。

经过金元兵灾，到了元明时期，几乎所有耀州陶场均衰落甚至消失，惟有陈炉镇的窑场延续下来。陈炉镇有11个村庄，几乎家家烧瓷，史称"陈炉不夜"。近20年来，在现代化工业的冲击下，陈炉镇的陶瓷业也曾一度萧条过，年轻人纷纷出外打工，年纪大的"匠人"相继去世，流传千年的传统瓷艺面临失传窘境。上世纪70年代，在李国桢等专家的抢救性扶持下，恢复了耀州窑的传统技艺，生产出耀州青瓷、黑釉瓷、剔花瓷、

白釉瓷、兰花瓷、铁锈花瓷、花釉瓷等六大系列陶瓷，使耀州窑再度辉煌，一跃成为铜川市的支柱产业，并重新成为西北制瓷重镇。

1958年以来，考古工作者对耀州窑遗址进行了清理性发掘，清理窑址近5000平方米，发现唐、五代、宋、金、元时期的制瓷作坊14处，窑炉18座，以及数千件完好瓷器和30多万件瓷片。这些瓷器、瓷片的胎体瓷化程度非常高，质地坚硬。器物上还刻有各种山水、人物、花卉等纹饰图案。耀州窑瓷器的釉色多为青中泛绿，具有独特的艺术风格。发掘过程中还清理出一组唐三彩作坊，并出土了上千件的唐三彩器，说明耀州窑在唐代也是烧制唐三彩的基地之一。

耀州窑遗址的发现，为全面认识耀州瓷窑的历史及北方各窑口在唐、元、明时期的断代，提供了重要实物资料。耀州窑遗址是我国目前发掘面积最大、出土文物最多、工艺流程科学合理、序列化最强的古陶瓷遗址，也是世界陶瓷遗址发掘之最。

◉ "北方青瓷之冠"

凡是学过英语的人，都知道china这个单词，既表示"中国"，也表示"陶瓷"，中国在商周时代就生产陶瓷了，汉唐时代就向国外输出陶瓷。大概正是因此，中国也成了陶瓷的代名词。中国陶瓷完全可以与中国古代的"四大发明"相媲美，而耀州陶瓷被誉为"北方青瓷之冠"。

著名的耀州窑瓷器，还有北宋耀州窑青釉剔花倒装壶、北宋耀州窑缠枝牡丹纹梅瓶、北宋耀州窑提梁倒灌壶、元代耀州窑白地黑花瓷坛等珍品。其中以北宋耀州窑提梁倒灌壶最为奇特，该壶1968年在陕西彬县出土，现藏于陕西省博物馆。此壶壶胎灰白，胎质坚细，釉色匀亮，淡青泛灰，壶体饱满，象征性的壶盖不能开启。整体形如柿子，壶顶贴有柿蒂，圈足外撇，提梁与壶盖相连，作昂首振翅的凤凰形。此壶最为奇特的是，它灌水时必须将壶倒置过来，从底部梅花孔注水，当水从母狮口外流时表示盛满，

此时再将壶倒过来放正，下方注水口竟然滴水不漏，其内部巧妙的构造充分显示了北宋耀州窑工匠的过人智慧，真乃是巧夺天工。该壶通高18.3厘米，腹径14.3厘米，腹深12厘米。目前社会上有很多北宋倒灌壶的仿制品，成为人们馈赠亲友的良佳选择。

耀州窑瓷与其他窑瓷的主要区别在于，耀州窑瓷釉色青翠，釉质细润，施釉较薄，釉色深浅多变。有的稍绿一点，有的稍黄一些，但均为青中闪黄色，不论釉深浅都含有黄的成分，否则就不是耀州窑而是其他窑的青瓷产品。其年代越晚，闪黄的程度也就越大。到元代时，耀州窑青黄色的成分就更大了，看上去几乎成了黄釉瓷器。此外，瓷胎的特点也是鉴定耀州窑瓷的一个重要依据。宋代耀州窑青瓷胎骨较薄，胎色深灰。因当时施釉工艺尚有不足，故器物背面接近足部及底部经常出现漏施釉的情况。这些漏釉的露胎处，呈现出一些酱色的氧化铁所致小斑块。由于胎土中所含铁的成分较高，在器身之外的下部釉薄处，也时常隐隐透出一些淡褐色。这些特征都是后仿品无法仿出的。宋代耀州窑瓷器的仿品，在民国以前很少见到，而多数都是近几年所仿。新仿耀州窑青瓷胎骨稍厚，含铁量低，故胎色灰白，颜色较真品色浅，更没有因漏釉所呈现出的酱色小斑块以及釉薄处所透出的褐色。除此之外，圈足形成也有所不同。仿品圈足较为圆滑，这与切削平齐规整的真品圈足，有着很显明的区别。以上都是鉴别真伪宋代耀州窑瓷器的关键所在。

1994年耀州窑博物馆在铜川市黄堡镇的耀州窑遗址上建立起来。博物馆收藏了各历史时期的珍贵文物50多万件，陈列展出的耀瓷珍品1000多件，精品荟萃，品位高雅，具有很高的研究价值。全馆的基本陈列分为遗址遗迹序列展示、耀州窑史陈列、参考研究室、示范参与室四部分。耀州窑博物馆主馆建筑气势雄浑，馆区环境典雅古拙，景致独特。广场上有被誉为"天下第一壶"的仿宋青釉倒灌壶巨型雕塑，有堪称"瓶中之王"的仿元白釉黑花玉壶春瓶大型建筑，可谓匠心独具，妙趣天成。

中华古文明的祖庭

——黄帝陵的保护与整修

关于轩辕黄帝逝世后埋在哪里？有很多说法。但从历史记载以及历代政府的祭祀活动看，陕西的黄帝陵是黄帝百年后唯一的安寝之地。在我国历史文献记载中，黄帝是在黄陵的桥山驾龙升天的，后来人们将他的衣冠埋葬在这里，起冢为陵。司马迁的《史记》更明确地说"黄帝崩，葬桥山"，而历史上黄帝陵就称为"桥陵"，1944年改称今名。1961年国务院公布其为第一批全国文物保护单位中的古墓葬类第一号，故黄帝陵被称为"天下第一陵"。

◉ "天下第一陵"

当人们走过轩辕桥，攀上95级的龙尾道时，迎面是巍峨的轩辕庙庙门，正面上方悬挂着 "轩辕庙"匾额，是原国民党陕西省政府主席蒋鼎文所书，古朴而凝重。进入大殿，映人眼前的是民族始祖的圣像，这是以东汉武梁祠庙的画像石刻拓片为蓝本，采用墨玉雕成放大刻制而成，石雕像黄帝沉稳站立，步履向东又回首望西，抬臂扬手，冠带简朴，着装无华。

迈出轩辕庙大门，一双黄帝脚印，脚掌是那么大，印痕是那么深，令人神思。迎面那棵苍翠挺拔的古柏，更引人注目，这就是著名的"黄帝手植柏"。据说它是我国最古老的一棵柏树，距今已经历了约5000年的风霜雨露，柏下围10米有余，七人合抱不严，所以当地民谚说它是"七搂八揸半，疙里疙瘩不上算"。 意思是7个人手拉手还搂不住它。1998年，该树被第一批认定为"中华一百棵古树名木"之列。外国人称它是"世界柏树之父"。

碑廊内琳琅满目的碑石，有元、明、清朝皇帝的御旨、祭文，有历朝重修的碑记，还有文人学士的题咏，特别是碑亭内陈列的孙中山、毛泽东、蒋中正、邓小平、江泽民的墨迹，会让你久看不厌。

走出黄帝庙继续攀登，一条古道直通黄帝陵陵园。"文武官员至此下马"的下马石，给人示以敬意；高大的"汉武仙台"，向人们讲述着汉武帝当年备礼致祭的故事。陵前有一座祭亭，亭中央竖一高大石碑，上书"黄帝陵"三个大字，为郭沫若1958年5月书。亭后冢前又立起一块石碑，上刻"桥山龙驭"四字，传说黄帝在这里驾驭巨龙腾空

升天，碑后就是黄帝墓冢。

　　黄帝陵景区的柏山，也是一座奇山，8万多株柏树绿成一片，形成黄土高原上特有的自然景观。据统计，有3万多株树龄在千年以上，是我国最古老和保存最完好的古柏群。这些柏树老态龙钟，千姿百态，古今文人墨客吟咏不绝："黛横半岭，绿堆高岗""非烟非雾，亦青亦苍""扶持藉神力，根老似骑鲸"。真是"古柏参天黄帝陵，苍烟缭绕晓风轻。桥山彻底高耸翠，沮水缠腰万载青"。

◉ 庄严肃穆的祭典

　　自古以来，对黄帝的祭祀从未中断。据史书记载："黄帝崩，其臣左彻取衣冠几杖而庙祀之。"说明他一仙逝臣子就把他当祖先祭祀。自后历朝历代或皇帝亲临，或派重臣来黄陵代祭，祭祀活动久传不衰。1937年4月5日清明节，国民党和共产党的代表来到桥山，首次致祭中华民族始祖，毛泽东和朱德恭遣林伯渠向始祖献上一篇气壮山河的祭文，从此初创了国共合作，共同抗日的局面，至今仍传为历史佳话。

　　改革开放后，每年清明节由政府出面组织各界群众代表祭祀中华民族的始祖轩辕黄帝，中共中央、国务院、全国人大、全国政协也派代表参加。每年的九九重阳节，民间祭祀黄帝陵的仪式也很隆重。此外，不少海外侨胞、台湾同胞、华侨华人还专程来黄陵拜谒先祖英灵，缅怀先祖功德。黄帝陵是中华民族传统文化的象征，更是全球华人心驰神往的民族圣地。

　　一年一度的清明节祭典活动，具有浓郁的民族特色和地方特色。迎风飘扬的九龙五色幡旗，旗上绣有一条龙，有红、黄、黑、青、绿五色。因传说轩辕黄帝是龙的化身，是中华民族的象征，因此九龙五色寓意着黄帝为九五至尊，九龙朝宗。祭祀乐舞有先民祭祀乐舞——"根"；汉武帝祭祀乐舞——"祈仙"；清康熙遗宫祭祀乐舞——"太平盛世"。敬献的祭品代表祖国四方，分别为"百鸟朝凤""万紫千红""二龙戏珠""灵狮猛虎"的四盘面花，表达了对黄帝给子孙后代无穷精神和物质财富的崇敬之情，以及祈盼黄帝保佑天下风调雨顺，五谷丰登，万物生灵平安幸福之情。由香蕉、苹果、大红枣、核桃各一盘四盘时果，以果的形态和谐音，象征着56个民族一条心，天下太平，百姓平安，民族统一，民富国强，能抗御各种外来风险和侵略的心愿。

◉ 举世瞩目的黄帝陵整修工程

　　1990年4月，全国政协主席李瑞环到黄帝陵考察后指示："一定要把黄帝陵整修好、保护好，上对得起祖宗，下对得起子孙。"这年10月，黄帝陵基金会成立时，李瑞环还担任基金会名誉会长，并要求把整修黄帝陵工作同祭奠活动结合起来，年复一年长期坚持，为实现中华民族的伟大复兴发挥更大的作用。从此，经国家有关方面批准，启动了黄帝陵整修工程，这也是中华民族五千年历史上规模最大的一次对先祖陵墓的整

修。党和国家领导人朱镕基、李瑞环、李岚清、乔石、吴邦国、王光英、王兆国、万国权、马万祺等都先后到黄帝陵谒陵并查看整修工程。

整修黄帝陵工程于1992年4月4日（清明节）奠基，8月25日动工建设。整修工程以"雄伟、庄严、肃穆、古朴"为方针，以体现黄帝陵深厚的文化内涵，把陵、庙、山、川、水、城融为一体，范围包容了黄帝陵所在的桥山及其周围山水、城镇，面积达3.24平方千米，包括庙前区，庙品，功德场及神道，陵区，县城和外围景观六个大区域，目前已完成了陵园区、庙前区的一期工程和祭祀广场的二期工程。

最为壮观的是新建的祭祀广场，广场的地面是用秦岭天然河卵石铺就而成的，共计5000块，含义是代表着中华民族五千年的悠久历史。眼前的池子叫印池，相传是黄帝洗笔的地方。印池之水来自沮河，在古汉语中，沮通"祖"，故而沮河也被看成是祖先之河。

还有坐落在轩辕庙北端新建成的祭祖大殿，占地1万余平方米，可同时容纳5000人进行祭典活动。两边对称排着九组大型铜鼎，靠铜鼎处放置着高低不同的旗杆和旗墩，每到祭祀时插满黄色的龙旗和绣着不同部落图腾的彩旗。在高高的台基之上，是用石材建造的祭祀大殿。它是依照史籍中关于"黄帝明堂"的记载，取九间庑殿顶的高等级形制，前设大"月台"，殿内有屏风墙作"人文初祖"大型浮雕。四周环壁刻记以黄帝为代表的时代特征和对人类进步所做的贡献，整体建筑秉承汉风唐韵，融古老传统与新时代气息为一体。2004年清明节，首次以国家级礼仪公祭华夏始祖轩辕黄帝的仪式就是在这里举行的。

字圣精神泣鬼神

——仓颉庙

在渭北高原的白水县境内，流传着许多神奇的传说，这就是仓颉造字、杜康酿酒、雷公造瓷、蔡伦造纸。这些传说，不仅为中华民族数千年的文明史增添了光彩，也为现代的人们追古思幽之情留下了不可多得的盛景。多少年来，因仓颉造字的神奇而建造的仓颉庙，更是吸引着无数中外游人的向往。

◉ 仓颉造字的传说

相传仓颉是黄帝的史官，人称"字圣"。从前，人们是以结绳来记事，即大事打一

大结，小事打一小结，相连的事打一连环结。后又发展到用刀子在木竹上刻以符号作为记事。随着历史的发展，文明渐进，事情繁杂，名物繁多，用结和刻木的方法远不能适应需要，就有了创造文字的迫切要求。黄帝时代是上古发明创造较多的时代，在这些发明创造影响下，仓颉也决心创造出一种文字来。

有一年，仓颉到南方巡狩，登上阳虚之山，临于洛水之阳，忽见一只大龟，龟背上面有许多青色花纹。仓颉看了甚觉稀奇，就取来仔细研究，看来看去，发现龟背上的花纹竟是有意义可通的。他想，花纹既能表示意义，如果定下一个规则，岂不是人人都可用来传达心意，记载事情？

仓颉日思夜想，四处观察天上星宿的分布情况、地上山川脉络的样子、鸟兽虫鱼的痕迹、草木器具的形状，描摹绘写，造出种种不同的符号，并且定下了每个符号所代表的意义。他按自己的心意用符号拼凑成几段，拿给人看，经他一

番解说，人们倒也看得明白。仓颉便把这些符号叫作"字"。

仓颉造字成功，惊动了上苍鬼神，那天白日竟然下粟如雨，晚上听到鬼哭魂嚎。为什么下粟如雨呢？因为仓颉造成了文字，可用来传达心意、记载事情，自然值得庆贺。但鬼为什么要哭呢？有人说，因为有了文字，民智日开，民德日离，欺伪狡诈、争夺杀戮由此而生，天下从此永无太平日子，连鬼也不得安宁，所以鬼要哭了。《淮南子》称道："昔者仓颉作书，而天雨粟、鬼夜哭。"所谓惊天地而泣鬼神者也。

后来，仓颉造字的传说愈传愈神奇，发展为仓颉是"黄帝的史官"等传说，仓颉庙的所在地也称为"史官村"。还把下谷子雨的这一天作为一个节日，叫谷雨节，以感谢上苍，一直延续到今天。每年谷雨节前后，仓颉庙都举行为时七至十天的盛大庙会，周围各县甚至外省的人络绎不绝，情景十分热闹，以纪念这位中华文字的造字先祖。

◉ 仓颉庙的神奇

白水仓颉庙北屏黄龙山，南临洛河水，兀然高耸，颇具气象。有文字可考的庙史已有1800余年，早在东汉延熹年间就有"建庙之举"，并形成一定规模。据民间传说，则可上溯到黄帝时代。

今之仓颉庙，高垣厚墙，格局完整。其主体建筑有三门、东西戏楼、前殿、报厅、中殿、寝殿、钟鼓楼、东西厢房等。紧贴三门建有两座戏楼，这在中国为数众多的祠庙中，是绝无仅有的现象。元代修建的寝殿，以蒿木为前殿大梁，长16米，粗55厘米，径匀体直，亦为世所罕见。殿内原供泥胎粉身的仓颉像，四目灵光，有"雕塑史上一杰作"之誉，可惜"文革"时被毁，1991年民间聚资重塑。紧贴后殿为仓颉墓冢和墓园。仓颉墓圆锥形，围以六角形砖砌花墙，地方色彩浓厚。

仓颉庙里古柏参天，郁郁葱葱，有48棵古柏的树龄均都在千年以上，与山东曲阜孔庙古柏、陕西黄帝陵的古柏，合称为我国三大古柏群。48株古柏都有漂亮的名字和动人的传说。以年龄最大的仓颉手植柏"奎星点元"为首，从庙门口的"惊贼柏"，西北角围墙外的"不进柏"，到庙里面的喜鹊柏、干枝梅、柏抱槐、青龙柏、白虎柏、猴头柏、蛇身柏、凤鸣柏、孔雀开屏、二龙戏珠、宝莲灯等，千姿百态，妙趣横生。更为称奇的是"柏抱槐"，柏上生长着一株槐树，一个生命倚借另一个生命，形若喜鹊，祝福人们好运连连。

仓颉庙内现存石碑16通，尤以 "仓圣鸟迹书碑"最为珍贵。该碑立于清乾隆年间，碑面所镌刻28个字系后来人摹写，相传为仓颉当年所造象形文字之本形，字形若图若画，不易辨认。有人写诗描写称其是"纵横布置成奇字，恍惚龟文鸟迹书"。好在上海书店翻印的《淳化阁帖》，将其破译为："戊己甲乙，居首共友，所止列世，式气光名，左互义家，受赤水尊，戈矛釜芾"。还有庙中的名碑"广武将军碑"，已失落千年。1920年于右任见其碑拓，甚为欣喜，称赞："千年出土光腾射""老见异物眼复

明"，继而挥毫书写了"文化祖庙"四字，后来制成匾额，悬于庙中。

◉ 仓颉庙的保护

　　自宋、元、明、清以来，对仓颉庙均进行过多次的保护和维修。现存建筑占地17亩，主体建筑依中轴线由南向北排开，布局对称，错落有致。殿宇皆系明、清乃至民国时期重修，以明、清风格为主。1939年，著名爱国人士朱庆澜参观仓颉庙，顿生崇仰之情，遂出资修建一圈六棱砖砌花墙，高约3米，朴实而精致。东西两侧各设一门。东门有联云："画卦再开文字祖，结绳新创鸟虫书。"横批为"通德"；西门有联云："雨粟当年感天帝，同文永世配桥陵。"横批为"类情"。工整贴切，颇有韵味，不仅颂扬仓颉造字功在千秋，亦为墓园增一文化景观。

　　1948年，彭德怀率领西北野战军进军关中，途经白水，把野战军司令部驻扎在仓颉庙内，并在这里整训干部、举行军民联欢会。一天，当彭德怀得知警卫员砍了"二龙戏珠柏"的一些枝条，予以严厉批评，并写了"仓颉庙是国家文物，凡我中国人民解放军西北野战军全体指战员，均须切实保护文物古迹，严格禁止攀折树木，不得随意破坏。切切此令"的通令，老一辈革命家的这一举止，身体力行，令人赞佩。

　　陕西省政府及白水县极为重视仓颉庙之保护，1983年，省上和县里作规划，斥巨资，维修殿堂，整治环境，成效显著。仓颉庙原为省级文物保护单位，2001年6月，仓颉庙及仓颉墓被国务院公布为第五批全国重点文物保护单位。

东方金字塔

——茂陵及其保护

在关中渭河以北的咸阳原上，从西到东依次埋葬着西汉的10位皇帝，而汉武帝刘彻的陵墓——茂陵，则是西汉帝王陵中规模最大的一座，陵体高大宏伟，蔚为壮观，有"西汉帝陵之冠"和"东方金字塔"之美称。

◉ 西汉帝陵之冠

汉武帝是历史上可以和秦始皇相提并论的具有雄才大略的封建帝王，创造了汉帝国的鼎盛时代，使汉帝国以统一、繁荣、强大的姿态屹立在世界的东方。他在生前享尽了人间的荣华富贵，也为他死后的归宿之地做了周密的安排。建元二年（公元前139年），即汉武帝当皇帝的第二年，就调集人夫在槐里县茂乡为他营建寿陵，称为茂陵。启元二年（公元前87年），汉武帝去世时茂陵已经营建53年了，所以他的陵墓是西汉诸帝陵墓中修建时间最长、规模最大的一座。汉诸陵皆高12丈，方120步，唯茂陵高14丈，方140步，其高大巍峨可以想见。时过2000多年，茂陵封土仍基本完好无缺。据实测，今日的茂陵底部和顶平面均为正方形，底部边长230米，顶部边长40米，墓高46.5米，基本保持了原来的风貌。

茂陵除封土高大外，陵墓内殉葬的宝藏也在汉陵中首屈一指，史称"金钱财物，鸟兽鱼鳖牛马虎豹生禽，凡百九十物，尽瘗臧之"。其实，当寝宫还在修建，汉武帝尚未下世时，就陆续给里边放置宝物，武帝死后，陵里的陪葬品已无法再放进去。西汉末年，农民起义军曾打开茂陵的羡门，成千上万名起义士兵搬了几天几夜，还没有搬走一半，由此可见陵内陪葬物之多。

在茂陵附近，还有许许多多武帝时代王公大臣的陪葬墓，如卫青、平阳公主、霍去病、金日磾、霍光、董仲舒、公孙弘、李延年等，还有汉武帝的爱姬李夫人，其他不知名的小墓还有很多。这些墓主人生前和武帝一起在历史舞台上演出了一幕又一幕动人心弦的大剧，死后仍然围绕在武帝周围，静静地长眠于地下，他们的坟墓仍在，他们的业绩长存。

汉武帝生前生活奢侈，喜欢热闹，死后也"不甘寂寞"，后来在茂陵东南的地方营建了繁华的茂陵邑，许多文武大臣、名门豪富迁居于此，当时居住的有6.1万多户，人口达27.7万多人。

◉ 精美绝伦的茂陵石雕

在茂陵周围众多的陪葬墓中，霍去病的墓地最富特色，这就是墓前的一个个雄伟壮观、栩栩如生的石刻雕像，如马踏匈奴、卧马、跃马、伏虎、卧象、野猪、游鱼、卧牛、石人、怪兽食羊，等等，它们是2000多年前汉文化遗产，举世无双的古代雕刻艺术杰作，也是我国第一批重点保护文物。这批作品构思超凡，题材多样，富于大自然的山野情调，意象博大深沉。特别在表现各种动物的造型上，惟妙惟肖，生动传神，皆蕴含着饱满的生机，或腾跃或宁息，生态万般，无不各具其妍，韵致宛若。质朴而有灵趣，力雄风雷，气势浑厚磅礴，有着强烈的艺术感染力。

马踏匈奴，是霍去病墓上最具纪念意义的石刻作品，造型一人一马，石马与真马大小相仿，昂首站立，神态庄重严肃，凛然不可侵犯。一个战败的匈奴仰面倒在马下，手持弓箭，呈恐惧状。这座石雕形象生动地反映了当时人们对霍去病战功的赞扬，象征着正义不可战胜的伟大力量，雕刻手法朴实浑厚，具有高度的概括力和大胆的想象力，也是我国石刻艺术的珍品。

跃马，是用一块大石依势雕刻而成的。它的后腿与后身跪在地上，前腿跃起，动态表情强烈，眼眶呈三角形，炯炯有神，力量含蓄，气势雄壮，充满活力，既刻画了西域战马的雄姿，也再现了当时以骑兵为主体的西汉军队抗击匈奴的英勇奋斗和不屈精神。

怪兽吃羊，也是用一块大石依势雕刻而成的，它采用高浮雕艺术处理的方法，把怪兽之"怪"表现的十分突出。怪兽方头、大口、身短腿长、头上有角，正在凶残地吞食一头拼命挣扎的小羊。这座石刻把怪兽的狰狞凶残、小羊的惊恐可怜都表现得十分逼真。

人与兽，是茂陵石刻最高的一座，高达277厘米，宽172厘米，表现的是一个与熊搏斗的巨人。巨人肢体粗大，深目隆鼻，形状酷似西域一带少数民族形象，巨人双手抓着一只幼熊，与之搏斗。幼熊后腿蹬着巨人的大腿，拼命挣扎、抗击，动静结合，神态酷肖。

◉ 闻名全国的茂陵博物馆

在咸阳与兴平之间的五陵塬上，建着一个极富地方特色的断代博物馆——茂陵博物馆。馆址宽敞，馆内设备齐全，房屋均为仿古式建筑，古朴、典雅、大方、美观。大院内两侧雄伟壮观的陈列室，陈列着茂陵的馆藏文物4100余件，国宝文物14件，占咸阳市国宝总数的70%。其中石刻伏虎、出土文物鎏金马、青玉

雕铺首、四神空心砖等多次在美国、英国、日本、法国、韩国、摩纳哥等国家和地区展出，引起轰动。这些文物中，有金、银、铜、铁、玉石、瓦当和陶器等，在展室内放射着古香古色，耀古辉今的绚丽光彩。完整无缺的大型石刻，静静地呈现在人们面前，用默默无声的语言向广大游客倾诉着一个个远古动人的故事，引起人们无穷的遐想和无限的感慨。

多年来，在馆长王志杰的带领下，全体职工发扬"艰苦奋斗，无私奉献，服务游客，完善自我"的茂陵卧牛精神，求实进取，锐意改革，先后荣获全国首批精神文明建设工作先进单位、国家首批AAAA级旅游景区、全国青年文明号、全国爱国卫生先进集体、全国旅游优质服务先进单位、陕西省绿色文明示范工程唯一"绿色景点"称号等180余次。先进事迹在全国许多媒体报道，或制作成专题片在全国各级电台和电视台多次播放。全国政协原主席李瑞环来茂陵视察时，欣喜的说："茂陵不光有个很好的博物馆，还有一个优美的环境，我走到哪里，就把茂陵宣传到哪里，全国所有的博物馆都应建成这样的博物馆。"加拿大国立文化代表团团长、香港美术大学教授时学颜参观后在留言簿上写道："从加拿大至中国陕西茂陵博物馆，乘飞机、火车、汽车已走了万里路，看到茂陵工作的成就，就觉得再跑万里也不虚此行，此地不仅文物宝贵、陈列内容丰富、四周环境也充分表现出中国文化悠久历史以及中国劳动人民的伟大贡献。"

如今博物馆园林景色宜人，仿汉建筑群林立，亭台楼阁，碧波荡漾，苍松翠柏，芬芳馥郁、三季有花，四季常青，已形成融文物、古建、园林于一体的著名旅游观光胜地。游览内容丰富，"戏观茂陵一绝、琳池鱼追游人"，千年编钟展演，聆听悦耳古曲，夜景流光溢彩，浮桥喷泉迷人；欣赏《汉武帝事迹造像展览》，领略西汉盛世风采，让人叹为观止，流连忘返。

相关链接：西汉帝陵一览表

陵 号	帝 名	在位时间	葬 地
长陵	高祖刘邦	公元前206-前195年	咸阳市东北塬上
安陵	惠帝刘盈	公元前194-前188年	咸阳市东北塬上
霸陵	文帝刘恒	公元前179-前157年	西安市白鹿塬上
阳陵	景帝刘启	公元前156-前141年	咸阳市东北塬上
茂陵	武帝刘彻	公元前140-前87年	兴平市东北塬上
平陵	昭帝刘弗陵	公元前86-前74年	咸阳市西北塬上
杜陵	宣帝刘询	公元前73-前49年	西安市长安区三兆村南
渭陵	元帝刘奭	公元前48-前33年	咸阳市东北塬上
延陵	成帝刘骜	公元前32-前7年	咸阳市西北塬上
义陵	哀帝刘欣	公元前6-前1年	咸阳市西北塬上
康陵	平帝刘衎	公元前1年-公元5年	咸阳市西北塬上

高山仰止

——司马迁祠

人们到韩城，首要的一件事，就是拜谒坐落在芝川镇东南高岗上的司马迁祠和司马迁墓。登上司马坡之巅凭高俯视，东边黄河滔滔，涤荡胸中滞气；西边梁山苍苍，蓄积天人灵光；南边魏长城蜿蜒作围墙；北边芝秀河潺潺作腰带，好一派人杰地灵的俊秀河山，实乃韩城诸多名胜之冠。

● "文史祖宗"之地

人们到司马迁祠，不仅是领略河山之美，更重要的是追念司马迁的高尚人格与壮丽事业。司马迁一部《史记》光耀千秋，矗立起了中国历史学不朽的丰碑，但在当时根本改变不了他的命运。就这样，一代史圣的灵魂孤单游荡在古龙门的芝川镇韩奕坡上，直到近400年后的西晋年间，才有汉阳太守殷济首先为其修墓建祠，当地人称"太史高

坟"。其后祖祖辈辈父老乡亲为祠院添砖加瓦，司马迁祠才得以历尽千年沧桑而愈显古朴庄严。

越过芝水上的芝阳桥，便是太史坡。从坡下至山顶有99级石台阶，山顶是祠院。台阶每段用砖石依山势筑成4个平台。第一平台的牌坊上书"高山仰止"，是赞誉司马迁品德高尚，德高如山，世人景仰。第三平台的牌坊上题"河山之阳"，语出太史公自序中的"迁生龙门，耕牧河山之阳"。穿过山门和砖砌牌坊，拾级而上，到达祠院，这里是司马迁祠的主体，由献殿和寝宫组成，院中古柏参天，环境清幽。门额上题"太史祠"，笔体潇洒，苍劲有力，正中塑有司马迁全身坐像，官衣衮服，面貌肃雍，长须飘拂，两眉入鬓，神态逼真。司马迁面部略微朝北，当地流传着这样的说法："北望李陵，怀念苏武。"司马迁虽忍辱度生，心中还是思念着这两位老友，然而他至死也没有看到他们。

祠内碑石林立，多为宋、金、元、明、清各代碑记和名人凭吊吟咏，诗文雅健，书法挺秀。最早一通是宋代太常博士韩城县知事李奎题写的。碑上有这样几句话："一言遭显戮，将奈汉君何？""为览遗文来一奠，不知何在子长灵？"特别是郭沫若1958年春题的碑记"龙门有灵秀，钟毓人中龙。学殖空前富，文章旷代雄。怜才膺斧钺，吐气作霓虹。功业追尼父，千秋太史公"，对司马迁的一生作了高度评价，让人在此不由陷入历史的沉思。

祠院后是司马迁墓，青砖裹砌为圆形，周围嵌以八卦砖雕和金、清两代碑石。墓顶古柏枝干虬劲，犹如巨掌撑天，矫龙挚云。明末李因笃曾有"尚余古柏风霜苦，空对长河日夜深"之句，于绘景之中寄寓了对司马迁悲惨遭遇、坎坷一生的无限同情。

◉ 不尽的追念

在司马迁祠献殿中，"文史祖宗"匾额和廊柱上的对联"刚直不阿留得正名凌霄汉，幽而发愤著成史记照尘寰"，都是芝川镇徐村人敬献的。那么，为什么单单徐村人为司马迁敬献匾额和对联呢？因为徐村是司马迁的故里，村里有司马迁祠堂等古迹。徐村主要由姓"同"和"冯"姓的人家组成，他们千百年来称是司马迁的后裔，据说"冯"姓是司马迁大儿子司马临的后代，"同"姓是司马迁二儿子司马观的后代。两姓亲如一家，但从不通婚。那是司马迁入狱受刑，为免株连儿女，不得不改名换姓。说到改"冯"和"同"两姓的原因，是司马迁遭厄运时，有好心人向家乡通风报信，"同""冯"二字皆取"通"和"风"的谐音，原姓"司"字加一竖为"同"字、原姓"马"字加一两点水为"冯"字。后来，"冯""同"两姓以先祖的光辉史迹自豪，韩城人也以司马迁为骄傲。为了纪念这位"文史祖宗"，市区建有宽畅的"太史大街"；在该街西端的广场中央，还伫立着司马迁青铜塑像。

司马迁是西汉时期的历史学家，其名著《史记》自2000年前问世以来，奠定了中

华民族的史学基础，开创了中国"二十四史"的史学高峰，享有"世界历史之父"的美誉。关于《史记》的研究与注释，2000年来绵延不绝，构成了一道中国文化史的独特风景，被专家们称为"史记学"，影响着一代代的知识分子。

2004年8月24日，韩城市人民政府在司马迁诞辰2150周年之际，在司马迁祠墓举行了庄重的首次公祭仪式。这也是司马迁诞辰2000年以来首次的省级公祭仪式。陕西省政府、渭南市政府、韩城市委和韩城市政府的领导与正在韩城参加"国际《史记》学术研讨会"的150余名专家学者，沿阶登上司马迁祠，在司马迁祠的献殿前，依次敬献花篮，焚香祭奠。期间，韩城市还举办了"风追司马"大型活动，也是新中国成立以来最大规模的一次纪念司马迁的活动，活动分别在司马迁祠、太史公文庙和徐村举行。国内诸多专家名人和来自全国各地司马迁后裔及司马迁崇拜者近2万人出席纪念活动，来自西安各个大学的上千名学子进行长跑签名活动，以此表示对司马迁的尊敬。

◉ 司马迁祠的保护

全国解放后，党和人民政府对太史祠的保护极为重视。1956年8月6日，省人民政府公布司马迁祠墓为陕西省第一批文物保护单位。1957年拨款进行了重修。1982年国务院公布司马迁祠为第二批国家文物保护单位。韩城市于1973年6月成立了司马庙文管所。1986年11月至1989年3月，国家又投资230万元对祠台和北坡进行了加固维修。从芝川镇到祠墓三公里远的油路已经铺通，路两旁有松柏观赏树，现在这里除参观祠墓外，有四个展览室：第一展室为司马迁生平展览，设在迁来的三圣庙正殿，占地面积84.252平方米。展室的主要内容有中国历史年表、司马迁生平年表，司马迁三次旅游线路图，司马迁生平画以及有关司马迁与《史记》的研究论文等。第二展为司马迁故事展室，设在迁来的三圣庙献殿，占地面积142.559平方米。第三展室设在迁来的彰耀寺正殿，占地面积130.65平方米，主要展出39幅碑文，其中有记载宋、元、明、清历代修缮和增建的碑

文，亦有歌颂司马迁丰功伟绩的碑文，不少为名书法家如林则徐、王杰、郭沫苦等人的手笔。第四展室，设在迁来的禹王庙正殿。占地面积90.32平方米，主要展出《史记》的名言警句和53幅名人的书法。

众星拱北斗，还见五云飞

——昭陵及其陪葬墓的发掘与保护

位于礼泉九嵕山的昭陵，是唐太宗李世民及文德皇后长孙氏合葬墓，是唐代帝陵中规模最大的一座，也是全世界独一无二的规模最大的帝王陵墓。站在广袤的关中平原，遥望云雾缭绕的九嵕山，瞩目高耸的主峰，确如明代诗人赵崡所描述的"众山忽破碎，突兀一青峰"。登上陵顶，南瞰秦川，北望沙塞，左顾寒门，右盼乾陵，颇有"更疑天路近，梦与白云游"的感觉。 1961年，国务院公布昭陵为第一批全国重点文物保护单位。

◉ "天下名陵"

唐昭陵取"昭"之义，一是收集帝王之气；其二是展示墓主的文治武功。因而昭陵在关中的唐十八陵中，有许多与众不同之处：一是墓主李世民是我国历史上著名的开明君主，盛唐"贞观之治"的开创者。二是在唐陵中第一个使用依山为陵的陵墓建造形式，奠定了唐墓制度的基础。三是它的陪葬墓数量、规格都是唐陵最多、最高的。四是文物的中外知名度是最高的。由此而被誉为"天下名陵"。

昭陵依九嵕山"依山为陵"，据说是因贞观十年文德皇后临死时给唐太宗说要俭薄，"请因山而葬，不需起坟"。文德皇后死后葬于昭陵。它的建造前后历时13年，是仿照唐长安城的建制，由当时著名艺术大师阎立德精心设计并主持的。昭陵陵寝居于陵园的最北部，相当于长安的宫城，可比拟皇宫内宫。至于地宫的情况，昭陵建筑时，在南面山腰凿深75丈为地宫，墓道前后有石门5重。据五代军阀温韬盗掘昭陵后记述："从埏道下，见宫室制度闳丽，不异人间。中为正寝，东西厢列石床，床上石函中为铁匣，悉藏前世图书。钟王笔迹，纸墨如新"，金银珠宝更不计其数。陵墓外面又建造了华丽的宫殿，苍松翠柏，巨槐长杨。杜甫在《重经昭陵》诗中说："陵寝盘空曲，熊罴守翠微。再窥松柏路，还见五云飞。"

主峰之北的玄武门设置有祭坛，是昭陵特有的建筑群。紧依九嵕山北麓，南高北低，以五层台阶地组成，愈往北伸张愈宽，平而略呈梯形，在南三台地上有寝殿，东西庑房，阙楼及门庭，中间龙尾道直通寝殿。在司马门内列置了突厥的颉利、 突利二可汗，阿史那社尔、李思摩、吐蕃松赞干布，高昌、焉耆、于阗诸王等14国君长的石刻

像。这些石像刻立于高宗初年，早遭破坏，今可见者有七个题名像座，有深眼高鼻者，有满头鬈发者，有辫发缠于头者，有头发中间分缝向后梳拢者，有戴兜鍪者。这些石像反映了贞观时期国内各民族大团结、唐对西域的开拓以及与邻邦关系的盛况。

● 众星拱月的陪葬墓

昭陵陵园内的陪葬墓，以唐太宗的陵寝为基点，向南辐射排列成一个扇形。李世民的陵寝居高临下，"功臣密戚"和"德业佐时者"，作为一种无尚的荣誉陪葬在其前方。现在初步确定的功臣贵戚等陪葬墓有187座，已知墓主姓名的有57座，形成一个众星拱月形的墓葬群。据说这种布局是唐太宗生前的安排。

唐代陪葬从献陵开始，起初只限于赐葬，随后允许申请陪葬，渐次扩大到子孙亦可从葬陪陵。据昭陵有碑及出土墓志记载：陪葬者或享受国葬，丧葬所需概由官府；或官为立碑；或赠米粟布帛；或赐衣物；或给羽葆鼓吹等。还有预赐茔地，以便生前就修造坟墓。也有为纪念战功而起冢者，如李靖墓起冢像阴山、积石山；李勣（徐懋功）墓起冢像阴山、铁山、乌德犍山(即郁都斤山)；阿史那社尔墓起冢像葱山；李思摩墓起冢像白道山等。有的陪葬者皇帝还亲为撰书碑文，如魏征碑为唐太宗撰书，李勣碑为唐高宗撰书，足见他们所受的宠荣。

陪葬墓的石刻也极为精美，温颜博墓前的石人、魏征墓碑首的蟠桃花饰、尉迟敬德墓志十二生肖图案和石椁的仕女线刻图等，皆为当时艺术精品。从墓内还发现大量精致的工艺品，例如李勣墓中出土的"三梁进德冠"，花饰俊美，据说唐太宗亲自设计了三顶，赐予最有功之臣，李勣得了一顶。

众多陪葬墓衬托了陵园的宏伟气势，加之各墓之前又多有石人、石羊、石虎、石望柱、石碑之属，更能点缀陵园繁华景象。同时也反映了唐太宗时君臣之间"义深舟楫"的关系，有"荣辱与共，生死不忘"之意。唐太宗能与功臣"相依为命"，既不滥杀功臣，且妥善安置，死后还能安葬在一起，这种做法在我国古代帝王中实属罕见。

◉ 驰名中外的昭陵六骏

在祭坛东西两庑房（即廊房）内置有6匹石刻骏马浮雕像，可谓驰名中外。有诗赞誉说"秦王铁骑取天下，六骏功高画亦优"。六骏分别名为"特勒骠""青骓""什伐赤""飒露紫""拳毛騧""白蹄乌"。这是当年李世民统一全国，南征北战，驰骋疆场所骑的六匹战马。"特勒骠"是唐太宗与宋金刚作战时的坐骑、"青骓"是和窦建德作战时的坐骑、"什伐赤"是和王世充、窦建德作战时的坐骑、"飒露紫"是攻占洛阳时和王世充交战的坐骑、"拳毛騧"是和刘黑闼作战时的坐骑、"白蹄乌"是和薛仁果作战时的坐骑。据说这是李世民自己选定的题材，由阎立本起图样、筑陵石工中的高手雕镂而成的。

昭陵六骏刻于贞观十年，屏高1.71米，宽2.05米，厚0.3米，皆为青石浮雕，姿态神情各异，线条简洁有力，威武雄壮，造型栩栩如生，显示了我国唐代雕刻艺术的成就。然而令人痛心的是，1914年，美国文物走私商人勾结中国的民族败类，把"飒露紫""拳毛騧"打碎装箱，偷偷地运往美国，现陈列在美国费城宾夕法尼亚大学博物馆。1918年，美国文物走私商人再次与中国的民族败类勾结，把另外四具石刻骏马打碎装箱，准备运到美国，后来密谋败露，四具石刻骏马被西安的爱国人士截获，现陈列在西安碑林博物馆。

◉ 瑰宝荟萃昭陵博物馆

自20世纪70年代来，考古工作者发掘清理了昭陵的数十座陪葬墓，集中陵园内地上和地下大量的历史遗存，建成昭陵博物馆，陈列着李勣墓出土的"三梁进德冠"、郑仁泰墓出土的彩绘釉陶陶俑群、李贞等墓出土的唐三彩俑，还有其他墓葬出土的大批胡俑、乐俑和浩浩荡荡的驼俑队等等。这些稀世珍品，描绘出唐初国家繁荣昌盛、民族统一团结的画卷。

博物馆陈列的大量出土陪葬墓壁画，最早的有贞观十四年的杨温墓，最晚的是开元九年的契苾夫人墓，时间横跨近百年，弥足珍贵。这些壁画，在用笔上，或雄健泼辣、或遒劲朴实；在色调上，或明快简洁，或精到入微；在风格上，既体现了浪漫主义的情趣，又展示了民族精神面貌。它们不仅是研究唐代历史、绘画史及唐人生活的形象资料，还是当今美术家学习和借鉴的范本。

还有昭陵碑林，收集碑石40多通，墓志40余合，这些碑、志或补史书之缺，或证史书之说，或纠史书之谬，不仅是研究我国书法艺术的宝贵实物资料，也是研究唐代历史的稀有文字资料。如唐高宗李治御制御书的李勣碑和孔颖达碑座的刻字，尉迟敬德墓志盖的"飞白书"等。还有褚遂良所书的房玄龄碑，书法秀逸柔婉，笔力丰满；欧阳询所书的温彦博碑，字体疏朗，笔力遒劲，是欧阳询传世的最后一件作品，堪称稀世珍品。

风雨无字碑，日月共乾坤

——乾陵的考古测探与保护

　　地处乾县梁山上的乾陵，巍峨而神秘，它不仅长眠着唐朝第三代皇帝高宗李治与女皇武则天，是"唐十八陵"中最具个性的皇家陵园，而且被誉为历代群碑之首的"无字碑"，留下了许多不解之谜；那坚固如铁的地宫有多大？内部布局如何？又藏有多少奇珍异宝？给人们留下了无限的遐想，也令人神秘莫测。

◉ 盛唐皇家陵园

　　说起武则天，人们并不陌生。唐高宗李治去世后，年已67岁的武则天突破了太后临朝称制的惯例，在高度男权化的古代中国，身为女子的她做出了许多男子想做而不敢做、也做不到的事情，亲登皇位，改唐为"周"，成为我国历史上唯一的一位女皇帝。她去世后，又与高宗李治合葬乾陵，这种一陵合葬两个性别皇帝的例子，在中国是仅有的，在世界上也是少见的。

折
桂
犹
待
长
安
花

乾陵营建时，正值盛唐，国力充盈，陵园规模宏大，建筑雄伟富丽，堪称"历代诸皇陵之冠"。据史书记载，乾陵陵园的格局完全仿照唐代首都长安城营建，原有内外两重城墙，分为宫城、内城和皇城，宫城占地面积230万平方米，外城周长40千米，原有亭台楼阁等各类房屋建筑378间，陵园布局整齐，富丽堂皇。经历了漫长的岁月，乾陵地面雄伟的建筑已经荡然无存，但陵园内依然保存的大型精美的石雕，成为盛唐社会蓬勃发展的真实写照。

进入乾陵陵区，从梁山南二峰的天然双阙起，往北依次对称排列。端立首位的是1对高达8米有余的八棱柱石华表，这是帝王陵墓的标志。接着是1对昂首挺胸、浑圆壮观的石刻翼马，马身两翼雕以卷云纹，似有腾飞之势。翼马之北是1对优美的高浮雕鸵鸟，它是唐王朝同西域人民文化交流与友好往来的象征。紧接鸵鸟的是5对配有驭手的石仗马和10对高4米左右的石翁仲（或称直阁将军）。在两通石碑的紧北边，竖立着61尊蕃臣石像。东群29尊，西群32尊。这些石人是当时唐王朝属下的少数民族官员和邻国王子、使节。武则天为炫耀高宗及武周朝的威势，将他们的雕像立于陵前。

陵园内城的四门之外，还蹲踞着4对8尊高大雄伟的石狮，以朱雀门外的最为雄伟。这对石狮昂首挺胸，巨头披鬃，瞋目阔口，两足前伸，身躯后蹲，凛然挺拔如泰山。置石狮于陵前，增加了陵园的神圣和威严气势。

乾陵附近还有17座陪葬墓，墓主有章怀太子李贤、懿德太子李重润、泽王李上金、许王李素节、义阳公主、新都公主、永泰公主、中书令薛元超等。1960年后，考古工作者先后对章怀太子墓、懿德太子墓、永泰公主墓等5座墓葬进行了发掘，出土了数千件珍贵文物，并在永泰公主墓建立了乾陵博物馆。

● "无字碑"的奥秘

乾陵两通高大的石碑，特别引人注目：一通是《述圣纪碑》，一通是"无字碑"。《述圣纪碑》，也叫"七节碑"。因为碑上刻有武则天撰文、他的儿子中宗李显书写的，记述高宗皇帝生平事迹与文治武功的文章而得名。碑上原刻有密密麻麻的文字5500个，由于风雨剥蚀及人为破坏，现仅剩千余字。据说碑文刻好后，文字还填以金屑，不但使文气的碑身金碧辉煌，也使整个陵园显得更加宏伟壮丽。

与《述圣纪碑》左右相对的，而被誉为历代群碑之首的"无字碑"，是由一块完整的巨石雕刻而成，通高8.3米，总重量达98.84吨，碑首两侧各浮雕4条缠绕的螭龙。这是唐代人为女皇武则天所立，但却没有刻唐代人一个字，故名"无字碑"。"无字碑"为什么没有刻文字，1000多年来说法甚多：一是武则天认为自己是女子称帝，功高德大，非文字所能表达，故仅立白碑；二是有人说武则天临终有遗言，自己的功过，留给后人评说，所以只立碑石，不刻文字；三是中宗李显为母亲武则天所立此碑，武则天曾经做过武周王朝的皇帝，死后却是以李唐皇后的身份葬于乾陵，李显在称母亲为皇帝还是皇后的称谓上举棋不定，因此留下无字碑；四是武则天在撰写碑文时，愧于自己的所作所

为，因而留下"无字碑"；五是有人说"无字碑"不是碑，而是"祖"，"祖"代表宗庙，当然不写文字。众说纷纭，莫衷一是。

到了后来，"无字碑"成了有字碑，现在碑上的文字都是唐代以后各朝文人墨客留下的。最有名的是中间那篇用少数民族文字书写的碑文，旁边有汉字译文，内容记述的是1134年金人重修乾陵地面建筑的事情。文字专家考证它是至今难以读懂，也几乎绝迹的契丹文字，弥足珍贵。还有一些游人写的诗，其中一首写道："乾陵松柏遭兵燹，满野牛羊春草齐，惟有乾人怀旧德，年年麦饭祀昭仪。" 诗中的所说的昭仪就是武则天，显然含有对武则天亦褒亦贬之意。

◉ 意外的重大发现

古往今来，多少歹人绞尽脑汁，费尽心思找不到的乾陵地宫墓道口，在20世纪50年代，却被几个农民意外地发现了。那是1958年冬季，经过乾陵的西（安）兰（州）公路复修，需要大量的石料。乾陵附近的农民便到梁山上炸石取料，第三炮炸响之后，半空中飞出几块石条，硝烟散去，几个人跑过去一看，只见爆炸面上尽是石条，象是人工凿的，上面有字，或连着些像钢筋一样的东西……

陕西省文管会得知这一惊人的发现，很快派人进驻乾陵，立即对农民炸石的地方进行勘查。后来省上成立了乾陵发掘委员会，开始发掘乾陵地宫墓道。发掘显示：乾陵地宫墓道在梁山主峰东南半山腰部，由堑壕和石洞两部分组成。堑壕深17米，全部用长1.25米，宽0.4至0.6米的石条填塞。墓道呈斜坡形，全长63.1米，南宽北窄，平均宽3.9米。石条由南往北顺坡层叠扣砌，共39层，平面裸露410块，39层约用石条8000块。石条之间用燕尾形细腰铁栓板拉固，上下之间凿洞用铁棍贯穿，以熔化锡铁汁灌注，与石条熔为一体。挖掘情况与《旧唐书·严善思传》"乾陵玄阙，其门以石闭塞，其石缝隙，铸铁以固其中"的记载相同。考古工作者还

在陵山周围测探，没有发现盗洞和被扰乱的痕迹，从而证明乾陵是目前唯一未被盗掘的唐代帝王陵墓。

如今，乾陵每天游人如织，人们最为关注的是乾陵的发掘工作和乾陵地宫珍藏的文物。据乾陵博物馆馆长樊英峰撰文介绍：目前考古工作者将乾陵地宫的珍藏文物分为六大类：金属类，有金、银、铜、铁等所制的各类礼仪器、日常生活用具和装饰品、工艺品等；陶、瓷、琉璃、玻璃等所制的器物、人物和动物俑类；珊瑚、玛瑙、骨、角、象牙等制成的各类器具和装饰物；石质品：包括石线刻、石画像、人物及动物石雕像、石棺椁、石函和容器；壁画和朱墨题刻、纸张、典籍、字画、丝绸和麻类织物；漆木器、皮革和草类编织物等。可以深信，乾陵幽宫重启之日，必是石破天惊之时，将会成为不亚于秦兵马俑的世界性奇迹，盛唐文化的独异风采将让世界为之瞩目。人们正在拭目以待世界第九大奇迹的出现。

相关链接：唐十八陵一览表

陵 号	帝 名	在位年（公元）	葬地
献陵	高祖李渊	618–626年	三原
昭陵	太宗李世民	627–649年	礼泉
乾陵	高宗李治、		
	武则天	650–683年	
		684–705年	乾县
定陵	中宗李显	684，705–710年	富平
桥陵	睿宗李旦	684，710–712年	蒲城
泰陵	玄宗李隆基	712–756年	蒲城
建陵	肃宗李亨	756–762年	礼泉
元陵	代宗李豫	762–779年	富平
崇陵	德宗李适	780–805年	泾阳
丰陵	顺宗李诵	805年	富平
景陵	宪宗李纯	806–820年	蒲城
光陵	穆宗李恒	820–824年	蒲城
庄陵	敬宗李湛	824–826年	三原
章陵	文宗李昂	826–840年	富平
端陵	武宗李炎	840–846年	三原
贞陵	宣宗李忱	846–859年	泾阳
简陵	懿宗李漼	859–873年	富平
靖陵	僖宗李儇	873–888年	乾县

 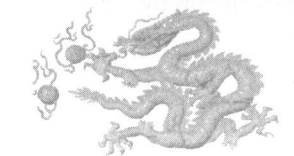
聚百代之圣画 传千秋之神韵

——西安碑林的保护

凡是到过西安的人，莫不慕名到碑林看一看。在这座中国古代碑刻和书法艺术的宝库中，面对卷帙浩繁的《开成石经》，你会感受历史的深沉厚重；在林林总总的书法名碑面前，你会叹为观止；当你在"昭陵六骏"等精美的石刻前驻足，它们的艺术魅力会令你为之倾倒。这里的一碑一石，无不令人赞叹，令人称绝。1961年被国务院列为全国第一批重点文物保护单位。

◉ "中国最大的石质书库"

西安碑林始建于北宋哲宗元佑二年（公元1087年），最初是漕运使吕大忠等人为保藏因唐末五代战乱而委弃市井的唐《石台孝经》《开成石经》及颜真卿、柳公权等所书的著名石碑而兴建的，经以后历代维修和增建，规模不断扩大，藏石日益增多，现收藏有自汉代至今的碑石、墓志近3000件，展出1089件，收藏碑石、墓志的数量为全国之最，且藏品时代系列完整，时间跨度达2000多年。这里碑石如林，篆、隶、楷、行、草各体俱备，名家荟萃，精品林立，令人赞叹不已。秦《峄山刻石》的宋摹本，让今人一睹李斯"画入铁石，字若飞动"的小篆风采。东汉《曹全碑》字体流宕俊美，是我国现存汉碑中最完好的、独具风貌的稀世精品，在书法艺术上享有极高的声誉。

隋唐时期的碑刻在碑林中最为壮观，有隋代的《孟显达碑》《智永千字文碑》，唐虞世南的《孔子庙堂碑》、欧阳询的《黄甫诞碑》、褚遂良的《同州圣教序碑》、张旭的《断千字文》、怀素的《千字文》、柳公权的《玄秘塔碑》等，尤其是颜真卿不同年龄段的七块丰碑，即《多宝塔碑》《臧怀恪碑》《郭家庙碑》《争座位帖》《颜勤礼碑》《马磷残碑》《颜家庙碑》，使人们看到颜体的发展过程。僧怀仁花费24年心血，从内府藏王羲之墨迹中集字刻成的《圣教序碑》，再现了王羲之秀劲超逸的书风，加之碑文由唐太宗作序，其子高宗李治作记，歌颂了卓越的佛学家、旅行家和翻译家玄奘，被后世誉为"三绝碑"。

唐以后的书法名家黄庭坚、米芾、赵佶、赵孟頫、董其昌、何绍基以至近代的于右任等，也在碑林留下了他们珍贵的诗文墨迹。清费甲铸翻刻的《宋淳化阁帖》是汇集我国历代书法作品之大成的一部丛帖，为研究我国书法艺术的类别及演变提供了极大的方便。

碑林中的许多碑石还具有重要的史料价值。唐《开成石经》刊刻儒家十二经 114 石，228面，共65万多字，是研究唐代儒学经籍珍贵的实物资料。驰名中外的唐《大秦景教流行中国碑》，记载了基督教聂斯脱里派的教规、教义、在中国的传播及其僧侣在唐朝150多年中的活动情况，碑侧及下部刻有古叙利亚文字的职名，对研究宗教史及古代中西文化交流等方面提供了宝贵的历史资料。唐代书法家徐浩书写的《不空和尚碑》对于研究佛教秘宗的传播和中日、中印文化交流史具有重要价值。

◉ "汉唐石刻精品的殿堂"

西安碑林石刻艺术室内陈列着汉唐艺术精品70余件，分陵墓石刻和宗教石刻两部分。陵墓石刻中的精品有东汉双兽，其造型综合了狮、虎的特点，形象威武活跃，动作矫健敏捷，以其造型完美、手法熟练、雕刻精致而成为同类作品中的佼佼者。陕北出土的东汉画像石，内容除少数神话传说和历史故事外，大多反映了当时社会生活的侧面，富有浓郁的生活气息。

唐高祖李渊堂弟李寿的墓志为罕见的兽首龟形，国内仅有两件，弥足珍贵。其石椁为一歇山顶式石屋，外部以减底平雕手法刻有四神、文臣武将、仙人骑凤等画面，椁内壁阴线刻乐人、舞伎、男女侍从、天象图等，都是唐代墓室石刻中杰出的作品。唐昭陵六骏浮雕以唐太宗李世民征战疆场所乘过的六匹有功战马为蓝本雕刻而成，作品比例合度，线条明快，高度写实，是唐代石刻艺术中的杰作。可惜其中飒露紫、拳毛騧两骏早年流失海外，现存美国宾夕法尼亚大学博物馆。唐高祖李渊献陵的石犀重达10吨，全身用几条粗壮的线条勾勒出犀的特点，整体比例准确，形象生动逼真。汉唐史书都记载有外国曾向中国赠送活犀的史

实，它是古代中外友好往来的纪念物。此外，李小孩石棺、蹲狮、石虎、石羊、卧牛、走狮等也从不同侧面反映出隋唐陵墓石刻写实传神的特点。

石刻室陈列的北朝、隋唐佛教造像，形式多样，有传世的精品，也有建国后历年发掘品；有浮雕，也有圆雕，主要反映了古长安佛教造像艺术发展的水平。北魏皇兴造像的弥勒，着通肩式袈裟，丰满圆润，肌肉匀称，衣褶以条棱表现，具有较多的域外艺术风格，其艺术水准在当时也是领时代之先的。隋唐时代的造像艺术则把从北周开始的写实风格又向前推进了一步，在追求立体造型的同时，把传统的线和装饰性的艺术手法也提高到了一个新的层次，使中国成熟的民族化佛造像艺术达到鼎盛。陈列的观音菩萨像、金刚造像都是这一时期优秀的作品。而老君像则是陈列的唯一一件有关道教题材的造像，是不可多得的珍贵资料。

◉ 历史不应当忘记他们

说到碑林能够完整地保存到现在，不应当忘记两位重要的人物，就是清代乾隆年间陕西巡抚毕沅和近现代著名书法家、政治家、诗人于右任。

宋代时由于无人管理，珍贵的汉唐碑碣有的被人用做砖甓，有的用于修桥，遭到人为的破坏。明嘉靖三十四年(公元1555年)，陕西发生8级大地震，碑林里的大量碑石因摔碰而断裂。清乾隆年间，毕沅率同僚到碑林视察，只见房屋倒塌，碑石横卧于荆榛瓦砾之间，环顾四周，满目荒凉，使他十分震惊和痛心。他与同僚们合议商定后，采取修整房屋，整理碑石，编目著录，组织石刻陈列，建立管理机构和保管制度等措施，重修和保护碑林。在他所著《关中金石记》中说："前后堂庑，皆鼎新焉，旋于土中，搜得旧刻数十片，遂取《石经》及宋元以前都，编排甲乙，周以栏盾。明代及近人所，则汰存其佳者，别建三楹以存置。其锁钥则有司掌之，设法保护，以冀垂永久。"

于右任是为西安碑林捐碑最多的一人。于右任一生酷爱金石，留心搜集古代碑刻，尤其对各代墓志情有独钟，先后搜集到200余方北朝墓志。这些墓志中有七对夫妇的墓志，于右任便以"鸳鸯七志"为其斋名，其藏石便称"鸳鸯七志斋藏石"。起初他曾想将其运到陕西，因当时铁路尚未通至西安，便先运到北平，保存在西直门内菊儿胡同一座旧王府的后院内。1935年，平津受日军威胁，于右任委托杨虎城设法将藏石运回西安保存。这年冬天，杨虎城派马文彦赴北平，将这批墓志用火车运回西安。1936年又将从南京、洛阳收集的另一批碑石运回西安捐归公有。1938年3月，这两批共387块碑石收藏的《汉熹平石经》运入碑林安置，正好弥补了碑林唐以前的碑刻很少的缺项。抗战时期为躲避日军空袭，"鸳鸯七志斋藏石"91块被埋藏于碑林院内，1947年秋天全部挖出陈列于展室。

云里地城，烟中春树

——西安古城墙的整修与保护

外地人乘火车抵达西安，首先映入眼帘的就是高大的西安古城墙，它不仅是世界上独一无二保存最完好的，而且以古城墙为主体，辅之以环城林带、护城河、环城路构成了世界上最特殊的立体公园。她犹如一串璀璨的珍珠项链，使这个十三朝古都更加光彩照人。

◉ 古老西安的名片

有人说，西安古城墙上的每一块城砖，犹如解读古都西安的一部厚重典籍。也有人认为，古城墙是这座十三朝古都地面之上最辉煌的建筑遗存，其价值无以伦比。这些话语，虽然有着溢美之意，但足以反映出西安古城墙的历史价值。

西安城墙位于西安市中心区，呈长方形，是明朝初年在明太祖朱元璋的政策"高筑墙、广积粮、缓称王"的指导下，在唐皇城的基础上建成的。完全围绕"防御"战略体系，城墙的厚度大于高度，稳固如山，墙顶可以跑车和操练。城墙包括护城河、吊桥、闸楼、箭楼、正楼、角楼、敌楼、女儿墙、垛口等一系列军事设施。城墙自建成后历经三次大的整修。明隆庆二年（1568年）陕西巡抚张祉主持修复使土城第一次变成砖城；清乾隆四十六年（1781年）陕西巡抚毕沅主持对城墙和城楼作了整修；自1983年以来，陕西省和西安市人民政府对这座古城墙进行了大规模修缮，补建已被拆毁的东门、北门箭楼、南门闸楼、吊桥，并建成环城公园，从而使这座古建筑焕发了昔日风采，成为西安的一大旅游景观。

整修后的西安城墙墙高12米，底宽18米，顶宽15米，东墙长2590米，西墙长2631.2米，南墙长3441.6米，北墙长3241米，总周长11.9千米。有城门四座，每个城门都由箭楼和城楼组成。据精确测量，西安古城墙全长13.912公里，高12米，底宽18米，顶宽15米。其中南城墙4256米，西城墙长2706米，覆盖于隋唐时期的皇城之上，并分别向东、向北延长约1/4；东城墙2886米，北城墙长4262米，为明洪武年间修建。2003年12月30日，西安城墙火车站段连接工程开始动工，2004年底工程竣工，西安真正拥有了环绕古城一周的完整城墙。

如今，不仅西安市的市徽图案以古城墙为主体，甚至尊贵如美国前总统克林顿光

临，也要举行隆重的仿唐入城仪式。中国国民党主席连战，亲民党主席宋楚瑜先后首次大陆之行来西安，也举行了隆重的入城仪式。许许多多的游人来西安旅游访问，登临古城墙，无不赞美城墙之伟大。一位泰国客人说："在北京登长城，看紫禁城；在西安登城墙，看兵马俑。"

◉ 西安古城门的说法

在漫长的历史岁月里，西安古城墙的城门也不断发生变化。它的东西南北四个城门的名称和来历，从一个侧面反映了古城的沉浮变迁。东门在建造明城墙时构筑，正式名称叫长乐门，西安事变前张学良曾在东门城楼上组建教导队和学兵队。现已修复成为西安事变纪念地。西门本是唐皇城西面中门，唐末韩建缩建新城时被保留下来。明代扩建城墙时位置略向南移，取名安定门。南门是西安城门中资格最老、沿用时间最长的一座，建于隋初年，当年叫安上门，明代改名永宁门。北门是明代构筑城墙时建造的，正式名称为安远门。辛亥革命时，起义军进攻满城，这一带战争激烈，交战中北门城楼被焚毁。1983年整修城墙时，恢复了原来的箭楼。

还有众多的小门，也包含有悠久的历史意义。朱雀门是唐长安皇城的正南门，门下是城市中央的朱雀大街。1985年修复西安城墙时，发掘出包裹在明城墙内的朱雀门遗址。它果然如隋唐文人描写的那样宏伟华丽，城门柱础用大理石制成，青石制作的门坎上刻有线条优美神采飞扬的蔓草花纹，磨砖对缝的门洞隔墙厚实端正，残垣断壁处处

流露出当年的华贵风采。勿幕门俗称小南门，开通于1939年，以此纪念辛亥革命中陕西的革命先烈井勿幕。含光门是唐长安皇城南面的偏西门。1984年整修西安城墙时，发掘出含光门遗址，发现花岗石制作的柱础、刻花的门槛门道。现已把新建券洞城门置于遗址东侧，对遗址作框架结构保护，外包城砖，使外观与城墙一致，内部设置人工采光和空调系统，日后供游客参观。1928年开通的玉祥门，是为纪念冯玉祥的历史功绩而命名的。1926年军阀刘镇华包围西安城达8个月之久，使西安人民冻饿战死4万多人，直到冯玉祥率国民军联军击败刘镇华后，西安才得以解围。中山门是1927年初在冯玉祥倡议下开辟的，以纪念国民革命领袖孙中山得名。和平门开通于1953年，其意是为了表达饱经战乱的中国人民对世界和平的渴望而得名。

◉ 美丽的护城河和城河公园

天高云淡之时，是观赏西安古城墙景色最美的时候。登临城墙，俯视城下，环城林带，滴红流翠。特别是护城河像一条绿色的彩带，环绕着整个古城。河面上荡漾着花花绿绿的游船，船上回荡着人们的欢歌笑语，给古城西安带来勃勃生机。

护城河位于环城公园的外侧，最美的是由建国门到大南门的一段，河面宽，河水深，两岸绿树掩映，河水清清的。它由东向西，缓缓的流动，一年四季，昼夜不停。后来因河水污染，西安市开始治理护城河。2000多名解放军官兵昼夜奋战，用编织袋把河中的淤泥一袋袋的运上河岸，然后运走。看到解放军官兵们一个个站在冰冷的河里，浑身上下沾满了黑乎乎的淤泥，市民们感动得直流泪，自发的赶来慰问解放军，给他们送来热腾腾的包子、鸡蛋和方便面，有的市民还自发的加入到清淤的队伍里。几个月过去了，护城河的淤泥被清理得干干净净，清澈的黑河水引入了河里，护城河水显得更加清澈、鲜洁。

近几年，西安市遵循"自然、古朴、有情趣"的总体原则，利用设计巧妙的动态水景、亲水平台、休闲景区等景观，对未来护城河的建设绘制了新的蓝图，再为西安市民和游客提供了一处观光、游览、亲近水面的生态观景场所。目前，确定的主体景观主要有：城河护坡工程，对现有城河护坡上生长的具有观赏价值的乔木予以保留，适当配植其他品种的小乔木和花灌木，使整个城河护坡呈现四季景观变化。民俗风情园，在护城河外岸城河东南角至建国门（环城南路以北）的范围内，建成游园绿地。绿地内以多样的民俗风情建筑点缀，供游人进行休闲娱乐、健身小憩的绿地区域。动态水景，以组为单元，隔几十米重复出现。城河中间是一组直线组合的水柱、城河内沿是弧形的水柱，另有一组多行水柱组成的水景单元将沿城河斜向排列。这一水景建成后将成为护城河上一道亮丽的风景。

还有实施城河点亮工程，在建国门桥左右两侧安装大型探照灯，景点区域用彩灯装饰，形成与城墙灯饰相协调的景观彩灯光带，给古城西安的增加绚烂的夜色。

华岳独尊，神其降祥

——西岳庙的整修与保护

　　西岳华山是"长安八景"中的第一景，但距华山脚下16里，被誉为"百丈层楼隐深树，飞甍正欲摩苍穹"的西岳庙，却鲜为人知。其实，这里是供奉西岳大帝华山神的庙宇和历代帝王拜祭华山的地方，也是一处古香古色、规模宏大的大型建筑群落，在中国历史上、尤其是建筑史上拥有特殊的地位，被誉为"小故宫"和"五岳第一庙"。

　　提起西岳庙，当地人会用"先有海甘寺，后有雪映宫"这两句地方风物谚语，传达着这座建筑的往事。另据记载，远在西周时，这里就是天子巡狩和祭祀山川的垣址。从秦始皇开始，祭祀华山成了惯例，因华山险峻难攀，祭祀活动都在山下进行。汉武帝元光初年，把庙址选在华山以东的黄甫峪口，建成集灵宫。东汉桓帝时将集灵宫改名为西岳庙。唐、宋、金、元又将西岳庙改为金天王庙，明清以后又改为西岳庙，人们俗称华岳庙。西岳庙坐北朝南，面向华山主峰，占地186亩，是五岳中建制最早和面积最大的庙宇，历史上曾有50多位帝王到华山巡游或举行祭祀活动。历史上，随着祭祀制度的形成和发展，祭祀华山神的专用场所——西岳庙也就产生了。

　　西岳庙建筑始于东汉，发展于唐、宋，完善于明、清，其中乾隆四十二年（1777）开始的修葺工程量最大，历时三年才告完成。现在西岳庙的建筑，大都是明清时期的风格，气势恢宏，布局严谨，内城外廓，一条中轴线贯穿南北，在由北至南的中轴线上依

次排列着灏灵门、五凤楼、棂星门、金城门、灏灵殿、寝宫、御书楼、万寿阁，亭、堂、楼、坊相错其间，形成了仅次于皇宫坛庙一级祭祀的建筑，至今仍保存有数十处具有较高文物价值的古建筑。

西岳庙周围拥有长约1500米的砖砌城垣，城垣内富丽堂皇实是北京故宫的缩影，因而素有"小故宫"之称。它的主体建筑，也就是正殿——灏灵殿，是一座68根大柱、9大梁、13大檩，面宽7间，进深5间的琉璃瓦单檐歇山顶殿建筑。殿前有"凸"字形月台，周有回廊环绕。大殿正面有"二龙戏珠"御路，御路两旁有"华山全图"和"西岳庙全图"石碑，殿内悬挂有清朝同治帝、光绪帝和慈禧太后题写的"金天昭瑞""仙掌凌云"等匾牌。历代皇帝凡到陕西，一定要到这里瞻仰游览。

最令人瞩目的是庙内北端的万寿阁，它是城垣中线上的高台楼阁建筑，台高8.9米，东西长68米，南北宽47米，台阶自下而上60级，高台十字中心为一琉璃瓦重檐三滴水歇山式楼阁。面宽5间，周有回廊，阁起三层，最上层的房檐下有匾额一方，上书"万寿阁"三个大字。登阁南望，庙内美景，尽收眼底；南眺华山，相对以嶂，心旷神怡；北赏渭水，金丝回曲，美不胜收。庙内还有相互辉映的御碑楼，龙飞凤舞，群仙环绕，精雕细琢；式样古朴的石碑坊和飞檐彩栋而别具一格的棂星门；金叶浮护、玉带飘香的金水桥等，工艺精湛、结构严谨，堪称古典建筑艺术之佳作，令人赞叹不已。

在几千年的发展过程中，西岳庙还留下丰厚的文化遗产。有参天的古树名木，有脍炙人口的名词佳句，有精美绝伦的石雕石刻，有叹为观止的书法艺术。明万历年间的"天威咫尺"石碑坊，构思精巧，布局奇特，顶有"雄狮驮宝瓶"，中有"八仙祝寿""二龙戏珠""双凤朝阳"，两侧有"鲤鱼跳龙门"，下有"上古瑞兽""莲花须弥座"等，精雕细琢、栩栩如生，集线、浮、圆、透四种雕刻手法为一身，真可谓是石雕中的精品。庙内各种古树名木繁多，有晋柏、汉槐、银杏树、蟠桃树、华山松、观音柳等，其兴盛时，四季常青，荫天蔽日，更增加了西岳庙的肃穆、静谧。

特别值得一提是，庙内的碑刻有着极高的艺术和研究价值，被称为"汉隶第一品"的《西岳华山庙碑》，《金石遗文录》赞"其凌铄前修，雄视后起，笔墨所到，莫可形容"，列书法史的第一课，原拓片现存于故宫博物院内。北周的《西岳华山神庙之碑》，为北周天和二年万纽于瑾撰，赵文渊所书。碑侧并有唐乾元元年颜真卿题记，碑阴为唐开元八年所刻"华岳精享昭应之碑"。还有清代康熙年间的"华山图碑"、乾隆年间的《敕修西岳庙图碑》和乾隆御书横碑"岳莲灵澍"。被列入国宝大全的《华岳颂碑》，不仅史料价值重要，而且字体华丽优美、俊逸遒劲，为后代名贤推崇备至。到了清末，庙内碑石已有数百通之多，被誉为"小碑林"。

然而，不幸的是，清同治元年（1862年），高大宏伟、富丽堂皇的五凤楼被一场大火烧毁，自此西岳庙走向了衰落的漫漫长夜。此后历经民国年间的军阀混战，后来的"十年浩劫"，以及屡次的自然灾害，西岳庙都遭到了极大地破坏，庙堂被改作它用，古建筑损毁过半，古树名木伐砍无数，不少碑石题刻被打碎。

　　自改革开放以来，各级人民政府对西岳庙的整修和保护十分重视，于1979年成立了西岳庙文物管理所，并开始收回了中轴线建筑的管护权，对石雕、石刻、古建筑采取了保护措施，搜集、整理了一些历史文化资料，征集了一批珍贵的文物。20世纪80年代先后修了金城门、棂星门及西城墙的部分塌陷段。1988年，西岳庙被公布为全国重点文物保护单位。1994年6月11日，时任国家文物局局长张德勤，受国务院委托主持交接仪式，将西岳庙正式由国防科工委移交陕西省人民政府。此后，华阴市政府制定了《关于对西岳庙实行分级保护的通告》，开始维修东西城墙和内城，清理门前区影壁以北的棋盘街，发掘出下马石、铁旗杆、牌楼基座等遗址，植柏树680余棵，种植了大面积的草坪、灌木，庙宇环境大为改观。1996年4月18日，西岳庙打开了尘封半个多世纪的正门——灏灵门，正式对外开放。1998年起，省财政拿出900万元，省文物局拿出1200万元，用3年时间对西岳庙进行大规模整修。1999年省上又拨款1000万元，用于西岳庙庙前区的原貌恢复工程。整修过程中，工程人员坚持文物修复的原则，增其旧制，现其原貌。依据《敕修西岳庙碑》的图形、考古发掘平面图、台明柱础现状等，对槽朽弯曲的梁柱，或采用抱柱，或进行敦接，或采用化学加固的方法，解决荷载，保持原件，并充分利用现代科技手段，对灏灵殿的天花板图案进行清洗、脱酸、防霉、防腐处理，完整地保存了56块。对内宫城遗址、玻璃窑址等进行保护展示，丰富了西岳庙的文化内涵。如今，整修后的西岳庙，大小建筑已焕然一新，这使得这座沉睡了半个多世纪的"皇家级"古庙，重现了往日庙宇宏伟的气势以其独具魅力的文化和地域优势，吸引着中外游客。

秦汉文明的探寻者

——陈直和秦汉史研究

在我国史学界，众所周知，西北大学教授陈直的治学路子很宽，历史文学、诸子百家、文物考古、金甲陶文、名物训诂、谱牒宗教、历算医药，几乎无所不通。但他用力最勤者，还是在秦汉史研究方面。用他自己的话说，叫做"喜治秦汉史"。

● 从银行职员到大学教授

陈直1901年出生于江苏东台一个贫寒的读书人家庭，父兄都是颇有造诣的大学问家。他13岁起即系统研读《史记》《汉书》。以后每二年必通读一次，相沿为习。24岁时便写出了《史汉问答》二卷，25岁又完成《南朝王谢世系》《北朝元氏世系表》各一卷，后又陆续写出《楚辞拾遗》等多种著述，并参加了丁福保主编的《古钱币大辞典》的撰写与研究。期间做过学徒、教员、县志编辑，曾考取清华研究院，因学费无着而未能就读。

抗日战争爆发后，陈直的家乡被日伪军占领，建立了伪政府。日伪统治者以他在学术界已有一定的声望，对陈直进行拉拢，他断然拒绝了日伪的封官许愿，于1940年毅然逃出家乡，绕道香港，经昆明、贵阳、成都，到了西北，在兰州、西安等地的金融机构谋生糊口。在从事一般性的文牍工作的间隙，陈直结识了当地的许多文化名流，过从甚密。他此时也充分利用关中曾为秦汉故地的地理优势，致力于搜集整理秦汉文物，如瓦当、货币、玺印、陶器等，达200多件，其中有不少的稀世国宝。

新中国的诞生，是陈直学术生涯的转折点。西安解放不久，经著名学者教育部部长马叙伦的推荐，由西北大学校长侯外庐约请，他自1950年开始执教于西北大学历史系，直到1980年逝世。其间，他曾应著名历史学家翦伯赞和佟冬的邀请，分别赴北京大学和东北文史研究所讲学；中华书局委托西北大学历史系标点《汉书》，他担任总校；即使在"文革"险恶的政治环境下，他也默默地笔耕不辍，把自己的全部文稿用毛笔亲手写定四种稿本，分别由四川、陕西两省图书馆、西北大学图书馆及其家人收藏，整个工作在千万字以上。如此之举，在世界的著名学者中，实属罕见。

更令人称奇的是，陈直把一些古代典籍读的烂熟，《史记》《汉书》中的名篇能倒背如流，著述引文无需查阅原著，全凭记忆写出，准确无误。

● 创造秦汉史研究的辉煌

在我国历史学领域，秦汉史研究的成果特别密集，题目也大多都被人做过。面对如此一个屡经深耕细作的领域，陈直硬是凭借着他那深厚的学术功底，以敢啃硬骨头、敢打硬仗的无畏精神，通过辛勤的耕耘，取得了一个又一个新突破，创造了秦汉史研究的许多辉煌。

如前所述，陈直对《史记》《汉书》的研究，发端很早，后来他在西北特别是在西安供职期间，充分利用这里曾是周秦汉唐故都所在地的文物优势，采用文献与文物考古相结合的方法，研究《史记》《汉书》，研究古史，从而使其水平达到一个更高的层次。1957年，他用96天的时间，写出了13万字的《汉书新证》。1958年，又完成了14万字的《史记新证》。这是他对《史记》《汉书》研究的新成果，是他自认为可以的传世之作。1959年，《汉书新证》由天津人民出版社出版，当时出版社的《新书介绍》评价称：《汉书》成书后，注者甚多，唐之颜师古以前，注者已有20余家，颜师古以后，注者复有数10家。但这些注《汉书》的人，都以书面材料为主，转相引证，问题滋多。本书著者是国内治《汉书》的专家，它所引用的材料，主要是出土的汉铜器、木简、封泥等物，所以与前此《汉书》诸注，迥然不同。他用汉碑、汉印确定《汉书》中未记载的官制名称；用封泥、玺印考证地理名称中的误字、姓氏；用木简、汉印订正人名的正误；用铜器、瓦当印证宫殿的名称；用汉瓦、玉器、铜器考证西汉习俗用语，还用封泥、玺印、刻辞考订颜师古注文之误，等等。其中《百官表》考证，尤有精湛独到之处，可以认为是研究《汉书》的重要著作。

陈直治秦汉史，还与一般学者有所不同，就是搞人民史，搞手工业史，不搞帝王家谱。1958年陕西人民出版社出版的陈直所著《两汉经济史料论丛》，此书最大的一项宗旨，即"发挥两汉人民在手工业方面的高度成就"。1980年，这本书由陕西人民出版社重新出版，增加了《两汉工人的类别》《两汉工人题名表》等，这一文一表，将两汉工人划分为官府手工业及私人作坊两大类，分别就私人作坊、工人技艺的发展与提高、工官设置、工人范围的扩大、官府手工业铸器存在的问题、分工问题、画工寺工供工并工问题、工官署中主要器与兼作器的区别、官民工互助、京师考工令拨工帮助郡国、大司农工巧奴、官工兼多门技艺、一工兼两工、漆工工令、工人题名次序称呼位置诸问题、义工辈工佣工等多方面的内容展开了论述。后者收集了汉代工人题名316个，其中见于文

献者仅十余人，其余皆从出土古物中发现。表中详细罗列了工别、籍贯、时代、题名作品及所见著录等情况。古今中外史学家当中，如此精心为工人树碑立传者，亦是不多见的。

◉ "摹庐弟子"

1980年6月，一代学人陈直与世长辞。他留下了300万言掷地有声的学术著作，也培养了一批卓有成就的弟子。"摹庐"是陈直的斋号，人们也把他的弟子们称为"摹庐弟子"。

陈直是1978年开始招收硕士研究生的，他一生只培养过一届，共五位。时过30多年，这些弟子们每每念及先生的谆谆教诲，仍感念不已，难以忘怀。据他们说，陈直先生指导他们做学问极为严格，既耳提，也面命，还常常用毛笔恭楷写成"手谕"，对学习、论文写下很长的意见和评语。直至陈直逝世的前几分钟，还给弟子做口头指导。先生的做人做学问的大家风范，自然对他们的成才影响很大。如今他们一个个都成为各条战线上的骨干力量，不少人在学术界已颇有声望，成为新的一代学术带头人，有的还担任了领导工作。

黄留珠，毕业后一直在西北大学工作，侧重于研究秦汉政治制度史，出版学术专著10多部，许多学术观点在史学界颇有创见，现在是博士生导师、陕西省历史学会会长；周天游，离校后多年担任陕西历史博物馆馆长和多个社会兼职，但他的学术研究从未间断，著述颇多；张廷皓，毕业后一直在省上文物部门作管理工作，曾任陕西省文物局局长职务，公余也搞点研究，现在调任国家文物局，做文物研究和管理工作；余华青，毕业后先在校从事学术研究工作，后来担任了校领导职务和陕西省社会科学院院长、党委书记、陕西省文化厅长等职，他亦"官"亦文，研究中国史的多部著作在学术界产生了较大的影响；吕苏生，原在河北人民出版社工作，现已退休。

跋涉在"山河大地"

——史念海和中国历史地理学研究

在我国历史学界，历史地理学科研究可谓独树一帜，早年的顾颉刚乃学科开先河者，后来的史念海则对历史学和历史地理学诸多研究领域更有精深的造诣，是中国历史地理学的创建者之一。史念海以其著名的《山河集》（1—8集）为代表作，在历史政治地理、历史自然地理、历史经济地理、历史军事地理、历史文化地理、中国方志学、中国地名学、中国古都学等诸多分支学科，做出了开拓性的贡献。

◉ 从《禹贡》到《中国的运河》

史念海，字筱苏，1912年6月出生，山西平陆人，1932年考入北平辅仁大学历史系。1934年初，《禹贡》半月刊创办并随之成立禹贡学会，史念海从一开始就成为《禹贡》的主要作者和禹贡学会会员，并在1936年大学毕业后留驻学会，协助顾颉刚编辑出版刊物。大学毕业前，他受顾颉刚之命，撰写《中国疆域沿革史》一书，于1937年出版，成为中国历史政治地理研究的首部专著，当时曾被译成外文出版，现已收入20世纪末编辑出版的《民国丛书》之中。

日寇全面侵华后，史念海在重庆任国立编译馆副编审，他深感祖国疆土开拓之不易，虽一寸山河亦不可轻付他人，开始思考怎样才能在禹贡学会同仁研究的基础上，突破传统沿革地理学的桎梏，使这门学科取得新的发展。他把研究视角转向人口迁徙、边疆开发、交通运输、都城选址、军事地理方略、地理环境对社会的影响等历史经济和人文地理问题，并在1944年出版了第二部专著《中国的运河》，为创建中国历史地理学做出了重要探索。

史念海大学毕业后，辗转北平、平凉、榆林、西安、重庆、兰州等地，先后担任《禹贡》学会编辑、河北省通志馆编纂、平凉师范学校教员、察哈尔蒙旗特派员公署(驻榆林)秘书、西北文化学社主编、国立编译馆副编审、复旦大学副教授、兰州大学教授兼历史系代主任，1948后任西

北大学教授。

◉ "有用于世"

追溯史念海的学术生涯，可以说"有用于世"的理念贯穿于始终。他曾说："中国历史地理学是一门可以有用于世的学科。这门学科能够见重于当世，就是由于它具有有用于世的作用"。史念海一生写了数十部著作，发表了数百篇学术论文，但无论是在初期发展的沿革地理阶段，还是后来应用新观念新技术研究历史时期人地关系、环境变迁等新的课题，他的目光都在祖国这片历史悠久的大地上。

新中国成立之初，史念海写成了20万字的《中国历史地理纲要》，成为中国历史地理学全面建立的重要标志之一。从此到20世纪60年代前期，史念海主要研究历史经济地理问题，撰写有《秦汉时代的农业地区》等论文，对于开展相关研究起到了重要的示范作用。70年代至80年代初，史念海的研究集中在黄土高原自然环境变迁及其影响和历史军事地理这两个方向上。他一改过去主要依靠历史文献记载的研究方法，在较大范围和领域内，开始了野外考察与历史文献记载相结合的研究，成为以后他治学的一个常用方法和显著特色。他走出书斋，五登陇塬，三度阴山，行黄河古道，越长城雄关，岭南云贵、天山南北、东海之滨，都留下了他的足迹。他的《山河集》（2—7集）和论文《黄河流域诸河流的变迁与治理》《黄土高原历史地理研究》等，主要研究黄土高原及黄河流域植被、水文及地形变迁规律，其结论代表着中国区域历史自然地理学研究的最高水平。

有一年，史念海接受陕西省委原书记马文瑞的建议，组织撰写《黄土高原森林与草原的变迁》，用通俗易懂的语言向广大干部群众阐明退耕还林还草的必要性。1985年3月，该书出版后，史念海将这本书和一封信件寄给当时的中共中央总书记胡耀邦。不久，史念海就收到了中共中央办公厅秘书局的回函，函中说："史念海同志：耀邦同志已收到3月4日你寄给他的信和书，并嘱我们代复表示感谢。你和曹尔琴、朱士光等同志遵照中央领导同志有关讲话精神，热心钻研黄土高原种草种树，并撰写了专着，是很有意义的。希望继续努力，为加速祖国西北地区的四化建设作出新的贡献。"

时至西部大开发、再造山川秀美的今日，史念海关于黄土高原研究论述的意义，显得更加重要了：第一，黄土高原地质体在全球环境变化研究中的独特性，使得人们需要研习这些经典的历史地理著作，从中了解历史时期黄土高原的基本面貌；第二，中国古代文明起源及其延续发展，同黄土高原的自然条件有着密切的联系，增加对过去历史活动舞台的了解，是进而研究历史演变规律的一个十分重要的途径；第三，现代黄土高原退化环境、水土流失现象的治理，又使人们将眼光放在了历史地理著作上，意即深入了解过去人类活动在这一地域如何展开的过程，及其对自身生存环境的作用和影响，是今日治理工作，尤其是理论探讨中不可缺少的内容。

◉ 桃李遍天下

史念海是著名的历史学家，也是教书育人的楷模。他是国家第一批政府特殊津贴获得者，是新中国第一批博士生指导教师，培育出陕西师范大学第一批博士研究生。在中国历史地理学界，史念海培育的许多学生已成为栋梁之材，他所开创的历史地理学派后继有人。作为一个终身从事教育工作的老师，史念海培养的本科生、硕士生、博士生、港台与国际访问学者不可尽数，可谓桃李满天下。即使在耄耋之年，史念海依然殚精竭虑，壮心不已，每天安上心脏起搏器，笔耕不辍，给研究生授课传道。直到九秩高龄，史念海还伏案疾书，时常令后学倍增崇仰之情。

史念海的学术成就也得到各方面的高度重视和褒奖。早在1954年，他即被授予"全国劳动模范"称号。后来国家教委、国家科委联合授予他"先进科技工作者"称号；1999年获得"曾宪梓师范教育奖"。

热情撼云霄　气势壮山河

——关中社火巡礼

　　我国自古为农业大国，地处八百里秦川的关中，农业尤盛，人们期望风调雨顺、安居乐业，盼求五谷丰登、百业兴旺。因此驱邪祈福、迎春迎喜的祀社风俗便应运而生了。其中最红火和必不可少的活动就是社火。2006年5月20日，在国务院公布的第一批国家级非物质文化遗产名录中，最具代表的宝鸡民间社火已名列其中，更为这一古老的民间艺术增添了辉煌的一页。

◉ 代代相传的关中社火

　　社火在我国已有数千年的历史。它产生于原始的宗教信仰，是远古时期巫术和图腾崇拜的产物，是人们用来祭祀拜神进行的宗教活动。"社"为土地之神，"火"能驱邪避难，崇拜社神，歌舞祭祀，意在祈求国泰民安，万事如意。到了封建时代，社火便以灯节、龙舞、狮舞为主要表现形式，发展到兴盛时期。隋唐两朝，每逢皇帝登基、逢年过节、战事稍息，京城长安以及边陲重镇，都要张灯结彩，官社民间均有社火盛会。仅元宵灯节、灯会，游艺日期多延到五至七日。

　　从南宋到明初，由于战乱频仍，社火活动略逊于前代，但民间各种分散的戏剧、杂曲、说书却兴盛一时。关中各地至今流传下来的许多社火脸谱、曲调、词目、扮演模式，多属明清两代传袭后世的；特别是社火中一些有特技特艺的狮子、龙舞、龙灯、竹马、芯子等，艺术生命力旺盛，不因时代变化而被磨灭，代代传承下来。

　　清末和民国时期，关中各地每逢庙会或商贸节日盛会，往往以社火、戏剧活动来迎神报赛、招徕四方民众，而百业也借以兴旺，社火杂艺竞相献技。新中国成立后，关中各地不断挖掘整理旧的传统社火节目，举办各种各样的赛演、会演、文化节、民间文艺献演，社火活动和其他文娱活动犹如雨后春笋，发展壮大起来，表演形式五花八门，千姿百态，达到历史上社火艺术发展的兴盛时期。宝鸡也因此被誉为"中国社火之乡"。陕西省文化部门曾组织举办过多次民间艺术会演，社火节目也参与其中，有的被评为省级优秀节目，有的由广播电台和电视台拍摄播放，有的节目还选送到北京演出。

◉ 各具特色的社火表演

　　关中社火是芯子、高跷、竹马、旱船、狮子、龙灯等的统称，是靠扮演、造型、技

巧取胜的艺术。它通过各种高难度的动作和严密的构思，以表演者扮演成历史人物和现代人物形成故事组合，给人一种高屋建瓴、惊险出奇的艺术感染力。特别是这种艺术和古老的秦腔结合在一起，更具独特的魅力。在泾阳、三原、高陵、临潼、华县、咸阳、礼泉、乾县一带，称其为耍狮子、耍龙灯、耍竹马。在长武、永寿、彬县一带，流行一种别具特色的舞剧式的地摊社火，它只在晚上"耍"，比舞龙灯、耍狮子、跑旱船、踩高跷、装芯子等社火更为普遍。关中各地因地域和风俗各异，民间社火的表演形式又有不同。西安及城隍庙会、华阴的西岳庙会、三原的腊八会、凤翔的春秋赛会等，最为兴盛，而各县城镇在一些社火杂艺和特技上，也有自己拿手的"绝活"。

关中许多地方耍社火不拘泥于晚上，有的白天游乡转场耍，有的转村分户进户耍。白昼的社火多是锣鼓队、竹马、高跷、芯子等，他们有的跑村转户，有的逐户表演庆贺；昼夜连耍的社火，多是龙灯、竹马、狮子、高跷、秧歌、旱船相配，其区别不仅是化妆、灯光的区别，主要是烟火、锣鼓固定敲打，以及夜间险景、险场的配合。同样的竹马、狮子，白昼与夜晚游艺演出，其效果迥然不同。

关中有的地方的社火还采用牛皮大鼓助兴，构成一套的称"社鼓""社锣""社镲"，最少各一件，也有一套配六套铜器的，搭配成一套打击乐；但在乾县、周至、户县等地，演出的"牛拉鼓""蛟龙转鼓""板火对"等，锣、鼓、镲、铙等多达百面，因而有"百面锣鼓"之称，敲打起来，如雷震耳，威震山川河谷，响彻平原村庄。听到这种锣鼓声，人人精神振奋，大地为之苏醒。每逢春节来临，耍社火的锣鼓声，如报春的惊雷，宣告严冬的过去，新春的到来。

关中人耍社火颇具古风，甚为壮观，几十面三角形狼牙边的大旗，上书各个乡村之名。敲上威风锣鼓，锣鼓手少则数十，多则上百，锣鼓曲分老曲、新曲、紧三火等。老曲雄壮浑厚，新曲悠长明朗，紧三火紧张热烈。若在街上和其他村的社火队相逢时，先到者闪到一边，后来者先走，这明是礼让，暗则挑战和较量。鼓声一时大震，都想以气势压倒对方。各家的社火扮演人物，也以动作、语言、换花样等，使出浑身的解数，吸引观众。虽然带有竞赛性质，却从不评名次，好坏标准自在观者心里。

◉ 关中社火的"脸谱"和"芯子"

据民间艺人介绍，社火脸谱起源于周朝，当时周武王率兵伐纣，大军行至麒麟山下，被驻守山下的闻太师挡住去路。姜子牙计上心头，让士兵戴上了神兵天将的面具上阵叫骂，个个威武凶煞，好似天兵下凡。闻太师不知真假，以为天意，拔寨而逃。此事传入民间后，便产生了画脸谱逐鬼的习俗，并逐渐融入到社火中。但在我国学术界专家认为，脸谱起源于周秦时的傩舞。

脸谱的谱式很多，有对脸、破脸、碎脸、悬脸、转脸、定脸等，最常见的是对称形和旋转形两种。对称形即是脸左右形与颜色呈对称分布，以五官为准，饰以各色纹

样；旋转形则放弃五官中线，向左或向右成一条斜线，并饰以盘旋游走的纹饰，有很强的运动感。画脸谱的颜色用青、赤、黄、白、黑五种颜色，暗合五行，表明忠奸。黑代表忠诚和铁面无私、白代表奸诈、红代表侠义，绿代表草莽，金、银代表鬼魅，粉代表苍老，黄则代表残暴。有口诀曰："红为忠勇白为奸，黑为刚直灰勇敢；黄为猛烈草莽绿，蓝为侠野粉老年；金银二色色泽亮，专画妖魔鬼神判。"

芯子是社火中的精华，也是高难度的艺术。它是在一个专用的桌子上，固定一根形状奇特的拇指粗的钢筋，约两米高，用色纸做成各种造型的东西，如棉花、果树、纺车、布机、龙、虎等世间百物，然后按其内容把男女年龄一般在4－5岁左右的小孩，装扮成戏剧人物，站立顶端，少则1人，多则10余人，或并立、或叠置、或横卧、或倒立。还有的双臂摆动，像在行走；有的似荡秋千，高悬在3丈虚空，场面惊、险、巧、奇，使人触目惊心。《孙悟空三打白骨精》是各地社火最常见的造型，有的是金箍棒打在白骨精头上，孙悟空凌空而起，高悬不落；有的是白骨精的扮演者站在金箍棒的一端，另一端由孙悟空的扮演者"拿"着，使在场的观众赞不绝口。

近十几年来，关中社火芯子的内容和形式都有着不断创新，有些芯子改成了活动的，扮演着可以在上面翻筋斗、荡秋千等。在内容上出现了欢庆丰收、建设新农村等新题材。同时，大部分抬社火已经被汽车、拖拉机载社火所代替，既节省了大量人力，又减轻了劳动强度。

鼓如雷，人如醉

——安塞腰鼓

安塞县不仅以经济发展而闻名全国，还有三件"宝贝"为人们所喜爱，就是腰鼓、民歌和剪纸，而以安塞腰鼓最为出名。在安塞，全县几乎村村有鼓队，家家有鼓手，"小到刚会走,大到九十九,都会打腰鼓"，全县有腰鼓协会14个，腰鼓手4万余人。1996年，安塞县被国家文化部命名为"中国腰鼓之乡"。在第11届亚运会开幕式、香港回归庆典和建国50周年庆典等重大场面上，安塞腰鼓乐以快乐的节奏，铿锵的声响，恢宏的气势，壮美的形象，令国人振奋，海外瞩目，被誉为"中国第一鼓"。

◉ 安塞腰鼓的"原始生态"

说到安塞腰鼓，还得从秦汉时期说起。据传，当时戍边的士兵装备了一种多种用途

的鼓，训练军卒，以鼓为号；遭敌袭击，打鼓报警；两军对垒，擂鼓助阵；战斗胜利，击鼓欢庆。到了宋代，这种鼓多用于边关。今天的安塞县，就是当年北宋与西夏国(今宁夏)的边界，为安定边塞便设置了"安塞县"。"安塞腰鼓"也因此得名，历千年而不衰。

旧时，安塞腰鼓多在喜庆节日和庙会中演出，春节至元宵节，更是集中活动的时间。活动开始前，先由庙会会长组织祭祀活动，称为"谒庙"。舞队在伞头的带领下，敲起锣鼓，吹着唢呐，抬着整猪整羊和其他祭品前去寺庙烧香敬神，并在庙内广场踢打一阵，意在娱神，祈求神灵保佑风调雨顺、国泰民安。到了正月初八、九后，腰鼓队便开始挨门拜年活动，俗称"沿门子"。就是腰鼓队按村中情况依次走串各家，在主家院中、窑前表演一阵，伞头触景生情演唱几段吉利秧歌，以表贺年之意。

"沿门子"结束后，邻村之间的腰鼓队还要互相拜年，彼此互访，进行交流演出，这和陕北秧歌一样，称之为"搭彩门"。正月十五元宵节，各村腰鼓队云集广场，各路鼓手各显身手，互比高低，成为一年里腰鼓表演的高潮。当晚还要举行"转灯"（也称"转九曲"），几乎是人人争游，阖家同转。届时鼓乐齐鸣，灯光闪烁，腰鼓队在前引导，众人随后，呈现出一派热闹非凡的景象，一直延续到正月十七、十八，祭罢土地神后方告结束，老乡们就安心去准备春耕生产了。

⊙ 雄姿多彩的"中国一绝"

安塞腰鼓是陕北民间艺术中独特而具代表性的艺术形式，它传承百代，流传至今，融舞蹈、武术、体操、打击乐、吹奏乐、民歌为一体，形成了粗犷豪放，刚劲激昂；气势磅礴，浑厚雄壮；威猛刚烈，铿锵有力；舞姿优美,流畅飘逸；快收猛放，有张有弛；变化多端，群而不乱等特点，因而堪称"中国一绝"。

安塞腰鼓分为"路鼓"和"场地鼓"两种表演形式。"路鼓"是在行进中边走边打，姿势有双手缠腰、跑跳步、倒踢场及单过街、正八字、倒八字等；"场地鼓"就是在广场、舞台及指定地点表演，有二人对打、四人对打、八人杂打等，队列有三角马八鬃等，变化奇妙。表演者多人、几十人、上百人不等，鼓手们把鼓固定在腰间，两手执鼓槌，在大鼓、大锣和铜铙的伴奏下，左蹦右跳，跃上腾下，生龙活虎，意气风发，把黄土高原养育出来的陕北人民特有的"狠劲""猛劲""蛮劲""虎劲"，淋漓尽致地表现出来，给人以高度的艺术享受。

安塞腰鼓按照不同的风格韵律，还分为"文鼓"和"武鼓"。"文鼓"鼓点清扬，步态潇洒，轻松愉快，节奏明快，动作幅度小，类似秧歌的风格；"武鼓"则欢快激烈、粗犷奔放，并有较大的踢打、跳跃和旋转动作，尤其是鼓手腾空飞跃的舞姿，给人们以英武、激越的感觉。目前，文、武腰鼓逐渐结合形成新的风格和门派，有腿部花样突出的谭家营派、有敲鼓花样突出的西河口派、有绸缎挥舞花样突出的沿河湾派、有摇

头晃脑活灵活现的真武洞派。其中以西河口乡与真武洞两地最有特色，在表演中糅合了民间武术和秧歌舞动作，有弛有张，活而不乱，进退有序，气势磅礴，浑厚有力，群众称赞他们"式子慷慨码子硬"。

近年来，安塞腰鼓为了突出挎鼓子的技巧，在表演"场地鼓"时，由挎鼓子在场内单独表演，众鼓手在头路鼓子的指挥下，精神振奋，击鼓狂舞，此时只见鼓槌挥舞，彩绸翻飞，鼓声如雷，震撼大地，声势逼人，极富感染力，融合了黄土高原人憨厚、实在、乐观开朗的性格，表现了陕北人夺取胜利和丰收后的喜悦心情。

◉ 安塞腰鼓打出了"黄土地"

随着岁月的流逝，安塞腰鼓从古代的军事用途，逐渐发展成为当地民众欢度春节、祝愿丰收时普遍举行的一种喜庆娱乐活动，使腰鼓具有广泛的群众性。1942年，延安和陕甘宁边区兴起的新秧歌运动，使安塞腰鼓这一古老的民间艺术成为亿万军民欢庆胜利、庆祝解放的一种象征，遍及中华大地，被誉为"解放的腰鼓"。1951年，在全国人民欢庆胜利的日子里，首都天安门广场上，响起滚雷般安塞腰鼓的鼓点，人们称它是"胜利的腰鼓"。1952年，在布达佩斯举办的世界青年与学生联欢比赛中，安塞腰鼓荣获特级嘉奖，扬名海内外，被称为"友好的腰鼓"。

1984年，由陈凯歌导演、张艺谋担任摄影的电影《黄土地》剧组走进了当时还比较封闭的安塞。他们要在这里寻找一种与黄土地相契合的、充溢着生命原动力的民间舞蹈，便选中了腰鼓。拍摄那天，在朗朗晴空下，150名身穿一色黑袄裤、头扎白羊肚手巾、腰扎红布带的精壮的陕北汉子，脚踏厚厚的黄土在牛皮大鼓的助威下，齐齐地舞将起来。他们前进、后退、踢腿、转身，勇猛如虎，翻卷如龙，酣畅淋漓，飞扬激越。摄制组的人们震惊了，陶醉了。当拍摄到最后一个镜头：鼓手们从山坡后面涌上来时，只见黄尘滚滚，人影恍惚，震天的鼓声和鼓手们的吼声交织在一起，犹如黄河咆哮，万马奔腾，在场的人激动得欢呼雀跃，掌声不息。

从此，安塞腰鼓一发不可收拾，打出了黄土地。1986年正月，由安塞农民800人组成的腰鼓队，参加了大型电视系列片《黄河》的拍摄；也在这一年，安塞腰鼓以它独特的韵味和风格，荣膺首届中国民间音乐舞蹈比赛大奖。1988年，安塞的200多名腰鼓手在首届全国农民运动会开幕式上大放异彩。1989年，台湾电影人凌峰将安塞腰鼓收入他的专题片《八千里路云和月》，并作为片头镜头。从1990年起，安塞腰鼓先后参加了第十一届亚运会、香港回归、国庆50周年和55周年庆典以及在德国柏林举办的亚太活动周等重大活动，并参与了《延安颂》等50余部中外影视剧拍摄。2006年5月20日，在国务院《关于公布第一批国家级非物质文化遗产名录的通知》中，安塞腰鼓已名列其中，更为这一古老的民间艺术增添了辉煌的一页，成为三秦文化艺术的重要品牌。

悠悠钟鼓，山高水长

——西安鼓乐

在13朝古都的西安，至今依然流传着被称为中国古代音乐的"活化石"的西安鼓乐。凡是欣赏过西安鼓乐的人，无不为它古朴典雅的格调，优美动听的旋律，严谨完整的曲体结构，阵容庞大的演奏规模所倾倒。

◉ 古韵悠扬

西安鼓乐，也叫长安鼓乐、长安古乐、长安鼓吹乐等，是流行在西安市区及沿终南山一带长安、户县的一种民间大型吹打合奏乐，民间称为细乐，其乐社称细乐社或古乐社。与民俗相联系的称为香会、水会，是以打击乐和吹奏乐混合演奏的一种大型乐种，在中国音乐史乃至世界民间音乐发展史上堪称奇迹。

长安鼓乐的源头始于1000多年前的唐代。安史之乱期间，宫廷的乐师流落民间，唐代燕乐也随之流传民间。长安鼓乐脱胎于唐代燕乐，大气、庄重、高雅，曲目丰富，结构完整，曲调优美，具备宫廷音乐的特征，与一般的民间音乐大相径庭。

但在宋元明清时期，西安鼓乐不再为帝王宫廷专用，而逐渐扎根于民间，成为西安地区民间娱乐活动的一种形式。千百年来，民间的铜器音乐、乐器音乐和念词音乐不断丰富着西安鼓乐的内容。每年夏收以后，城内各街巷的古铜器社在六月初一至初三朝南五台，六月十七至十九朝西五台。这样的活动年复一年，使这个古老的乐种得以世代流传。

据参加过乐社活动的老人回忆说，在20世纪20年代到40年代的近30年里，西安地区的古铜器社就有40多家，如端履门的朝贺巷社、骡马市社、东羊市社、三学街社、药王洞社、保吉巷社、德福巷社、双仁府社等；古乐社也达70多家，如城隍庙社、西仓社、迎祥观社、白鹭湾社、马神庙巷社等，还有长安县的何家营、皇甫村乐器社，周至县的南集贤东村、西村、司竹、仙游寺等"香会"，蓝田县的楸树庙、田家村等"水会"等。

那时，西安城乡的寺庙林立，而每个寺庙几乎都有围绕其活动的鼓乐社。在举行一个接一个的庙会时，鼓乐声在长安古城内不绝于耳。在这些日子里，所有古乐社均应邀前往各处寺庙去演奏、演唱。举目四望西安街头，有不少仪仗齐全、阵容壮观、威风凛凛、锣鼓喧天的乐队，来往穿梭于各个寺庙之间，整个西安沉浸在一个盛大的民间音乐的海洋之中。

◉ 流派纷呈

据统计，目前长安鼓乐尚保留有乐谱约百册，曲目3000余首以上，曲名、曲牌1200多个，套曲40多部，包含有极为丰富的民歌、戏曲、说唱以及宫廷和宗教的音乐。尽管它名目繁多，但大体分为僧、道、俗三个流派，各具特色——僧派悠扬敞亮，道派平和闲雅，俗派热烈浓郁。

相传道派为城隍庙道士所传，而僧派由一毛姓和尚所传，演奏者多为市民，亦有道士、僧人。僧派中的一部分，因长期掌握在农民手中，不断吸收民间音乐，逐渐和僧派有了区别，形成俗派。僧、道派因经商的多，平时日落店铺打烊后，艺人们聚集到四合院自娱自乐。本社庙会期间，他们全体出动，竭尽全力，昼夜演奏，而不取分文。遇有其他鼓乐社庙会，它们也会热情的前往，沿途他们吹吹打打，在市民面前展现他们的技艺。俗派因在农村，其活动受农业生产季节影响，一般在农闲时参加民俗性活动仪式，如祭年、迎神赛会、朝山进香、收获后庆贺丰收。

不论僧、道、俗哪种流派，其演奏形式都是两种，就是行乐和坐乐。行乐是在行进中演奏，拌以彩旗、令旗、社旗、万民伞、高照斗子等，乐器用高把鼓、单面鼓、小吊锣、铰子、供锣、手梆子、方匣子等打击乐器和笛、管、笙若干；用高把鼓的又叫"高把子"，风格温雅庄重；用单面鼓的，又叫"乱八仙"，风格活泼悠扬。坐乐是在室内围绕着桌案坐奏，曲调是一种有固定结构的套曲，即"花鼓段坐乐全套"和"八拍鼓段坐乐全套"，坐乐常常是艺人们比赛技艺的场合，称为"斗乐""对垒""支桌子""摆开"，因而坐乐较为精致，手法亦甚多样。

在坐乐中，又分城乡两种，城市坐乐叫"八拍坐乐"或"耍鼓段坐乐"，农村坐乐则叫"打扎子坐乐"。前者用笙、笛、管、双云锣，还曾用过筝、琵琶，打击乐器有坐鼓、战鼓、乐鼓、独鼓、大镲、大铙、铰子、煽子、大锣、马锣、引锣、木梆子，编制约十二三人；农村坐乐或有若干乐器调整，依条件而定。有些地方农村的坐乐，吹奏乐器有十几人以上，打击乐器更多，用到几十人之多，造成神人震撼、山川荡气的宏大音响。

念词音乐，也是建国前西安鼓乐的主要组成部分；它主要流行于西安城区，专在庙会上演唱，内容大都含有宗教色彩。其中有颂佛的，有赞道的，也有歌唱历史人物的。其音乐歌词格调无疑是赞美长安

古城胜迹者，一些极尽对终南山自然景物、奇花异草的辞章，情调雅致，恬静委婉，令人陶醉。

◉ 走向新天地

新中国成立以来，一大批音乐工作者对西安鼓乐进行了大量采集、调查和研究工作，也对长安鼓乐的价值和在中国音乐史中的地位，给予高度评价。国内著名音乐史家、音乐学者杨荫浏、黄翔鹏、叶栋、何昌林、李石根、余铸、冯亚兰、吕洪静、何钧、李健正、刘均平、李世斌等都对这一乐种倾注了许多精力。中央音乐学院教授蓝玉嵩称："西安鼓乐乃绵亘千余载之古乐，源流可溯。寻绎唐宋古曲，此为重要途径，比东瀛的资料更可贵，是民族的瑰宝。"1987年3月，时任中国音乐家协会名誉主席的吕骥先生，给"第5届华夏之声·西安鼓乐音乐会"题词："西安古乐，源远流长；唐宋古韵，清旷悠扬。"时任中国音乐家协会主席的李焕之题词："隋唐遗风，历久不衰；长安古乐，青春长在。"曾作过《我的祖国》《我们新疆好地方》《让我们荡起双桨》等歌曲的著名作曲家刘炽，曾是西安五岳庙门鼓乐社的吹笛手，还担任过东仓鼓乐社名誉会长。同时，取材于长安鼓乐的创作越来越多，如在国内获奖或得到好评的《香山射鼓》《骊山吟》《游月宫》《鸭子拌嘴》《仿唐乐舞》《唐·长安乐舞》等，不少已享誉海内外。

有人说，长安鼓乐曲目最多，是世界音乐的宝库，这是有道理的。陕西省的有关专家认为，西安鼓乐是中国规模最大，最有系统，律、调、谱、器最完善的古老民间乐种，它比西方的交响乐还要丰富复杂。多年来，英国、法国、意大利、俄罗斯、新加坡的音乐家，均多次专程来听长安鼓乐，特别是日本音乐家，来的次数最为频繁。

1954年，时任匈牙利音协主席沙波尔奇·班采观看了长安鼓乐的演出称赞道："这就是中国古代的交响乐。"2003年4月18日，来访的法国塞尔及·蓬图瓦兹国立音乐学院室内乐乐团，观看了东仓鼓乐社演出的长安鼓乐。乐队指挥布拉叶埃说："我非常感动，因为长安鼓乐是这样古老的音乐，展现了中国悠久的历史。"有一时期，国外专家学者认为，研究中国唐代音乐，只有借助于日本的雅乐。从1954年以后，匈牙利、日本、意大利、美国、俄罗斯、英国、澳大利亚、新加坡、奥地利等国的专家学者，参观和聆听了长安鼓乐之后，毅然改变上述了观点。1983年，日本著名学者岸边成雄到中国访问回国后，来信说："从西安鼓乐中，可以看到日本雅乐的用语"。1986年3月，英国剑桥大学研究生钟思第专程来西安访问了鼓乐，说："英国人过去只知道从日本雅乐中研究中国音乐，现在已把目标转向中国了。只是因为知道西安有个鼓乐。"

2006年5月20日，在国务院公布的第一批国家级非物质文化遗产名录中，西安鼓乐已名列其中，更为这一古老的民间艺术增添了辉煌的一页，成为三秦文化艺术的重要品牌。

铰出明天，铰出幸福

——陕北剪纸艺术

　　剪纸是我国最为流行的民间艺术之一，而陕北剪纸以典雅的装饰趣味、浓郁的欣赏魅力最为著名，成为陕西的艺术名牌。近几年，陕北的许多婆姨作为民间剪纸艺人走出陕北，走向全国，乃至走向国外，或作剪纸艺术表演，或搞剪纸艺术展览，受到海内外各界广泛的赞誉。2006年5月20日，在国务院公布的第一批国家级非物质文化遗产名录中，陕北安塞剪纸已名列其中，更为这一古老的民间艺术增添了辉煌的一页。

◉ 民间艺术的奇葩

　　陕北剪纸艺术品，俗称窗花。就是妇女们将它剪好后，贴在糊着雪白薄纸的窗格子内，那多姿多彩的窗花似盛开的春花绽放在农家屋内，七彩纷呈，别有一番景象。陕北民间剪纸有着悠久的历史。早在南北朝时期，就介入百姓生活、民俗活动。到了清代，它走入宫廷，登上大雅之堂。它主要分布在延安、安塞、吴起、洛川、黄陵、宜君、延川、宜川及榆林地区的绥德、吴堡、三边等地。剪纸艺人多为巧妇，既有年逾花甲的老大娘，也有年轻手巧的媳妇，还有七八岁的女娃娃，凡是她们看到的、听到的都可剪成。传统的剪纸，有喜庆丰收的"连年有余"，有盼望吉利的"大红公鸡""威风老虎"，有望子成龙的"龙生贵子""麒麟送子"，有祝愿延年益寿的"鹤鹿同春"，有期望幸福的"富贵不断头""勾连万字""蛇盘兔"，还有表现爱情和生命繁衍的"鱼闹莲""石榴牡丹""葫芦生子""莲生子""鱼生子"等。最为常见的有民间传说、戏曲故事、名胜故事、风俗习惯和现实生活等。

　　当地农民习惯于用鼠、牛、虎、兔、龙、蛇、马、羊、猴、鸡、狗、猪这十二属相来纪年，并根据农历季节安排农事生产活动。所以，陕北农村妇女爱剪十二属相纸花。每年春节前夕，除旧布新，家家户户都在雪白的窗纸上，贴上红红绿绿的窗花。除逢年过节外，婚姻嫁娶也贴剪纸，结婚时洞房贴双喜窗花，甚至定亲喝酒的酒瓶上也贴纸花。有的地方，媳妇临盆生娃娃之前，婆婆先在房门上贴老虎，说是有了老虎把门，妖魔不敢进屋摄走娃娃。在麦收时节，如遇阴雨天气，农妇就剪几张手持扫帚的人儿纸花，悬挂门前，或贴于树干上，其目的是祈求纸人扫掉天上的阴云，好让太阳出来晒麦子。陕北剪纸的应用范围非常普遍，有贴在窗子上的窗花，有的贴在顶棚上，有的贴在

门楣上。走进陕北农村，如同走进窗花世界，令人目不暇接，心旷神怡。

● 安塞："中国民间剪纸艺术之乡"

在安塞县城，街头两边高高的路灯柱上张挂着一系列新颖美观的标志牌，其中的"中国民间剪纸艺术之乡"最引人注目，这是1993年国家文化部给安塞县命名的称号。在安塞剪纸的展览室里，墙上悬挂着大大小小、红红绿绿的剪纸镜框，馆藏剪纸精品有1000多件。剪纸按用途分为四类：第一类是用于美化环境、喜庆吉祥的春节剪纸。内容多为石榴、牡丹等花卉，镇宅辟邪的龙、凤、狮、虎以及五谷六畜等。春节是妇女们展示才艺的最佳时间，家家好似一个剪纸展览室，窗户上贴满了各式各样的窗花，满院生辉。第二类是用于装饰洞房的婚嫁剪纸，其中寓意最深、最有趣的是窗格子上的喜花和窑顶的坐帐花。如"蛇盘兔""鱼戏莲""抓髻娃娃""老鼠嫁女"等是必不可少的内容。第三类是用于宗教礼仪活动的剪纸，有贯钱、云头、门神、灶狗等。第四类是用于制作刺绣、布玩具的底样，同样是一件独立的艺术品。

安塞剪纸被誉为"群芳母亲"，有"地上文物"和"文化活化石"之称。20多年来，先后有美国、法国、日本、俄罗斯、加拿大等30多个国家的艺术家来安塞参观、考察民间美术，有2000多件剪纸精品和农民画被《中国美术报》社、中央美术学院、上海美术馆等国内外单位和个人收藏。1980年，安塞民间剪纸作品在中国美术馆及全国八省、市展出，1982年在法国巡回展出。1986年，安塞民间剪纸艺术家曹佃祥、白凤兰、胡凤莲等应邀到中央美术学院表演授课，1996年，陕西省文化厅分别授予曹佃祥、常振芳等13人"陕西省民间（工艺）美术家""美术师"称号；后来，联合国教科文组织又授予曹佃祥、白凤兰、胡凤莲、高金爱"中国民间剪纸大师"称号。

有一年，法中友协"民间艺术与传统"考察团一行10人来参观、考察安塞的剪纸艺术，消息传开，轰动了全县，人们像赶大会一样从几十里以外来到县城，想看看外国人是个什么模样，也想见见外国人买剪纸的场景。当时县文化馆正邀集全县的50多名剪纸高手在创作班中剪纸、画画。外国友人走进创作室，看到几十位年过花甲的老太太手握剪刀，不描不画，一幅幅剪纸作品脱手而出，无不拍手称好，争相抢购起老婆婆们的剪纸作品。

● 陕北剪纸的能手

安塞民歌中有这样一句歌词："生女子要巧的，石榴牡丹贸铰的"。所谓"贸铰"就是那些剪纸能手，不需要在纸上画样子，拿起剪子就随心所欲地把自己的人生感悟、理想愿望及对生活和家乡的热爱之情，挥洒在五颜六色的纸上。在当地，谁的花儿剪得好，谁就是村里的能人，就受人们的尊敬。剪纸能手李秀芳、王西安、侯雪昭、杨梅英、白凤莲先后被法国、菲律宾、奥地利、日本、美国邀请出国访问表演。剪纸能手曹

佃祥、高金爱、白凤兰、胡凤莲、王兰畔被邀请到国家最高美术学府———中央美术学院讲学表演，为黄土地赢得了荣誉。剪纸能手陈世荣、张晓梅、郭佩珍、曹宏霞、路培桂、华月秀等人的优秀作品，有的赴京参展，有的被国家收藏。佳县剪纸老艺人郭佩珍被有关部门誉为"中国民间剪纸艺术大师"，并被聘为中国民间剪纸研究会常务理事，全国妇联原主席陈慕华亲切地称她"中华巧女"。

李秀芳是陕北安塞人，1982年4月，应邀赴法国参观访问和剪纸表演。"五一"国际劳动节那天，李秀芳在雷恩市国际博览会上表演。只见她手拿剪刀，右盘右旋，维妙维肖地剪了一件又一件，观众们惊叹不已。有人甚至以为她的剪刀上安装了小电脑，还拿过剪刀仔细看了又看。这时，一位法国老人突然提出要李秀芳为她剪一只猫头鹰。猫头鹰在中国农村，尤其是在陕北，属于不吉祥的凶鸟，所有的剪纸作者都没有剪过。但在法国人心目中，猫头鹰却是吉祥之鸟，幸福之鸟。李秀芳心里想，猫头鹰不就是猫和鹰的组合吗？她欣然应允，不到几分钟，一只神采奕奕的猫头鹰就展现在观众面前，在场的人一个个翘起大拇指，称赞中国的剪纸能手了不起。

乔桂莲是陕北延长人，她在剪纸艺术上之所以能获得成功，就在于她是一个有心人。她从小就喜爱剪窗花，靠着自己灵巧的一双手和随身所带的一把小剪刀，随着"嚓嚓嚓"的剪纸声，一幅幅富有泥土芳香的剪纸作品，在她手下生成。她平时特别喜欢观察事物的动态、发展、变化，在劳动之余将陕北农民耕作的一招一式都能记在心里，无论是天上飞的，地上跑的，从她眼里闪过的都能剪出形象化的原型来。其作品线条流畅，刀法细腻，比例得当，雅俗共赏中突出了传统的地域特色，为陕北民间艺术增添了新的活力，闪耀出灿烂的光彩。近年来，她剪出了名，人们为得到她的一幅剪纸，有时会在街头和展馆里排起长队，啧啧称赞她是陕北的剪纸大王。

陕北剪纸是一朵艺术奇葩，也似一首优美而古老的歌，它给人们带来了美的享受和幸福的企盼。"蛇盘兔，必定富"，这是陕北婆姨的美好祝愿。

唱不尽的信天游

——陕北民歌

　　广袤而神奇的陕北，是民歌的世界，民歌的海洋，人们的喜、怒、哀、乐都可以用民歌来表达。夏天，在绿格英英的高山之巅，不时可以听到顺风飘来的悠扬歌声；冬天，在白格生生的雪原之中，无论在曲曲弯弯的山道里或在一马平川的大路上，赶牲灵的人们一路走一路歌。在村庄里，有坐在墙畔、窑洞忙活活计婆姨们的低婉吟唱，也有后生们的"拦羊嗓子回牛声"的高歌回荡。

◉ 喜怒哀乐信天游

　　陕北民歌有8000多首，种类也有20多种，当地人俗称"山曲"或"酸曲"，有五更调、四季歌、揽工调、秧歌、歌舞曲、小调、酒歌、信天游、榆林小曲等，其中以信天游最富有特色、最具代表性。

　　"信天游，不断头；断了头，穷人无法解忧愁！"这说明这种优美动听的民歌，早在历史上就深为广大群众所喜欢。信天游，顾名思义，乃即兴而编，随天漫传，因而有短小精悍、灵活多变的特点。它流行于榆林、延安两个地区，以榆林地区和延安北部地区为著称。

　　信天游作品的内容大多数反映的是凡人凡事，如小媳妇想娘家、大姑娘盼出嫁、出门思念家乡、年轻人谈情说爱、夫妻吵嘴逗趣。农民们用歌声来驱逐寂寞和忧愁；赶牲灵的人将那悠扬的歌声洒满崎岖的羊肠小道；多愁善感的小媳妇用歌声倾吐心中哀怨。这些基本上是抒发感情的。此外，陕北人还用民歌形式来为日常生活服务：货郎用歌声来叫卖，农民用歌声来祈雨，逢年过节时用歌来庆祝、娱乐，男婚女嫁用歌来举行仪式，喝酒时用酒歌来猜拳，用歌来进述历史故事，用歌来搞社交，用歌来记叙重大历史事件，用歌来记叙新人新事，甚至上坟哭灵也以歌代哭。乃至丑闻千里，以歌传之；奇人怪事，以歌颂之。

　　信天游中为数不少的是情歌，有人把它称作"爱的漫游"。旧社会青年男女恋爱、婚姻不能自主，他们只好用歌声来表达对封建婚姻的不满和对爱情的追求。由于自然条件等原因，从前陕北经济落后，农民生活艰苦，男人成群结伙到外省给人揽工，就是"走西口"。丈夫临走之前，妻子多方叮咛，娓娓动听，情意绵绵，抒情色彩极浓。如

脍炙人口的《走西口》："哥哥你走西口，小妹妹我实难留。手拉着那哥哥的手，送你到村外头。""走西口"的人一去经年不回，妻子叮咛丈夫："走路你走大路，莫要走小路。大路上人儿多，拉话解忧愁。 住店你住大店，不要住小店。小店里贼娃子多，操心把你偷。"家里的妻子想起丈夫时，或手摇纺车，边摇边唱；或立于门前，低吟浅唱，抒发他们对远方亲人的眷恋之情："豌豆开花一点红，拿针缝衣想哥哥。想哥哥想得见不上面，口含冰糖也像苦黄连。大河没水养不住鱼，妹子离不开哥哥你。一对百灵子钻天飞，多会儿盼得见上你。"

◉ "革命民歌"

20世纪二三十年代，刘志丹、谢子长等领导的土地革命"风暴"席卷陕北高原，把那里的社会翻了个过儿，把"世事颠倒颠"。社会的激烈动荡、变革，为陕北民歌谱写新的一页，反映群众革命斗争、歌颂革命英雄的民歌，在陕北的沟壑壑、山岔岔不绝于耳，它像震天的号角，响彻大地。代表曲目有《男女武装起》《打倒列强》《拥护红军斗争歌》《红军闹革命》《打南沟岔》《红旗一展天下都红遍》《横山里下来些游击队》《我的哥哥当红军》《刘志丹》，等等。"正月来是新年，陕北出了个刘志丹。刘志丹来是清官，他带上队伍上横山，一心要共产……""陕甘游击队，老谢总指挥……"，就是当时在陕北广为流传的民歌佳句。这一时期的民歌，几乎都是以中国共产党所领导的陕北革命斗争为题材的。"他是人来咱是人，为甚他官咱们穷？为甚把咱

的血汗直抽尽？"讲的是阶级剥削的道理；"官逼民众造反，世事大动乱，他把咱老百姓没杀完。"号召民众起来革命；"军队百姓团结牢，抗日救国呀心一条。"号召军民团结，抗日救国；"黄河浪起风云涌，大海蛟龙要腾空。中国人民要掌政权，解放军大反攻。"讲的是国家斗争形势……这一时期的民歌抒发了劳动人民的反抗情绪，陕北人民再也不是悲剧性人物了，他们拿起了刀枪，向统治阶级猛烈开火了，那气概，大有"蟠龙卧虎"之势；"千里的雷声万里的闪，咱们革命的力量大发展"，"前不让他前来，后不让他出""关住个大门好打狗"，"盒子枪，迫击炮，打得那敌人没处藏，叫声敌人你快缴枪"等，真可谓英勇悲壮，气吞山河。

◉ 《咱们的领袖毛泽东》与《东方红》

延安时期，在毛泽东《在延安文艺座谈会上的讲话》发表以后，陕甘宁边区的"新民歌"蓬勃兴起，信天游无论在内容上，还是在形式上都有了重大的突破，出现了一大批脍炙人口的民歌，如《王贵与李香香》《兰花花》《三十里铺》《绣金匾》《翻身道情》《当红军的哥哥回来了》《山丹丹开花红艳艳》《咱们的领袖毛泽东》《东方红》等等。而以《咱们的领袖毛泽东》和《东方红》最为著名。1943年12月，毛泽东在延安陕甘宁边区劳动英雄及模范工作者代表大会上接见了劳动英雄孙万福。孙万福万分激动，拉着毛泽东的手说："大翻身哪！有了吃有了穿，账也还了，地也赎了，牛羊也有了……没有您，我们这些穷汉趴在地上一辈子也站不起来！"他越说越激动，即兴编唱了一首民歌：《咱们的领袖毛泽东》："高楼万丈平地起，蟠龙卧虎高山顶，边区的太阳红又红，咱们的领袖毛泽东。天上三光日月星，地上五谷万物生，来了咱们的毛主席，挖断了穷根翻了身。"这首感情真挚质朴的颂歌至今仍在人们中传唱。

传唱了半个多世纪的著名民歌《东方红》，是由民间歌手李有源改编创作而来。李有源出生在黄河畔上陕西佳县的一个贫民家庭。1942年冬天的一个早晨，夜幕向西渐渐地退去，一轮红日从东方徐徐升起。这几日，李有源一直在冥思苦想，他觉得自己编的几首歌颂党、歌颂毛主席的歌子，都不如意。他嘴里哼着民歌调，朝着县城的方向走去。走上一个山坡，他忽然停住脚步，望着东方升起的太阳，兴奋地自语道："对！把毛主席比做太阳是最好不过了。"想到这儿，他不由得笑起来。然后甩开大步，继续向县城方向走去。李有源晚上回到家里，坐在炕桌前，借着明亮的油灯兴奋地写着。他用陕北民歌优美的曲调"骑白马"，完成了一首新歌《东方红》："东方红，太阳升。中国出了个毛泽东。他为人民谋幸福，他是人民大救星。……"从此，《东方红》这首不朽的传世之作，从中国革命的摇篮——陕北传出，便插上了翅膀，飞越黄河，跨过长江，并漂洋过海，响遍了全世界。

信天游，这颗黄土高原上的艺术明珠，伴随历史的变迁，历经风云的变幻，在当今时代的演进中，继续展示着它的魅力，放射出璀璨夺目的异彩。

折桂犹待长安花

枯木逢春绽新花

——陕北秧歌

陕北的春节是炽热的，到处红红火火，秧歌拜年则是陕北年俗中独特的风情。大年初一一大早，只见身着节日盛装的秧歌队挨门逐户拜年，每到一户，"伞头"（秧歌队的领头人）触景生情，即兴自编唱词，向主人祝福："进了大门抬头看，六孔石窑齐展展，五谷丰登人兴旺，一年四季保平安"，以冀望来年风调雨顺，五谷丰登。"锣鼓唢呐哇哇声，扭起秧歌唱太平，山也舞来水也舞，舞得人寿年也丰。" 就是对陕北秧歌表演时热闹场景的生动描述。

◉ 扭起秧歌唱太平

陕北秧歌是流传已久的具有广泛群众性的传统舞蹈，相传北宋时已有，当时称为"阳歌"，取"言时较阳，春歌以乐"之意。《延安府志》就记载"春闹社，俗名秧歌"。后来又称为"闹红火""闹秧歌""闹社火""闹阳歌"等，主要分布在榆林、延安、绥德、米脂等地。

陕北秧歌的表演形式种类繁多，但主要分为"大秧歌"和"踢场子"两大类。大秧歌，是在广场上进行的集体性歌舞活动，规模宏大，气氛热烈，动作矫健豪迈，情绪欢快奔放，并伴有狮子、龙灯、竹马、旱船、跑驴等社火节目，队形变化丰富。"踢场子"，是表现男女爱情生活的双人舞，参加人数为偶数，成双成队，男持彩扇，女舞彩绸，表演中"二起脚""软腰""三脚不落地""龙爪穿云""金鸡独立""金钩倒挂"等高难技巧，既刚健又柔美，既洒脱又细腻。每到逢年过节，城乡都要组织秧歌队，拜年问好，歌唱太平；乡邻之间也自发的扭起秧歌，互相访拜，比歌赛舞，热闹非凡。男角叫"挂鼓子"，女角叫"包头"。"挂鼓子"的动作朴拙，有武术的爆发力；"包头"的动作质朴、活泼，具有农村妇女的特点。表演虽有套路，但即兴创造的成分极大，充满陕北农村生活的情趣。

元宵夜闹秧歌，是一年中陕北秧歌最红火的时候，在陕北各地县志中多有记载。据《靖边县志》记载："上元灯节前后数夜，街市遍张灯火，村民亦名鼓乐，为装扮歌舞，俗名社火，取逐瘟疫。"据《佳县县志》记："元宵夜……乡民扮杂剧、唱春词，曰唱阳歌。"《绥德州志·风俗》记载："五日元宵夜……是夜金吾不禁，乡民装男扮

女，群游街市，以阳歌为乐。"这些具体、生动的记述描写了元宵夜闹秧歌的场面。

陕北秧歌表演形式显著的特点是"扭"，因此也叫"扭秧歌"。就是在锣鼓乐器伴奏下，以腰部为中心点，头和上体随双臂大幅度扭动，脚下以"十字步"作前进、后退、左腾、右跃的走动，上下谐协，步调整齐。遇到大型的秧歌队表演，整支队伍随着鼓点，步调一致，彩绸飞舞，彩扇翻腾，热火朝天。正如民间艺人所说，扭秧歌就讲究"走的要轻巧，摆的要花哨，扭的要活泛；看挎鼓子要看个架势，踢打蹦跳要麻利，这才是好把式；看包头女要看那几步走，一溜跑，好像水上漂"。

◉ "红土地"的新秧歌

1943年，在毛泽东《在延安文艺座谈会上的讲话》精神的鼓舞下，延安鲁迅艺术学院（简称"鲁艺"）的师生们走出校门，深入社会，和边区的其他文艺工作者，兴起了轰轰烈烈的新秧歌运动。新秧歌，就是在传统老秧歌表演形式的基础上，集戏剧、音乐、舞蹈于一身的综合性广场歌舞表演形式。当时群众中有"1943年，秧歌闹得欢"的赞语，可称是对当时延安秧歌运动的一个真实写照。从1943年春节到1944年春节期间，延安的新秧歌运动达到了高潮，仅1943年春节上街、下乡演出等秧歌队就多达27个，当时延安城乡到处呈现出"鼓乐喧天，万人空巷"的盛况。

首先是"鲁艺"的秧歌队扭遍了整个延安城，尤其是王大华和李波演的街头秧歌剧《兄妹开荒》，一走上延安街头就轰动山城，使成千上万的延安人心花怒放，喜笑颜开。毛泽东、周恩来、朱德等中央领导和观众一起观看时，边看边叫好。毛泽东高兴地说："像个为工农兵服务的样子。"朱德说："不错！今年的节目和往年的大不同了！革命的文艺创作，就是要密切结合政治运动和生产斗争啊。"

《兄妹开荒》被誉为"第一个新秧歌剧"，对"延安新秧歌运动"的发展产生了巨大的引领作用。从1944年春到1944年底，新创作并演出的新秧歌剧就多达60多个。如

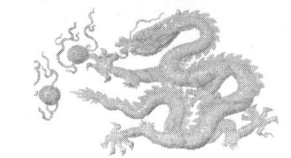
新秧歌剧《拥军花鼓》《张丕谋锄奸》《刘二起家》《赵富贵自新》《刘永贵挂彩》《动员起来》《一朵红花》《红布条》《夫妻逃难》《李凤莲》《夫妻识字》《小放牛》《回娘家》《栽树》，等等，争芳斗妍，各具特色。还有新秧歌大场秧歌《边区好地方》和扇秧歌《南泥湾》等，也深受群众的欢迎。当年，延安怀安诗社社长、著名诗人李木庵看到延安新秧歌运动如火如荼的景象，即兴写下了《秧歌舞吟》，其中写道："春风娜，春日和一年一度闹秧歌，去年秧歌鲁艺好，今年秧歌好更多，秧歌本是农民舞，终岁无欢春节补……"

期间，广大文艺工作者还深入农村，向延安的老秧歌手、腰鼓手学习秧歌、腰鼓，在掌握了基本的动律特征和典型的舞姿动态后，逐渐升华为规范的、新农民形象的舞蹈动作，形成新型的秧歌和腰鼓，领头的伞头改为工农形象持木制镰刀斧头，创造了具有新内容的秧歌剧《夫妻识字》《十二把镰刀》等，其中的"翻身秧歌""胜利腰鼓"等新秧歌还在全国得到普及。

● "模范秧歌队"给毛泽东拜年

1946年元宵节，陕甘宁边区模范秧歌队——延安碾庄秧歌队给毛泽东主席拜年献匾的事，已经过去60多年了，但在许多老延安的记忆中，如同昨日。

当年毛泽东十分关心延安的"新秧歌运动"，多次指出，边区要发展新秦腔和新秧歌，还经常询问发展和演出情况。延安的老百姓没有忘记毛泽东主席的关心，觉得如今的日子丰衣足食，越过越红火，过年过节闹秧歌，可不要忘了给毛主席拜年。在劳动英雄杨步浩的精心组织下，乡亲们决定在元宵节给毛泽东主席拜年献匾、演新秧歌。

元宵节上午，碾庄秧歌队由市场沟敲锣打鼓，扭着秧歌，抬上金匾，经南关街向王家坪方向，去向毛泽东主席拜年。沿途人山人海，人们围着碾庄的秧歌队，争着挤着看他们抬的金匾，不时地响起阵阵掌声，也随着碾庄秧歌队一起涌向王家坪……毛泽东早就站在大门口欢迎他们，大院的桌子上摆满了花生、大枣等。秧歌队在大礼堂前的场子里停下来，由乡里的领导和劳动英雄杨步浩给毛泽东献上"人民救星"的红底金字大匾，接着开始表演起秧歌剧《兄妹开荒》《耕三余一》《改造二流子》等节目。毛泽东和大家一边观看，一边拉话，还和秧歌队合影，并请秧歌队一起就餐。当秧歌队要离开王家坪时，毛泽东对杨步浩说：你们给我拜年了，如果不给朱德总司令拜年，那可不好。枣园虽远点，我给你们准备了汽车，你们该去给朱总司令拜年去。杨步浩在毛泽东的安排下，乘着汽车直奔枣园。后来，延安《解放日报》对此事作了专题报道，边区政府也表扬了碾庄秧歌队，并授予"模范秧歌队"称号。

巴山不了情

——紫阳民歌

在陕西，陕北黄土高坡的民歌以粗放、高昂、直白的格调，使人唱出了心中的喜怒哀乐；而以陕南民歌有代表性的紫阳民歌，却以形象生动的语言，优美婉转的旋律，令人回味无穷。

位于陕南中部的紫阳县，因道教南派创始人紫阳真人张伯端而得名。《诗经》中"周南"和"召南"部分25首歌谣的流传地，主要就在包括紫阳在内的汉水上游，紫阳民歌在朝代更迭的过程中，伴随着人们种种生活习俗的形成发展而逐渐成熟，于明清达到鼎盛。

紫阳民歌是产生流传在紫阳县境内民间歌曲的总称，是陕南民歌中最具代表的曲

种。紫阳民歌品类齐全，歌词朴实生动，曲调优美动听，劳动号子、山歌、小调、社火歌曲、风俗歌曲和花鼓八岔、号子孝歌等和新民歌皆十分丰富。其音乐风格大多有着较强的抒情性、叙事性和舞蹈性，适于表演动作、表达情节和反映人物复杂感情。劳动号子是紫阳民歌的基础，而船工号子是劳动号子的内核，在紫阳民歌中占有重要位置，风格粗犷豪迈，音调、节奏复杂多变，具有较强的生活气息；山歌是劳动号子以外的各种山野歌曲，最能代表山区特点的民歌，山歌歌词有很多是在劳动中即兴创作的，见景生情，随编随唱，大多是表现爱情的；小调和山歌一样量大面广，歌词较为固定，其风格特点是曲调细腻流畅，旋律优美动听，节奏平稳细碎，音域较窄，具有较强的叙事性和个人感情色彩；风俗歌曲是流传较广的民间口头文艺形式，见啥唱啥，想啥唱啥，是反映紫阳人民生活习俗的歌曲，也是紫阳民间举行婚丧嫁娶等各种仪式时所唱的歌曲；新民歌是新时代和新生活的产物，是解放后编创的具有鲜明时代特征和较浓政治气息的新创紫阳民歌。

在紫阳，青年人谈情说爱时，要唱缠绵热情的"情歌""盘歌"；为老年人办丧事，要唱凄凉、悲哀的"孝歌""送葬歌"；在地里干活时，要唱高亢、激越的"号子""锣鼓草"；采茶时，要唱悠扬、宛转的"花山姑娘""牧羊恋歌"；婚嫁时，要唱"哭嫁歌""迎亲歌"；行路时有"报路歌"，上山时有"樵歌"等等。

紫阳人迎亲时，一路上新郎、新娘、迎亲的、送亲的都要唱山歌、吼号子。沿路边村寨，还有拦新娘对"盘歌"的风俗。若遇上"歌迷"，迎亲队伍就得停下来，陪新娘对歌。紫阳农民干"帮帮活"时唱的歌，称之"锣鼓草"。"锣鼓草"的演唱方式是由一个人自敲自唱，大伙边劳动，边帮腔。如有人在干活时没把草根刨到土面上，领头的便唱："哎——薅草未薅连根草，一场雨过又活了。烈日下边流大汗，竹篮提水白费劳！"如果大伙都干得快，有人拖在后边，他就唱歌督促或善意地讥讽几句："哎——大雁飞翔不离群，干活就要多鼓劲。莫学地角的懒蛤蟆，一步三停急煞人哟哎！"

紫阳的"对歌会"即"赛歌会"更有情趣。有同村"对"的，有邻村之间"对"的。对歌会有"日间会"和"夜晚会"两种。"日间会"多在山坡上，双方各站一个小山包，面对面地"对唱"。或在小河、小溪两边隔水对歌。"对歌"多属"盘歌"，有盘问历史、古人、地理、神话的，也有盘问鸟、兽、花、草的。有盘问当今时事的，也

有歌唱幸福生活的。"夜歌会"常在冬春时节举行，对歌双方各燃一堆木炭火，男女老少围火而坐，你唱问，我唱答；你唱个英雄，我唱个好汉；你唱名山，我对大川；你唱《刘海戏金蟾》，我唱《洞宾戏牡丹》，唱对如流，此起彼落，气氛热烈，常常是通宵达旦，彻夜不停。

紫阳民歌藏量极为丰富，所发现曲目总数已达5028首，编印成册的有828首，体裁包括号子、山歌和小调几大类，其中又包含了社火歌曲、风俗歌曲、宗教歌曲、曲子等不同歌种。紫阳民歌的代表性曲目有《郎在对门唱山歌》《唱山歌》《洗衣裳》《南山竹子》等。由于积蕴深厚、传唱广泛，紫阳县被文化部命名为"民歌之乡"。

紫阳民歌流传久远，其歌词借喻巧妙，风趣幽默，有较高的文学价值；所用方言似川、似楚，韵味独具；其旋律优美婉转，高腔唱法中游移于调式音级间的色彩性颤音唱法具有独特的价值。紫阳民歌的传承直接依托于各种民俗活动，反映出丰富的民俗文化，对丰富中华民族音乐宝库、弘扬中华民族音乐文化有不可低估的作用。

20世纪80年代初，紫阳的文艺工作者经过大规模采风，采录到紫阳民歌及民间故事传说数千件，整理后编印民歌10册，故事传说5册，作为资料长期留存下来。2002年10月，紫阳被陕西省文化厅命名为"陕西民歌之乡"，被陕西省音乐家协会确定为"陕西民歌创新基地"。2003年，国家文化部命名紫阳县为"中国民间艺术之乡"。

如今，紫阳民歌就像一棵千年古藤重新焕发了新枝。何耀礼、何耀志、何耀兴兄弟三人，在当地被誉为"好唱家"，在紫阳土生土长的三兄弟对民歌如痴如醉，民歌渗透在他们骨髓中，伴随着他们生活。"从小（记事）就喜欢唱，（一天）不唱不得过，晚上不唱睡不着，想起来就唱，越唱精神越好。""这山望见那山高，望见一树好仙桃。长棍短棍打不到，脱了绣鞋上树摇。左一摇右一摇，摇下三双六个桃。过路君子捡一个，不害相思也害痨。"

在紫阳文化馆内，一群年轻的志愿者正在为重新振兴这一民歌园地里的奇葩而忘我地工作，由他们搜集编印的紫阳中小学民歌教材已走进课堂。著名民歌作家张宣强虽然身为县政协副主席，但他更像走出秦巴山区的紫阳民歌的形象大使。他最大的希望，就是让新的一代，使紫阳民歌走出紫阳，走出秦巴山区，甚至走出国门，到外国的舞台上去唱一唱。

2006年，继紫阳民歌被国务院列为首批国家非物质文化遗产保护名录之后，紫阳和旬阳又被列为"陕南民歌创作研究基地"，更为这一古老的民间艺术增添了辉煌的一页。

母亲河岸的风水宝地

——韩城党家村古民居群

地处黄河西岸的韩城县党家村，从元朝至顺年间至今，经过近600多年的风雨沧桑，世事变迁，完整地保存着古老的民居群。其中富有北方特色并融合京、冀、晋、秦民居建筑之长的"四合院"多达125院，还有祠堂11座，哨门24座，节孝碑1通，村东南的文星阁、村东北的泌阳堡。城堡、暗道、戏楼、风水塔、哨楼等遍布村中。整个村庄布局紧凑，风貌古朴典雅，文化气息浓郁，被中外建筑学家誉为"东方人类古代传统居住村寨的活化石"。

◉ 党家村的传奇历史

党家村因由党、贾两大姓氏组成，也叫党贾村。早在1331年，一个叫党恕轩的青年人从朝邑逃荒来到这里定居下来。几十年后，党家的长孙党真考中了举人，党真就把村子命名为党家村。到了明洪武年间，贾姓始祖贾伯通从山西洪洞迁居韩城经商，其第五代和党姓联姻，其子在明嘉靖年间定居党家村，成为党家村的第二大姓。经过数百年的繁衍生息，党家村党贾两姓至今已有320多户人家，1400多口人。

党姓家族原以务农为生，而贾姓却有经商的传统。乾隆年间，贾姓在河南南阳一带经营日用杂货、木材、瓷器、茶叶、药材等，发了大财。在贾姓带动下，党姓也加入到经商行列。清朝嘉庆、道光、咸丰年间，党、贾两族多处设立商号，由于找准了商机，经营有道，样样生意都取得了巨大成功，货船直抵汉口、佛山等地，号称"日进白银千两"。在外经商的人往老家运送银两的骡马络绎不绝，遂成为地方的巨商巨富。党家村人发了财，首要的是大兴土木，修屋建房前后持续近百年，修建了几十座四合院，一并建起了祠堂、庙宇、文星阁等公共配套建筑，从此党家村以富有和住宅好而闻名遐迩。

这时，党家村人的生活也日渐奢华起来，一个仅半百户人家的村子，开有杂货店、酒家、药铺、羊肉店、打馍炉子等，还有染织绸子的丝房、打造金银首饰的银匠铺、两家有皇家参股的当铺、丝绸染坊、首饰铺等。人们的吃、穿、用，甚至玩的东西都是当时的"名牌"。汉口被辟为对外通商口岸后，党家村比韩城县城早一二十年就用上了纸烟、煤气灯、手电筒、八音匣子、各式钟表、留声机、幻灯机、无声电影等"洋玩意儿"。但清末民初，战乱不断，地方不靖，应对有方的党家村人就不再经商了，回归故里，守护着祖辈累积的财富，且耕且读，代代相传。

● "民居瑰宝"

　　1992年5月，我国和日本的50多名建筑专家在对党家村作了为时两年的实地考察后，在村中立了一通"党家村民居调查纪念碑"。碑文里有这样一段话："党家村始建于元至顺二年……东临黄河，西枕梁山，村落完整，街巷有序；下村上寨，彼此呼应，瓦屋千宇，不染尘埃；堂碑楼塔，错落有致，景观极为秀丽……，呈现传统民居与村落之建筑，文化内涵极为丰富，系珍贵文化遗产，具重要保护价值，堪称民居瑰宝"。

　　来到党家村，站在村头的泌阳坡上放眼望去，一个南北狭长、东西呈葫芦状的沟谷之中，布局严谨，风貌古朴，青砖墙、灰瓦顶的四合院群尽收眼底；村南泌水河静静地流淌，绕村而行，河水两旁果树、菜田成片；村外坡上树木茂盛，随风摇曳。村内100多座四合院集中紧凑地排列在一起，寨堡、祠堂夹建其间，还有设计出色、青石墁地、晴天无尘、雨天无泥的巷道系统，随处可见的石垒高台、砖砌栏杆以及塔、楼、碑、坊等古典建筑相陪衬，形成了一处罕见的人文景观。

　　党家村的村中街道有"井"字形、"丁"字形、"十"字形等格局，路面用青石条铺设。院落中有门楼、照壁、侧壁。每家门楼上下都是木雕、砖雕、石雕相间，并书有各种字样的匾额。多数院落门前有抱鼓石、上马石，以及拴马环，门窗、柱础石也都是精雕细刻，俨然是一座熠熠生辉的雕刻艺术宝库。

　　说到党家村古民居，最有名的还是四合院。四合院是由厅房、厢房、门房四面围合起来的院落式住宅，中有院落，外部开窗，方正封闭，安全实用，独自一体。村里人解释说：四合院就像一个人，厅房为首，门房为足，左右厢房为臂，构成"全欢"，寓意"合家欢乐"。门前照壁一脊，门房一脊，厅房一脊，一级比一级高，取义"连升三

级"。房屋间数多取奇数。按八卦论，单数为阳，双数为阴。因此，厅房多为三大间，门房多为五小间，厢房三间或五间，构成一个优美的居家环境。

村寨合一，是党家村古民居的一大特色。清朝中期，党家村富裕了，也就成了土匪抢劫的目标，为了防范土匪和战乱的袭扰，党家村修建了两丈高的寨墙，在城堡上设置了十几门大炮。咸丰年间，社会更加动荡，抢劫成风，村中富户人家就集银1万8千两，购地36亩，在村东北塬头依较高地势修筑了村寨泌阳堡，村与寨紧紧相连，村寨之间有通道（俗称暗道），从而形成了有村有寨、村寨合一的规模和格局，保障了村庄的安全。

◉ 党家村是个"文化村"

党家村人在富裕之后，对子孙的文化教育也就尤为重视。人们崇尚读书，更以考取科举为荣。村中先后办起了12家私塾，聘请当地有名的教师，有的用祠堂兼作学舍。在四合院门额上不同内容的题字，如"进士第""世进士""世科第""明经第""登科""文魁""太史第""居之安""耕读第"，等等，就可以清楚地看到当年这些院主的身份、地位及文化修养，党家村由此可以称得上是一个"文化村"。

党家村四合院厅房的两侧，都有砖雕的门庭家训。祖辈们把一些为人之道、处事之理、养性之规、修身之法刻在墙上，教训子孙后代。如"傲不可长，欲不可纵。志不可满，乐不可及。"意思是骄傲的情绪不可滋长，欲望应该有所约束，不可放纵，志向不应该满足于现状，享乐不宜无度，乐极生悲。再如"言有教，动有法，昼有为，宵有得，息有养，瞬有存。"意思是说话要有教养，举止要有规矩，白天要有所作为，晚上要有所反思，子女要有教养，时刻都有收获。还有"动莫若敬，居莫若俭。德莫若让，事莫若咨。"意思是举止稳重得体，居家过日子应读勤俭节约，德性重在谦让，遇到事情要请教别人。党家村人在这样的环境里耳濡目染，以诗书传家，无论在科举时代，还是现代，都人才辈出，文化水平明显高于其他村庄。从清道光到光绪60年间，村中就出了1名进士、5名举人、44名秀才，几乎有半数人家取得功名。

还有堪称"村标"的标志性建筑文星阁，就是供奉主管文运的文曲星的。除了文星阁，村子里还有墨锭式的砖塔、印式砖塔、毛笔形砖塔等极具文化象征意义的建筑物。村中的几座"惜字炉"，在党家村所有写有文字的纸片都不得作裱糊、包裹等用途，更不能乱扔、践踏，若果真成为废品，一律要送到"惜字炉"焚化。即便偶尔在路上遇到带字的纸，也要拣起来送到炉中。

如今，党家村已被陕西省政府列为"历史文化保护村"。2001年又被列为国家重点文物保护单位；2003年入选"中国历史文化名村"（第一批）名单；2007年北京大学也把党家村作为"传统民居研究项目"，它已成为我国北方古代传统民居建筑一颗璀璨的明珠。

万紫千红总是春

——户县农民画

　　户县素有"银户县"之说，是说这里山川秀美，土地肥沃，物阜民丰，经济发达。其实这里还是一个风景如画的画乡，而且画画的大部分是农民。他们用手中的画笔画出了自己的新生活，画出了自己的新天地；农民画走出了西安，走出了陕西，走出了国门，走向了世界，成为全国影响力最大的农民画乡之一。1988年，户县被国家文化部命名为"中国现代民间绘画画乡"。

　　户县地处古城西安近郊，受历代文化艺术的影响和民间传统艺术的熏陶，自古以来，这里就有逢年过节绘画、刺绣、剪纸装点生活的习俗，民间艺人辈出，民间艺术代代相传。户县农民画源于1958年"壁画化""诗画墙"的文化艺术活动。20世纪60年代户县农民画以写实、半写实、单线平涂的形式，配合农村的"忆苦思甜"，又编绘出现了一些像《一件血衣》《四代人的命运》等好的连环画。70年代农民画靠近了专业绘画，其形式为年画、版画、国画，这些都为后来的农民画活动奠定了基础。

　　提起户县农民画，人们就会想起它的代表人物李凤兰、刘志德、雒志俭、樊志华、刘知贵、王景龙等。在他们的带领下，户县涌现出了一大批较专业的农民画作家，他们一手拿着锄头，一手拿着画笔，勾勒出了一幅幅美丽的图画。他们画土地、画庄稼，画他们的猪狗牛羊，还有他们的农家小院和他们的生活。1974年4月10日，中国邮政发行《户县农民画》邮票，选中的6幅，这就是刘志德的《老书记》、李克民的《高原打井》、李凤兰的《春锄》、马振龙的《科学种田》、周文德《林茂粮丰》、李顺孝的《金山银海》。《老书记》刻画了一位坚持学习、坚持参加生产劳动的好书记亲切自然的形象。《高原打井》的画面隐约露出一小片蓝天，绿色夸张描绘小潭刚刚冒出的水，占据图案大部的则为厚厚的沙土层，用于挖井的脚手架在画面中极为醒目，充分反映了中国西北用水之难和人们战胜困境的顽强精神。《春锄》则是一首男女社员在绿色的田野上锄去禾间杂草的抒情诗。

　　户县农民画家形成如此庞大的艺术群体，创造出一番颇为壮观的事业，不能不说是文明古国出现在当今世界上的一个奇迹！40多年来，户县农民画经久不衰，生机勃勃，成果丰硕，户县农民画的作者队伍也不断发展壮大，至今已有2100多人，骨干作者200多人，农民画专业户30多家。他们创作作品达3万余件，其中1500余件作品在国家级刊物发表，428件在国内各种美术展览中获奖，4500多件应邀在48个国家和地区展出，18700余

件被国际友人和国外博物馆收藏。数千件在日本、美国、英国、法国、瑞士、瑞典、加拿大、澳大利亚、新西兰、马来西亚、德国、丹麦、挪威、荷兰、爱尔兰、泰国、韩国等68个国家和地区展出，还有28位农民画画家先后35次出国访问、讲学和表演。户县农民画走进了中国的千家万户，走进了人民大会堂，走进了国外的许多家庭和公共场所，甚至作为礼品馈赠给外国元首。

在我国的2000多个县中，农民画画得不少，为何独有户县农民画最为著名，以其独特的魅力征服了成千上万的人，受到国内外人士的青睐？这自然有它的绝妙之处。

其一，户县农民画生活气息强烈，乡土韵味浓郁。这些画家都是农村第一线的农民，画中的素材都是自己亲身经历的事和自己身边发生的事，反映的内容完完全全是农村的环境、农民的生活。展开一幅幅画图，农民的生活场景就生动地展现在眼前，农村的韵致表现得淋漓尽致。如李风兰的《喜开镰》，马亚莉的《养鸡场》，董正谊的《鱼塘》，周文德的《林茂粮丰》，李克民的《高原打井》，刘志德的《收工》，刘知贵的《丰收之后》，姚青山的《十月山乡辣椒红》，赵菊芳的《捶布》，赵芝兰的《缝新衣》等，都给人们留下了深刻的印象。曾经访问过澳大利亚的农民画家刘知贵的《扬场》，展示出这样一幅画面：炎夏时节，几个壮实的农民在乘风扬场，珍珠般的麦粒像雨点似地落下，堆积成小山丘。朱红色的基调，剪影式的人物造型，多层次的弧线结构，强烈地表现了劳动的紧张、热烈，丰收的喜悦、亢奋和人物的刚强之美。这幅作品荣获全国农民画展览优秀作品奖。

其二，户县农民画与当地戏剧、舞蹈、民间社火等丰富的民间文化形式有着深厚渊源。画中人物、禽兽、稻麦瓜果等颇为夸张地表现，又恰如其分。在被外国人称为"中国的马蒂斯·毕加索"的王景龙的作品中，《大枣丰收》中的红枣画得比人头还大，《果园打药》中的人眼画得比拳头还大，《磨豆腐》中的驴耳朵画得比身子还长，《割麦》中的麦穗画得比人个头还大，《果园》中的五六个桃子就长满一棵树，《看戏》中的烟袋锅可以比小孩大，《牛头山》中山可以变成牛，《花神》中人头上可以长花树，《胖娃娃》中的四个小孩也可以长在两个连体上，等等。表面看来，这些似乎荒诞无稽，但却充分表现了画家对生活的真情实感，恰到好处。

其三，户县农民画最突出的风格特点是，粗犷中有细，浓艳中有淡，稚拙中含巧。反映在纸上多姿多彩的农民画，有的粗野豪放，有的浓郁热烈，有的银装素裹，出访澳大利亚归来的雒志俭创作的《荷塘鸭群》，是通过黑色鸭群的互相追逐嬉戏，利用花叶间的空白缝隙，构成一种特殊的富丽、明快之感。画中虽大红大绿反复排列，但却无庸俗之气、烦腻之感。他的《雪桃》，通过被有意夸大了的桃子、有意删去枝叶的桃树和民间泥玩具式的农妇形象，构成一种特殊的神秘、绮丽、幽默、天真的童话般美感的迷宫。他的《洗布》，通过在水中飘动、翻卷的青花布条的律动，构成了一种特殊的清丽、幽雅、宁静、高洁的美感天地。这些作品，以质朴、淳厚、洗练、明快的艺术风格，开拓了中国农民画的新领域。

2007年，为了迎接2008年的奥运会，户县的农民画家经过两个多月的搜集整理，由14位农民画画家集体创作了《民间健身图》。这幅长卷全长30余米，巧妙地以春、夏、秋、冬为时间顺序，描绘了适合各个季节开展的68个传统健身项目，全图共有400多个人物、场景，每个人物形态和装扮都各不相同，或洒脱、稚拙，或灵巧、憨实，形态栩栩如生，使人忍俊不禁，被大家形象地称为体育版的"清明上河图"。

黄泥风采

——凤翔彩绘泥塑

　　在凤翔，当地民谣称凤翔有三绝：东湖柳、西凤酒、女人手。其中"女人手"是指妇女勤劳灵巧，工于织绣，亦泛指劳动人民的聪明智能。凤翔泥塑便是凤翔民间艺人的卓越创造，以其浓郁的乡土气息，大红大绿的色彩，酣畅淋漓的线条，浪漫神奇的文饰而令人称道。2006年5月20日，在国务院公布的第一批国家级非物质文化遗产名录中，凤翔彩绘泥塑亦名列其中，更为这一古老的民间艺术增添了辉煌的一页。

　　凤翔彩绘泥塑俗称"耍货"，当地人称"泥货"。凤翔县位于关中平原西部，境内出土的春秋战国及汉唐墓葬中均有泥塑的陪葬陶俑，可见其泥塑工艺历史之久。在凤翔

人们还相传着这样一个故事：明朝初年，开国皇帝朱元璋为了加强西北地区的防御力量，将他的御林军第六营调遣到了凤翔,这些士兵大部分是江西人,他们带来了传统陶瓷制作技艺。后来屯田的士兵逐渐变成了屯田的农民，在农闲时或逢年过节时，按照家乡制陶的手法,制作了各种动物，送给儿孙和亲朋好友，以示祝福。后来当地老乡逢年过节或赶庙会，都要购泥塑置于家中，用以祈子、护生、辟邪、镇宅、纳福。由于只是一个简单的玩具，所以这些泥塑并没有经过烧制，最后形成了今天独具特色的民间泥塑。

　　凤翔彩绘泥塑有三大类，一是泥玩具，以动物造型为主，多塑十二生肖形象；二是挂片，有脸谱、虎头、牛头、狮子头、麒麟送子、八仙过海等；三是立人，主要

为民间传说及历史故事中的人物造像。其花色品种多达170多个，而以大老虎最为闻名，有半人高的巨型蹲虎、虎挂脸，也有小到方寸的小虎。虎的身躯以吉祥的红色为基调，用四季富贵花装点，寓意祥瑞，多福多寿，是外婆送给外孙的珍贵礼物。

凤翔彩绘泥塑的制作过程有10多道工序：筛泥，这是制作中要求最严格的一道工序，只取村外万泉沟的黏土作原料，并经过细细的筛选。捶泥，这是一项艰苦的体力活，但直接关系到泥塑质量的好坏。为增强泥塑的强度，还要加进纸屑和棉花。捏塑、制模、翻胚、烘烤、对合、修缝，在黏合后的造型上进行细部捏塑，称为"空心圆塑"。晾晒，泥塑的雏形要在阴凉地方晒干，不能直接放在太阳底下暴晒，一般需要两三天时间。粉白、阴干，经过水洗后，除去泥塑上的杂质，然后用水粉刷白，再在阴处晾干。线描、彩绘，用毛笔直接勾画。所使用的原料需要用火加温，并加入陶胶，增加原料的黏度。上光，彩绘后再用透明胶水刷上一层，这样泥塑看起来更加光亮，保存的时间就越长。成品，泥塑制作完成后，贴上标签，远销海内外，成为人们收藏的艺术品。由于凤翔彩绘泥塑造型洗练、夸张，装饰华美富繁，色彩艳丽喜庆，形态稚拙可爱，在全国众多的民间泥塑中独树一帜。

凤翔彩绘泥塑的主要产地，至今仍在当年朱元璋军队单位命名的六营村。20世纪60年代前，六营村及周边村有300多户农家生产泥塑，现在只有胡深、胡新民、胡永兴、韩锁存、杜银等艺人利用农闲时从事泥塑创作与生产。一个只有60多户人家的村落里诞生的民间工艺品能连续6年登上大雅之堂，这在当今中国是绝无仅有的。

在老一辈泥塑艺人中，胡深可算是最有代表性的了。胡深自幼随父胡克勤学习当地传统的彩绘泥塑艺术，几十年来，在继承传统的基础上胡深大胆创新，形成了鲜明的个人艺术风格，其作品泥塑马曾荣登2002年国家生肖邮票。胡深的儿子胡永兴、胡永路，女儿胡小红传承了泥塑艺术的精湛技艺，也都是泥塑制作的高手，胡深一门被誉为"泥塑世家"。

胡深的老伴胡凤忠也年逾古稀，12岁开始学习制作泥塑，当时因家里贫穷，做泥塑主要是在附近的灵山等古会上换取粮食、鸡蛋等养家糊口。现在日子幸福了，但这么多年一直没有丢下这门手艺，并将其传给自己的儿女。女儿胡小红5岁时跟随父母学习泥塑，14岁开始使用长画笔进行创作，2006年曾在美国获联合国教科文组织颁发的民间艺术一等奖。胡深的大儿子胡永兴更不逊色，自幼随父研习传统彩绘泥塑艺术，在继承古朴典雅的传统风格基础上，大胆运用浪漫主义手法，其作品造型夸张，线条流畅，古朴雄浑，又有热烈奔放的个人风格。他创作的"最牛的牛"长3米，重1吨，曾在中国杨凌农业高新科技成果博览会上展出，作品在国内外获得过多项殊荣，泥塑鸡被设计为鸡年特色邮票和首日封图案。

提起凤翔泥塑，就不得不提胡新民。有人这样评价胡新民说：在民间艺术与商品营销接轨中，胡新民作为一个民间艺人是最成功的。1965年中学毕业后，全身心投入到民间艺术的沃土之中，随父母专业从事祖传艺术的学习与创作，在传统品种上先后发掘了

20多个规格的180多个新品种，而且在制作工艺上有所突破，先后在国内外多次讲学，其作品多次参加国内外艺术博览会。从2002年到现在，胡新民组织生产的泥塑远销美国、日本、法国、德国、加拿大、港澳等20多个国家和地区。从2002年泥塑马成为当年生肖特种纪念邮票造型以来，他创作的泥塑羊、泥塑猴、泥塑鸡、泥塑狗，乃至今年的泥塑猪等造型，或者成为特种生肖纪念邮票主图，或者登上特种邮票集邮册封面或底面，或者作为中国邮政有奖贺年卡或贺年信封，使凤翔泥塑成为了家喻户晓的民俗工艺品，进一步打开了市场。

与胡氏泥塑一样，在六营村韩氏泥塑也同样享有盛名。韩氏泥塑的代表人物之一韩锁存4岁就随父学习做泥塑，作品造型独特，夸张传神，色彩艳丽，线条流畅，曾多次由县文化部门送往全国各地展览，受到专家学者的好评。作为韩氏泥塑的传人，韩锁存较多地保留了传统手法中的优秀艺术，熟练地掌握了绘画艺术中的神学色彩，继承了韩氏泥塑端庄秀美、神态高雅、华丽简洁等精髓。前不久，他的作品泥塑猪荣登2007年宝鸡市纪念邮票。

近年来，随着改革开放、旅游事业的发展，凤翔彩绘泥塑这朵古老的民间艺术之花大放光采，曾作为陕西民间艺术展品在西安、北京以及港澳等地展出，成为陕西重要的旅游纪念品之一。世界儿童组织负责人得到彩绘泥塑，如获至宝，称赞泥塑是为孩子们制作的最好礼物。多次参加世界博览会，多次获世界大奖的胡新民，亦被联合国教科文组织授予"中国民间艺术大师"称号。1998年，美国总统克林顿访问西安时，胡新民为

其现场表演泥塑，并赠送了泥塑作品《千千结》和《斗牛》。泥塑老虎被国家文化部授予"中国民间艺术一绝"。泥塑马、泥塑羊相继上了国家邮票，泥塑鸡、泥塑狗也连续上了国家名信片。从2002年泥塑马成为当年生肖特种纪念邮票造型以来，凤翔泥塑与中国邮票结下了不解之缘。之后的5年里，泥塑羊、泥塑猴、泥塑鸡、泥塑狗，乃至今年的泥塑猪等造型，或者成为特种生肖纪念邮票主图案，或者登上特种邮票集邮册封面、底面，或者出现在中国邮政有奖贺年卡、贺年信封上。

大红大绿，呈吉呈福

——凤翔木版年画

　　在我国璀璨夺目的民间艺术瑰宝中，凤翔木版年画以其独特的风采为人们所喜闻乐见，它是西北农村千家万户辞旧迎新必不可少的装饰品。每到大年三十，家家户户都要贴上吉祥如意的对联和异彩纷呈的凤翔年画，期盼来年人寿年丰，幸福安康。从大门到庭院，从屋里到屋外，大门框上贴对联，门扇上贴门神，院子灶房贴"家宅六全神"——"天神"贴院中，"土地爷"守门口，"灶王爷"进厨房，"仓神"到粮仓，"龙王"看水井，"马王爷"护马房；有些大户人家则在客厅挂"中堂"画，屋内挂风俗画，窗扇上搁"十全十美"，院墙上贴戏曲故事画，真可谓故事"满"炕，戏曲"满"墙。正如他们所说的："过大年，贴年画，才有'年味儿'"。

　　我国民间贴年画的风俗，据传与唐王梦斩泾河老龙的历史典故有关。传说唐王梦斩泾河老龙后，派秦琼、尉迟敬德二人站立把守宫门，使鬼魅不能入内，两人因站久了累不可支，从而搬把虎椅坐下来，最后干脆画两人神像于门上代为把守，唐王亦得以安宁。自此将秦琼、尉迟敬德二人的画像置于户上之风趋渐广泛流传于民间。

　　凤翔木版年画，顾名思义，就是把年画刻在木版上，再印在纸上，因而成为我国绘画史上一种独特的表现形式。据《西凤世兴画局》记载，凤翔木版年画，始于唐、宋年间，盛于明末清初，源于南肖里村邰氏家族。第一代邰世荣，于明正德二年（1507年）前后就有"三世八家"从事年画业生产。明代为荣兴局，清代改为世兴局，至抗日战争前夕南肖里村有年画作坊100多家。距今已有500多年、20代的历史。经过数百年的发展演变，凤翔木版年画逐渐形成了九个种类：即神类，门画，节气画，生产、风俗、民俗画，戏曲故事画，吉庆娃娃，历史画、木版窗花、顶棚画。神类有：六全神、门神、土地神、财神、灶神、仓神、神判。门神如驱邪门神、秦琼、敬德、大小将军等，有20多对、40多种。门画类有："娃娃骑虎""三元报喜""断桃献寿""刘海戏蟾"等。节气画有："春牛图""吃蝎图"等。生产、风俗、民俗画有："渔樵耕读""女十忙""男十忙""驱鼠图"等。戏曲故事画有：《游湖借伞》《全家福》《黄河阵》《鸳鸯扇》《水淹金山寺》等数十种，且成组成套，达400余种。吉庆娃娃有："莲（连）年有鱼（余）""戟（吉）磬（庆）有鱼（余）"等。历史画有："白狼过关中"等。木版窗花有："花开四季""花开富贵"等。顶棚画有："凤戏牡丹"等。年画以手工印制为主，局部手工染填，套金套银而成，色彩对比强烈，造型饱满夸张，保留了古版年画

古朴自然的艺术风格，数百年来一直流行陕、甘、宁、青、川广大地区。至1950年，已发展到690多种，最鼎盛时版样1000多套，作坊70多家，年产销达600万张。

凤翔木版年画产生于民间，其内容自然为广大人民所乐道。到了清末民初，凤翔年画的品类日趋丰富，仅大小门神就有40多种，造型有文、武、站、坐、骑各式，多为历史人物。大幅墙画中有《孔雀戏牡丹》《丹凤朝阳》《锦上添花》和《神鹰镇宅》等。中型墙画有历史、戏曲、小说人物故事、民间传说、风俗、花鸟、走兽等300多种。在内容上，多以绘画寄托人们对美好生活的理想和愿望，表达对人生的积极态度。如在年画里画上桃以象征长寿；画上鱼和莲花，表示连年有余；画上秦琼和敬德，贴在门上当"门神"，认为是理想中驱邪除恶的英雄；画上钟馗，以示"镇宅除邪"。再如《吉祥如意》《天官赐福》，表现美好的祝愿；《男十忙》《女十忙》《渔家女》《打围郎》《渔樵耕读》《春耕图》《秋收图》，等等，则表现男耕女织、捕鱼打猎、春耕秋收等浓郁的生活气息。特别是西凤世兴画局创制的讽刺年画《爱钱钻钱眼》《东头吹胀西头捏消》《扶上树就掇梯子》等，以极通俗的群众语言、鲜明的艺术形象，针砭时弊，抑恶扬善，在全国木版画中是少有的珍品佳作。

新中国成立后，凤翔木版年画也展现出新姿。解放初，民间艺人们先后创制了《丰衣足食》《兄妹开荒》《纺线线》等作品，以反映新生活，歌颂新时代。门画也多是抗美援朝的战斗英雄和农业合作化的劳动模范。但是，在十年"文革"的浩劫中，凤翔年画被当作"四旧"进行清除，被毁的年画版样就达数百套，几濒灭绝的境地。1978年改革开放后，作为西凤世兴画局的第二十代传承者——凤怡年画社，对流散民间的古样进行挖掘、整理、研究和复制，他们创制了《连年有余》《时时报喜》《鱼乐图》《芝麻官为民作主》等，使这一古老民间传统艺术得以传承下来，接近了历史的最高水平，到

现在，恢复创制的木版年画大约有7000多种。凤翔木版年画的第20代传人、年逾花甲的邰立平说：目前凤翔木版年画要想保留下去，必须复制画版，否则一幅年画丢失，一个品种就没了。在整个恢复过程中，最大的难点在于找到旧时的画样。在邰立平的眼里，让凤翔木版年画永远传下去，就是他的使命。前多年，凤翔县成立了南肖里木版年画研究会，邰氏家族和民间艺人还自由结合，成立了凤翔木版年画研究会，他们先后举办了好几期新木版年画创作学习班，创制了一批具有时代气息而又保持着传统木版年画风格的新木版年画。其中不少在报刊上相继发表，如《小喇叭开始广播啦》《小样乖乖》《我爱小花鹿》《雏食图》《人欢马叫》《友好》等。1996年，陕西省文化厅、省文联、省民协联合开展"陕西省民间工艺美术师、美术家命名活动"，其中凤翔邰氏家族的邰世勤、邰怡、邰立平祖孙三代获全省唯一的"木版年画世家"的称号。

改革开放的新风也使凤翔木版年画开始走出西北，走向世界。多年来，凤翔凤怡年画社先后应邀在中央工艺美术学院、中央美术学院、南京大学、陕西美术家画廊、上海展览中心、中国美术学院、湖北美术学院、江西师范大学、哈尔滨大学、哈尔滨师范大学、西安美术学院、山东工艺美术学院等进行交流展览。它还在西北五省、东北三省、河北、河南、湖北、湖南、江苏、四川、贵州等18个省、市销售。更令人欣喜的是，凤翔年画还远涉重洋，在德国、法国、摩洛哥、阿根廷等国销售，受到国际友人的喜爱。1994年，应澳大利亚墨尔本澳华博物馆和香港中华文化促进中心邀请，先后赴澳大利亚和香港举办《中国民间年画珍品收藏展》，1999年又随中国文化艺术团赴巴黎参加"'99巴黎——中国文化周"展出，并现场示范和举办讲座。澳洲、香港和欧洲多家报纸、电视台均予以特别报道和高度评价。据不完全统计，凤翔木版年画已经在国内外展出47次，分别被国内外56个艺术学院、艺术单位收藏，国内外49家刊物推介和刊出，被国内外艺术界誉为中国年画几大家之一。

2006年5月20日，在国务院公布的第一批国家级非物质文化遗产名录中，凤翔木版年画已名列其中，更为这一古老的民间艺术增添了辉煌的一页。

秦人风采

——陕西十大怪

　　一方水土养一方人。千百年来，关中人在衣、食、住、娱乐等各方面都形成了自己独特的生活方式和习俗，表现出陕西人质朴而豪放的性格。在关中，经常会听到当地人把这些独特的生活方式和习俗，用形象而诙谐的语言概括为"陕西十大怪"。

　　第一怪，面条像裤带。关中盛产小麦，人们长期养成喜欢吃面食的习惯，尤其喜欢吃扯面，也叫"biangbiang（字典里没有这个字）面"，因为其形状极似腰间系的裤带，一般长三四尺，宽一二寸，还有人把它称作裤带面。这种面制作的工艺关键是和面和拉扯的功夫。和面时要加适量的盐，水也要适量；拉扯的力度也要适当掌握，力度大了易断，力度小了没有筋性。面条煮熟后捞在大老碗里，先不急着放置其他调料，而是先放适量的盐、辣椒粉和葱花，再泼上烧热的食油，因而人们把它称作"油泼辣子biangbiang面"，吃起来别有一番味道，饭量大的关中人吃上8两到一斤，是轻轻松松的事。

　　第二怪，锅盔像锅盖。锅盔是一种特制的大饼，流传于关中，盛产于乾县、礼泉一带。传说武则天当年修乾陵时，为赶工期，迫使工役们在工地食宿，一工役灵机一动，把面团压成薄饼放在头盔里，架在火上烤，烤熟后比蒸馍还好吃，后来人们就仿作起来，流传了千余年。锅盔的直径一般在2尺左右，厚度有2寸，看起来形似锅盖。它的制作工序包括三道：和面、揉面、烘烤。烘烤是一道最关键的工序，手法有一转、二翻、三挠。一转，就是锅盔在锅中要不停地转动；二翻，就是烙成一面以后再翻过来烙另一面；三挠，就是锅盔熟的时候挠一挠锅盔，如果发出清脆声音，上面有白色痕迹，那就是烘烤熟了，否则就没有熟透。等到快出锅时，再撒上新鲜的芝麻，出锅后吃起来筋中带酥，回味无穷。

　　第三怪，辣子是道菜。陕西盛产小麦，也盛产辣椒，当地人称作"秦椒""线椒"，是陕西著名的土特产之一。在农家院的房前屋后，都挂上成串成串的红辣椒。陕西人一日三餐可以不吃肉，不吃鱼，不吃蔬菜，却少不了"油泼辣子"；就是过去家境稍差的人家，也是醋和辣子；平常吃零餐，也都是"蒸馍夹辣子"。逢年过节，餐桌上摆上七碟八碗，但辣子盒仍要摆在正中位置，必不可少。即是盛大宴会，辣子也是少不了的，要是没有摆上桌，就有人非要不可。在各种辣子中，最受欢迎的当数"油泼辣子"。它是把捣好的辣椒粉面，放入特制的"辣子盒"里，再泼入滚烫的食油即可食用。最佳的吃法是夹馍和调黏面，直吃得唏唏嘘嘘，大汗淋漓，方才过瘾。

折
桂
犹
待
长
安
花

第四怪，泡馍大碗卖。陕西人吃饭讲究实惠，肉是大块的肉，馍是大块饼或烧饼，碗也是能盛八两到一斤的大老碗，尤其吃陕西的名小吃"牛羊肉泡馍"和"葫芦头泡馍"，用小碗吃就觉得不过瘾，店主人就顺乎顾客的意愿，采用大碗卖。由于这种大碗的口径一般都在一尺左右，时间长了，外地的顾客称其为"泡馍大碗卖"。吃"牛羊肉泡馍"的有很多讲究：一是肉要煮的又香又烂；二是汤要原汁原味；三是馍要烙的半生不熟；四是馍块要掰的越小越好。一切准备好后，再配置上一定比例的粉丝、葱花、味精等佐料进行烹煮，不大一会儿功夫，一大碗香喷喷的"牛羊肉泡馍"就摆在你的桌上。食者调上辣子酱、就着糖蒜，美美地饱餐一顿。

第五怪，碗盆难分开。陕西的男人吃饭喜欢聚集在一起，每当吃饭时分，他们三三两两捧上自己的碗，或在村头，或在太阳下，或在荫凉下，聚在一起，边吃边谝，人们把这叫做"老碗会"。这个老碗，大都是用粗陶瓷烧成，碗口直径大的有一尺左右，碗面厚度有三分之一寸左右，一只空碗足有一斤，碗里盛的饭也足有一斤，比一般的小盆还要大。陕西人为何喜欢用老碗吃饭，一般认为有两个原因：一是他们生活在黄土高原，以农耕为主，体力消耗大，自然要靠大饭量维持，所以端的都是老碗；二是用这样的碗省事，一餐一碗，免得再来第二碗的麻烦，不影响谝闲的时机。而今生活好了，人们平时吃的零食和副食也多了起来，饭量也没有以前那么大了，饭碗也越来越小了，陕西的老碗逐渐成为了历史。

第六怪，帕帕头上戴。关中农村的妇女，特别是老年妇女常常把手帕（关中人俗称帕帕）顶在头上。这是由于陕西地处黄土高原，日照强烈，干旱少雨，而且风沙天气较多，为了不致于把头发弄脏，农村妇女在田间、场院劳作时，便把手帕戴在头上，久而久之就变成了经常性的装束。还有，妇女们在外劳作没有随身携带毛巾时，手帕就可以擦汗抹灰，汗水浸湿了也易干，既实惠又美观。陕西妇女用的手帕有多式多样，旧社会多为黑色条巾，后来逐渐改为四边带道的方形大"帕子"，有的富裕人家用的是丝织和毛织的，一般人家大都是自己纺织的"土货"，当今兴起纱巾、太阳帽等逐渐取代了手帕。

第七怪，房子半边盖。在关中农村，到处可以见到半边盖的房子，因为这种结构的房子是一边流水，不用大木料，依墙而建，关中人称之为厦房、厦子或厢房。城市也有人家在正屋的两侧盖有这种样式的房子。由于陕西关中一带天气干旱、风沙大，加之当地缺少木材，人们根据当地的条件，就发明了半边盖的房子。建造这样的房子，用的材料是就地取材，用当地黄土捶成高40公分、长50公分、厚10公分的土坯（当地称为"胡基"），或制成泥坯，凉干以后用来砌墙，条件好的用青砖砌墙。这样的房子不仅花钱不多，省地、省料、省人工，而且背靠高墙，冬可挡寒，夏可避阳，具有冬暖夏凉的好处。另则，过去关中缺水，人靠天吃饭，这样盖房外高里低，也有"肥水不流外人田"之意。近20年来，随着农村经济的发展和人民生活的改善，关中的农民也陆续住上了水泥钢筋的平板房和楼房。

话说陕西

第八怪，姑娘不对外。关中土地肥沃，是我国有名的粮棉主要产地，人们按时下种，按时收获，基本衣食无忧，因此长期以来便形成了"好出门不如赖在家"的习惯。男人不出外，女人当然更不出外了。闺女找婆家，也是父母之命，媒妁之言，很少嫁往外地。一般都是靠七大姑、八大姨的亲戚关系，四处打听，然后在村里或者方圆10华里左右的村庄选择一个比较满意的人家，将闺女嫁过去。这样作一来对婆家和女婿知根知底，免得女儿到贫寒的婆家受苦受累；二来希望姑娘出嫁后，将来照顾自己方便，娘家有事女儿也便于照管。而今随着社会的进步和人们观念的转变，新时代的关中青年人，已经打破旧婚姻的樊笼，积极追求幸福的婚姻，走出陕西，走向世界。

第九怪，板凳不坐蹲起来。在陕西的农村，男人们习惯蹲着更胜于坐着，不论集会、吃饭、谝闲，都是就地蹲起来，甚至一蹲就是几个小时。过去开会、听报告，上面作报告的头头在椅子上能坐多久，下面听报告的汉子就能蹲多久。尤其一般上了年纪的老人都喜欢光脚穿着布鞋，嘴里叼着一根旱烟袋，手里提着收音机，或靠墙蹲在地上，或蹲在树荫下，一边抽烟，一边谝闲传，一边听着秦腔戏。当有的青年人出于礼貌，给老者端来椅子或者板凳时，老者宁愿继续蹲着，也不愿意坐起来。在他们看来，在这样的氛围中，远比那些正襟危坐的人幸福得多，感觉是一份自在的畅快。久而久之，陕

西人"蹲"的习惯一代一代地传了下来，外地人也把这种习惯称之为"板凳不坐蹲起来"。

第十怪，男人唱戏吼起来。陕西关中的方言音高、豪放，表现出关中人的粗犷和质朴。所以唱起陕西的主要地方戏秦腔来，也是高亢奔放，强劲激越，尤其是演唱花脸（陕西人俗称"黑头"）的演员，一开口就是"吹胡了瞪眼挣破颡（关中方言读sá音，"头"的意思）直唱得天摇地动，酣畅淋漓，听起来和吵架时的高喉咙大嗓子差不多，方圆二三里地都能听得见。外地人看了，还以为真的是吵架哩，风趣地说：唱秦腔一要戏台结实，防止震塌了；二要演员身体好，以免累倒了；三要观众胆子大，免得吓跑了。

黄土地的温馨

——陕北民居窑洞

　　客家围屋、北京四合院、陕北窑洞、闽西土围楼合称为中国"四大古民居"。陕北窑洞以黄土高原的土崖畔为开掘洞窟的天然地形，建窑洞就地取材，施工简便，造价低廉，容易保养，不易毁坏；又隔热保温，冬暖夏凉，确是人类在黄土高原上最理想的栖息之地。

◉ 中国最古老的民居

　　陕北建造窑洞，最早始于周代，半地穴式。秦汉后发展为全地穴式，也就是现在的土窑洞。明朝中叶，开始用石块做窑面墙。清末民初，当地人仿土窑模式建起了石砌窑洞，19世纪到20世纪初修建的米脂刘家峁姜氏庄院、杨家沟扶风寨马家庄院、高庙山常氏庄院等就是典型。到20世纪先后修建的延安革命历史遗址窑洞、延安大学窑洞、延安窑洞宾馆更成为窑洞的新亮点。现在也有用彩色瓷砖贴窑面和分割厅室及上下两层楼房的新式窑洞，居住更加舒适宜人。

　　"土打的窑洞丈二宽，夏天凉来冬天暖"。陕北窑洞分为土窑洞、石窑洞、砖窑洞和接口窑洞。利用黄土的特性，挖洞造室修成的窑洞叫土窑洞，一般深7~8米，高3米多，宽3米左右，最深的可达20米；石窑洞是用石头作建筑材料，在平地上用石块箍的窑洞，深7~9米，宽、高皆为3米左右；砖窑的式样、建筑方法和石窑洞一样，外表美观；接口窑洞是介于土窑洞和石、砖窑洞之间的窑洞，一般是在土窑洞前开大窑口，加砌石料或砖砌窑面，外观类似石窑洞和砖窑洞。

　　建造窑洞首先是选择地形，土质必须是黏土，窑洞要向阳，背靠山，面朝开阔地带。陕北窑洞一般有着拱圆窗户的靠山窑和四明头窑，有的三五孔或七八孔，有的一排或几排，有的单列或组成四合院。进入农家院落，你可以看到窑洞方格木窗，土院里左石磨右石碾，鸡跑猪哼，一派浓浓的乡土风情。

　　窑洞最大的特征是和山融为一体，冬暖夏凉。冬季窑外滴水成冰，北风呼啸，窑内灶膛里烧些柴禾就暖融融的。火炕是窑洞的第二特征，它是一家人生活起居的地方，又是接待客人的"客厅"。请客上炕，摆好炕桌，献出家中最好的食品，是陕北人传统的待客之礼。

陕北窑洞的窗户也是整个窑洞中最讲究、最美观的部分。拱形的洞口由木格拼成各种美丽的图案。窗户分天窗、斜窗、炕窗、门窗四大部分。黄土高原沟壑纵横，色彩单调，为了美化生活，主人们常常根据窗户的格局，以剪纸装饰窑洞，既美观而又得体。窑洞的窗户是窑洞内光线的主要来源，窗花贴在窗外，外看颜色鲜艳，内观明快舒坦，给人以独特的光、色、调相融合的形式美。

◉ 颇具特色的 "炕围画"

在陕北窑洞炕周围的三面墙上，通常绘有一些工笔图案的画，人们称之为"炕围画"，也叫"炕围子""炕围花"。炕围画实际上是实用性的装饰，它们可以避免炕上的被褥与粗糙的墙壁直接接触摩擦，还可以保持清洁，美化居室。早先炕围画底色多用大红，搭眼一看温暖热烈，还有吉利避邪的意思。后来人们的审美眼光有了变化，炕围画的底色由红改为深绿，看着顺眼，又暗喻高原松柏长青，田园五谷丰登之意。十年"文革"中，炕围画一度被视为"四旧"，人们把炕围子通身涂成红色、绿色，装饰个简单的边，反倒更加显眼。如今陕北人在窑洞画炕围画的传统又恢复了，随着科学文化的发展，也采用了新的绘画技法，就是在炕周围壁上用黄色，一大半地或粉绿打底，以线条图案圈出边框，边框内间隔画长方格，绘上寓意富贵吉祥，长住久安的画面。近年农村修建新窑洞时注重装修，不少人家的炕楞、炕围用颜色协调的瓷砖饰面，上面有各种图案，美观大方，别有风韵。

炕围画的种类繁多，人物仕女、山水田园、花卉虫鸟、戏曲人物，均可入画。但也有原则：画善的不画恶的，画吉利的不画败落的，画明朗的不画阴暗的，画老人必鹤发童颜，画才子必风度翩翩，画佳人必丰腴，画花卉必蓬勃鲜亮，画鱼鸟必活泼可人。在内容上，有二十四孝图、孔融让梨等孝悌一类的；有苏武牧羊、岳母刺字等爱国一类的；有孟母三迁、负薪读书、鲤鱼跳龙门等严格家教、步步高升一类的；有鱼戏莲花、莲生贵子、十二生肖灯生息繁衍、子孙满堂一类的；有四美、八美、国色天香、青梅竹马等夫妻合和一类的，还有白头富贵、鹿鹤同春、丹凤朝阳、松鹤延年、五世同堂等长命富贵一类的，其寓意之深，不胜枚举。

炕围画的边饰也是十分讲究的，云沟边子、打工子、小工字、单万字、双万字、捐书、珍珠、松竹梅菊、富贵不断头等，都是常用的边饰，再在边角上画有九连环，十二莲灯，并用二方连续的立体万字勾连串为一体，颜色艳丽、十分别致。还有炕围剪纸，也很有特色，如传统的剪纸"狮子滚绣球"，动物人格化的"老鼠嫁女"，以民间舞蹈秧歌为载体而反映革命文化的"秧歌队"等，都具有代表性，生动地反映了百姓的美好愿望和时代风貌。

● "世界第一大连体窑洞群"

曾被称为"世界第一大连体窑洞群"的延安大学窑洞群，几十年来一直被人们视为延大的重要特色之一，2007年初这些窑洞被拆除了，引起了不少人的关注。

其实，延大窑洞群将按照原貌恢复重建，并将被作为全国青少年爱国主义教育基地。延大窑洞群始建于1972年，到1975年建成了6排共计186孔窑洞，由于窑洞数量多且建设集中，该窑洞群入选"世界吉尼斯记录"，成为延安大学和延安市的一大景观。每年都有万余名来自全国各地的参观者来这里接受传统教育，更有不少曾在这里居住过的老延大学生来这里缅怀往事。但由于当年建窑洞的材料均为本地石材，经过30多年的风雨侵蚀，窑洞的建筑石材大量粉化，加之无法供水、供暖，导致窑洞内渗水、潮湿，已无法正常使用，亟待维修或重建。

2005年，学校打算对窑洞群进行恢复重建，得到教育部的批准后，取得了专项拨款。规划中的窑洞建筑群将像以前一样，总建筑面积达到6400多平方米，所有工程在2007年底完工。校方领导表示，"根据教育部和省委、省政府的要求，我们将按照窑洞群的原始外貌进行重建，建成一个全国青少年爱国主义教育基地。"

中国教育大省（一）

——陕西高等院校巡礼·名校篇

陕西不仅以悠久的历史、灿烂的文化、数不胜数的文物古迹闻名于世，更以拥有众多的知名高校而跻身于中国教育大省的行列。全省现有普通高校76所（本科院校37所、高职院校39所），成人高校19所，独立学院12所，民办高等教育机构24所，军事院校9所，各类高等教育在学人数90余万人，其中普通高校本专科在校生72.62万人，全省每10万人口在校大学生数2373.1人，居全国第五位，西部第一位。

在众多高校当中，最为著名的当数西安交通大学、西北工业大学、西安电子科技大学、西北大学、西北农林科技大学、长安大学、陕西师范大学、第四军医大学等。近几年，在各类大学排行榜中，陕西有西安交通大学、西北工业大学、西安电子科技大学、西北大学、西北农林科技大学、陕西师范大学6所高校进入全国100强，其中西安交通大学更是跻身于前10名之列。在这些名校中，西安交通大学、西北工业大学、西北农林科技大学等3所高校进入国家"985工程"，西北大学等8所院校进入国家"211工程"，陕西拥有的"985工程"院校和"211工程"院校数分别位居全国第2和第4位。

西安交通大学是国家教育部直属重点大学。其前身是1896年创建于上海的南洋公学，1921年改称交通大学，1956年国务院根据国家经济建设发展战略需要决定将交通大学的主体内迁西安，1959年正式定名为西安交通大学，并被列为全国重点大学。西安交通大学是国内建立最早的高等学府之一，是国家"七五""八五"重点建设的几所大学之一，是首批进入国家"211工程"建设的七所大学之一，1999年被国家确定为我国中西部地区唯一一所以建设世界知名高水平大学为目标的学校。

西北工业大学是我国唯一一所以发展航空、航天、航海工程教育和科学研究为特色，以工科为主，管、文、经、法统筹发展的研究型、多科性、开放式的科学技术大学，现隶属于国家工业和信息化部。建校以来，学校各项事业有了长足发展，"七五""八五"均被国务院列为重点建设的全国15所大学之一；"九五"首批进入国家"211工程"立项建设；"十五"进入国家"985工程"建设，是全国首批设立研究生院和国家大学科技园的高校之一。学校已为国防科技事业和国家经济建设输送了10万多名高级科技人才，先后培养了6个学科的我国第一位博士和中国第一批硕士学位试飞员。有34名博士和教师获得著名的德国洪堡基金，在全国高校名列前茅。据不完全统计，有34位校友入选中国科学院和中国工程院院士，培养的毕业生为我国国民经济建设"三航"事业的

腾飞作出了巨大贡献，其中在"三航"领域有6名毕业生荣获"中国十大杰出青年"称号，获该称号人数名列全国高校前茅。一大批毕业生成为党政军领导和国家重大型项目领军人物。

西安电子科技大学是以信息与电子学科为主，工、理、管、文多学科协调发展的全国重点大学，是国家"211工程"立项建设的重点高校之一，现隶属教育部。学校前身是1931年诞生于江西瑞金的中央军委无线电学校，是毛泽东等老一辈革命家亲手创建的第一所工程技术学校。早在20世纪60年代，就以"西军电"闻名海内外。建校70多年来，先后为国家培养了10万余名毕业生，产生了100多位解放军将领，成长起了10余名院士，数10位科研院所所长和大学校长以及联想集团董事局主席柳传志、国际GSM奖获得者李默芳、欧洲科学院院士暨著名的纳米技术专家王中林、"神五""神六"飞船副总设计师杨宏等一大批IT行业领军人物和技术骨干等。

西北大学肇始于1902年的陕西大学堂，1912年始称西北大学，是西北地区历史最悠久的高校。建国初期，西北大学为中央教育部直属的14所综合大学之一，1958年归属陕西省主管，1978年被确定为全国重点大学。现为国家"211工程"重点建设院校和西部大开发重点支持建设院校。建国以来，学校共为国家培养各类专业人才10万余名，其中的绝大多数已成为所在行业、部门、地区的业务骨干、学术带头人和领导干部。学校被誉为"中华石油英才之母""经济学家的摇篮"。《大英百科全书》曾将西北大学列为世界著名大学之一。

西北农林科技大学是我国西北地区现代高等农业教育的发源地。现为教育部直属全国重点大学，由教育部与农业部、水利部、国家林业局、中国科学院和陕西省共建。现为国家"985工程"和"211工程"重点建设高校之一，也是全国设有研究生院的56所高校之一。建校73年来，始终坚持"民为国本，

食为民天"，以推进旱区农业发展为己任，在"经国本，解民生，尚科学"的优良传统感召和传承下，多名蜚声海内外的著名农业科学家在校执教和从事科学研究，在各自的教学和研究领域为我国的农业科教事业做出了突出贡献。学校是我国目前农、林、水学科最为完备的高等农业院校。

长安大学直属国家教育部，是教育部和交通部共建的"211工程"重点建设大学，2000年由始建于20世纪50年代初的原西安公路交通大学、西安工程学院、西北建筑工程学院合并组建而成。半个多世纪以来，长安大学逐步发展成为以工为主，理工结合，兼有经济、管理、人文多种学科，以培养公路交通、国土资源与环境、建筑工程等专业人才为办学特色，在国内外有一定影响的高等学府，为国家培养各类毕业生近12万人。

陕西师范大学是教育部直属师范大学、国家"211工程"重点建设学校，是国家培养高等院校、中等学校师资和教育管理干部的重要基地，被誉为西北地区"教师的摇篮"。学校创建于1944年，前身是陕西省立师范专科学校，1954年定名为西安师范学院。1960年与陕西师范学院合并，成立陕西师范大学，1978年划归教育部直属。建校60多年来，在刘泽如、李绵、郭琦等老一代教育家的领导下，在几代师大人的努力下，学校立足西部，面向全国，已发展成为一所有重要影响的综合性一流师范大学，为国家培养各类毕业生12万余人，形成"厚德、积学、励志、敦行"的优良校风。

中国教育大省（二）

——陕西高等院校巡礼·人才篇

曾几何时，"孔雀东南飞"成了陕西人才流失的流行语，留不住人才成了各高校十分头疼的一件事。"十五"以来，随着科教兴国战略和西部大开发战略的实施，陕西各高校抓住机遇，把人才队伍建设放在改革发展的首位。经过几年的努力，陕西高等教育事业人才济济，各高校名师荟萃，在各个领域都有全国甚至世界知名的专家学者。

2004年2月20日，北京人民大会堂灯光璀璨，国家科学技术奖励大会在这里隆重举行，当党和国家最高领导人胡锦涛为国家自然科学一等奖获得者——西北大学舒德干颁奖时，全场响起了热烈的掌声。以他为学术带头人的研究团队首次揭示出了寒武纪大爆发的全貌轮廓，并在后口动物谱系的起源、脊椎动物和棘皮动物等重要门类的实证起源和演化探索上取得了突破性进展。当舒德干以第一作者身份在国际顶尖学术期刊Nature、Science上先后发表论文12篇后，世界学术界为之震惊和称赞。

早在1997年1月14日，《光明日报》曾经发表过一篇题为《这么多的经济学家缘何出自西北大学？》的文章。经过探究，原来是西北大学有一位被尊为中国经济学界"西北王"的人——何炼成。从此以后，经济学界开始出现了一个名词"何炼成现象"。1951年从武汉大学经济系毕业后，何炼成一直献身于西部50多年。他是研究《资本论》的专家，是我国劳动和劳动价值论、中国发展经济学、中国经济思想史方面的权威学者之一，是我国生产劳动理论大讨论的引发者和"新中派"代表，其主要论著有《价值学说史》《中国经济管理思想史》《生产劳动理论与实践》《中国发展经济学》《西部大开发——战略、政策、论证》《何炼成选集》《何炼成文集》等。由于在经济科学研究和教书育人上的卓越贡献，何炼成曾荣获中国经济学界的最高奖励"孙冶方经济科学奖"以及其他几十种奖励，并被评为全国劳动模范、国家有突出贡献的专家。1998年何炼成七十华诞时，国家人事部中国人事出版社为他出版文集《一代师表》。其门下的弟子有张维迎、魏杰、刘世锦、邹东涛、王忠民、张曙光、朱玲、石磊、恭唯平、栗树和等在经济学界声名显赫的中青年经济学家。

2007年6月8日，世界著名昆虫学家、享有"虫坛怪杰"和"蝶神"美称的西北农林科技大学博士生导师周尧教授，迎来了他的96岁华诞。这位精通意大利语、世界语、英语等多门外语的先生一生颇富传奇色彩，他曾留过学、当过兵、打过仗，文学、绘画、书法、集邮、篆刻、摄影、武术、打猎，样样喜欢。几十年来，周尧教授发表论著200余

篇，编著了《中国昆虫学史》《中国盾蚧志》《中国蝉科志》等多部著作，特别是《中国蝶类志》堪称中国昆虫学划时代的科学巨著，为我国乃至世界留下了极为珍贵的科研和教育财富，全书100万字，彩色图片5000余幅，包括中国蝴蝶12科366属1800余种及亚种，不仅编排了中国蝴蝶的分类系统，还严格审查了全部已有的中国蝴蝶的"中名"，并拟定了所有中国蝴蝶的属名与大批的新中名，第一次为中国蝴蝶"中名"的统一与系统化奠定了基础。周尧教授建立了"农业昆虫学""昆虫形态学"及"昆虫学史"等学科研究体系，创办了我国第一个、也是目前世界上最大的昆虫博物馆。由于在昆虫学研究上的杰出贡献，周尧教授在国内外享有"蝶神"的美誉。他现在是西北农林科技大学博士生导师、全国劳动模范、圣马力诺共和国国际科学院院士。西北农林科技大学专门在新建的昆虫博物馆内为周尧教授设立了个人展馆，全面展示了周先生不平凡的人生。

陕西高校像这样的人才还有很多。目前，在全省高校教师中，具有副高以上职称的占40%以上，位居西部之首。全省高校有两院院士31名，国家级教学名师16人。"十五"期间，"211工程"为高校师资队伍建设共投入资金1.2亿元，"211工程"高校重点学科项目共有136位专家获得国家人才项目资助，其中获得"长江学者"特聘教授有21人，获得国家杰出人才基金有34人，获得教育部跨世纪人才40人，获得教育部高层次创造性人才计划资助有34人。

中国教育大省（三）

——陕西高等院校巡礼·成就篇

改革开放以来，在历届陕西省委、省政府的正确领导下，陕西高等教育改革与发展取得辉煌成就，高等教育综合实力居全国前列。全省高校现有国家重点学科113个，居全国第四位。获得全国优秀博士学位论文42篇，居全国第四名。国家级精品课程63门，国家级实验教学示范中心6个，各类国家级人才培养基地29个，获得国家级教学成果奖65项，一等奖获奖数量居全国第四位。申请到科研项目15000项，其中国家及省上重大科研任务3000项，科研经费超过100亿元。在教育部近两年对高校组织进行的本科院校教学工作水平评估中，我省11所已评高校有10所被评为优秀。"十五"以来，高校通过校企合作、校市（区）合作，推进科技成果转化和产业化，为企业创造经济效益300多亿元。

"985工程"和"211"工程的实施使有关高校取得了一大批标志性成果，以5所高校为例：

由西北大学舒德干教授主持的"澄江动物群与寒武纪大爆发"研究项目荣获2003年度国家自然科学奖一等奖；孙勇教授等主持的"高等地质教育的创新、改革与实践"，获2001年国家级优秀教学成果一等奖。

由西北工业大学张立同院士主持的"耐高温长寿命抗氧化陶瓷基复合材料应用技术"项目荣获2004年度国家技术发明一等奖；西北工业大学主持的"材料精确成形技术"获国家科技进步一等奖；"空间机动飞行器动力学与控制"获国家科技进步一等奖；"智能水下航行器与海洋环境监测"获国家科技进步二等奖。2003年，"空间材料与材料物理"获国家自然科学二等奖；"先进飞机设计技术"获国家科技进步二等奖。

西安交通大学主持的"柔性转子全息动平航技术"和"环保节能混合制冷剂的研究及其在冰箱中的应用"，分获2003年国家技术发明二等奖和国家科技进步二等奖；2003—2004年有3位教授作为首席科学家主持了国家"973"项目。2004年度学校获国家自然科学二等奖1项、国家科技进步二等奖1项、获教育部提名的国家科学技术奖励15项，其中，自然科学一等奖3项、技术发明一等奖1项、科技进步一等奖3项，在全国高校中名列第三位。

解放军第四军医大学开展的教学改革重大课题"构造临床医学专业本科教育新体系"获2001年国家级优秀教学成果特等奖；"单兵高原增氧器"被列入全军医药卫生科技成果扩试计划重大扩试（推广）项目，该项目在北京国际军事后勤装备技术展览会上，受到胡锦涛等中央军委领导的高度重视。2003年，"牙种植体研究及在颌面缺损功能修复中的基础及应用研究"获军队科技进步一等奖。2004年，"颌面战创伤救治的基础与临床研究"获国家科技进步二等奖。

西安电子科技大学主持研究的"孔径雷达（简称SIAR）"，鉴定结论为"国内首创÷国际当前领先水平"。研究成果获2001年国防科技进步一等奖，2002年获国家科技进步二等奖。

哲学社会科学领域，西北大学张岂之教授主编的《中国历史》（六卷本）2005年获国家教学成果一等奖，已被列为面向21世纪教材，他主编的《中国思想学说史》（六卷九册）最近已正式出版，由他主持的中共中央马克思主义理论研究与建设工程《史学概论》教材编写获准国家社科基金重大课题立项。彭树智教授主编的《中东国家通史》是目前国内第一部系统完整的中东国家通史，由他主编的《阿拉伯国家史》2005年获国家教学成果二等奖，他主持的"当代中东局势发展及我国战略对策研究"获准国家社科基金重大课题立项。李浩教授等的七项成果分别获得陕西省第七次、第八次哲学社会科学优秀成果奖一等奖。何炼成等教授的三项成果分别获得第四届中国高校人文社会科学研究成果奖三等奖。中国西部发展研究中心主编的《中国西部经济发展报告》（蓝皮书）在全国产生了重大影响，被列为教育部人文社科重点研究基地的重要成果。

高教新天地

——西部大学城

西安是名闻遐迩的历史文化名城，也是高校的集中之地，各类高校遍布城市的东西南北。每年秋天，在新生入学报到的日子，都可以看到这样一幅幅场景：各高校横幅招展、彩旗飘扬，数以万计来自全国各地的优秀学子身背行囊，面带笑容，怀着对大学生活无比的向往，迈进自己心仪的高校大门，兴奋地询问着一切……

但长期以来，西安的高校由于老校多，学校占地面积小，基础设施老化，校舍面积尤其是教学、实验用房和学生宿舍严重不足。高校扩招后，给一些学校的后勤工作带来了很大的压力，有的高校受教学条件、学生宿舍、食堂所限，只好将部分学生安排在校外租住，给学校的教学、管理和学生生活带来诸多困难。为了适应高等教育的发展需要，进一步推动高校管理体制和后勤社会化改革，同时为了避免重走计划经济体制下学校办社会、小而全、重复建设的老路，陕西省根据省内高校面临的实际情况和西安市高校相对集中的地理优势、投资环境，以及高校对校舍的迫切需求，提出了建设"西部大学城"的计划。

2001年，陕西省政府正式批准在西安市长安区兴建西部大学城，规划建设标准化学生公寓及有关后勤服务、学生娱乐、基础教育设施，并将其确定为重点建设工程。于是，长安这块距离杏园春宴、雁塔题名、尽享风流之所不远的地方，一下子活跃了起来，成为了世人关注的焦点。曾经的千亩良田，一时间机动车往返穿梭，挖掘机隆隆作响，塔吊鳞次栉比，高楼一栋栋望不到边际，西部大学城在这里迅速崛起。

西部大学城位于西安市南部的长安区郭杜镇，毗邻西安市南郊，距西安市中心8.7千米。由韦郭路与原长安区政府所在地韦曲镇东西相连，再由长安路与西安市中心南北相连，另外，还有一条国家级公路西万路也经西部大学城西与西安市南北相连，交通十分便利。

经过几年的努力，西部大学城在市场经营理念的指导下，多方融资引资，完成了高标准的基础设施建设，依靠城市南扩的区位优势、优美和谐的环境与集中连片的规模优势，西北大学、西北工业大学、西安电子科技大学、陕西师范大学、西北政法大学、西安邮电学院、西安外国语大学等名牌院校纷纷入驻，将这里作为发展的新起点。坐落在大学城里的每一个高校，都有自己的标志性建筑，古朴典雅的图书馆、设施齐全的体育馆、功能完备的现代化教室、舒适宽敞的学生宿舍，所有这一切都为莘莘学子提供了

一个理想的学习生活场所。

漫步在今天的大学城，天晴的时候，蓝天下，青黛色的秦岭绵亘在南边，像写意的中国山水画，又像母亲温厚的胸怀，让人们感到惬意而又忘情；草地如茵开阔，鲜花馥郁芬芳，操场上满是生龙活虎的身影，校园里处处都有学子勤奋攻读的身影，耳边尽是爽朗纯净的笑声。下雨的时候，雾蒙蒙，隐隐然，一把把撑开的伞像一朵朵花儿在雨中开放、游动，隔着窗子可以看到教室、图书馆里一张张安闲沉静的脸庞。无论什么时候，青春、笑脸、昂扬、向上，都是这里的关键词。

如今，过去散落在西安市各个方向的高校在这里都不孤单了，西部大学城有效地配置整合了教育资源。陕西师范大学、西安邮电学院、西北政法大学比邻而居，西北大学和西安外国语大学隔路相望，这些高校不仅可以共建、共享体育馆，图书馆，共享后勤服务设施等硬件资源，而且可以学分互认，实现师资、精品课程等软件资源的共享，既缓解了资源的不足，又避免了重复建设，既降低了成本，又提高了资源的使用率和办学效益。这也便于各校学生之间交流，感受各自不同的校园文化，增进友谊，切磋学问。

西部大学城在聚集高校的同时，已经和西安市南部的高新技术产业经济开发区相接，这极有利于产、学、研的一体化和大学城与开发区的共赢。高新技术产业经济开发区与大学城内高校的交流与合作日益深入，在培养人才方面，高校出于增加收入、提高知名度等自身利益考虑，积极为企业提供培训，为增加自身的企业知识和提高学生的职业能力,高校也请企业人员到校园进行讲学与讲座。在高校科研与企业研发方面，高校有的研究课题直接来源于企业,这可以使高校有针对性地开发新技术和更替新的管理方法，使高校与企业利用各自的优势共同研究开发新技术、新产品。

今天，西部大学城这座承载着诸多高校的"航母"，不仅是高素质人才的培养者，先进技术的供给者，更是先进思想的启蒙者，文明风尚的传播者，科学发展的推动者。陕西科教强，高校须先行。在陕西建设西部科教强省的征程中，西部大学城必将扮演越来越重要的角色，承担起越来越重要的任务，任重而道远。

"九万里风鹏正举。风休住，蓬舟吹取三山去。"我们相信，在党和政府的正确领导下，在社会各界的大力支持下，西部大学城一定会建设发展得更好，为建设西部强省、构建和谐陕西做出更大的贡献！

在大师的旗帜下

——侯外庐在陕西

新中国建立初期，陕西仅有西北大学等为数不多的几所高等院校。如今陕西地区高校林立，呈现出生机勃发的景象，其中许多大学都是从西大这个"母鸡"中派生出来的，与之有着深厚的历史渊源，人们无不感念著名的历史学家、教育学家，建国后西北大学首任校长侯外庐。

◉ 受周恩来总理之命出任西大校长

1950年3月10日，政务院总理周恩来亲自签署了政人字第52号《中央人民政府政务院令》，任命侯外庐为西北大学校长。我国著名大学由著名学者当校长，是当时相当普遍的现象，诸如马寅初任北京大学校长、王亚南任厦门大学校长、陈望道任复旦大学校长、李达任武汉大学校长，等等。侯外庐出任西北大学校长，也足见当时西北大学在全国著名高校中的地位和影响。《光明日报》曾发表评论说："侯外庐先生出长西北大学，不仅给西北大学师生员工带来欢欣，就是整个西北人民，也会为西北最高学府领导得人而高兴。"

初到西大，侯外庐就提出了"新三风"，即师生互助、教学相长的新校风，实事求是、严肃工作的新学风，理论与实际相结合的新研究风，还为学校制定了"求实创新"的校训，要求学校的专业和课程设置要体现基本理论和社会实践相结合的精神，理论要与社会主义经济建设紧密结合。1952年，为应国家建设需要，西北大学率先在全国设置了地质矿产勘查和石油与天然气地质勘探两个专业，培养出的学生日后均成为我国石油战线的骨干力量，后来学校也因此被誉为"中华石油英才之母"。

在侯外庐"教师是学校的主体，是整个工作过程的枢纽"的思想指导下，西北大学千方百计延聘学有专长的专家学者来校任教。几年间，俊彦荟萃，名师云集，张西堂、傅庚生、郑伯奇、陈登原、陈智、马长寿、史念海、马师儒、邢润雨、岳劼恒、田渠、虞宏正、江仁寿、冯师颜、傅觉今、王成祖、张伯声、王永焱、刘亦珩、杨永芳、李中宪等人，共同组成了西北大学强大的师资阵容。

在老西大人的记忆里，侯外庐常常在学生食堂吃中午饭，和学生边吃边聊，似乎是他的一件乐事。不过，在餐桌上，他和学生谈的既不是校政，也不是私事，而是自己的学术观点。据后来的学生回忆，侯外庐很多创造性的学术观点，都与他们在餐桌上不拘形式地谈论过。他离校后，对西北大学仍怀有着很深的情感，即使在"文革"中最痛苦的岁月，他还惦记着学校，想着学生，念叨着要回学校看看，但终没能如愿。

侯外庐逝世后，他的一半骨灰长眠在西北大学的校园里。学校对老校长也感情弥深，如今校园里图书楼东侧伫立着侯外庐铜像。上世纪90年代，侯外庐的嫡孙侯且岸到西北大学做博士后研究，很多西北大学老人向他表达了对老校长的怀念。他们告诉侯且岸，当年节日游行时，西北大学曾有学生自发打出了"侯外庐万岁"的标语，可见侯外庐在西北大学的威望和口碑之高。

◉ 马克思主义史学"五老"之一

侯外庐是一位著名教育家，也是一位著名的历史学家，与范文澜、郭沫若、吕振羽、翦伯赞并称为马克思主义史学"五老"。五四运动以后，侯外庐受民主与科学新思潮的影响，转求新学，先后就读于北京法政大学法律系和北京师范大学历史系，期间对哲学思想史发生浓厚兴趣。最初他接受过梁启超、孙中山以及无政府主义等思想的影响，后来在李大钊的指引下，转向马克思主义。在赴法求学期间，他一面在巴黎大学文学院听课，一面自学德文，钻研政治经济学，试译《资本论》。回国后在哈尔滨、北平数所高校任教的同时，继续倾力于《资本论》的翻译。1932年9月，他与王思华合作出版了《资本论》第一卷上册的中译本。同年底，因宣传抗日，他在北平被国民党当局逮捕，1933年获救出狱。1934年至1937年，他在太原继续翻译《资本论》，1936年出版了《资本论》第一卷的全译本。这是国内最早的《资本论》第一卷中文译本。

20世纪30年代，因受中国社会史问题论战的触动，侯外庐开始了研究中国古代社会史和思想史的尝试。抗战期间，在周恩来领导下，他一面从事抗日文化宣传，主编《中苏文化》杂志，一面从事学术研究和著述，成为马克思主义史学大家。出版了《中国古代社会与老子》《社会史论导言》《中国古典社会史论》《中国古代思想学说史》《中国近世思想学说史》上下卷、《苏联历史学界诸争论解答》《中国思想通史》第一、二、三卷。

新中国成立后，侯外庐又约请白寿彝、杨荣国、杨向奎等人用了1年多时间完成了《中国思想通史》第4卷，于1960年分上、下册出版。同时他还将前3卷进行修订，又将旧作《中国近世思想学说史》上册修改为《中国早期启蒙思想史》，作为第五卷于1956年出版。余下的内容更名为《中国近代启蒙思想史》于同年出版。至此，完成了《中国思想通史》5卷、6册、260万字。这套上起殷代下迄19世纪中叶的中国思想通史，是当代规模最大、资料最丰、影响及于海外的马克思主义的思想通史。

◉ 张岂之：侯外庐事业的继承者

说到张岂之，在我国教育界、学术界颇有声望。他当年从北京大学哲学系毕业后，在侯外庐的亲传下，主攻中国思想史的研究。1950年随侯外庐来到西北大学作教学和研究工作，20世纪八九十年代还主政西北大学，担任校长，是一位亦文亦"官"的著名历史学家。

张岂之是侯外庐的学生，也是侯外庐最得力的助手之一。张岂之曾于20世纪50年代协助侯外庐整理《中国思想史》一、二卷，后来又同侯外庐、邱汉生共同主编了《宋明理学史》。《宋明理学史》是我国第一部用马克思主义理论和方法，全面系统地研究宋明理学的专著，获得了原国家教委首届人文社会科学优秀成果一等奖和首届郭沫若史学奖荣誉奖。1988年获得国家级有突出贡献专家称号。

近年来，年过八旬的张岂之担任、兼任繁多的学术职务，如中国思想文化研究所所长、西北大学名誉校长、教育部哲学社会科学委员会副主任、教育部学风办公室主任等。曾兼任国务院学位委员会学科评议组历史学科组成员、国家教育部古籍管理工作委员会副主任等。但他依然笔耕不辍，接二连三地推出由他自著或主编的大部头学术专著。其中《中国儒学思想史》获全国优秀图书二等奖；《中国思想史》荣获国家级优秀教学成果奖二等奖，被教育部列为全国研究生教学用书；荣获国家优秀教学成果奖一等奖的六卷本《中国历史》，中国学术界称为既能反映历史学研究最新成果，又能体现教育大国风范的历史教科书，被教育部列为面向21世纪教材。2006年、2007年，由张岂之主编的六卷本《中国思想学术史编年》和六卷九册《中国思想学说史》，也正式出版发行。

自1978年以来，张岂之培养硕士生、博士生各数10人，博士后研究人员10名，多名学生已经成为全国多所大学思想史、哲学史和历史学等领域的科研教学骨干。

半个多世纪的风雨过后，张岂之和和他的老师侯外庐一样，成为著述丰厚的中国思想史大家；也和他的老师一样，成为备受西大人爱戴的"老校长"。在西北大学，无论什么时候，只要张岂之出现，即使是几千人的大会，也会立时肃静，随之是一片经久不息的掌声。

球场健将　体坛宿星

——百岁体育名耆王耀东

2006年12月10日，对于中国体育界和西北大学来说，是一个难忘而又哀念的日子。这一天，我国著名的体育家、教育家，被誉为中国篮球"百年传奇"的西北大学教授王耀东，带着一生的传奇故事走完了他的人生历程，享年107岁。"王耀东先生为我国学校体育和社会体育事业的发展付出了艰辛的劳动，作出了重要贡献，王耀东先生的逝世是我国体育事业及我校的重大损失……"简单的讣告浓缩了他的百年贡献，但他的传奇经历无法浓缩——19岁开始体育生涯；21岁参赛为中国篮球争得第一个国际比赛冠军；22岁开始长达80年的体育教育生涯；84岁高龄随中国体育代表团赴美观摩奥运会；107岁高龄辉煌落幕，成就一段不朽的人生。他的一生，上关国家巨变，下系个人荣辱，演绎了一段穿越历史的亘古经典故事。

1900年8月，俄军一路烧杀，直逼中国黑河—瑷珲防线。同年9月27日，王耀东出生在家人逃难途中。数月后，全家返回黑龙江省嫩江县家中务农。8岁时，王耀东上私塾读书，1911年辛亥革命后转入嫩江县第一小学。1914年，14岁的王耀东远赴齐齐哈尔，就读于黑龙江省男子第一中学。1919年7月，考入中国近代最早的大学——北京高等师范学校，"体育救国"成了他明确的理想，并成为校篮球队队员。

1921年5月31日至6月1日，还是大三学生的王耀东代表国家篮球队参加了第五届远东运动会，并与队友一起拼搏，连续战胜菲律宾队和日本队，夺得冠军，消息传出，整个运动会为之震动。因为这是中国篮球史上国际比赛的第一个冠军，是被人称为"东亚病夫"国度在大球项目上获得的第一项国际荣誉！

解放前夕，在西北大学任教的王耀东决定留校。1949年10月1日，他应邀坐在天安门观礼席上参加了开国大典，不久被任命为西安市体委副主任，任命状由周恩来总理亲笔签发。1955年5月，他加入中国民主同盟，后当选为民盟陕西省委委员。

文化大革命中，王耀东成为重点批判对象，关进牛棚，受尽折磨。1971年底，返回西北大学并重获自由。

"文革"后，王耀东正式从西北大学体育教研室主任的位子上退下来，之后担任教研室顾问的职务。此间，没有了琐碎的教学和工作烦扰，王耀东写传记、指导年轻教师教学，生活得低调而安详。

然而，王耀东的晚年也很繁忙。退休后，学校没给他安排具体任务，更没有具体要求，但他却几乎天天到校上班。70多岁的西北大学郝根全是王耀东的接班人，他至今仍清晰记得老人当年对待工作的认真态度。"周一的例会，周三的政治学习、集体备课、总结讨论和教学研究，甚至义务劳动等，他从不无故缺席。"郝根全说，王老经常亲自到操场看青年教师上课，然后指出不足。同时，他还指导西北大学篮球队、体操队参加全国、全省大赛，经常临场观看，帮助青年教练制定计划、指导训练、分析形势。学校拿了冠军，老人还会写成文章在校刊发表，总结经验，鼓舞士气。

1984年对王耀东来说，是双喜临门的一年。6月22日，他加入了中国共产党，完成了这个"一生中最重要的头等大事"。同时他还随中国体育代表团赴美国洛杉矶观摩了第二十三届奥运会。

1989年中华全国体育总会第六届代表大会上，王耀东卸去已任10年的全国体总副主席职务。截至这个时候，他共兼任社会体育职务、体育事业相关职务和临时性兼职、社会参政兼职近30个。但他并不以年岁高、兼职多而满足于只挂空名。"有会必到；有事必办；有问必答；有信必复"是他的服务原则。

1999年9月，王耀东在西安喜过百岁华诞，当时的国家体育总局局长伍绍祖亲临祝贺。生日当天，西北大学宣布设立"王耀东体育奖学基金"。

由于王耀东传奇丰富的经历，媒体记者自然成了他家的常客。了解老人的人都知道，他为人处事谦逊，从不喜欢抛头露面。他总是说："像我这样的人，既没有著作，又没有先进事迹，何必浪费人力物力？即便录成放映出去，岂不令人耻笑？想到这里，就惶恐不安。从另一方面着想，我一向主张老老实实做人，极其反对张扬自己欺世盗名。何况在广大电视观众面前露面，更觉羞愧。"

纵观王耀东107年的生命历程，他大多数时间都付出在中国的体育事业上，付出在西北大学的体育教学事业上。从事学校体育教学工作80年，培养了一大批体育人才。作为我国体育界元老，他参与和见证了中华体育近百年的历史发展过程，其人其事，不乏传奇色彩。王耀东一生为人谦和，淡泊名利，工作勤勉，豁达开朗。他80载耕耘，曾先后获得国务院颁发的"有突出贡献的专家"称号及全国优秀老体育工作者、全国健康老人、西北大学"终身教授"和"建校元老"等荣誉称号。

王耀东曾被选为西安市人民代表大会代表，陕西省第一、二、三届人民代表大会代表，中国民主同盟陕西省委委员，政协陕西省第四、第五届委员会委员等。先后被评为西北大学先进工作者和优秀共产党员、陕西省体育先进工作者、全国优秀老体育工作者、全国健康老人，受到原国家教委、原国家体委、陕西省、西安市和学校的表彰和奖励。1992年10月起，王耀东教授享受政府特殊津贴。

他生前著有《网球》一书，并与他人合作编写了《体育锻炼与指导》。耄耋之年，他又执笔撰写了35万多字的回忆录和5万字的体育史料，为编写中国体育史和陕西体育志提供了宝贵的资料。

王耀东是20世纪中华民族百年历史的亲历者，也是中国百年体育发展史的参与者和见证人。他饱尝了中华民族的百年荣辱，他丰富而曲折的经历，反映了中华体育事业的百年兴衰。今天，虽然他已离开了我们，但关于他的传奇故事，仍广为传颂；他培育的学子，不仅以他传授的技能辛勤耕耘在体育战线上，更以从他身上继承的人品和美德教育激励着后辈。

笔走龙蛇　气象万千

——陕西当代书苑巡礼

陕西历史悠久，人杰地灵，书法艺术也得天独厚，源远流长。中国书法经典石鼓文、散氏盘、众多名碑出自秦地，西安碑林、汉中石门摩崖石刻等书法名胜，令宇内书人顶礼仰慕。中国历史上的众多书法大师，都在关中大地上留下浓墨重彩，他们或生于陕，或成于陕，或风云于陕，谱写了光辉灿烂的书法历史，造就了陕西书法的良田沃土。陕西当代书坛根深叶茂，气象万千，群星璀璨。新中国后，一代一代书法人，薪火承传，与时俱进，光大繁衍，撑起陕西当代书坛一片蓝天。

◉ 推衍代续的奠基人

新中国成立后，迎来了书法艺术的新生，一批老书法家焕发了艺术青春，承接前代续脉，开创书法新苑，成为陕西当代书坛的奠基人。

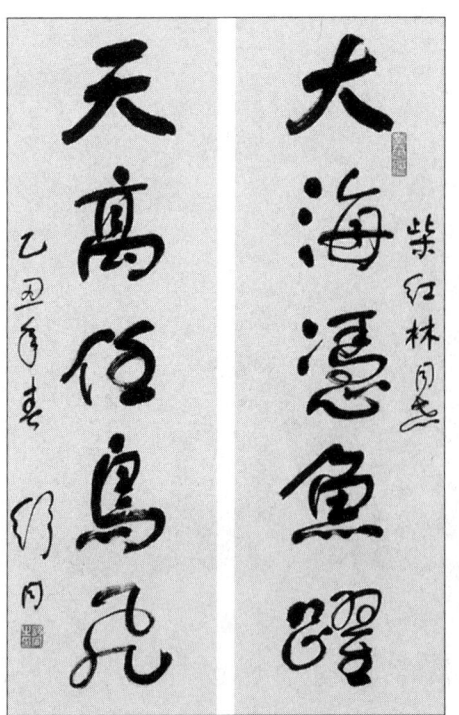

张寒杉，陕西咸阳人，"长安书法宗师"，曾为上海大夏大学教授，精研文史，学识渊博，书画精深。20世纪30年代与寇遐、党晴梵等人发起成立西京金石书画学会。书法诸体皆精，其小篆书法堪称"关中一派"，以梅花篆书享誉古城，影响了程克刚、方胜、傅嘉仪等一批后学者。

寇遐，陕西蒲城人，早期同盟会员，辛亥革命时期西安的进步青年之一。20世纪30年代与张寒杉等共同创立西京金石书画学会，亲任会长。以隶体榜书名世，建国后不久即去世，他以典型的书风和作品在陕西书坛留下深远的影响。古城西安几个城门和建国后建成的人民大厦上的大字都出于他的手笔。

段绍嘉，陕西西安人，当代陕西书坛

的奠基人之一。擅长书法和碑帖鉴定，识甲骨，研钟鼎，功力深厚，后独辟蹊径，转攻魏碑，博采众长，熔古出新，创立了独具个性的"段家魏"体书法，曾一时风靡书坛。古城大小街衢随处可见段家魏体匾额，他手书的西安 "人民剧院"、礼泉"昭陵博物馆"的门额大字，永久地闪放着光辉。

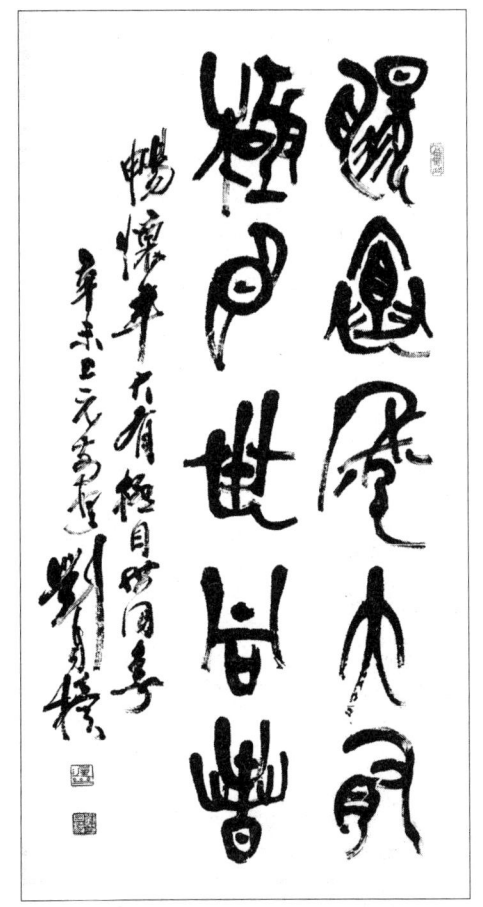

宫葆诚，山西神池人，工书善画能治印，尤以隶书誉三秦。书风朴实端稳，严谨厚重，体现了传统书法"中和"为美的精神，继承发展了汉隶朴茂平实风格，影响面广，慕学者众。巍立在西安新城广场的省政府大楼外的陕西省人民政府巨幅挂牌以及陕西省人大常委会的巨幅挂牌就是宫葆诚的遗墨。

舒同，江西东乡人，老一辈革命家，被赞誉为"红军书法家""党内最大的书法家""马背书法家"。创立了"舒体"书法，独树一帜。延安时期书写的抗日军政大学、中共七大会标等和革命圣地遗址一起被永久地陈列着。中国书法家协会首任主席。解放后曾相当长时间担任陕西省党政重要领导职务，留下了数不清的墨迹，《西安晚报》，"唐城大厦""西安宾馆"被一直使用着。他的书法名气大，声望高。相传"文革"期间他书写的"检查"张贴在西安钟楼上，一晚上被书法爱好者揭光了，诚可信也。

◉ "劫"后中兴的开拓者

20世纪80年代，陕西书坛在经历了"文革"冷落、凋敝后，迎来了恢复、发展的春天。一批书法精英接过前辈的火炬，擎起振兴的大旗，奔走呼号，推波助澜，开辟了书法繁荣的一片绿洲。

刘自椟、卫俊秀、陈泽秦、邱星，被誉为上世纪末叶陕西书坛四老。他们德高望重，人书俱老，无论人品学问、知识修养，还是创作风格、个性特点，都可谓陕西书坛的典范。

刘自椟，陕西三原人，陕西书法的领军人物，蝉联陕西省书协主席10余年。"少而

好之，老而弥笃"，一手大篆书法，袭古迈今，风靡海内外。日本书家有诗赞曰："学术创新风气披,天真流露最清奇。绝伦妙笔凌秦汉，自独名气海外知。""二十年前识大名，今春幸得近古京。人书再逢人书健，不老毫端凛凛鸣"。他的嫡传学生路毓贤、崔宝堂已继承了他的衣钵，成为陕西书坛的中坚力量。

卫俊秀，山西襄汾人，陕西师范大学教授，精于行草，熔古冶今，并得清朝傅山书法神髓，沉雄简穆，苍浑洒宕，独树一帜。有研究者将其与于右任、林散之、王遽常并列为当代四大草书家，一时名噪宇内。出版有《傅山论书》《卫俊秀书法选》等。其家乡山西襄汾建有卫俊秀书法艺术馆，陈列着他的艺术成果。

陈泽秦，字少默，陕西安康人，出身官宦家庭，早年毕业于西北大学中文系。他具有浓厚的才情和学识，淡然处事，于世无争。书法四体咸备，以行书、隶书最为精彩，尤其自创的鸡毫隶书，清新淡雅，情趣盎然，独领风骚。他的书法影响了一大批学书者，当代著名的书法家钟明善、李成海、赵熊等都出其门下。在他作古三年之际，家乡陕西安康、原工作单位西安工业大学分别建立了陈泽秦书法艺术馆和陈泽秦书法陈列馆，永志其书法成就。

邱星，浙江吴兴人，久居秦中，书法以大篆书著名，用金文篆书抒发个性心语，表现时代精神。他的篆书植根传统，兼容南北，形成鲜明的个性。醇厚饱满，典雅古拙，敦厚苍雄，落款独具一格，对当代陕西书法创作有着重要影响。其女邱宗康得其真传，继承光大，颇享赞誉。

与"四老"同期还有高乐三、陈之中、程克刚、赵敏生，张范九、余井焕、李子清、陈竹朋等书坛耆宿，在陕西当代书坛留下永久的光辉。

吴三大，陕西长安人，陕西远近闻名、书人尽知的书法艺术家，是陕西书法中兴的领军人物之一，当过演员，演过电影。书法雄浑苍劲，流动洒脱，自成面目，效法者众。以豪放雄强的擘窠榜书匾额誉满长安。20世纪80年代初，西安东五路上的未署名大字匾额"中国标准缝纫机西安经销部"万众瞩目，流连往返。随着火车站"西安"，"西北民航"、北大街"梅利莎"服装店、南大街"庆丰食品店"、西安"唐城宾馆"等巨字大匾接连出现，一时声名鹊起。《西安事变》《红高粱》《千古一帝》等电影的题名，扩大了其书法在全国的影响。他原名培基，以"三大"名世，众释纷争，莫衷一是。著名学者、书法家黄绮诠曰"字大，善写榜书；力大，入木三分；胆大，敢于创新。"中肯可信也。

石宪章，天津武清人，以榜书家、牌匾艺术家与吴三大齐名，誉满秦中。六岁起即学习书法，有非常扎实的书法基础。"文革"时，西安西大街一家他写的"永明饺子馆"牌匾，颜体楷书，中规入矩，力度遒劲，是他早期的手笔。石宪章宽厚谦和，平易近人，朴实笃诚，其书法朴厚实在，体宽形壮，体现出长安古风和北方人的气度。他以自己独具个性的榜书美化着古城，抒发自己的心声。西安闹市乃至乡村街镇几乎成了他的榜书长廊。西安"钟楼饭店""西京饭店"等数不清的大牌匾，给民众留下深刻的印

象。其女瑞芳自幼耳濡目染，手摩心受，继承了乃父遗风，颇得美誉。

薛铸，陕西蒲城人，"文革"前毕业于西安美术学院附中，专业从事书法研究和书法组织领导工作，是陕西书坛第一位专业书法工作者。他为陕西当代书法的恢复，振兴崛起，奔走呼号，殚精竭虑，呕心沥血，业绩卓著，功莫大焉，赢得书坛的普遍尊敬和赞誉。他是中国书法家协会组织发起的参与者，是成立陕西书协的组织者和领导者，当选全国文艺界德艺双馨大会陕西代表，实至名归。

茹桂，陕西长安人，西安美术学院教授，擅长草书，并以书法理论名世，与安旗、钟明善、李正峰等共同开拓了当代陕西书坛理论研究新局面。以一篇《试论书法欣赏》论文，令全国书法界瞩目。新时期伊始，出版著作《书法十讲》，深受欢迎，五次修订再版，累计发行三万多册。行世著作还有《美术辞林·书法卷》《茹桂书法教学手记》《砚边絮语》等。

钟明善，陕西咸阳人，西安交通大学教授，西安书学院院长，中国书法家协会第三届副主席。书法清新典雅，潇洒秀劲，隽秀雅逸，自成体系；才学气、书卷气盎然成趣。更以丰硕的书法理论研究成果擎立书坛，出版书论专著10余部，发表书学论文50篇。其著作《中国书法史》《书法欣赏导论》，夺得陕西书法理论研究的先声。

除此外还有李成海、杜中信、赵熊、傅嘉仪等都是当代书坛接前续后的中坚力量，是他们共同开垦出"文革"劫后陕西书坛的一片绿洲。

◉ 书坛新生代

随着改革开放的全面深化。新世纪初，陕西书坛迎来了空前大繁荣，书法热潮持续高涨，一浪高过一浪，呈现出百花齐放，异彩纷呈的兴盛局面和明显的多元杂流的时代特点。广大书法人坚持艺术信仰，植根传统，尊古创新，为陕西书法事业辛勤耕耘，他们立会结社，课徒授业，著书立言，研究传播，发展陕西文化优势，不断扩大书坛成果，成为当今陕西书法发展的主旋律。在市场经济、物欲横流的环境下，书坛自然也出现了跟风追潮、急功近利等远离艺术发展规律的不和谐杂音，但终究不会成为主流。陕西当代书坛必将迎来光辉灿烂的明天。

独树一帜的绘画艺术

——长安画派

　　数千年来，陕西曾涌现出不少杰出的大画家，尤其是唐代画坛出现了像阎立本、张萱、韩干等一批陕西籍代表性画家，把中国绘画推向高潮。新中国成立后，长安画坛石鲁、赵望云等，主张中国画继承传统，深入生活，并聚集一大批有影响的画家，由此形成了以石鲁、赵望云为核心的画家群体，被称为"长安画派"，与金陵画派、岭南画派成为当代中国画坛三足鼎立之势中最突出、最重要的一足。

◉ 长安人画派的擎旗人

　　石鲁，四川仁寿人，是长安画派的创始人，1940年到延安陕北公学。1949年西安解放后，石鲁从延安来到西安，与赵望云一起领导西安美协工作，提出"一手伸向传统，一手伸向生活"的口号，成为长安画派同仁创业的宗旨。他擅长国画，山水、人物、花鸟、鱼虫无一不工，版画、油画造诣也很高。从20世纪50年代起，石鲁就致力于中国画的继承与创新事业，先后创作了许多有影响的作品，尤以《转战陕北》《延河饮马》《东方欲晓》《南泥湾途中》等作品而蜚声画坛。

　　赵望云，河北束鹿人，长安画派的奠基人。他1942年偕家眷定居西安，开始以大西北的黄土高原、祁连山、大戈壁、草原、秦巴山和这里的平民生活为中国画的表现对象，开创了一种雄浑朴素的画风。1943年，他在重庆举办了画展，轰动山城，《西北旅行画记》也由东方书社出版，受到中国画界的高度评价。随后，他组织平民画会，开办青门美术社，创办《雍华》图文杂志，收黄胄、方济众、徐庶之等为入门弟子，成为20世纪40年代西北画坛的重要领军人物。全国解放后，他不顾年事已高，多次到秦岭、祁连山等地去写生，创作了大量有影响的作品，其主要作品收入《赵望云画集》中。

　　方济众，陕西勉县人，长安画派的主要成员，多年跟随赵望云，在艺术思想和艺术风格深受赵望云的熏陶，为了描绘祖国的大好河山，他足迹遍及黄河、长江、珠江、湘江和内蒙草原、秦岭巴山等，因此形成了自己独特的艺术风格，是写意画中不可多得的田园画家。

　　何海霞，北京市人，长安画派的主要成员，1935年投师国画大师张大千，成为张大千的入室弟子。1950年来陕，结识石鲁、赵望云等，其作品兼收融合了石鲁的英迈豪宕

之气和赵望云的深沉蕴藉之韵，尤以金碧山水画最具特色，被称为画界"鬼手"。

康师尧，长安画派的主要成员，河南博爱人，1956年调入西安美协，与石鲁、赵望云一起切磋艺术，研究中国画传统技法。他以擅画花鸟画见长，博采众长，自成一家，在国画界享有较高的声誉。

当时，各地不少画家云集西安，如李梓盛、罗铭，以及福建的蔡鹤汀、蔡鹤洲兄弟，工笔画家郑乃光，安徽的王子云等。20世纪从60年代开始，长安画派的代表人物先后举办了各种展览。这些展览突出地表现西北风情，有着强烈的艺术个性和粗犷、豪放的艺术感染力，从而引起美术界的轰动和关注。在全国美术界的公认下，以石鲁、赵望云等为核心的长安画派逐渐形成，结束了陕西乃至西北绘画近百年的沉寂和萧条，并以自己特有的个性风格成为中国画坛的一支劲旅。

◉ 对长安画派的褒与"贬"

1961年国庆节期间，石鲁、赵望云、李梓盛、何海霞、康师尧、方济众六位陕西画家，在北京新落成的中国美术馆举办了他们的国画习作展。他们以冲破前人窠臼的创新精神，走进现实生活，从秦岭山川到陕北窑洞，踏遍了西北黄土高原，从平凡中看出新奇，吸取丰富的艺术源泉；从浩翰广漠中发现美，表现大自然的生机，画风引起首都美术界的高度关注。中国美术家协会遂安排这个展览到南京、上海、杭州、广州等地巡回展出，并以《美术》杂志为媒体，对中国画的继承与创新、传统与生活等问题，展开了长达两年的笔会讨论。

在讨论中，有的评论者认为长安画派的美学思想是"野、怪、乱、黑"。为了捍卫"长安画派"的艺术成果，石鲁针对"野、怪、乱、黑"的说法，作出了机警的反应，他以自嘲的口吻撰写了《内心独白》：人骂我野我更野，搜尽平凡创奇迹；人责我怪我何怪？不屑为奴偏自裁！人谓我乱不为乱，无法之法法更严；人笑我黑不太黑，黑到惊心动魂魄；野怪乱黑何足论，你有嘴舌我有心。生活为我出难题，我给生活提精神。其实，长安画派正是通过外化的"野、怪、乱、黑"，来展示了中国文化内在的"错综复杂"，以及他们的"忧患"意识——喜、怒、哀、乐。

在石鲁的作品中，《东方欲晓》不论其思想性还是其艺术性，都达到了他的艺术上"光辉的顶点"。这幅画的构成是延安的枣园，伟人的寓所，窑洞上的灌木丛，闪闪灼灼的枣树左右晃动，从窗户上透出来的光明照亮东方的大地——人类的希望。按说《东方欲晓》是一幅顶天立地的中国人物画，但不幸的是，《东方欲晓》不被时代所接受，一落千丈，坠入十里云雾。

赵望云的山水画，每一幅都充满了浓郁的抒情味、人情味和文人味，从他的《深夜行》《深入秦岭》《深山行》《醉染重林二月花》《晚秋》和《秋实累累》得到验证。美术理论家王鲁湘先生曾有一段中肯的评述："赵望云到了60年代，笔墨更加精进，开始朝着松动、朴茂、浑厚的方向发展。像《陕北之秋》《幽谷新村》《杉林麋鹿》《风雨归牧》《秋实累累》《重林耸翠》等作品，绝去古人蹊径，无所依傍，那种精力饱满的构图，放笔直干的用笔，水气淋漓的墨色，无不显出画家充沛的创造力。特别奇妙的地方，是赵望云用浓重的湿墨来画西北的土山，既画出了土山的厚实温软，又画出了土山的干枯焦涩。这种矛盾的感觉正是西北土地的特色，在赵望云之前从来没有人用笔墨准确地表现过。他画的土地一片苍茫，他画的树林一片苍劲，但整个画面又墨色淋漓，温润如玉。这种用笔苍老，用墨苍郁的技法，达到了极高的美学境界，也突破了前人技法的成就，至今为止，还很少有人企及。"

◉ 长安画派的后来者

改革开放新时期，在长安画派老一辈画家的倡导下，于1981年省政府批准创建了陕西国画院，这是长安画派精神的继续和发展。石鲁首任名誉院长，方济众首任院长，何海霞、康师尧以及罗铭、王子武、刘文西等名家曾任副院长，时任省美协副主席的李梓盛和西安美院老院长刘蒙天等任顾问。由老前辈为画院奠基开路，同心协力推动画院事业的发展，培育了以继任院长苗重安为首的新一代领导核心，承前启后，继往开来，不断开创画院新局画。1999年，《陕西当代中国画展》巡回展览轰动北京、南京等地，在全国美术界引起强烈反响。北京有专家称：长安画派撑起了中国画的半壁江山。

折桂犹待长安花

享誉全球的电影重镇

——西安电影制片厂

在西安市大雁塔东边有一条路，叫西影路，它是以西安电影制片厂命名的。西影筹建于1956年，成立于1958年8月23日，是共和国在西北地区建立的第一个电影制片厂。

说来也奇，西影坐落在"玄奘译经""曲江流饮"的唐代皇家文脉之地，给这一文化企业平添了几分神秘色彩。西影注册职工2450人，建厂初期职工构成以长春、上海电影制片厂、中央新闻电影制片厂支援一些人员，加上西影赴长影实习团的归来，形成了建厂初的人员规模。

西影的领导与导演基本是延安文艺工作者进入大城市的共产党人，在艺术与技术上受苏联影响，他们努力学习这门新的艺术形式。技术上"土法上马"手工洗片，于1958年完成了新闻纪录片《陕西简报》。陕西人第一次在银幕上看到自己新的生活，也给我们今天人们留下了前辈奋斗的真实影像，这是弥足珍贵的。

西影在全国电影制片厂中是一小厂，它地处西北相对落后。但西影秉承了西北人敢为天下先的风气，坚持以中国西部为电影创作题材，特别是进入新时期以来，这里是中国西部电影的策源地，也是中国电影第四代、第五代、新生代起步的地方。

西影的崛起，应该从老厂长钟纪明、田炜说起。第一任厂长钟纪明亲自写剧本，西影拍摄了第一部故事片《雪海银山》。他大胆启用从上海滩来的导演孙敬，拍摄了《一文钱》《三滴血》《桃花扇》，至此西影在中国影坛崭露头角。但也因《桃花扇》饱受折磨，钟纪明、孙敬刚获平反就溘然去世。

"人材决定一切"。田炜厂长认识是清醒地，他打破常规，大胆启用青年人滕文骥、吴天明、颜学恕、艾水、姚守岗等拍片。

1979年，当所谓第四代还没拍片时，青年导演滕文骥创作了《生活的颤音》，犹如一声春雷，吹响了西影异军突起的进军号。此片获文化部优秀故事片奖，导演滕文骥、吴天明、美工张子恩获优秀青年创作奖，一部电影产生了三位后来在中国影坛驰骋的导演，不能不令人称奇。导演艾水的《第十个弹孔》和成荫导演的《西安事变》也都获奖了，而人称"草鞋厂长"的田炜却在医院里心脏停止了跳动。但从此也拉开了西影出品的影片，在国内外频频获奖的帷幕。

吴天明，原本是一位不知名的演员，只与滕文骥合作拍摄过一部电影的导演，却以《没有航标的河流》一炮打响，成为西影第一部在国际上的获奖影片，令人震惊。同时

他竭力支持美工出身的张子恩，拍摄电影《默默的小理河》，此片获文化部优秀故事片奖。这是1984年的春天，吴天明乘改革开放的大潮，势如破竹，鏖战在黄土高原拍摄根据路遥同名小说改编的电影《人生》，此片大获成功。他甚至叫板奥斯卡奖，尽管没能成功，可见西影勇气是何等不凡，这时吴天明接过西影第三任厂长的印信。

当《人生》红遍大江南北时，吴天明并没有陶醉，他思考地是一个企业应主打什么特色，经电影美学家钟惦棐先生点拨，西影高举"西部电影"的大旗。1986年《野山》（颜学恕导演）、《黑炮事件》（黄建新导演）双双获奖，特别是《野山》在第六届金鸡奖评选活动中一举囊括七项大奖，风光无限。钟惦棐先生夜不成寐，披襟展纸，他断言：中国电影的太阳有可能从西部升起！

《野山》的成功，让电影界同行大跌眼镜，品味极高的北京电影学院放映结束后，全场鼓掌。著名导演谢晋说：上影厂没有《野山》这样的摄影师。在西德、法国、香港，《野山》杀出国门，多有斩获。"西安电影"这是国门打开后，西方对中国电影最新的认知。

当《野妈妈》姚守岗导演刚从印度抱回金孔雀奖时，吴天明也从东京归来，张艺谋主演《老井》又获大奖，耸动京华。评论界人士认为：这标志着中国电影走向世界的真正开端。张艺谋同学陈凯歌来了，田壮壮来了，孙周来了……，三四十年代有志青年都奔向延安，而此时，有志的电影人都投奔西影。

1988年，张艺谋导演的《红高粱》、陈凯歌导演的《孩子王》、田壮壮导演的《盗马贼》三部经典影片横空出世，除了在国内外获奖多多外，英才成群而出。演员：巩俐、姜文、谢园、吕丽萍等；作曲：赵季平、瞿小松、郭文景；美工：曹久平，陈绍华、霍建起；摄影：顾长卫、侯咏、赵非等，交相辉映，阵容浩大。他们对中国电影产生的影响怎么估算都不过分。西影的人才优势对中国影视界的影响是深远而持久的，时至今日在中国任何有影响的导演身边，任何一个大片摄制组都有西影人。

周晓文导演的《疯狂的代价》、黄建新导演的《轮回》、滕文骥导演的《棋王》在

1989年问世。特别是周晓文电影的娱乐性，具有超前的思维。20世纪80年代的西影，正是这样时势造就英雄，英雄创新西影。

主管文学剧本的原副长厂郑定于说：西影厂那几年火样的红火，成了养"鸡"专业户（指金鸡奖）。取1988年在深圳领1987年的双奖的时候，共24个奖，西影领了17个。

著名文化学者余秋雨说："感谢西影厂"，它的探索路程使大家一起逼近了超越时空的高品位标准。这种逼近，激发出了一种前所未有的民族自信心。

进入20世纪90年代，在市场经济条件下中国电影产生震荡。西影应对电影市场，从1990年到1995年，有57部电影荣获国内外大奖，其中《黄河谣》（滕文骥导演）、《双旗镇刀客》（何平导演）、《筷子客》（姚守岗导演）、《大话西游》（刘镇伟导演）、《秦颂》（周晓文导演）、《决战之后》（李前宽导演）、《步入辉煌》（颜学恕导演）、《菊豆》（张艺谋导演）共获13项奖。《炮打双灯》（何平导演）获奖15项，《背靠背脸对脸》（黄建新导演）获奖12项。

第14届蒙特利尔国际电影节上，滕文骥创作的《黄河谣》荣获"最佳导演奖"，这是我国电影导演首次在重大电影节获此荣誉。这是他从第11部城市电影转型于西部电影得到的馈赠。

何平导演的《双旗镇刀客》，犹如荒原上升起的星辰，是西部电影走向娱乐化最值一提的伟大尝试。最早在美国引起轰动的中国武侠片，不是《卧虎藏龙》，而是《双旗镇刀客》。香港影人也认为：因为《双旗镇刀客》一改武侠片的传统思维而影响深远，所以后来有了《新龙门客栈》，有了《东邪西毒》。

中国电影走向世界，相对来说是世界在向我们走来，世界需要中国，中国也需要世界。自从《红高粱》等西部电影蜚声遐迩，世界各大电影节开始对社会主义的中国电影刮目相看。

西影影片吸引着世界的目光，到西安的外国友人除了看兵马俑，纷纷到西影进行学术交流，1987年有18个外国电影代表团来访西影。这也大大扩展了中国电影艺术家们的视野。应该说如果没有中外电影的广泛而深入的交流，中国电影不会取得这样迅速的进展。20世纪90年代，中国影片出口数量，西影名列第一，以至于在许多国家语言中，中国电影被翻译为"西安电影"。

西影的神话仍在继续，进入2000年，中国电影新生代跃马横枪出现在地平线

上，他们也是起步于西影。张扬导演的《洗澡》《爱情麻辣烫》，金琛导演的《网络时代的爱情》《菊花茶》，张元的《妈妈》《回家过年》《江姐》，施润玖导演的《美丽新世界》等，以新的艺术思维，展现在中国电影银幕上，又一次向世人显示西影的眼光和实力。

一代又一代西影新人在成长，导演周友朝、杨亚洲、张汉杰、叶大鹰、张建栋、丁黑、付晓健、张晓春，继承西部电影艺术传统和艺术气派，活跃在中国影视界。其中杨亚洲在电影《美丽的大脚》获七项奖前后，拍摄了电视连续剧《空镜子》《浪漫的事》《家有九凤》《大浴女》和电影《泥鳅也是鱼》《雪花那个飘》等，充分表现了西影这个艺术殿堂走出的艺术家，身手是何等的矫健。

2003年11月11日，西安电影制片厂重组改制的西部电影集团成立，先后拍摄了《美丽的大脚》《日出日落》《天地英雄》《女检察官》《老港正传》《阿妹的诺言》《5.12汶川请不要哭泣》等影片。

西影的成功有许多经验需要总结，也许是需要时间的酿造，才能有它真正的沉香。

关于西部电影时至今日还有争议，有人认为它是以展现西部的"落后面"来博得西方观众的眼球。张艺谋说：我四次出国，从没听见一个外国人居心叵测地嘲笑我们贫穷落后，人家看的是你的志气，你的民族精神、生存状态。所以格·派克先生看了《老井》以后说：我觉得中国人特别伟大！

西影是一块产生历史传奇、英雄豪杰与艺术家的厚重土地。众所周知，艺术家首先应是思想家和哲学家。西影的崛起就是依靠了一批又一批勇敢无畏的思想探索者，虽然处于弱小则志气远大，敏锐坚决地占领思想的高地。他们有梦想、有追求、又坚持不懈地向目的地发动一次次的冲击，所以影响是深远的。西影是新时期以来改革开放，思想解放在电影文化艺术界最重要的收获之一。

西影50年，共向世人奉献了260部故事影片，获280项国内外奖项。西影为中国、为陕西争了光，是这个城市的一个名片，也是陕西的文化符号之一。

天宝物华，载誉四海

——陕西历史博物馆

1991年6月20日，在西安建成并正式开馆的陕西历史博物馆，以其雄伟庄严的仿唐建筑、丰富精美的藏品和博大雄浑的历史资料陈列闻名于世，被称为"古都明珠，华夏宝库"，成为陕西对外交流和精神文明建设的重要窗口，也成为西安的标志性建筑之一。

◉ 建馆是周恩来总理的遗愿

陕西是中国古文明的发祥地之一。西安曾是13个王朝的都城，历时达1100多年之久，被认为是中国历史的中心舞台，其文物藏品之盛举世所晓。但是，过去以碑林博物馆为主体的陕西省历史博物馆，因场地狭小、展示环境差等问题，日益困扰着博物馆的发展。早在1961年，国务院总理周恩来在陕西省历史博物馆参观时就感叹："碑林拥挤，空间太小，光线太暗，看起来不方便。"1973年6月，周恩来总理陪同外宾来西安，再次来到陕西省历史博物馆，有感于展厅狭小、库房黑暗潮湿，当即指示："在适当的时候，新建一个博物馆。"并明确指出，新馆的馆址可选在大雁塔附近，投资可以多一些，搞得宏伟一点。1991年6月，这座规模为原陕西省历史博物馆10倍的新馆，经过4年多的建设终于落成了，周恩来总理的遗愿得以实现。

陕西历史博物馆是由我国著名女建筑师张锦秋设计的，她曾设计过西安唐华宾馆、唐歌舞餐厅、唐代艺术博物馆等突出唐代风格的大型建筑。而这座建筑面积达5.6万平方米的建筑，着意突出唐风博大、辉煌的时代风貌，既反映13朝古都的帝王气势，又兼收并蓄传统园林和民居的设计手法，整体采用黑、白、灰等淡雅的色调，创造了一个庄严、质朴、宏伟，具有浓郁传统文化气氛的现代空间环境，在建筑艺术上成为中国悠久历史和灿烂文化的象征。

陕西历史博物馆的建筑造型，借鉴我国传统宫殿"轴线对称，主从有序，中央殿堂，四隅崇楼"的布局形式，同时运用现代先进技术，把我国盛唐时期古典建筑风格与现代博物馆功能有机地结合为一体，既保持了古老风貌，又有现代化的特点。屋顶采用唐代盛行的灰绿色琉璃瓦，华贵庄重，古朴大方，墙面材料为仿石棉砖，门窗则采用大块茶色玻璃和铝合金框架，馆内配备可控制温湿度的全封闭中央空调系统、多功能的照明系

统、自动防火防盗系统、计算机控制管理系统；设有文物保护科技中心，具有先进的化验、测试技术和文物保护修复手段。为加强中外文化交流，建有电脑控制并拥有30万册藏书的图书馆和6国语言同声传译的国际学术报告厅。此外，还有设施完善的文物库、资料室、购物中心等。

◉ 浓缩的中国古代文明

陕西历史博物馆不仅是古代文明的一个载体，也是中华传统文明的一种延伸。它以最使中国人骄傲与自豪的周、秦、汉、唐为陈列重点，以青铜器、历代陶俑、唐墓壁画和唐代金银器为藏品精华。当人们在博物馆浏览、欣赏时，不难感受到西周青铜文化的博大精深，秦汉时代横扫六合、驰骋万里的雄风，以及盛唐黄金时代的万千气象；不难感受到我们民族和祖国的伟大。从某种意义上说，陕西古代史是中国历史的浓缩。

进入博物馆大厅，迎面的巨幅照片，向人们展现出奔腾咆哮的黄河和绵亘无垠的黄土高原。这是孕育诞生陕西历史文化的地理环境。昂首屹立在大厅中央的巨狮是这种文明的标志。它造型雄伟，气势澎湃，石刻之精美，气魄之弘大，堪称"东方第一狮"。

博物馆珍藏了陕西出土的文物精品11.5万件(组)，形象系统地展现出自115万年前至公元1840年陕西的历史。藏品中最为典型的商周青铜器，许多器物（如多友鼎、师献鼎等）上铸有史料价值很高的铭文。造型较为典型的有西周凤柱兽、西周牛尊、它盉、战国鸟盖瓠壶和汉彩绘雁鱼灯等。

在湮金望银的铜器展品中，有西周玉制礼器、春秋秦公大墓出土的金啄木鸟、西汉皇后玉玺、攀金银竹节铜熏炉和1970年西安何家村唐代窖藏出土的镶金兽首玛瑙杯、八棱乐位金杯、鎏金舞马衔杯纹银壶、赤金走龙等，均属举世罕见的精品。

最引人注目的是"唐墓壁画真品展"。这些壁画分别出土于20世纪50、70、80年代，来自武则天的次子章怀太子李贤和她的孙女李仙蕙等的墓中。由于保存的难度较大，时至今日才首次公开展出。展出的壁画计39件，内容题材包括四神、星象、宗教、建筑、仪卫、狩猎、生活、友好往来等方面，真实再现了李唐王朝的社会生活。壁画色彩分明，场景十分壮观。 一幅《侍女图》，画面上9个侍女，个个体态优美，身材匀称，以不规则的队形走来。她们分别在端杯、招呼，似在为一个重大活动作准备。侍女们身穿长裙，精神开朗，气质高雅，没有宋、元代绢画中女性"月明人倚楼"那种柔弱病态。

此外，展品还有字画、版本、经卷、织物、骨器、木器、漆器、铁器、石器、印章、封泥，以及近现代文物和民俗民族文物。

◉ 中国博物馆事业的里程碑

陕西历史博物馆作为一座国家级现代化大型博物馆，自建成对外开放以来，以汇集

陕西文化精华，展现中华古代文明著称于世。联合国教科文组织总干事马约尔在出席了陕西历史博物馆开馆典礼之后，明确指出：陕西历史博物馆完全可以进入世界一流博物馆之列。还有的国外人士评价道："单就博物馆建筑、布局和功能来说，（陕西历史博物馆）都可以和世界第一流的博物馆媲美。"1991年11月，博物馆刚建成开放不久，法国巴黎市市长、后来为法国总统的希拉克参观后，也给予了极高的评价，他认为：陕西历史博物馆"从建筑风格之宏伟、陈列文物之丰富、所藏精品之精粹、反映历史之悠久等方面，堪称世界最美的博物馆"。可以毫不夸张地说：陕西历史博物馆是中国博物馆事业的一个里程碑。

2002年11月8日，国家邮政总局特别发行了一套5枚《博物馆建设》邮票，以此来反映中国博物馆事业在20世纪90年代以来取得的重大成就。在这套邮票中，陕西历史博物馆不但列于5枚邮票之首，而且国家邮政总局还将全套邮票的首发仪式安排在陕西历史博物馆举行。邮票是国家的名片，能享有在国家名片上出现的殊荣，也足以说明陕西历史博物馆在中国博物馆中的重要地位。

陕西历史博物馆在热情欢迎来自世界各地游客的同时，先后在日本、韩国、美国、英国、法国、新西兰、墨西哥、巴西等十几个国家和地区举办了近40个文物展览。不少展览都引起了巨大轰动，在不同程度上掀起了"中国热"，为与不同国度、不同民族、不同语言、不同肤色的人们之间的交流，架起了一座桥梁，让世界了解陕西，让陕西走向世界。

10多年来，陕西历史博物馆以一流的管理、一流的保护、一流的服务、一流的研究，屡屡受到各级部门的表彰，被中共中央宣传部确定为全国爱国主义教育示范基地。2001年被评为国家首批AAAA级旅游景点之一。2002年被陕西省委、省政府评为创佳评差先进单位；并被省文物局、旅游局评为创佳评差先进单位。

延安精神永放光芒

——延安革命纪念馆

延安，这座西北黄土高原上的古城，在中国革命史上放射着灿烂的光芒。从1935年到1948年，它是中共中央的所在地，是中国人民解放斗争的总后方。60多年过去了，它依然是世界瞩目的地方，是人民向往的圣地。坐落在延河畔的延安革命纪念馆，以及周围的多处革命旧址，更是每位旅游者来延参观、考察必到之处。1996年被中宣部定为全国爱国主义教育基地。

◉ 重现延安岁月

延安革命纪念馆是1950年7月1日正式建立的，是全国建立最早的纪念性博物馆之一。在此之前的1941年和1946年，陕甘宁边区政府及边区参议会曾两次决定，在延安建立陕甘宁边区革命历史博物馆，但都因为战争的原因未能建成。1950年6月，为纪念中国共产党成立29周年，在延安市南关招待所（原边区交际处院内）开辟了一个很简陋的革命文物展览室。1954年迁往杨家岭原中共中央机关旧址，定名为"延安博物馆"。1955年迁至城内凤凰山麓革命旧址院内，改名为"延安革命纪念馆"。1973年6月，迁往王家坪。

2006年，由于国家"一号工程"建设的需要，原王家坪老馆展厅和展览内容已经不复存在，代之以"延安精神展览"，供游人参观。原馆的陈列面积4000余平方米，展出照片及文物近2000件，还有模型、油画、雕塑及场景复原等辅助展品，并运用声光电等现代科技手段，增强陈列的动态效果。来到这里，已逝的历史场面在人们眼前得以重现；置身其中，仿佛又把人们引入令人难忘的延安岁月……

在这里，一幅幅图片向人们展现着中国共产党人的历史风貌。在低矮的窑洞里，毛泽东意气风发地纵论天下大事，写下了篇篇雄文，指挥着改变中国前途命运的抗日战争和解放战争；毛泽东的战友周恩来、朱德、刘少奇、任弼时等英姿勃勃，各展才华，为中国人民的解放事业运筹帷幄，呕心沥血；那些令敌人闻风丧胆的将领们，指挥着支支劲旅，在各个战场上纵横驰骋，用血与火迎来了共和国的诞生；还有来自五湖四海的革命者，布衣粗食而豪情满怀，在这里勤奋地学习，夜以继日地工作，为革命无私地奉献……

在这里，一件件文物向人们生动地诠释着延安精神的真谛。在两个武器展柜中，一个陈列着一支步枪和一袋小米，一个陈列着根据地军民用过的各式地雷，就是用它们创造了"战争史上的奇观，中华民族的壮举，惊天动地的伟业"；当年陕北公学、抗大、鲁艺师生用过的各种书籍、学习用具、计时器、马扎子等，前辈们就是用这些最原始的东西，学习最先进科学——马列主义、毛泽东思想；展出的一把把磨秃了的老镢头可以作证，延安军民靠它开出了万亩良田，把昔日荒凉的南泥湾改变成了陕北的好江南……

◉ "老延安"的延安情怀

当年延安是老一辈革命家的"家"。几十年过去了，这些"老延安"们对延安的建设和发展、对延安革命纪念馆的建设，也常常情系心头，牵挂在怀。从纪念馆建馆以来，有周恩来、邓小平、彭德怀、叶剑英、陈毅、董必武、胡耀邦、杨尚昆、李富春、邓颖超、王震、郭沫若、叶飞、肖克、王首道等，以及江泽民、李鹏、朱镕基、李瑞环、胡锦涛、温家宝等许多老一辈革命家与党和国家领导人来馆里参观，回顾当年的艰苦岁月和难忘的往事。

最令人难忘的是，1973年周恩来重返延安时关心纪念馆建设的一幕幕情景。6月9日，周恩来陪同越南党政代表团回到阔别20多年的延安。他在参观新馆时，针对陈列中由于受极"左"思潮的影响，突出少数领导人的活动的倾向，严肃的指出："一个党史陈列，就是一部党史教科书。"他强调要尊重历史，要实事求是。

周恩来还批评展出的内容很单调，他看了很不安，指出纪念馆陈列的内容要补充：现在展出的照片，只有两个地方有（朱德）总司令，一张是和毛主席一起看地图，另一张在"七大"会场上。我的比较多。还有刘伯承也没有，邓小平、陈毅也没有，他们是"七大"主席团的。董（必武）老同毛主席在一起的照片，只有天安门上一张。还有徐向前同志、任弼时同志，还有贺龙同志，都要恢复名誉。当有人问及周恩来的旧居能否开放时，周恩来说：颖超同志的意见我的住处不开放，是对的。除非所有的人住处都标出来。王明、刘少奇在延安的住处也可以说嘛。

后来，在周恩来的关怀下，中央有关部门派来贺清华、齐吉树、石国瑞等当年在毛泽东身边工作过的同志及党史专家来延安指导调整。周恩来还亲自审查陈列方案，修改讲解稿。后来，在新馆的陈列中增加了30多幅党政军领导的照片，纠正和清理了极"左"思潮在党史陈列中的影响。

◉ "一号工程"

为增强包括延安革命纪念地在内的部分重点全国爱国主义教育示范基地的教育功能，遵照中央领导同志的指示，中央于2004年5月决定实施全国爱国主义教育示范基地"一号工程"。其主要内容是对反映以毛泽东为代表的老一辈无产阶级革命家领导中国

革命斗争光辉历史的全国爱国主义教育示范基地井冈山、韶山、延安三地进行综合提高，使三个教育基地在展出内容与展示手段、服务质量与教育效果、内部管理与环境面貌等方面得到显著改善，更好地为加强爱国主义教育，弘扬和培育民族精神服务。"一号工程"延安基地建设项目包括两部分：一是原延安革命纪念馆拆除重建工程；二是枣园、杨家岭、凤凰山等13处革命旧址维修保护工程。

延安革命纪念馆主体及广场由工程院院士、西北建筑设计院张锦秋大师主持设计。窑洞墙前雕塑由著名雕塑大师、原中国美术学院雕塑系主任、浙江雕塑家协会副主席潘锡柔教授设计、创作。为了更好地展示党中央在延安13年的光辉历程，延安市特聘李忠全、阎树声、米世同等知名专家，专题研究陈列布展工作，既强调革命历史文物原件的展示效果，又充分考虑用声、光、电等现代手段再现当年的历史场景。

2009年8月28日，作为全国爱国主义教育示范基地"一号工程"延安基地建设的核心项目，延安革命纪念馆新馆正式建成并开放，参观者可从长达1600米的展线中了解到党中央、毛泽东主席在延安领导中国革命13年的光辉历史。

延安革命纪念馆革命史陈列面积为10677平方米，其中基本陈列7030平方米，序厅1008平方米，半景画630平方米，临时陈列面积2009平方米。整个展览通过大量珍贵的历史照片、文物、油画、国画、版画、雕塑等艺术品以及灯箱、图标、沙盘模型、场景复原、半景画、多媒体演示等现代手段，多角度、全方位地展示了党中央和毛泽东主席在延安领导中国革命13年的辉煌历史。

延安革命史陈列分为《红军长征落脚点》《抗日战争的政治指导中心》《新民主主义的模范试验区》《延安精神的发祥地》《毛泽东思想指导地位的确立》《夺取全国胜利的出发点》六个主题。第一单元《红军长征落脚点》展现西北革命根据地的创建、发展和中国革命奠基西北的史实。第二单元《抗日战争的政治指导中心》反映抗日民族统一战线的建立，实现全面抗战，建立敌后抗日根据地，坚持抗战，夺取抗日战争全面胜利的过程。第三单元《新民主主义的模范试验区》表现延安和陕甘宁边区各项事业的建设，包括政权建设、法制建设、军事建设、经济建设、文化建设和干部队伍建设等。第四单元《延安精神的发祥地》采取原生态表现的形式，将延安精神的产生、形成和发展做了具体介绍。第五单元《毛泽东思想指导地位的确立》反映毛泽东思想的形成与发展、延安整风运动、中国共产党第七次全国代表大会等三个方面的内容。第六单元《夺取全国胜利的出发点》包括为和平民主斗争、用自卫战争粉碎国民党的全面进攻、转战陕北、夺取全国胜利等四个方面的内容。

巍巍百尺高阁　洋洋万卷宝藏

——陕西省图书馆

　　图书馆事业是文化的重要载体，也是体现一个国家或地区文化发展水准的重要标志之一。陕西是展示中华文化的大省，历来对图书馆建设十分重视。从清末宣统元年（1909年）陕西图书馆建立至今的近百年历史中，尽管其间世事多变，民族多难，但它却在艰难曲折中不断地发展、进步，如今已经成为展现陕西现代文明的一个重要窗口。

● "亮宝楼"建成图书馆

　　陕西省图书馆是清末维新运动后新思潮传播的产物，当时许多人主张以西方国家为榜样，设立公共图书馆，以开启民智，继承传统和发展实业。正是在这样的背景下，1909年8月，陕西的有识之士首倡成立陕西图书馆。它最初设在西安梁府街学务公所所管辖的陕西官书局中。1915年迁至当时西安最为繁华的闹市区南院门，在原清代陕西巡抚衙门东花园旧址上的劝工陈列所设立，就是西大街原陕西省图书馆的南院。

　　图书馆南院中的一座二层小楼，当时人称"亮宝楼"，便是最早陈列图书的地方。此前的1900年，慈禧太后因八国联军侵入北京逃来西安。翌年她返回北京时，无法带走的许多器物、工艺品、丝绸、家具等，遂移入这座小楼房，加以陈列，故称"亮宝楼"。图书馆迁来后，"亮宝楼"就成为藏书的地方。10数年后，康有为来西安讲学，曾为陕西图书馆题写"兰台石渠"匾额一方，悬挂于此。1927年春更名为陕西省立中山图书馆。"五一"国际劳动节那天，时任国民军联军驻陕总司令的于右任亲笔题写"中山图书馆"馆名，后镌刻在门额石匾上。1931年7月，中山图书馆更名为陕西省立第一图书馆。1937年4月更名为陕西省立西京图书馆。

　　1949年5月，西安解放，省立西京图书馆又更名为陕甘宁边区西安图书馆。1950年4月更名为陕西省西安人民图书馆。1953年7月2日定名为陕西省图书馆。党的十一届三中全会以来，陕西省图书馆的各项工作获得了新的发展。新世纪之初，在省委、省政府和社会各界的关心支持下，占地2.03公顷、建筑面积4.2万平方米、拥有现代化设施的陕西省图书馆新馆已经建成并投入使用。

◉ 典藏洋洋万卷

　　新中国成立后，经过长期的建设和积累，陕西省图书馆已构成一个十分可观的文献宝库，成为陕西省的图书文献典藏中心。在丰富的藏书中，馆藏的宋版《碛砂藏》，是一部著名的佛教经典，全书共6263卷，陕西省图书馆藏有5594卷，收藏量和书之品位均居全国首位，为馆藏善本书中的稀世珍宝，是研究古代社会、东西方文化交流和中国佛教发展及其创办的极为重要的文献史料；明版《三原县志》《襄阳郡志》《禹贡详略》《同官县志》《适情录》等，均属全国孤本；元代建阳刻本《增刊校正王状元集注分类东坡先生诗》，明版《海刚峰集》《西山先生真文忠公读书记》《六子全书》；清雍正铜活字本《古今图书集成》《陆宣公集》等，均属国内珍本。还有被誉为"一方之全史"的地方志有1500多部，不少是善本、珍本，如明刻本《邠州志》《同官县志》《富平县志》，清康熙刻本《延长县志》《中部县志》等。其他珍贵史料如《对山文集》，是明代著名文学家、陕西武功人康海撰著；明版《渼陂集》，是陕西户县明代著名戏剧家王九思的戏曲文艺理论著作。乔世宁的《宣隅集》，赵统的《骊山集》，王山史的《砥斋集》，杨山山的《知本提纲》《豳风广义》等，都是明清两代陕西地方重要著作，既有文史价值，又具文物版本价值。

　　经过近一个世纪的发展，陕西省图书馆现有藏书260多万册（件），基本形成了具有陕西地方特色，以社会科学、自然科学、新兴学科为主体的藏书体系。陕西省图书馆还是联合国教科文组织出版物和美国高等教育资料在我国的收藏单位之一，并与美国国

会图书馆、日本奈良县立图书馆、荷兰莱登大学汉学研究院图书馆等建立了国际书刊交换关系。

◉ 现代化的一流图书馆

1996年5月，在省委、省政府领导的关心支持下，陕西省图书馆新馆动工兴建。这项工程是陕西省"九五"重点工程之一，在设计和施工单位的艰苦努力下，工程于2000年11月竣工。省图新馆位于西安市南郊，在城市主干道长安路和南二环路交会的立交桥西北部。占地2.03公顷，总建筑面积4.7万平方米。设计藏书能力500万册，可设各类阅览座位2500个。主楼11层，裙楼5层，地下1层，整个建筑采用了先进的结构化综合布线系统，设置先进的计算机与网络系统、电子阅览系统、安全防护系统等。

新馆还采用现代、高效、灵活、实用、经济的设计，平面呈变形的"工"字形。从省情出发，既考虑了自然采光与通风，又符合现代化图书馆相对集中的要求，采用了全楼中央空调设计。为适应现代图书馆的发展趋势，各层均按统一层高、统一荷载、统一柱网设计，为图书馆持续发展提供了充分的灵活性。

在空间构成上，馆前有宽阔的半圆形广场，围廊内有前庭，室内有四层通高的中庭，阅览室之间有宁静的内院，通过多功能厅两侧的通道可到达与美术馆共享的文化广场。这种空间构成丰富了图书馆的室内外环境，为城市提供了公共休闲空间，为读者提供了具有文化品位并富有浪漫色彩的活动场所。

在建筑艺术处理上，突出了现代典雅与历史文化相结合的建筑风格。在高层书库塔楼顶部和四个塔式楼梯间顶部均作向上起翘的檐顶，使建筑具有典雅、飘逸的气质，给人一种摆脱重力、奋发向上的力度感。同时，弧形檐顶敞向天空的形象，象征着吸纳人类智慧的渴求，与古代承露盘有异曲同工之妙。为了反映陕西作为中国图书馆事业发祥地的历史感，门廊柱顶上采用了从汉代石造柱头构件抽象而成的装饰，立面上采用了陕西省图书馆初创时期的藏书楼——"亮宝楼"具有的券形窗。

如今，陕西省图书馆新馆已成为彰显陕西地方特色的、开放式、多功能、研究型、现代化公共文献信息中心，拥有20多个外借、阅览室，除古籍等少数特殊文献外，采用大范围开架借阅，大通间分区阅览这一先进的服务模式。主要业务工作采用高性能的计算机管理，综合布线信息点设置800多个，为实现自动化、数字化、网络化的目标，建设数字图书馆奠定了基础。除向读者提供完善的文献借阅、参考咨询服务外，还设有高标准的展览厅、报告厅、多功能厅、电子阅览室、教育培训中心，为更好地发挥图书馆宣传教育功能、满足读者文化需求，提供了良好的条件。

盛世风光，大唐气象

——大雁塔北广场巡礼

　　外地来西安旅游的客人，不仅要游览古今闻名的大雁塔，还要游览亚洲雕塑规模最大的广场——大雁塔北广场。这里有两个百米长的群雕，8组大型人物雕塑，40块地景浮雕；拥有全世界最豪华的绿化无接触式卫生间，保持最清洁、世界上坐凳最多、世界最长的光带、世界首家直引水、规模最大的音响组合等多项纪录。

◉ 大雁塔：古都西安的象征

　　大雁塔位于南郊大慈恩寺内，是全国著名的古代建筑，被视为古都西安的象征。相传是唐僧从印度（古天竺）取经回来后，专门从事译经和藏经之处。因仿印度雁塔样式修建故名雁塔。由于后来又在长安荐福寺内修建了一座较小的雁塔，为了区别，人们就把慈恩寺塔叫大雁塔，荐福寺塔叫小雁塔，一直流传至今。

　　大雁塔平面呈方形，建在一座方约45米，高约5米的台基上。塔七层，底层边长25米，由地面至塔顶高64米。塔身用砖砌成，磨砖对缝坚固异常。塔内楼梯可盘旋而上。每层四面各有一个拱券门洞，可以凭栏远眺，长安风貌尽收眼底。塔的底层四面皆有石门，门楣上均有精美的线刻佛像，传为唐代大画家阎立本的手笔。塔南门两侧的砖龛内，嵌有唐初四大书法家之一的褚遂良所书的《大唐三藏圣教序》和《述三藏圣教序记》两块石碑。唐末以后，寺院屡遭兵燹，殿宇焚毁，只有大雁塔巍然独存。

　　还有一种说法，大雁塔建于唐高宗永徽三年，因坐落在慈恩寺内，故又名慈恩寺塔。慈恩寺是唐贞观二十二年（648）太子李治为了追念他的母亲文德皇后而建。大雁塔初

建时只有五层。武则天时重修，后来又经过多次修葺。塔身为青砖砌成，各层壁面作柱枋、栏额等仿木结构。这种楼阁式砖塔，造型简洁，气势雄伟，是我国佛教建筑艺术的杰作。

今日的慈恩寺是明代以来的规模，而寺内的殿堂则是清代末年的建筑。现在大雁塔经过修复，古塔雄伟，寺殿香火缭绕，庭院鲜花争艳，是一处特别吸引国内外游人的胜地。

◉ 重现大唐胜景

大雁塔北广场周边改造工程，是陕西文化和旅游建设的重点工程。它以大雁塔为中心，占地近千亩，包括北广场、南广场、雁塔东苑、雁塔西苑、雁塔南苑、慈恩寺、步行街和商贸区等。其中新建成的大雁塔北广场，北起大雁塔十字，南至慈恩寺北围墙；东西两侧以广场东西路为界。整体设计凸显大雁塔慈恩寺及大唐文化精神，打造中国最好的唐文化市民休闲广场。

整个广场以大雁塔为中心轴三等分，中央为主景水道，左右两侧分置"唐诗园林区""法相花坛区""禅修林树区"等景观，广场南端设置"水景落瀑""主题水景""观景平台"等景观。大雁塔北山墙的"大唐盛世"浮雕长106米，将繁华的大唐胜景浓缩在这百米长卷之中。

北广场南北高差9米，分为9级，由北往南拾级而上，每个踏步为5级，意为"九五之尊"。在广场北面入口处，两个高9米的万佛灯塔与大雁塔遥相呼应，两侧各随4个6米高的大唐文化列柱，塔间是长5米、宽4.3米的铸铜书，介绍大唐盛世景象。

还有主水道左右两侧为对称的绿化造景设计，不光布局采用唐代里坊的九宫格局，而且每个区域都着意凸显大唐的文化精髓——莲花水池中矗立大唐诗书画印演绎的水景雕塑小品；8位大唐文化的精英人物以逼真写意的雕塑手法展现在人们面前；唐文化中最具代表性的书法艺术被制成地景浮雕供游人和市民观赏，烘托出唐文化的雄浑博大。

◉ 音乐喷泉

大雁塔北广场最令人瞩目的，是规模宏大的音乐喷泉广场，东西宽218米，南北长346米，是目前全国乃至亚洲最大的喷泉广场。其八级叠水池中的八级变频方阵是世界最大的方阵。这套喷泉共设计有独立水型22种，其中变频方阵（排山倒海水型），莲花朵朵；百米变频跑泉，云海茫茫；海鸥展翅、蝶恋花、水火雾，中心60米高喷水柱等，均是国内最新推出的科技含量较高的新颖水型。同时，北广场喷泉中设计60米宽、20余米高的大型激光水幕，4台喷火火泉从水里喷出，在6米高空充分燃烧低温爆开，更增加了整个喷泉的夺人气魄。

大雁塔北广场音乐喷泉规模之宏大，无不体现出古都的王者风范。喷泉位于广场

的中轴线上，共分为百米瀑布水池、八级叠水池及前端音乐水池三个区域，既可分区独立表演，也可整体表演。喷泉样式多变，水柱形态各异，在灯光的映照下更显娇媚、多姿。水柱腾空，四散而下，似莲花，状彩蝶，水珠相交，水雾漫落，又好似千百海鸥振翅、南山茫茫云海。广场中心还有60米高喷水柱。水柱直飞冲天，气势壮观、磅礴。随风散落的颗颗水珠，在灯光的映射下迸发出晶莹的光洁，犹如剔透的珍珠漫天飞舞在广场上空，旋即幻化为肆意的水雾，为大雁塔北广场平添缥缈之气。

北广场目前是亚洲最大的喷泉广场和最大的水景广场，充分展示着北广场的现代魅力。巨大的矩阵喷泉由1700多个泵组成，每个喷头都可以自由控制，组合出各种图案和字体。一排跑泉可喷出15米高的水柱。先进的音响系统和灯光照明，使喷泉声、光、水、色有机交融。

大唐长安，华采纷溢。大雁塔北广场塑造出了古城西安的新景象，用清丽的水珠与多彩的生活休闲景观，延续着中华文化传承千年的盛世华章。

悠悠钟鼓声，点点晨暮情

——钟鼓楼广场巡礼

◉ 钟鼓楼的传说

屹立在西安市区中心的钟楼已经600年了，它既是西安历史的见证，也是西安的象征之一。西安钟楼始建于明朝洪武十七年，原址在今广济街口，万历九年迁址到东西南北四条大街的交会处。

关于钟楼迁址，还有一段传说：万历年间，关中地震，道士高承之断言这是万年鳌鱼在地下作怪，于是知府将钟楼迁到现址，镇住妖孽作祟的穴口，从此西安太平，万民乐业。实际上，钟楼在古代是于用凌晨报时的。这口钟的铭文记载：钟名景云，铸成于唐太宗景云二年。钟高二米，直径达一点五米，重达万斤，钟身鹤飞龙翔，钟鸣声扬数十里。

钟楼整体为木质结构，构造技术上沿袭了唐宋建筑风格，又有不少改革和创新。楼体分两层，下层为一重屋檐，上层有两重屋檐，四角攒顶覆盖碧色琉璃瓦，各层有斗拱凿景彩绘。两层楼四周均有明柱回廊。登高望远，西安市容一览无余。它与鼓楼晨暮相伴，与西安四城门遥相呼应。

鼓楼上有一面大鼓，是为黄昏报时之用。传说最早建于唐朝，当年鼓楼竣工时，女皇武则天在上面大宴群臣庆贺。鼓楼上原悬挂着"文武胜地"和"声闻于天"两副巨匾，据说是大臣狄仁杰在武则天赐酒后想出来的。后来，鼓楼毁于战乱。明洪武十三年，鼓楼重建，比钟楼早4年。至解放前曾有过两次较大规模的修葺，其面貌基本完好。鼓楼上原悬挂着两副巨匾"文武胜地"和"声闻于天"，也是后人重新书写的。据说，"文武胜地"为陕西巡抚摹写的乾隆御笔；"声闻于天"为咸宁人李允宽书。可惜的是，这两块巨匾在上世纪60年代被毁了，现在悬挂的是复制品。

◉ 钟鼓楼广场的美景

在钟楼和鼓楼之间，有一下沉式广场，属于钟鼓楼广场的重要组成部分，面积达2万多平方米。拾级而下，伫立于用石板铺就的偌大广场上，感受到的则是另一番意趣。环顾四周，游人不仅为如此绝妙的构思叫好。从这里仰望钟楼，显得高大巍峨。广场北

侧，是一排建筑为仿古式的酒店饭馆，如同盛祥、德发长、王海棠等，家家的门楣上高悬黑底鎏金大字的招牌，全为书法名家题写，古朴典雅，韵味流畅，展示着这座古都深厚的文化氛围。

在人们观赏兴味正浓时，忽听典雅的编钟乐曲从鼓楼流泻而下，一队身着古代戎装的武士，手持戈矛，出现在鼓楼上。随之沉闷的鼓声响起，只见广场上华灯齐放，夜幕降临了。回首凝望鼓楼，这座古都标志性的建筑沐浴在灯火辉煌中，大红的宫灯高高挂起，如盘的巨鼓敲响了，余音袅袅，响彻广场上空，不绝于耳。

钟鼓楼广场，就是一曲长安交响乐。她的乐章，汲取中外"凝固音乐"的精华，贯通古今，融典雅与新潮于一体，既有盛唐乐舞的典雅和雍容，也有长安鼓乐的雄壮和古朴，同时，也糅进了舒伯特小夜曲的抒情和浪漫，融进了斗牛士乐曲的昂扬和奋进。

◉ 西大街：新兴的商贸街区

从钟鼓楼广场往西走，人们便进入一个别有洞天的世界，这就是堪称国际一流的现代购物中心——新兴的西大街商业街区。街区装修之豪华，商品之精美，服务之完善，设施之高档，令不少见多识广的游客也感到惊讶。

其实，历史上西大街一带一直是西安市商贸最繁华的地带。那里一些著名的钱庄和布店，声名遐迩的手工作坊，人流如织的城隍庙市场，一起绘制出老西安特色的市井风情图。在20世纪六七十年代，如德懋恭食品店、大麻子馄饨馆、老童家腊牛肉店、花木兰食品店、天赐楼饭庄等西大街许多老字号商铺，在西安市民中依然脍炙人口，成为人们经常光顾之地。

进入21世纪，西安市政府坚持"在开放中保护，在保护中开发，在传承中创新，在创新中传承"的思路，投入巨资对城区的几条商业街区尤其是西大街进行有计划的改造。从2001年到2007年7年间，在西大街将近2千米长空阔壮观的街区两旁，门头装饰豪

华的大型店铺鳞次栉比，以红白相间为主体的建筑立面色彩凝重而明快，这一切都无不尽显盛唐风韵的大气和典雅，彰显西大街"非常时尚，非常怀旧，非常中国，非常西安"的人文景观和商业氛围。

后 记

　　本书是集体编写的成果，下编共72篇，其中梁星亮撰写50篇、陈文敏撰写8篇、骞平义撰写1篇、王宝伟撰写4篇、高亚兵撰写4篇、崔延力撰写4篇、何志铭撰写1篇。编写中，西北大学历史学院黄留珠先生、西安电影制片厂王吉呈先生，从策划到拟定编写大纲予以支持，谨此致谢。尤其需要说明的是，由于特殊的原因，本书资料止于初稿形成的2007年。同时，我们参考了许多前人的研究成果，在此不一一列出，亦一并致谢。

编 者

2011年7月11日

图书在版编目（CIP）数据

折桂犹待长安花：走向和谐的陕西：当代卷 / 梁星亮等主编. —西安：西北大学出版社，2010
（话说陕西）
ISBN 978-7-5604-2797-3
Ⅰ.①折… Ⅱ.①梁… Ⅲ.陕西省—概况—通俗读物 Ⅳ.①K924.1-49
中国版本图书馆CIP数据核字（2010）第152528号

责任编辑：马　平

《话说陕西》当代卷

折桂犹待长安花： 走向和谐的陕西

上编主编：岳　珑
撰　　稿：葛　天　沈　兰　高鹏涛　吉　伶　王宗敏　程家文　史永初　赵　平
下编主编：梁星亮
撰　　稿：梁星亮　陈文敏　蹇平义　王宝伟　高亚兵　崔延力　何志铭
出版发行：西北大学出版社
销售电话：029-88302590
地　　址：西安市太白北路229号（邮编：710069）
网　　址：http://press.nwu.edu.cn
经　　销：新华书店经销
印　　刷：陕西向阳印务有限公司
开　　本：810毫米×1065毫米　1/16
印　　张：24.5
字　　数：520千字
版　　次：2012年1月第1版　2012年1月第1次印刷
书　　号：ISBN 978-7-5604-2797-3
定　　价：48.00元